山东省
标准地名诠释

青岛市卷

《山东省标准地名诠释》编纂委员会 编

山东城市出版传媒集团·济南出版社

《山东省标准地名诠释》

编纂委员会

主　　　编　冯建国

副 主 编　于建波　张子龙

编　　　委　（以姓氏笔画排序）

丁志强　王为民　王玉磊　王晓迪　付振民　庄茂军

刘兴宝　孙树光　张西涛　张屹卿　张兴军　张鲁宁

陈　芳　陈效忠　陈朝银　陈德鸿　徐希超　徐帮杰

黄贤峰　崔继泽

编辑部主任　孙凤文

编辑部成员　（以姓氏笔画排序）

马　瑞　王书清　王成明　王红艳　巩铁军　刘　玲

李成尧　杨　军　张义勇　张亚萍　张光耀　林　锋

赵文琛　倪　语　倪春雷　高洪祥

前　言

　　地名是重要的基础地理信息和社会公共信息，与经济社会发展、人们日常生产生活息息相关。编纂出版《山东省标准地名诠释》是地名管理服务工作的一项基础工程，对进一步推行山东省地名标准化，推广普及地名知识，适应改革开放和高质量发展的需要，以及国家和社会治理、经济发展、文化建设、国防外交等方面具有重要的意义和作用。

　　2014年7月，国务院印发通知开展第二次全国地名普查。2015年，国务院地名普查办印发《第二次全国地名普查成果转化规划（2015—2020年）》（国地名普查办发〔2015〕6号），山东省地名普查办依此制定了《山东省第二次全国地名普查成果转化规划（2016—2020年）》（鲁地名普查办发〔2016〕4号），部署开展成果转化相关工作，其中包括组织编制出版标准地名图、录、典、志等出版物。编纂出版《山东省标准地名诠释》是贯彻落实"边普查、边应用"指示要求，及时发布并推动第二次全国地名普查成果社会应用的重要举措，也是落实规划目标任务的重要内容。

　　《山东省标准地名诠释》编纂委员会按照公开出版的要求，在全省第二次全国地名普查成果数据基础上，进行成果的整理挖掘（包括资料收集、数据考证等），编辑出版《山东省标准地名诠释》，并将本书定位为第二次全国地名普查重要的省级成果，是一部以"地名"为主题的省级标准地名工具书。

　　本书在资料整理和编辑加工的过程中力求做到内容权威、文字精练、编写精心、编辑独到、设计新颖，以期达到当前编辑出版水平的先进行列。在词目释义编写上，本书着力突出"三个重点"（即地名基本要素、地名文化属性、地名所指代地理实体性质与特征），具备四个特点（即广、新、准、实）。其中，"广"即收词广泛，应录尽录，要涵盖重要地名类别及其主要地名；"新"即资料新、信息新，要充分利用地名普查最新成果，反映全省各地地名的新情况、发展建设取得的新成就；"准"即实事求是、表述准确、考证严谨，要求词目释文中的资料、数据翔实有据，表述准确、规范，做到地名拼写准确无误、词条诠释准确无误；"实"即具有实用性。在采词、释文内容和词目编排上都力求符合读者需要，便于读者使用，使之有较高的实用和收藏价值。

　　本次《山东省标准地名诠释》编纂得到多方面的支持，全省各级地名主管部门的领导和地名工作者，不辞辛苦，埋头于本书所需资料的搜集、整理，根据《山东省标准地名诠释》的编写要求，认真组织撰稿，力求做到精益求精。在此，我们对为本书的编纂、出版工作提供了帮助和支持的所有单位、领导和工作人员，表示诚挚的感谢。编纂出版《山东省标准地名诠释》工作任务重、涉及内容多、标准要求高，限于我们的人员专业水准和时间等因素，书中难免存在错误或不足，恳请广大读者批评指正。

凡　例

一、《山东省标准地名诠释》采收山东省 17 市 137 县（市、区）范围内，包括乡镇以上行政区划名称、主要的居民点和自然实体及主要社会、经济设施等重要地名词条，按照行政区域划分和地名类别特点分列 18 卷。

二、采收地名分为六个大类：

1. 政区类：包括山东省政区建制镇、乡、街道及以上全部行政区划单位；国家和省正式批准的各类经济功能区（含开发区、高新区、工业区、保税区、科技园区、新区等）；1949—2014 年间曾经设立而现已废置的地区行署、县级和乡级行政区，特指被撤销建制、被合并或拆分不继续使用原专名的情况。另，城乡社区是社会治理的基本单元，故也收录了部分建有综合服务中心且统一开展基本公共服务的社区名称。

2. 居民点类：具有地标意义或文化意义的住宅区；镇、乡人民政府驻地居民点；经省级以上人民政府或有关部门批准的"历史文化名村""传统村落"；具有明显特点的非镇、乡驻地的居民点（如：文化底蕴浓厚、存续历史悠久、人口数量多、占地面积广、重要历史事件发生地、名人故里、重要少数民族聚居地、交通要口、物资集散地、土特产品产地等）等。

3. 交通运输类：包括城市道路与城镇街巷、铁路、公路、航道、桥梁、车站、港口、机场等。城市道路收录市辖区城区内的快速路、主干道、次干道，县和县级市驻地城区主干道，及其他具有突出特色的一般街巷；铁路收录公开运营的国有铁路（含高铁、干线、支线和专用线）和地方铁路；公路收录省级以上普通公路、高速公路；桥梁和立交桥只收录规模大、历史久、有特色的；隧道只收录 500 米以上的及其他有特色的；港口只收年吞吐量在 10 万吨以上的；码头、船闸只收录大型的、特别重要的；渡口只收录正在使用的重要渡口。

4. 自然地理实体类：包括平原、盆地、山地、丘陵、沼泽、洞穴、河流、峡谷、三角洲、湖泊、陆地岛屿、瀑布、泉、海、海湾、海峡、海洋岛屿、半岛、岬角等。其中河流主要收录长度在 30 千米及以上的，以及具有航运价值的人工水道；湖泊主要收录面积在 3 平方千米及以上的。

5. 名胜古迹、纪念地和旅游地类：包括纪念地、重点文物保护单位、风景名胜区、重要景点和一般名胜古迹、自然保护区。其中纪念地收录市级及以上级别的；重点文物保护单位收录经过正式批准的市级（含）以上的；城市公园收录 AAA 级以上的；风景名胜区、自然保护区收录经过正式批准的国家和省级的词条。

6. 农业和水利类：包括农场、牧场、林场、渔场、水利枢纽、水库、灌区、渠道、堤防（海塘）等。其中水库收录库容 0.5 亿立方米以上的，灌区收录 3 平方千米以上的。

三、词目排列按分市与分类相结合的原则。即先将全部词目按市大类划分，大类下面分亚类，亚类下面再分小类。在同一亚类或小类词目中，先排全市性的大条目，再按区、县、街道、镇、乡的顺序排出市内条目。各市跨区县的条目在市本级单独排列。

四、本地名诠释资料截止日期为 2014 年 12 月 31 日，所选地名主要来源于第二次全国地名普查成果，主要兼顾反映普查成果和普查期间地名的存量情况，其中少量地名为非标准地名，此类地名需标准化处理，不作为判定标准名称的依据。

五、按照词条释文编写规则，本书相关词条中所列人口数做了技术处理，均为约数，不作为人口统计的依据。

六、本地名诠释中地名罗马字母拼写，遵从《中国地名汉语拼音字母拼写规则（汉语地名部分）》的规定。一般地名的专名与通名分写。专名和通名中的修饰、限定成分，单音节的与其相关部分连写，双音节和多音节的与其相关部分分写；通名已专名化的，按专名处理；居民点中的村名均不区分专名和通名，各音节连写。

地名用字的读音以普通话法定读音为主，同时适当考虑地方读音，如"崖"我省部分地区的地名中读"yái"，标准读音为"yá"；"垓"我省部分地区的地名中读"hǎi"，标准读音为"gāi"；"国"我省部分地区的地名中读"guī"，标准读音为"guó"；"郝"我省部分地区的地名中读"hè"，标准读音为"hǎo"，等等。

七、在每卷卷首，均有本卷地名的词目表。为方便读者检索，在每卷卷末，设有本卷地名的汉语拼音音序索引。

青岛市卷　目录

城阳区

胶州市

平度市

一　政区

青岛市

青岛市 370200
[Qīngdǎo Shì]

山东省辖地级市。北纬35°35′—37°09′，东经119°30′—121°00′。在省境东部。面积11 282平方千米。户籍人口780.6万，常住人口904.6万。以汉族为主，还有朝鲜、满、回等民族。辖市南、市北、黄岛、崂山、李沧、城阳6区，代管胶州、即墨、平度、莱西4县级市。市人民政府驻市南区。汉至北魏为不其县地。隋至清末为即墨县地。宋、元后为商船寄泊之所。明永乐年间设浮山备御千户所（今市南区浮山所），隶属鳌山卫（今即墨鳌山卫镇）。清雍正十二年（1734）裁卫所，设巡检一员，属即墨仁化乡。此后渐有青岛、会全、仲家洼、四方等10余村落。光绪十七年（1891）登州总兵章高元率兵移驻青岛村，建卫门，修兵营，筑炮台，架栈桥，人口日增，渐为小市镇。1897年11月13日德国强占胶州湾。1898年3月6日清政府被迫签订《胶澳租借条约》，划定陆海总面积1 128平方千米为"胶澳租界"，并分租界地为李村、青岛2区。1899年12月德皇威廉二世亲令将租界内新市区定名为青岛。1914年日本侵占青岛。1922年中国收回，改称胶澳商埠，设督办公署，直属北洋政府，市区为市街、台东镇和台西镇。1925年改胶澳商埠督办公署为胶澳商埠局，属山东省政府。1929年设青岛特别市，辖市南、市北、台东3区。1930年降为省辖市。1938年日本再次侵占。1945年国民党政府接管。1949年建立人民政权，为省辖市，下辖市南、市北、台西、台东、四沧、李村、浮山7区。1951年，胶州专区崂山办事处划入，改称崂山郊区办事处，同年8月，撤销四沧区、浮山区，设四方区、沧口区。1953年6月，崂山郊区办事处更名为崂山郊区。1958年昌潍专区胶县、胶南县及莱阳专区即墨县划入。1961年即墨、胶南、胶县又划出，同年10月，崂山郊区改设崂山县。1962年12月，台西区并入市南、市北2区。1978年烟台地区即墨县，昌潍地区胶县、胶南县划入，并析胶南县之东北部置黄岛区。1983年烟台地区莱西县、潍坊地区平度县划入。1987年撤胶县，设胶州市（县级）。1988年撤崂山县，设崂山区。1989年平度县、即墨县撤县设市（县级）。1990年胶南县、莱西县撤县设市（县级）。1994年台东区、市北区及四方区部分地合并，设立新的市北区，析崂山区分设城阳区，与沧口区合并设李沧区。2012年市北区、四方区合并为新的市北区，黄岛区、胶南市合并为新的黄岛区。（资料来源：《青岛市志·沿革区划志》）青岛市以古代渔村青岛得名，专名"青岛"本指城区前海一海湾内的一座小岛，因岛上绿树成荫，终年郁郁葱葱而得名。地势东高西低，南北两侧隆起，中间低凹，北部为大泽山丘陵区，南部为崂山、小珠山和铁橛山丘陵区，中部为铺镇台地、胶莱平原、莱阳盆地等。崂山主峰崂顶海拔 1 133 米。海岸线长 816.98 千米，有青岛、黄岛等天然港湾。属温带季风气候，年均气温 12.7℃，1 月平均气温 −1.5℃，7 月平均气温 25.4℃。年均降水量 662.1 毫米。年均无霜期 209.7 天。有白沙河、大沽河、北胶莱河等流经。有石墨、膨润土、花岗石、大理石、云母、金、氟石等矿产资源。有野生植物 1 700 种，其中国家重点保护野生植物有银杏、樟树、喜树等 38 种。有野生动物 440 种，其中国家重点保护野生动物有丹顶鹤、中华秋沙鸭、白鹳等 68 种。有山东马山地质遗迹国家级自然保护区 1 个，胶州艾山地质遗迹、青岛大公岛等省级自然保护区 5 个。森林覆盖率 14.46%。有中国科学院海洋研究所等国家级海洋科学研究机构 12 个、国家海洋药物工程等国家级工程技术研究中心 10 个，省级海洋科学研究机构 3 个、省级工程技术研究中心 44 个。有青岛海洋大学、中国石油大学、青岛大学等高等院校 22 所，中小学 1 045 所，图书馆 13 个，博物馆、纪念馆 41 个，档案馆 14 个，知名文艺团体 7 个，体育场馆 4 个，青岛市中心医院等三级以上医院 17 个。有三里河遗址、天柱山摩崖石刻等国家级文物保护单位 17 个，琅琊台遗址等省级文物保护单位 54 个，有国家级爱国主义教育基地、纪念地 1 个，省级爱国主义教育基地、纪念地 13 个，有国家级历史文化名城 140 个、名村 1 个、传统村落 3 个，省级历史文化名镇 1 个、传统村落 11 个，国家级非物质文化遗产 14 个、省级非物质文化遗产 36 个，风景名胜区和重要古迹、景点 7 个。三次产业比例为 4.0∶44.8∶51.2。农业以种植业和养殖业为主，农作物主产小麦、玉米、甘薯、大豆、花生、水果，畜牧业主要饲养牛、马、鸡、鸭、鹅等，沿海盛产盐、鱼、虾、海带和贝类，有现代农业园区 889 个，认证"三品一标"（无公害农产品、绿色食品、有机农产品和农产品地理标志）产品 926 个，其中有崂山绿茶、马家沟芹菜等国家地理标志保护产品 51 个。工业以轻工、纺织、化工、电子、冶金、机械、电力、橡胶、建材、食品等业为主，有家电及电子信息、船舶与海洋工程装备、软件和信息服务等国家级新型工业化示范基地 6 个，拥有海尔、青岛啤酒两个世界品牌，68 个中国名牌，644 个山东名牌。服务业以金融、商贸、旅游、房地产业为主。有国家级开发区 2 个、省级开发区 4 个。境内有铁路 380 千米，公路 16 300 千米，高速 818 千米。胶济、青荣城际、蓝烟、胶黄等铁路，青兰、青银、青新、荣乌、沈海、同三等高速公路过境。有民用机场 1 个，民航航线 186 条，通往国内外北京、上海、仁川、东京等城市。

青岛 370200–Z01
[Qīngdǎo]

别名琴岛。青岛市聚落。在市境东南部。面积 3 293 平方千米。人口 370.5 万。以汉族为主，还有朝鲜、满、回等民族。清光绪十七年（1891）建置始，由渔村逐渐发展成小市镇。德占时期开始规模开放，形成新型现代化都市。1904 年胶济铁路开通。1906 年青岛港建成。陆续建成船舶、铁路机车、发电、啤酒、屠宰企业，形成贸易、仓储、运输、金融、旅游中心。1919 年华新纱厂等创立，至 1922 年已有大康、宝来等六大棉纺纱厂。1949 年后成为集工业、商业、金融、交通、旅游、疗养为一体的现代化城市。1992 年 5 月青岛市政府东迁。1994 年青岛市级机关新办公大楼竣工，全市政治中心东移。1995 年沿海一线初步形成海景高档住宅区。1998 年东部佳世客建成，成为青岛购物新地标。香港中路建成通车，成为贯通青岛东西城的主干道。五四广场及"五月的风"雕塑落成，形成青岛文化新地标。中银大厦（现青岛金融中心）、家乐福南京路店等商贸大厦建成，奠定了东部核心圈的位置。浮山所到辛家庄一带商贸、金融聚集，摩天大楼林立，奥林匹克帆船中心、青岛书城、东海路雕塑园等与之呼应，成为商贸、文化、旅游、居住为一体的新区域。"青岛"本是指胶州湾北侧的海中小岛（今小青岛），以"山岩耸秀，林木蓊清"得名。（资料来源:《胶澳志》）东南部沿海以旅游、休闲为主，有整体保留的老城区建筑文化遗存和具"万国建筑博物馆"之称的"八大关"。有全长约36.9千米的滨海木栈道，西起团岛环路，东至石老人公园，沿途有七大景观区，有八大峡公园、栈桥、天后宫、1907电影博物馆、青岛文学馆、青岛书房、老舍故居、青岛美术馆、海军博物馆、鲁迅公园、康有为纪念馆、第一海水浴场、第二海水浴场、奥运帆船比赛基地、石老人海水浴场、青岛大剧院、啤酒城等旅游景点。自太平角至汇泉角一带海滨风景秀丽，有八大关疗养区、海上运动场、中山公园、太平角公园、地质博物馆等名胜景点。中南部以商贸、民俗为主，有台东三路商业步行街、啤酒一条街等10条特色街道，有纺织博物馆、啤酒博物馆、民俗博物馆、海云庵、青岛电视观光塔等。中北部以工业为主，有轻工、纺织、化工、橡胶、机械、冶金、建材等各类大中型企业，有海尔、海信、青岛啤酒等知名企业品牌。西南部有海港、火车站等，是交通运输中心。隔海相望有黄岛原油输出码头和青岛经济技术开发区。南部海滨水清滩宽，沿岸德式"红屋"、历史建筑与现代高层大厦高低相间，错落有致。道旁多植法桐、马尾松、樱花。"红瓦绿树，碧海蓝天"，风景宜人。党政机关、文教科研等单位多集中于此。有铁路、公路、港口、机场，立体式交通网络四通八达。

市南区

市南区 370202
[Shìnán Qū]

青岛市人民政府驻地。在市境南部。面积32平方千米。人口56.7万。以汉族为主，还有回、满等民族。辖14街道。区人民政府驻金门路街道。1949年为市南、台西、浮山3区。1963年3区除台西区一部划属市北区外，复并为市南区。因位于市区南部而得名。依山面海，有团岛湾、青岛湾、汇泉湾、太平湾、浮山湾沿海自西向东分布，有崂山山系浮山、湛山、太平山、伏龙山、信号山等。有国家级工程技术研究中心3个、省级工程技术研究中心8个，中国水产科学研究院黄海水产研究所、中国科学院海洋研究所、国家海洋局第一海洋研究所、地质矿产部海洋地质研究所等科研机构20个。有高等院校6所，中小学39所，图书馆1个，体育场馆2个，三级以上医院4个。有八大关近代建筑群、青岛德国建筑等国家级文物保护单位4个，中山路近代建筑群、康有为故居等省级文物保护单位6个，风景名胜区和重要古迹、景点19个。1985—1997年，建设完成台西民众大院改造工程。1992—2002年，建设完成辖区7个"城中村"改造工程。1997年建设完成五四广场建设工程，形成大型钢结构"五月的风"雕塑、音乐广场、绿荫广场等标志性景观。1998年，东海路海滨雕塑一条街建设工程完成，形成滨海文化特色旅游观光街。1996—1999年，建设完成青岛海底世界建设工程，形成全国独具特色的海洋生态大型科普观光设施。2000—2003年，东西快速路建成通车，形成贯通东西的快速交通干线。2002—2004年，滨海步行道建设完成，形成串联团岛湾、青岛湾、汇泉湾、浮山湾等临海景点的滨海观光道。2004—

2008年，青岛奥帆中心建设完成，形成陆域、海域两大主体的世界一流奥林匹克水上运动场馆。2006—2009年，青岛国际动漫产业园建设完成，形成国内首家以国际招商为主的专业化动漫产业园。2006—2010年，"创意100"文化产业园、中联创意广场建设完成，形成南京路文化创意产业街区。2006—2012年，进一步加快总部经济基础建设，形成国际金融中心、颐中国际、万邦中心、远雄国际等19座税收过亿元楼宇，香格里拉写字楼、远洋大厦等9座AAAAA甲级商务楼宇。自西往东分别是西部居住综合区、中山路市级商贸、历史风貌综合居住区、八大关别墅区、主城中心商务区、东部居住休疗养综合区、滨海风景旅游带，形成东部、中部、西部、海滨一线4个功能区，有总督府、总督官邸、花石楼、公主楼、栈桥回澜阁及分布在海滨一线的名人故居等标志性建筑物。二、三产业比例为8.9∶91.1。工业主要有汽车修配、船舶修造、家电、皮革、食品、肠衣、橡胶、电子元件等厂，有青岛市软件园。服务业以金融业和旅游业为主，金融机构总数达76家。形成以"四纵"（香港路、东海路、宁夏路、江西路）"三横"（南京路、山东路、福州路）为主干的道路交通主体框架，以东西快速路为主干的道路立体架构。有青岛站、青岛市长途旅游汽车站，有多条公交线路。

金门路街道 370202-A01
[Jīnménlù Jiēdào]

市南区人民政府驻地。在区境东部。面积4平方千米。人口10.0万。1998年设立。因辖区内金门路得名。有中小学9所，知名文艺团体30个，医疗卫生机构7个。有青岛大学剧院、辛家庄北山公园等标志性建筑物。经济以服务业为主，主要有软件动漫、商务服务、信息通讯、汽车销售等业，建有市南区软件产业园。通公交车。

台西街道 370202-A02
[Táixī Jiēdào]

属市南区管辖。在区境西部。面积1平方千米。人口4.4万。1998年设立。因原台西镇得名。有中小学5所，医疗卫生机构2个。经济以服务业为主，主要有旅游、金融、餐饮娱乐、商贸物流等业。通公交车。

云南路街道 370202-A03
[Yúnnánlù Jiēdào]

属市南区管辖。在区境西部。面积1平方千米。人口5.0万。1998年设立。以原辖区的南北主干线云南路命名。有中小学4所，知名文艺团体20个，医疗卫生机构2个。有重要古迹德国总督府屠宰场、检疫所等历史建筑。经济以工商业为主，有食品加工、储藏、出口，形成以渔业为骨干、以经营海鲜为特色的饮食服务业和海产品批发零售的特色经济。有青岛火车站、青岛轮渡站，通公交车。

中山路街道 370202-A04
[Zhōngshānlù Jiēdào]

属市南区管辖。在区境西部。面积2平方千米。人口4.8万。1998年设立。因辖区内中山路得名。有知名文艺团体10个，医疗卫生机构11个。有国家级文物保护单位青岛德国总督府旧址、青岛德国建筑群，省级文物保护单位栈桥、回澜阁、中山路近现代建筑，有重要名胜古迹劈柴院等。有栈桥等标志性建筑物。经济以服务业为主，主要有旅游业、餐饮娱乐业、商贸服务业等，有百盛商厦、华联商厦等大型商业企业，春和楼、宏仁堂、盛锡福、亨得利、春和楼等"老字号"店铺。通公交车。

江苏路街道 370202-A05
[Jiāngsūlù Jiēdào]

属市南区管辖。在区境西部。面积1

平方千米。人口 3.8 万。2008 年设立。因辖区内江苏路得名。境内有信号山、伏龙山、观象山等。有中小学 6 所，知名文艺团体 1 个，医疗卫生机构 1 个。有国家级文物保护单位德国胶澳总督府、总督官邸、欧人监狱旧址、观象台、江苏路基督教堂等，省级文物保护单位老舍故居、天后宫、观象山公园的观象台地磁房等，重要名胜古迹华岗故居，萧红、萧军故居等。有德国监狱旧址博物馆、德国总督楼旧址等标志性建筑物。经济以服务业为主，主要有旅游业、餐饮娱乐业、商贸服务业和楼宇经济。有迎宾馆、信号山、观象山、天后宫 4 个"老字号"风景区。通公交车。

金口路街道 370202-A06
[Jīnkǒulù Jiēdào]

属市南区管辖。在区境中部。面积 2 平方千米，人口 2.8 万。1954 年设立。因辖区内金口路得名。有高等院校 1 所，中小学 2 所，医疗卫生机构 2 个。有国家级文物保护单位总督官邸旧址、欧人监狱旧址、俾斯麦兵营旧址、万字会旧址等。有名胜古迹梁实秋故居、闻一多故居、洪深故居。有海军博物馆、骆驼祥子博物馆等标志性建筑物。经济以服务业为主，主要有旅游、餐饮娱乐、商贸服务等业。通公交车。

观海路街道 370202-A07
[Guānhǎilù Jiēdào]

属市南区管辖。在区境西部。面积 1 平方千米。人口 2.4 万。1954 年设立。因辖区内的观海山和观海路而得名。有医疗卫生机构 1 个。有名胜古迹广东会馆旧址、三江会馆旧址、王统照故居、王献唐故居、老舍公园、观海山公园、天主教堂等。有天主教堂等标志性建筑物。经济以服务业为主，主要有旅游、餐饮娱乐、商贸服务等业。通公交车。

八大关街道 370202-A08
[Bādàguān Jiēdào]

属市南区管辖。在区境中部。面积 7 平方千米。人口 5.4 万。1998 年设立。因辖区内有八条以中国古代著名关隘命名的道路"八大关"而得名。有国家级科研单位中国海洋科学研究所。有中小学 7 所，医疗卫生机构 6 个。有八大关和福山路 2 条中国历史文化名街和第一海水浴场、水族馆、海军博物馆、奥帆基地等旅游资源。有青岛电视塔等标志性建筑物。经济以服务业为主，主要有旅游业、休闲娱乐业、教育培训产业等。通公交车。

湛山街道 370202-A09
[Zhànshān Jiēdào]

属市南区管辖。在区境东部。面积 3 平方千米。人口 3.6 万。1984 年设立。因北靠湛山而得名。有中小学 2 所，知名文艺团体 2 个，医疗卫生机构 6 个。有音乐广场、滨海雕塑园、木栈道一线、湛山寺等旅游资源。经济以服务业为主，主要有金融业、现代物流业、滨海餐饮旅游业等，有香格里拉、威斯汀 2 家五星级酒店及多家星级酒店、宾馆。通公交车。

香港中路街道 370202-A10
[Xiānggǎngzhōnglù Jiēdào]

属市南区管辖。在区境东部。面积 4 平方千米。人口 7.3 万。2004 年设立。因辖区内香港中路得名。有中小学 1 所，知名文艺团体 15 个，医疗卫生机构 8 个。有五四广场、青岛地标"五月的风"等标志性建筑物。工业有机械、化工等业。服务业以旅游业、餐饮业、金融业、高档商贸业和精品消费业为主，是青岛市总部经济、楼宇经济聚集区，有香港中路金融街、闽江路和云霄路餐饮美食一条街及多家大型超市。通公交车。

八大湖街道 370202-A11

[Bādàhú Jiēdào]

属市南区管辖。在区境东北部。面积 2 平方千米。人口 5.3 万。1999 年设立。因辖区内以"湖"命名的 8 条道路而得名。有国家级科研单位青岛国家海洋科研中心、中国水产科学研究院黄海水产研究所、国家级青岛海洋地质研究所。有高等院校 6 所，中小学 6 所，医疗卫生机构 1 个。有东晖国际大酒店、青岛市广播电视台等标志性建筑物。经济以服务业为主，主要有金融业、餐饮娱乐业、商贸服务业、文化创意产业，有"创意 100"产业园、中联创意广场等。通公交车。

金湖路街道 370202-A12

[Jīnhúlù Jiēdào]

属市南区管辖。在区境北部。面积 2 平方千米。人口 4.3 万。1999 年设立。因辖区内金湖路得名。有中小学 3 所，图书馆 1 个，医疗卫生机构 1 个。有青岛市广播电视大厦等标志性建筑物。经济以文化创意产业和商业服务业为主，有市南区文化创意产业园、百安居等大型卖场。通公交车。

八大峡街道 370202-A13

[Bādàxiá Jiēdào]

属市南区管辖。在区境西部。面积 2 平方千米。人口 7.2 万。1998 年设立。因辖区内 8 条道路以我国著名的 8 个峡谷命名，且与著名的"八大关"东西并峙，故名。三面环海。有中小学 4 所，知名文艺团体 10 个，医疗卫生机构 1 个。有八大峡风景区、八大峡公园等景点。经济以服务业为主，主要有旅游业、金融业、餐饮娱乐业、商贸物流业，建有海上休闲旅游区。通公交车。

珠海路街道 370202-A14

[Zhūhǎilù Jiēdào]

属市南区管辖。在区境东部。面积 3 平方千米。人口 6.0 万。1998 年设立。因辖区内珠海路得名。依山傍海。有中小学 1 所，医疗卫生机构 23 个。有东海路雕塑旅游观光大道、燕儿岛公园、银海游艇俱乐部、前海木栈道等旅游景点。有青岛奥帆中心、银海大世界、鲁商中心、财富中心、中商大厦等标志性建筑物。经济以服务业为主，主要有金融业、餐饮业和特色旅游业，发展楼宇经济，有丽晶大酒店、海景花园大酒店等三星级以上大酒店。通公交车。

社区

江苏路社区 370202-A05-J01

[Jiāngsūlù Shèqū]

属江苏路街道管辖。在市南区中部。面积 0.21 平方千米。人口 5 900。因辖区内江苏路得名。2001 年成立。有楼房 44 栋，现代中式建筑风格。驻有青岛市气象局、山东省地震研究所等单位。通公交车。2011 年被评为全国文明社区。

仰口路社区 370202-A09-J01

[Yǎngkǒulù Shèqū]

属湛山街道管辖。在市南区东部。面积 0.9 平方千米。人口 8 900。因辖区内仰口路得名。2003 年成立。有楼房 110 栋，现代中式建筑风格。驻有湛山疗养院、青岛市老年大学等单位。有老年人日间照料服务，开展老年健康知识讲座等活动。通公交车。2007 年被评为全国文明社区。

秀湛路社区 370202-A09-J02

[Xiùzhànlù Shèqū]

属湛山街道管辖。在市南区东部。面

积 0.7 平方千米。人口 6 800。因辖区内秀湛路得名。2003 年成立。有楼房 50 栋，现代中式建筑风格。驻有青岛技术计量监督局等单位。有老年人日间照料服务，开展文化茶话会、老年人知识讲座等活动。通公交车。2012 年被评为省文明社区。

延吉路社区 370202-A11-J01
[Yánjílù Shèqū]

属八大湖街道管辖。在市南区北部。面积 0.35 平方千米。人口 10 500。因辖区内延吉路得名。2004 年成立。有楼房 94 栋，现代中式建筑风格。有老年人日间照料服务，开展法律知识讲座等活动。通公交车。2012 年被评为省文明社区。

市北区

市北区 370203
[Shìběi Qū]

青岛市辖区。在市境北部。面积 65 平方千米。人口 87.4 万。辖 31 街道。区人民政府驻敦化路街道。1949 年为台东、市北 2 区。1951 年属青岛市。1963 年台西区一部划入。1994 年台东区并入市北区。2012 年四方区并入。因处旧市区北部，故名。境内有浮山、榉林山、北岭山、嘉定山等山脉，海泊河、李村河等从区境内穿过。有国家轮胎工艺与控制工程技术研究中心、纺织研究所、机械研究所等科研院所和重点实验室近 30 个。有青岛科技大学、青岛理工大学等高等院校 22 所，中小学 128 所，图书馆 1 个，三级以上医院 11 个。有重要古迹、景点海云庵等 14 个。2004 年完成标山路等 30 条道路的翻建工程，建设南京路社区广场，修建青岛山历史文化路。2005 年建设昌乐路文化街。2008 年改造小港湾，改造大连路南侧、工人文化宫南侧。2010 年建设地景大道、儿童新天地、青岛市担保信息基地等项目。2014 年形成北部历史文化记忆、产城融合、创新资源集聚"三大示范片区"，中部国家级橡胶材料与装备科技创新中心、轨道交通技术创新中心、中国生物科技创新园、云计算大数据产业园、大健康产业园、地理信息产业园"六大创新载体"，西南部湾区现代服务中心、先进智慧产业中心、创新要素集聚中心、城市绿色发展中心、主城人文生活中心"五大中心"的城市格局。有青岛市图书馆、青岛啤酒博物馆等标志性建筑物。三次产业比例为 4.2∶44.6∶51.2。农业以种植业为主，种有毛白杨、榆、刺槐、旱柳、棉槐、楸、泡桐、加拿大杨及杂交类型等用材树种和经济树种。工业以先进制造业、海洋生物、精细化工、节能环保、电子信息、医疗设备、农副食品加工业、纺织业为主，青岛啤酒为世界品牌，远销美国、日本、德国、法国、英国、意大利、加拿大、巴西、墨西哥等。服务业以旅游业为主，有啤酒街、文化街等旅游街区。有四方长途汽车站，青岛交运馆陶路长途汽车站，有多条公交线路。

敦化路街道 370203-A01
[Dūnhuàlù Jiēdào]

市北区人民政府驻地。在区境东南部。面积 2 平方千米。人口 5.1 万。1955 年设立。因辖区主干道敦化路而得名。海泊河从境内穿过。有中小学 4 所，知名文艺团体 1 个，医疗卫生机构 6 个。有市北区人民政府办公大楼等标志性建筑物。经济以现代服务业、高新技术产业、楼宇经济为主，有青岛智立方国际科技文化产业园。通公交车。

辽宁路街道 370203-A02
[Liáonínglù Jiēdào]

属市北区管辖。在区境西南部。面积 1 平方千米。人口 6.5 万。1996 年设立。因辖区主干道辽宁路得名。有中小学 4 所，知名文艺团体 12 个，医疗卫生机构 13 个。有青岛市辽宁路电子信息城等标志性建筑物。工业以电子行业为主，建有工业园区。服务业以餐饮、金融、租赁、批发零售等为主。通公交车。

华阳路街道 370203-A03
[Huáyánglù Jiēdào]

属市北区管辖。在区境南部。面积 2 平方千米。人口 2.3 万。1994 年设立。因辖区内主干道华阳路而得名。海泊河从境内穿过。有中小学 3 所，博物馆 1 个，知名文艺团体 24 个，医疗卫生机构 3 个。农业主要种植黄金梨、枇杷，畜牧养殖生猪，有规模化水产养殖。工业以机械及其制品、汽摩及配件、家居用品、化工、安防制品等生产为主。服务业以旅游、房地产销售、金融、批发零售等为主。通公交车。

登州路街道 370203-A04
[Dēngzhōulù Jiēdào]

属市北区管辖。在区境中部。面积 1 平方千米。人口 4.3 万。1978 年设立。因辖区主干道登州路得名。有中小学 6 所，知名文艺团体 30 个，医疗卫生机构 6 个。工业以啤酒酿造、调味食品制造等为主，辖区内的青岛啤酒厂是享誉中外的百年老企业，青岛啤酒远销世界各地；青岛灯塔酿造有限公司具有百年历史，是"中华老字号"之一。服务业以旅游业、文化创意、房地产销售等为主。通公交车。

宁夏路街道 370203-A05
[Níngxiàlù Jiēdào]

属市北区管辖。在区境中部。面积 2 平方千米。人口 4.1 万。1996 年设立。因辖区主干道宁夏路得名。有中小学 7 所，医疗卫生机构 2 个。工业以纺织、装饰材料加工等为主。服务业以金融、物流等为主。通公交车。

辽源路街道 370203-A06
[Liáoyuánlù Jiēdào]

属市北区管辖。在区境东部。面积 2 平方千米。人口 4.3 万。1996 年设立。因街道办事处位于辽源路得名。有中小学 7 所，医疗卫生机构 4 个。经济以商贸、物流、金融为主。通公交车。

合肥路街道 370203-A07
[Héféilù Jiēdào]

属市北区管辖。在区境东部。面积 2 平方千米。人口 1.3 万。1996 年设立。因辖区主干道合肥路得名。有中小学 3 所，知名文艺团体 28 个，医疗卫生机构 6 个。经济以服务业为主。通公交车。

即墨路街道 370203-A08
[Jímòlù Jiēdào]

属市北区管辖。在区境西南部。面积 1 平方千米。人口 5.9 万。2008 年设立。因辖区主干道即墨路得名。区境西部邻海。有中小学 8 所，知名文艺团体 3 个，医疗卫生机构 1 个。有重要古迹德式风格建筑群，建有德国风情街。经济以商贸、餐饮、医疗为主。通公交车。

镇江路街道 370203-A09
[Zhènjiānglù Jiēdào]

属市北区管辖。在区境中部。面积 1 平方千米。人口 4.8 万。2008 年设立。因辖区主干道镇江路得名。海泊河从境内穿过。有中小学 6 所，知名文艺团体 40 个，医疗卫生机构 25 个。经济以商贸、餐饮行业为主。通公交车。

台东街道 370203-A10
[Táidōng Jiēdào]

属市北区管辖。在区境中部。面积 1 平方千米。人口 6.1 万。2008 年设立。因地处青岛市老台东中心区域得名。有中小学 3 所，知名文艺团体 22 个，医疗卫生机构 19 个。经济以旅游、商贸、电子配件加工为主，有台东三路商业步行街、青岛电子街、青岛文具街 3 条特色街。通公交车。

延安路街道 370203-A11
[Yán'ānlù Jiēdào]

属市北区管辖。在区境中部。面积 2 平方千米。人口 5.3 万。1994 年设立。因辖区主干道延安路得名。2013 年新建社区劳动保障中心工作站、日间照料家园、残疾人康复站等惠民项目。松江路社区服务中心建社区博物馆。2014 年建设榉林庭院。有中小学 4 所，知名文艺团体 8 个，医疗卫生机构 3 个。经济以服务业为主，有家政、旅游、影视等产业。通公交车。

大港街道 370203-A12
[Dàgǎng Jiēdào]

属市北区管辖。在区境西部。面积 4 平方千米。人口 1.4 万。2008 年设立。因辖区内大港码头得名。2014 年对利津路沽化路片区、铁路沿线等重点区域楼院进行集中整治，建设街道文化广场。海泊河从境内穿过，西部邻海。有中小学 2 所，知名文艺团体 5 个，医疗卫生机构 2 个。经济以服务业为主，依托大港码头，发展物流业。通公交车。

小港街道 370203-A13
[Xiǎogǎng Jiēdào]

属市北区管辖。在区境西部。面积 1 平方千米。人口 2.1 万。2008 年设立。因辖区靠近小港码头得名。2009 年建设渤海路 26 号至 36 号精品楼院。西部邻海。有中小学 1 所，知名文艺团体 4 个，医疗卫生机构 4 个。经济以服务业为主，有水产养殖业。有青岛港客运站，通公交车。

浮山新区街道 370203-A14
[Fúshānxīnqū Jiēdào]

属市北区管辖。在区境东部。面积 3 平方千米。人口 3.7 万。2008 年设立。因地处浮山北麓和开发建设浮山新区得名。有中小学 5 所，知名文艺团队 3 个，医疗卫生机构 3 个。有市级非物质文化遗产浮山高跷、浮山大鼓。经济以汽车销售、餐饮等服务业为主。通公交车。

同安路街道 370203-A15
[Tóng'ānlù Jiēdào]

属市北区管辖。在区境东部。面积 2 平方千米。人口 1.0 万。2008 年设立。因辖区主干道同安路得名。有中小学 1 所，知名文艺团体 8 个，医疗卫生机构 3 个。有永旺广场、劳动保障中心等标志性建筑物。经济以服务业为主。通公交车。

洪山坡街道 370203-A16
[Hóngshānpō Jiēdào]

属市北区管辖。在区境东部。面积 2 平方千米。人口 2.5 万。2008 年设立。因境内旧村庄得名。有中小学 4 所，医疗卫生机构 5 个。有莱钢立交桥、福州路立交桥等标志性建筑物。经济以服务业为主，有餐饮、房地产、建筑、批发零售、交通运输等业。通公交车。

湖岛街道 370203-A17
[Húdǎo Jiēdào]

属市北区管辖。在区境西部。面积 2 平方千米。人口 1.0 万。1978 年设立。因办事处驻原湖岛村而得名。境内有坛顶山、双山、孤山、大山、水清沟东山、水清沟东南山、嘉定山、北岭山等，西部临胶州海湾。有中小学2所，知名文艺团体2个，医疗卫生机构1个。经济以工业为主，有木材加工、家具制造、啤酒酿造、建材生产等业，有青岛一木集团公司、四方车辆研究所、青岛千禾木业设备有限公司等。通公交车。

兴隆路街道 370203-A18
[Xīnglónglù Jiēdào]

属市北区管辖。在区境西部。面积4平方千米。人口4.4万。1999年设立。因街道办事处位于兴隆路得名。海泊河、李村河从境内穿过，西临胶州湾。有中小学7所，体育馆2个，知名文艺团体3个，医疗卫生机构25个。有省级文物保护单位中共青岛地方支部旧址，重要古迹海云庵。工业以机械加工、木制品加工、电子产品组装、高档印刷和加工制造等为主，建有兴隆机械工业园、美青高新技术工业园。服务业以物流业为主，建有远洋都市工业园。通公交车。

平安路街道 370203-A19
[Píng'ānlù Jiēdào]

属市北区管辖。在区境中部。面积2平方千米。人口1.3万。1979年设立。因街道办事处临平安路而得名。有中小学1所，知名文艺团体1个，医疗卫生机构2个。经济以餐饮服务、房地产、建筑、批发零售、交通运输等业为主。通公交车。

杭州路街道 370203-A20
[Hángzhōulù Jiēdào]

属市北区管辖。在区境西北部。面积2平方千米。人口2.1万。1955年设立。因街道办事处临杭州路而得名。1988年修建

辖区内的杭州路。2006年对瑞昌路两侧进行亮化，对人民路两侧进行绿化。先后对宁化路33号、嘉兴路32号院、人民路287号院、瑞昌路142号院等10余个老旧危楼进行改造。有中小学4所，知名文艺团体1个，医疗卫生机构2个。经济以金融业、餐饮娱乐业、商贸物流业等为主。通公交车。

瑞昌路街道 370203-A21
[Ruìchānglù Jiēdào]

属市北区管辖。在区境中部。面积2平方千米。人口1.4万。1982年设立。因境内瑞昌路得名。2010年先后完成嘉善路等多条道路改造。2012年以后对瑞昌路51号、重庆南路68号、拜泉路22至66号进行老旧楼院改造。有中小学2所，知名文艺团体2个，医疗卫生机构4个。经济以旅游业、餐饮娱乐业、商贸物流业等为主。通公交车。

四方街道 370203-A22
[Sìfāng Jiēdào]

属市北区管辖。在区境中部。面积2平方千米。人口3.4万。2012年设立。以原四方区得名。有中小学7所，知名文艺团体4个，医疗卫生机构5个。经济以建筑、食品加工、商贸物流为主。通公交车。

阜新路街道 370203-A23
[Fùxīnlù Jiēdào]

属市北区管辖。在区境中部。面积2平方千米。人口4.5万。1985年设立。因街道办事处邻阜新路而得名。海泊河从境内穿过。有省级重点实验室3个。有高等院校1所，中小学7所，体育场1个，医疗卫生机构3个。有杭州路立交桥、弘城体育场等标志性建筑物。工业以机电制造、铁路建造、金融、物流业等为主。通公交车。

鞍山路街道 370203-A24
[Ānshānlù Jiēdào]

属市北区管辖。在区境南部。面积 2 平方千米。人口 3.3 万。1982 年设立。因街道办事处临鞍山路而得名。有高等院校 1 所，中小学 5 所，知名文艺团体 2 个，医疗卫生机构 2 个。经济以纺织、汽车修理、家政等业为主。通公交车。

水清沟街道 370203-A25
[Shuǐqīnggōu Jiēdào]

属市北区管辖。在区境北部。面积 3 平方千米。人口 4.6 万。以汉族为主，还有满、回、黎、蒙古等民族。1954 年设立。辖区原老爷庙前有一条日夜流淌的清泉，因泉水清澈透明，甘甜可口，汇集成一条小河，流经山沟低洼处，入沙岭庄海，因此得名水清沟。2001 年建设海丰广场。2013 年改造青岛市中心医院片危旧房。有中小学校 8 所，体育场馆 2 个，医疗卫生机构 5 个。经济以工业为主，有医药制造、纺织、建材生产等企业。有沙岭庄火车站，通公交车。

洛阳路街道 370203-A26
[Luòyánglù Jiēdào]

属市北区管辖。在区境北部。面积 3 平方千米。人口 4.3 万。1984 年设立。因辖区内洛阳路得名。2013 年建设洛阳路文化墙。2014 年改造商城路西小广场。李村河从境内穿过。有高等院校 1 所，中小学 4 所，医疗卫生机构 5 个。有奥林匹克体育中心、胜利桥等标志性建筑物。经济以机械制造、焦化、化工等业为主，大力发展高新技术产业，有中国橡胶谷、纺织谷、中航前哨产业园等科技园区为代表的科技园区孵化中心。通公交车。

开平路街道 370203-A27
[Kāipínglù Jiēdào]

属市北区管辖。在区境西北部。面积 2 平方千米。人口 3.3 万。1980 年设立。因街道办事处临开平路得名。有中小学 2 所，知名文艺团体 1 个，医疗卫生机构 4 个。经济以旅游、金融、餐饮、娱乐、商贸物流、批发零售等为主。通公交车。

郑州路街道 370203-A28
[Zhèngzhōulù Jiēdào]

属市北区管辖。在区境北部。面积 2 平方千米。人口 2.2 万。1985 年设立。因境内郑州路得名。李村河从境内穿过。有中小学 2 所，知名文艺团体 5 个，医疗卫生机构 3 个。经济以餐饮娱乐业、商贸服务业、批发零售业等为主。通公交车。

河西街道 370203-A29
[Héxī Jiēdào]

属市北区管辖。在区境东北部。面积 3 平方千米。人口 4.6 万。1994 年设立。因街道办事处位于河西村得名。2014 年完成世园会迎宾道路黑龙江路、重庆南路两侧改造。河西村河、张村河从境内穿过。有中小学 3 所，知名文艺团体 2 个，医疗卫生机构 9 个。经济以生物制药、商贸物流、交通运输、汽车贸易等为主，建有以汽车贸易为主的特色商业街汽车贸易大道。通公交车。

海伦路街道 370203-A30
[Hǎilúnlù Jiēdào]

属市北区管辖。在区境中部。面积 3 平方千米。人口 4.6 万。1998 年设立。因辖区内海伦路得名。2010 年先后完成海伦二路、海伦支路等多条道路改造。对嘉定山社区、哈尔滨路社区、海伦路社区及四方实验小区、银鸥山庄等居民楼院进行环境整治。有中小学5所，知名文艺团体1个，医疗卫生机构26个。经济以商贸、餐饮服务业为主，有国际500强企业之一的麦德龙集团青岛公司、东方家园有限公司等企业。通公交车。

双山街道 370203-A31
[Shuāngshān Jiēdào]

属市北区管辖。在区境东北部。面积2平方千米。人口1.2万。1994年设立。因街道办事处在原双山村而得名。有中小学1所，知名文艺团体2个，医疗卫生机构2个。经济以印刷、塑料制品包装、电器制造、建筑安装、商贸物流等为主。通公交车。

社区

金坛路社区 370203-A01-J01
[Jīntánlù Shèqū]

属敦化路街道管辖。在市北区东部。面积0.36平方千米。人口6 000。以金坛路命名。1998年成立。有楼房57栋，现代中式建筑风格。驻有市北区政府青岛市干休二所、延吉路幼儿园等单位。有志愿者服务，开展文明交通指示宣传等活动。通公交车。2009年被评为省文明社区。

大连路社区 370203-A02-J01
[Dàlián lù Shèqū]

属辽宁路街道管辖。在市北区西部。面积0.16平方千米。人口8 200。以大连路命名。2014年成立。有楼房76栋，现代中式建筑风格。驻有青岛水务海润自来水集团有限公司南部分公司市北管线管理所等单位。通公交车。2014年被评为省文明社区。

错埠岭社区 370203-A06-J01
[Cuòbùlǐng Shèqū]

属辽源路街道管辖。在市北区东部。面积0.21平方千米。人口10 000。以错埠岭村命名。2011年成立。有楼房78栋，现代中式建筑风格。驻有市北区机关幼儿园福东分园、辽源路小学、青岛第六十中学、福州路警察学校等单位。有志愿者服务，开展法律法规知识宣讲等活动。通公交车。2013年被评为省文明社区。

一小区社区 370203-A07-J01
[Yīxiǎoqū Shèqū]

属合肥路街道管辖。在市北区东部。面积0.32平方千米。人口7 000。以所辖小区名称命名。2000年成立。有楼房54栋，现代建筑风格。有老年人日间照料服务、志愿者服务。通公交车。2012年被评为省文明社区。

热河路社区 370203-A08-J01
[Rèhélù Shèqū]

属即墨路街道管辖。在市北区西部。面积0.15平方千米。人口7 400。以辖区内热河路命名。1998年成立。有楼房87栋，现代中式建筑风格。驻有青岛第十一中学、市北区上海路小学、立德小学等单位。有志愿者服务，开展助残养老等活动。通公交车。2013年被评为省文明社区。

陵县路社区 370203-A08-J02
[Língxiànlù Shèqū]

属即墨路街道管辖。在市北区西部。面积0.18平方千米。人口8 700。以陵县路命名。2004年成立。有楼房120栋，德式建筑风格。有志愿者服务、老年人照料服务，开展关爱留守儿童等活动。通公交车。2013年被评为省文明社区。

武定路社区　370203-A08-J03

[Wǔdìnglù Shèqū]

属即墨路街道管辖。在市北区西部。面积0.15平方千米。人口6 100。以武定路命名。2004年成立。有楼房26栋，德式建筑风格、别墅。有青岛四中、上海支路小学、青岛海事局等单位。有老年人照料服务。通公交车。2011年被评为省文明社区。

恩县路社区　370203-A08-J04

[Ēnxiànlù Shèqū]

属即墨路街道管辖。在市北区西部。面积0.14平方千米。人口7 100。以恩县路命名。2004年成立。有楼房49栋，现代简约建筑风格。驻有青岛市棉麻公司等单位。通公交车。2012年被评为省文明社区。

上海路社区　370203-A08-J05

[Shànghǎilù Shèqū]

属即墨路街道管辖。在市北区西部。面积0.14平方千米。人口7 600。以上海路命名。2004年成立。有楼房97栋，日式建筑风格。驻有青岛市立医院等单位。有志愿者服务，开展"邻里守望互助"等活动。通公交车。2014年被评为省文明社区。

东仲社区　370203-A09-J01

[Dōngzhòng Shèqū]

属镇江路街道管辖。在市北区北部。面积0.23平方千米。人口12 000。因东仲家洼得名。1998年成立。有楼房67栋，现代中式建筑风格。有日间照料服务、志愿者服务。通公交车。2011年被评为省文明社区。

西仲社区　370203-A09-J02

[Xīzhòng Shèqū]

属镇江路街道管辖。在市北区南部。

面积0.33平方千米。人口12 000。因西仲家洼得名。1998年成立。有楼房69栋，现代中式建筑风格。驻有北仲路第一小学等单位。有志愿者服务。通公交车。2013年被评为省文明社区。

芙蓉路社区　370203-A10-J01

[Fúrónglù Shèqū]

属台东街道管辖。在市北区南部。面积0.17平方千米。人口9 900。以芙蓉路命名。2011年成立。有楼房146栋，现代中式建筑风格。驻有山东省第十九中学等单位。有志愿者服务、养老服务。通公交车。2013年被评为省文明社区。

新华里社区　370203-A10-J02

[Xīnhuálǐ Shèqū]

属台东街道管辖。在市北区中部。面积0.13平方千米。人口8 800。以新华里得名。2010年成立。有楼房44栋，现代中式建筑风格。驻有青岛市铝制品总厂等单位。有养老服务等。通公交车。2013年被评为省文明社区。

六小区社区　370203-A14-J01

[Liùxiǎoqū Shèqū]

属浮山新区街道管辖。在市北区东部。面积0.45平方千米。人口12 000。以所辖小区命名。2001年成立。有楼房82栋，现代中式建筑风格。驻有青岛市广和幼儿园等单位。有志愿者服务。通公交车。2013年被评为省文明社区。

平安社区　370203-A18-J01

[Píng'ān Shèqū]

属兴隆路街道管辖。在市北区东南部。面积0.4平方千米。人口8 800。以平安路命名。2014年成立。有楼房34栋，现代建筑风格。驻有四方机厂技校、青医附院市北分院、第六教工幼儿园等单位。有日间照料服务、志愿者服务。通公交车。2014年被评为省文明社区。

麦迪绅社区 370203-A22-J01
[Màidíshēn Shèqū]

属四方街道管辖。在市北区中部。面积0.25平方千米。人口5 700。以麦迪绅地产公司命名。1998年成立。有楼房53栋，现代中式建筑风格。驻有市北区中海临安府幼儿园等单位。有老年人日间照料服务、志愿者服务。通公交车。2013年被评为省文明社区。

南山社区 370203-A23-J01
[Nánshān Shèqū]

属阜新路街道管辖。在市北区北部。面积0.16平方千米。人口9 600。因辖区内有南山公园而得名。2000年成立。有楼房38栋，现代中式建筑风格。驻有中铁十局青岛分公司、市北区人民检察院等单位。有日间照料服务。通公交车。2013年被评为省文明社区。

恩波社区 370203-A23-J02
[Ēnbō Shèqū]

属阜新路街道管辖。在市北区中部。面积0.46平方千米。人口7 800。以恩波房地产公司命名。2012年成立。有楼房32栋，现代中式建筑风格。驻有海慈医院等单位。有老年人日间照料服务。通公交车。2013年被评为省文明社区。

海滨社区 370203-A23-J03
[Hǎibīn Shèqū]

属阜新路街道管辖。在市北区中部。面积0.4平方千米。人口13 000。因辖区内有海滨广场而得名。2010年成立。有楼房93栋，现代建筑风格。驻有青岛理工大学

等单位。有老年人日间照料服务，开展书法、绘画比赛等活动。通公交车。2014年被评为省文明社区。

萍乡社区 370203-A25-J01
[Píngxiāng Shèqū]

属水清沟街道管辖。在市北区北部。面积0.12平方千米。人口8 000。以萍乡路命名。2009年成立。有楼房62栋，现代中式建筑风格。驻有山东锦宏经贸有限公司、山东华青服装有限公司等单位。有老年人日间照料服务、志愿者服务，开展慰老助残等活动。通公交车。2011年被评为省文明社区。

德安社区 370203-A25-J02
[Dé'ān Shèqū]

属水清沟街道管辖。在市北区北部。面积1平方千米。人口10 000。以德安路命名。2011年成立。有楼房78栋，现代建筑风格。有老年人日间照料服务。通公交车。2012年被评为省文明社区。

孤山社区 370203-A25-J03
[Gūshān Shèqū]

属水清沟街道管辖。在市北区西部。面积1平方千米。人口17 000。以孤山村命名。2014年成立。有楼房72栋，现代中式建筑风格。有老年人日间照料服务。通公交车。2013年被评为省文明社区。

湖清社区 370203-A25-J04
[Húqīng Shèqū]

属水清沟街道管辖。在市北区东部。面积0.5平方千米。人口6 900。以湖清路命名。2008年成立。有楼房64栋，现代中式建筑风格。有老年人日间照料服务。通公交车。2013年被评为省文明社区。

九江社区 370203-A25-J05
[Jiǔjiāng Shèqū]

属水清沟街道管辖。在市北区北部。面积0.7平方千米。人口11 000。以九江路命名。2002年成立。有楼房55栋，现代中式建筑风格。驻有宜阳路小学、市北区教工第七幼儿园等单位。有老年人照料服务，开展残疾人帮扶等活动。通公交车。2009年被评为省文明社区。

商丘路社区 370203-A26-J01
[Shāngqiūlù Shèqū]

属洛阳路街道管辖。在市北区南部。面积0.2平方千米。人口8 000。以商丘路命名。2004年成立。有楼房58栋，现代中式建筑风格。驻有市北区委党校等单位。有老年人日间照料服务，开展书法辅导班、老年健康知识讲座等活动。通公交车。2013年被评为省文明社区。

海信社区 370203-A30-J01
[Hǎixìn Shèqū]

属海伦路街道管辖。在市北区中部。面积0.7平方千米。人口12 000。以海信地产命名。2010年成立。有楼房105栋，现代中式建筑风格，还有平房。有日间照料服务。通公交车。2013年被评为省文明社区。

海顺社区 370203-A30-J02
[Hǎishùn Shèqū]

属海伦路街道管辖。在市北区东部。面积0.8平方千米。人口11 000。取"海"字开头序列命名法，因毗邻顺昌路，故名。2011年成立。有楼房74栋，现代中式建筑风格。驻有同济医院等单位。有老年人日间照料服务。通公交车。2013年被评为省文明社区。

海宁社区 370203-A30-J03
[Hǎiníng Shèqū]

属海伦路街道管辖。在市北区北部。面积0.3平方千米。人口9 200。取"海"字开头，毗邻宁岗路，故名。2001年成立。有楼房66栋，现代中式建筑风格。驻有嘉定路小学、四方机车车辆高级技工学校等单位。有老年人日间照料服务等。通公交车。2013年被评为省文明社区。

海南社区 370203-A30-J04
[Hǎinán Shèqū]

属海伦路街道管辖。在市北区东北部。面积0.6平方千米。人口10 000。以"海"字开头，毗邻南昌路，故名。2000年成立。有楼房82栋，现代建筑风格。驻有四方区丰华农工商公司等单位。有老年人日间照料服务、志愿者服务。通公交车。2013年被评为省文明单位。

黄岛区

黄岛区 370211
[Huángdǎo Qū]

青岛市辖区。在市境西部。面积2 127平方千米。人口117.9万。以汉族为主，还有满、朝鲜、蒙古、回、土家等民族。辖12街道、10镇。区人民政府驻隐珠街道。1949年属滨北专区。1950年改属胶州专区。1956年胶州专区撤销，改属昌潍专区。1958年改属青岛市。1961年复属昌潍专区。1976年黄岛、薛家岛、辛安3处人民公社从胶南划出，组建黄岛革命委员会。1979年再度划归青岛市，同年设立青岛市黄岛区。2012年撤销青岛市黄岛区、县级胶南市，合并设立新的青岛市黄岛区。因境内黄岛而得名。境内有小珠山、大珠山、铁橛山、藏马山等约500座山，灵山岛、斋堂岛、沐官岛、竹岔岛等海岛，灵山湾、唐岛湾、龙湾、古镇口湾等海湾，积米崖、小口子、杨家洼、贡口、董家口等天然港口。有中国科学院海洋研究所、黄海水产研究所等国家级海洋科研机构和国家深海基地7个。有中国石油大学（华东）、山东科技大学、青岛理工大学等高等院校9所，中小学150所，图书馆1个，博物馆1个，体育馆2个，知名文艺团体1个，三级以上医院2个。有国家级文物保护单位2个，省级文物保护单位8个，有国家级非物质文化遗产徐福传说1个，省级非物质文化遗产泊里红席编织技艺等4个，有琅琊台风景名胜区等重要古迹、景点6个。2006年建设青岛海湾大桥和胶州湾海底隧道，2007年完成银海路、井冈山路南延道路景观工程建设，2014年对淮河路、奋进路等10条道路改建。三次产业比例为2.68∶60.79∶36.53。农业以种植业、渔业为主，特产苹果、绿茶、蓝莓、草莓、樱桃、葡萄、芋头、水果萝卜、黑木耳等，盛产海参、鲍鱼、鲈鱼、黑头、扇贝、蛤蜊等。工业以食品加工、医药制造、橡胶轮胎、家电电子、石油化工、汽车制造、机械装备制造、造船和港口等产业为主。服务业以运输仓储邮政业、批发零售和住宿餐饮业、房地产业、金融业和旅游业为主，有国家级凤凰岛旅游度假区、灵山湾省级旅游度假区、琅琊台省级旅游度假区。有国家级开发区1个。有西海岸汽车总站、西海岸汽车东站，有多条公交线路。

青岛经济技术开发区 370211-E01
[Qīngdǎo Jīngjìjìshù Kāifāqū]

在区境东部。东至胶州湾，西与原胶南市接壤，南濒黄海，北与胶州市接壤。面积4.78公顷。因所在政区和功能定位得名。1984年10月经国务院正式批准建立国家级开发区，由市级政府管理。构建以海洋经济为特色的现代产业体系，具有港口物流和现代贸易、智能家电电子、新能源汽车、高端化工、船舶和海洋工程制造、新材料制造等优势产业。区内形成"一廊两带三通道"的综合交通格局，构建"通道＋网络＋枢纽"的综合立体交通体系。通公交车。

隐珠街道 370211-A01
[Yǐnzhū Jiēdào]

黄岛区人民政府驻地。在区境西北部。面积61.4平方千米。人口11.4万。2005年设立。因境内隐珠山得名。大卢家疃河、山冯河、水城河从境内穿过。有中小学8所，图书馆1个，医疗卫生机构1个。有国家级文物保护单位齐长城残垣数段，有青岛香博园、城市阳台等景点。有隐珠公园、隐珠广场等标志性建筑物。工业以机械装备、家电电子、食品医药、橡胶轮胎生产为主，有青岛临港产业加工区，"泰发"牌手推车系列产品销往世界100多个国家和地区。通公交车。

黄岛街道 370211-A02
[Huángdǎo Jiēdào]

属黄岛区管辖。在区境东部。面积36平方千米。人口10.0万。1994年设立。以黄岛得名。境内有抓马山、黑山、乳山、黄山等。有中小学4所，体育场1个，医疗卫生机构1个。有爱国主义教育基地、纪念地黄岛油库灭火烈士纪念陵园，有北海公园和柳湖公园等景点。工业以电镀、电缆、集装箱和化工等产业为主。港口物流业发达。有黄岛轮渡码头，通公交车。

辛安街道 370211-A03
[Xīn'ān Jiēdào]

属黄岛区管辖。在区境东北部。面积49平方千米。人口10.0万。1994年设立。因辖区内辛安村得名。2003年赵家岭旧村改造。2006 年东小庄、德立沟旧村改造。2007 年薛家泊子、北下庄旧村改造。2009 年东小庄、德立沟旧村改造，港头刘部分改造。2010 年东南辛、西南辛旧村改造。2011 年管家楼、马家楼、冷家沟旧村改造。2012 年南下庄、陈家庄、蜊叉泊、大泊子、西泊子、李家泊子旧村改造。境内有小珠山、徐山，南辛安河从境内穿过。有高等院校 1 所，中小学 8 所，医疗卫生机构 45 个。有国家级文物保护单位齐长城，重要古迹徐福石屋遗址、徐福水井、徐福观星石、棋盘石、车辙石等。有庆客隆购物广场、傅美商城、辛安文化中心等标志性建筑物。农业以果蔬种植为主，盛产线椒、奶白菜、冬瓜、小山芹等。工业以家电生产、制药、不锈钢产品加工等为主，有海尔、海信、美国威伯科等 2 200 余家国内外知名企业，其中世界五百强企业 11 家。服务业以房地产销售和商贸、物流、生态旅游业为主，有台头民俗文化旅游村、上庄古村落生态休闲村、徐福（徐山）文化主题公园、东夷民俗文化风情园、山科大创意文化园等旅游资源。通公交车。

薛家岛街道 370211-A04
[Xuējiādǎo Jiēdào]

属黄岛区管辖。在区境东部。面积 52 平方千米。人口 13.2 万。1994 年设立。因办事处驻薛家岛而得名。新建成金沙滩啤酒城和周边配套希尔顿、温德姆等酒店，辖区内众多商业住宅小区建成交付。境内有砚台山等。有高等院校 2 所，中小学 8 所，医疗卫生机构 1 个。有重要名胜古迹阳武侯墓、陈家岛海战遗址、朝海寺、陈姑庙、鱼骨庙、金沙滩、银沙滩等。有园林大厦等标志性建筑物。有环岛路、长江东路、漓江路等多条观光旅游快速路。农业以特色水产养殖业为主，有海水网箱养鱼基地和海珍品养殖基地，特色产品有甘水湾海

参、竹岔岛鲍鱼、渔鸣嘴真鲷等。工业以船舶制造、石油钻探、海洋工程等为主，有北船重工、中海油等大型企业。服务业以旅游业为主，将景点与地方文化相结合，打造休闲渔业游项目，有凤凰岛海鲜节、青岛啤酒节西海岸会场等。有薛家岛隧道枢纽站，通公交车。

长江路街道 370211-A05
[Chángjiānglù Jiēdào]

属黄岛区管辖。在区境东部。面积 41 平方千米。人口 20.0 万。以汉族为主，有蒙古、回、朝鲜、满、维吾尔等民族。1994 年设立。因境内主干道长江路而得名。2014 年底，完成 18 个社区旧村改造任务。境内有鹁鸽山、瞅候山、烟固墩山等山脉，夼河、岔河、丁家河等从境内穿过。有国家级科研单位中国电子科技集团公司第四十一研究所。有中国石油大学、山东科技大学等高等院校 6 所，中小学 10 所，知名文艺团体 1 个，医疗卫生机构 5 个。有马濠运河、青岛滨海学院世界动物标本艺术馆等景点。有红龙国际、海云海上乐园、名嘉汇等标志性建筑物。农业以果蔬种植、滩涂养殖为主，盛产白菜、白玉菇、奶白菜等，有花木苗圃基地。服务业以商贸业、物流业、金融业、房产销售、旅游业为主，有多元锦江等五星级商务酒店 3 家，银行、保险、证券等金融区域总部 20 余家，佳世客、麦凯乐、利群等大型综合商场 11 家。有黄岛汽车总站，通公交车。

灵珠山街道 370211-A06
[Língzhūshān Jiēdào]

属黄岛区管辖。在区境东北部。面积 42 平方千米。人口 1.8 万。2010 年设立。因辖区珠山国家森林公园内有灵珠山菩提寺而得名。有中小学 1 所，医疗卫生机构 1 个。有重要古迹灵珠山菩提寺，珠山国家

森林公园、青岛野生动物世界、珠山湖湿地公园等景点。农业以种植业、养殖业为主，主要种植果蔬、花卉，盛产草莓、木瓜、火龙果、石榴、灵珠山芋头，有现代化生态农业园区 16 个和无公害蔬菜种植实验基地，养殖山鸡、肉兔、猪等。服务业以生态文化旅游为主，建有青石湾农业采摘园、瀚林翔生态园和桑葚、葡萄等生态采摘园等。通公交车。

红石崖街道 370211-A07
[Hóngshíyá Jiēdào]

属黄岛区管辖。在区境东北部。面积 67 平方千米。人口 3.2 万。2005 年设立。因地处海崖，土石呈红色，故名红石崖。2005 年在龙泉盐场场址建设西海岸出口加工区。2006 年 12 月胶州湾大桥动工兴建，2011 年 6 月通车运营。2011 年 12 月中德生态园举行奠基仪式。有高等院校 2 所，中小学 5 所，有德国足球亚洲训练基地，医疗卫生机构 24 个。有重要古迹古烽火台遗址、雷家店子遗址。有海之子大酒店、青岛西海岸出口加工区商务大厦等标志性建筑物。农业以种植草莓、大棚蔬菜等为主。工业以石化、电子和机械制造产业等为主，有西门子钢琴等产品，建有出口加工、石化产业、配套服务、物流产业等园区。服务业以外贸为主，主要出口服装及纺织品。通公交车。

珠山街道 370211-A08
[Zhūshān Jiēdào]

属黄岛区管辖。在区境西北部。面积 40 平方千米。人口 7.1 万。1995 年设立。因境内有大、小珠山而得名。风河、小辛河从境内穿过。有中小学 6 所，医疗卫生机构 2 个。有重要古迹祝家庄遗址。有石桥大厦等标志性建筑物。农业以种植水稻、

蔬菜为主。工业以铸造、机械、化工、建材、医药制造业为主。服务业以批发零售业为主，建有汽车配件城、建材批发市场等。有青岛西海岸汽车总站，通公交车。

珠海街道 370211-A09
[Zhūhǎi Jiēdào]

属黄岛区管辖。在区境西南部。面积 54 平方千米。人口 6.4 万。1995 年设立。因境内有大、小珠山，东濒黄海而得名。风河从境内穿过。有中小学 6 所，博物馆 1 个，体育馆 1 个，医疗卫生机构 3 个。有省级文物保护单位挪庄遗址。有九方时代广场、琅琊台桥等标志性建筑物。农业主产瓜果、蔬菜，盛产蓝莓、凯特杏、草莓等。工业以机械制造、食品加工、建筑材料、塑料制品为主。服务业以旅游、餐饮、金融、电子商务、楼宇经济为主，有东海路雕塑旅游观光大道、银海游艇俱乐部、前海木栈道等景点。通公交车。

滨海街道 370211-A10
[Bīnhǎi Jiēdào]

属黄岛区管辖。在区境西南部。面积 108 平方千米。人口 4.1 万。2005 年设立。因濒黄海而得名。瓦屋河、刘家村河等从境内穿过。有高等院校 3 所，中小学 2 所，医疗卫生机构 13 个。有省级文物保护单位大珠山遗址，重要名胜古迹大珠山景区、古镇口炮台、石门寺。农业以林果种植、水产养殖、畜牧养殖为主，盛产苹果、海参、鲍鱼、石花菜、鲈鱼、美国红鱼、流线鱼等，有大型深水抗风浪网箱养殖区、工厂化养殖区和参鲍养殖区。工业以机械制造、食品加工、海洋生物加工、电子信息产业为主。服务业以旅游业、仓储和运销业为主。通公交车。

灵山卫街道 370211-A11
[Língshānwèi Jiēdào]

属黄岛区管辖。在区境东部。面积 92 平方千米。人口 3.5 万。2005 年设立。因街道办事处所在地灵山卫村而得名。白果树河、窝洛子河、干河子从境内穿过。有高等院校 1 所，中小学 2 所，医疗卫生机构 3 个。有国家级文物保护单位齐长城遗址，重要名胜古迹古月山庄、灵山岛省级自然保护区。有新城吾悦广场等标志性建筑物。农业以水产养殖为主，盛产海带、扇贝、海参、鲍鱼等。工业以热电、化工、针纺织、机械、电子、橡胶等产业为主。有积米崖港，通公交车。

铁山街道 370211-A12
[Tiěshān Jiēdào]

属黄岛区管辖。在区境西北部。面积 101 平方千米。人口 2.4 万。2005 年设立。因境内铁橛山而得名。2005 年建成成教中心、计划生育办公楼，修筑了 6 条橡胶拦河坝。2006 年完成中小学新校的主体工程建设，新建农民教育实训基地，改建敬老院。2007 年村村通道路工程开工建设。2009 年杨家山里抗日纪念馆建成并对外开放，韩家村作为首个村居改造示范村，全年建成两期经济适用房。2013 年建成农民经济适用房一期汶河人家小区。风河从境内穿过。有中小学 3 所，医疗卫生机构 1 个。有国家级文物保护单位齐长城遗址曹城山段，重要名胜古迹墨禅庵、九上沟景区、九九山观光园。农业以种植业、养殖业为主，农作物主产小麦、玉米、花生，特产苹果、山楂、蜜桃、板栗、核桃等，养殖鸡、兔、猪等。工业以食品加工、服装生产、皮件箱包加工、电子、纺织机械、橡胶产业为主，建有铁山工业园。服务业以旅游业为主。通公交车。

琅琊镇 370211-B01
[Lángyá Zhèn]

黄岛区辖镇。在区境南部。面积 102 平方千米。人口 4.1 万。辖 1 居委会、63 村委会，有 69 自然村。镇人民政府驻夏河城。1949 年为琅琊区。1958 年改乡、公社。1984 年复设乡。1986 年改置镇。2001 年寨里镇 5 村并入。因境内琅琊台（琅琊山）而得名。境内有皂户河、夏河。有中小学 3 所，卫生院 1 个。有省级文物保护单位琅琊台遗址、东皂户遗址，国家级非物质文化遗产"徐福传说"。农业以种植业、养殖业为主，农作物主产小麦、玉米、花生、地瓜、大豆，林业建有沿海防护林、竹苗繁育等五大林业建设工程，养殖业建有深水网箱养殖基地，盛产海参、鲍鱼、黑头鱼、扇贝、虾等。工业以电子、金属制品、水产品加工等为支柱产业。服务业发展以家庭宾馆为主的民俗旅游。省道张李公路过境。

泊里镇 370211-B02
[Pōlǐ Zhèn]

黄岛区辖镇。在区境西南部。面积 164 平方千米。人口 7.7 万。辖 101 村委会，有 93 自然村。镇人民政府驻泊里河北。1955 年设泊里区。1956 年由藏马县并入胶南县。1958 年改乡、公社。1984 年改泊里镇。2001 年信阳镇并入。因镇政府驻地村得名。横河从境内穿过。有中小学 6 所，卫生院 1 个。有省级非物质文化遗产泊里红席编织技艺。农业以种植业、渔业为主，农作物主产小麦、玉米、花生，林业种植日本红枫、红叶石楠等苗木，渔业盛产杂色蛤、西施舌、刺参、扇贝等 40 余种水产。工业以铸造、纺织机械、塑料制品、卡车内胎等生产为主。服务业以物流业为主。204 国道、省道张李公路过境。设董家口港。

大场镇 370211–B03

[Dàchǎng Zhèn]

黄岛区辖镇。在区境西南部。面积117平方千米。人口5.5万。辖87村委会，有84自然村。镇人民政府驻大场村。1949年为藏马县第七区。1956年并入胶南县龙马区。1958年设大场、大庄2乡，旋合并改大场公社。1984年改置镇。2001年塔山乡并入。因镇政府驻地村得名。吉利河、白马河从境内穿过。有中小学4所，卫生院1个。农业主产小麦、玉米、花生、羊肚菌、梨、板栗、桃等，有万亩优质果园，特产有机甘薯、有机水果萝卜，林业主要种植杨树、黑松、樱花树等。工业有机械、服装、橡胶和食品加工等产业。204国道和334省道、398省道过境。

大村镇 370211–B04

[Dàcūn Zhèn]

黄岛区辖镇。在区境西部。面积213平方千米。人口6.2万。辖115村委会，有115自然村。镇人民政府驻大村。1944年属龙马区。1958年撤龙马区，分为大村、张戈庄2乡。1984年改为大村镇。2001年市美乡18村划入。2013年理务关镇并入。因镇政府驻地得名。白马河从境内穿过。有中小学6所，卫生院1个。农业以种植业为主，农作物主产小麦、玉米、花生，特产香菇、黑木耳、猴头菇，林业以彩色林业为特点，有芙蓉、合欢、五角枫、银杏、黑松等品种。工业有机械制造、造纸、服装加工等产业。旅游业结合当地龙马文化，有藏马山民俗庄园、灵龟湖休闲度假村、跑马场、射猎场、垂钓俱乐部、生态观光茶园、龙马书院等旅游项目。省道黄大公路过境。

六汪镇 370211–B05

[Liùwāng Zhèn]

黄岛区辖镇。在区境西北部。面积182平方千米。人口5.3万。辖75村委会、有75自然村。镇人民政府驻六汪村。1958年设六汪乡，旋改公社。1984年改置镇。2001年胶河镇并入。因镇政府驻地得名。胶河、吉利河从境内穿过。有中小学4所，卫生院2个。有国家级文物保护单位齐长城峰台顶段，铁橛山景区等旅游资源。农业主产小麦、玉米、地瓜、花生、芋头、黄烟、蓝莓等，特产香菇、胶河大白菜、大西洋土豆等，养殖猪、羊等。工业以机械制造、电子、建筑业、农产品深加工为主。服务业以旅游业为主，有蓝莓采摘、葡萄采摘等项目。省道314国道、黄大公路过境。

王台镇 370211–B06

[Wángtái Zhèn]

黄岛区辖镇。在区境北部。面积144平方千米。人口7.0万。辖1居委会、89村委会，有93自然村。镇人民政府驻庄家茔村。1949年为王台区。1958年改乡、公社。1984年改置镇。2001年黄山镇并入。因镇政府驻地得名。错水河、巨洋河从境内穿过。有中小学6所，卫生院2个。有市级文物保护单位逢猛张墩台。农业以高效农业为特色，主产小麦、玉米、花生、芋头、蜜桃、西瓜等，特产甜椒、番茄、黄瓜、仙人掌，养殖水貂、生猪等，渔业盛产海蟹、海参等品种。工业以纺织、橡胶软管加工、建筑、食品加工为主。服务业以批发零售业为主，有建材批发市场、漕汶蔬菜批发市场。15国道、22国道、204国道过境。

张家楼镇 370211–B07

[Zhāngjiālóu Zhèn]

黄岛区辖镇。在区境南部。面积137

平方千米。人口 4.5 万。辖 63 村委会，有 66 自然村。镇人民政府驻张家楼村。1949 年为张家楼区。1958 年改乡、公社。1984 年复设乡。1993 年改置镇。2001 年寨里镇 22 村并入。因镇政府驻地得名。苑庄河、张家楼河从境内穿过。有中小学 4 所，卫生院 1 个。有省级文物保护单位龙山文化遗址，有樱皇谷等景点。农业发展绿色生态农业，农作物主产小麦、玉米、花生等，特产草莓、樱桃、蓝莓、葡萄、柿子、苹果等，渔业以养殖蛤、蛏等贝类为主。工业有汽车配件、精细化工、金属制品等支柱产业。服务业以生态文化旅游业为主，有万亩果园、千亩茶园、双崮樱桃。15 国道、204 国道过境。

海青镇 370211-B08
[Hǎiqīng Zhèn]

黄岛区辖镇。在区境西南部。面积 102 平方千米。人口 4.2 万。辖 64 村委会、有 64 自然村。镇人民政府驻海青村。1949 年属藏马县第八区，后改海青区。1958 年改乡、公社。1984 年复设乡。1993 年改置镇。因镇政府驻地得名。甜水河、潮河从境内穿过。有中小学 5 所，卫生院 1 个。有重要名胜古迹甲旺墩遗址、海青天齐庙。经济以茶业及其相关产业为主，以海青绿茶闻名，有国家级无公害茶园基地 6 个、有机茶园基地 5 个、茶叶专业村 43 个。林果业以种植苹果、蓝莓为主，水产养殖以虾、蟹为主。工业以茶叶加工、服装鞋帽加工、机械加工、电子等业为主。服务业以旅游业为主，依托茶园建设茶艺展览馆、北部山区农业旅游、采摘园等，有千年古银杏、南竹北移"小江南"古庙等多个旅游景点。204 国道和 220 省道、334 省道过境。

宝山镇 370211-B09
[Bǎoshān Zhèn]

黄岛区辖镇。在区境西北部。面积 120 平方千米。人口 3.0 万。辖 44 村委会，有 57 自然村。镇人民政府驻尚庄。1955 年设宝山区。1958 年改乡、公社。1984 年复设乡。1995 年改置镇。因镇境内七宝山而得名。洋河、风河从境内穿过。有中小学 9 所，卫生院 1 个。有省级文物保护单位向阳遗址。农业以种植业为主，主产小麦、玉米、花生、猕猴桃、葡萄、大樱桃、苹果、蓝莓、黄烟、花生等。工业以机械制造、农产品加工、木制品加工、铝制品加工等业为主，有特色产业蓝莓酒、花青素等高端产品深加工业。服务业以旅游业为主，有乡村旅游、蓝莓休闲旅游等项目。22 国道、省道黄大公路过境。

藏南镇 370211-B10
[Cángnán Zhèn]

黄岛区辖镇。在区境南部。面积 88 平方千米。人口 3.1 万。辖 43 村委会，有 48 自然村。镇人民政府驻小马家疃村。1984 年改横河乡。1987 年改藏南乡。1993 年改置镇。2001 年寨里镇 6 村划归藏南镇。因位于藏马山南而得名。横河、唐家庄河、高戈庄河从境内穿过。有中小学 4 所，卫生院 1 个。有市级文物保护单位高戈庄遗址。农业主产小麦、玉米、花生、生猪、羊、蓝莓、丰水梨等。工业以机械制造、轻工、电子、生物化肥、服装、纺织配件、橡胶生产为主。服务业以旅游业为主，有青岛官庄生态乐园、藏马山生态观光园等景点。15 国道、204 国道过境。

社区

隐珠山社区 370211-A01-J01

[Yǐnzhūshān Shèqū]

　　属隐珠街道管辖。在黄岛区西北部。面积1.2平方千米。人口2 100。因坐落在隐珠山而得名。2007年成立。有楼房356栋，现代建筑风格。有老年人照料服务、志愿者服务。通公交车。2013年被评为省文明社区。

灵山湾社区 370211-A01-J02

[Língshānwān Shèqū]

　　属隐珠街道管辖。在黄岛区西南部。面积9平方千米。人口6 900。因位于灵山湾附近而得名。2007年成立。有楼房193栋，中式建筑风格。驻有珠山国税分局、胶南市质监局、青岛灵山湾医院等单位。有老年人照料服务、志愿者服务。通公交车。2011年被评为省文明社区。

峄山社区 370211-A01-J03

[Yìshān Shèqū]

　　属隐珠街道管辖。在黄岛区西南部。面积1平方千米。人口11 500。因位于峄山附近而得名。2007年成立。有楼房167栋，现代建筑风格。有老年人照料服务。通公交车。2014年被评为省文明社区。

前湾社区 370211-A02-J01

[Qiánwān Shèqū]

　　属黄岛街道管辖。在黄岛区东北部。面积0.17平方千米。人口2 500。因在背靠乳山、面朝大海的盆地地带建立村庄，取名前湾村，社区沿用村名。2007年成立。有楼房33栋，现代中式建筑风格。驻有青岛益和电器公司等单位。有老年人照料服务。通公交车。2008年被评为省文明社区。

北泥社区 370211-A03-J01

[Běiní Shèqū]

　　属辛安街道管辖。在黄岛区东北部。面积0.6平方千米。人口800。因这里地势低洼，遇阴雨天气便成泥沼地，故名北泥村，社区沿用村名。2004年成立。有楼房4栋，现代中式建筑风格。有老年人照料服务。通公交车。2010年被评为省文明单位。

薛家岛一社区 370211-A04-J01

[Xuējiādǎo 1 Shèqū]

　　属薛家岛街道管辖。在黄岛区东部。面积0.42平方千米。人口1 700。以薛家岛一村得名。2004年成立。有楼房23栋，现代中式建筑风格。有志愿者服务、老年人日间照料服务。通公交车。2010年被评为省文明社区。

薛家岛四社区 370211-A04-J02

[Xuējiādǎo 4 Shèqū]

　　属薛家岛街道管辖。在黄岛区东部。面积0.14平方千米。人口1 500。以薛家岛四村得名。2004年成立。有楼房15栋，现代中式建筑风格。有志愿者服务、老年人日间照料服务。通公交车。2011年被评为省文明社区。

薛家岛五社区 370211-A04-J03

[Xuējiādǎo 5 Shèqū]

　　属薛家岛街道管辖。在黄岛区东部。面积0.23平方千米。人口600。以薛家岛五村得名。2004年成立。有楼房12栋，现代中式建筑风格。有志愿者服务、老年人日间照料服务。通公交车。2012年被评为省文明社区。

薛家岛六社区 370211-A04-J04
[Xuējiādǎo 6 Shèqū]

　　属薛家岛街道管辖。在黄岛区东部。面积 0.84 平方千米。人口 1 700。因薛家岛六村得名。2004 年成立。有楼房 12 栋，现代中式建筑风格。驻有薛家岛医院等单位。有老年人日间照料服务。通公交车。2013 年被评为省文明社区。

豹窝社区 370211-A04-J05
[Bàowō Shèqū]

　　属薛家岛街道管辖。在黄岛区东部。面积 0.15 平方千米。人口 400。以豹窝村得名。2004 年成立。有楼房 6 栋，现代中式建筑风格。驻有青岛理工大学等单位。有志愿者服务、老年人照料服务。通公交车。2013 年被评为省文明社区。

南庄一社区 370211-A04-J06
[Nánzhuāng 1 Shèqū]

　　属薛家岛街道管辖。在黄岛区东部。面积 0.15 平方千米。人口 1 500。以南庄一村得名。2004 年成立。有楼房 16 栋，现代中式建筑风格。通公交车。2014 年被评为省文明社区。

薛家岛三社区 370211-A04-J07
[Xuējiādǎo 3 Shèqū]

　　属薛家岛街道管辖。在黄岛区东部。面积 0.4 平方千米。人口 1 400。以薛家岛三村得名。2004 年成立。有楼房 16 栋，现代中式建筑风格。驻有中联混凝土公司等单位。有志愿者服务、老年人日间照料服务。通公交车。2009 年被评为省文明社区。

张宝湾社区 370211-A05-J01
[Zhāngbǎowān Shèqū]

　　属长江路街道管辖。在黄岛区东部。面积 0.97 平方千米。人口 800。以张宝湾村得名。2004 年成立。有楼房 32 栋，现代建筑风格。驻有青岛中山医院等单位。有志愿者服务。通公交车。2008 年被评为省文明社区。

太行山路社区 370211-A05-J02
[Tàihángshānlù Shèqū]

　　属长江路街道管辖。在黄岛区东部。面积 0.35 平方千米。人口 1 100。因太行山路得名。2004 年成立。有楼房 20 栋，现代建筑风格。有富春江路小学等单位。有老年人日间照料服务。通公交车。2008 年被评为省文明社区。

荒里社区 370211-A05-J03
[Huānglǐ Shèqū]

　　属长江路街道管辖。在黄岛区东部。面积 0.6 平方千米。人口 600。以荒里村得名。2004 年成立。有楼房 27 栋，现代建筑风格。通公交车。2009 年被评为省文明社区。

柳西社区 370211-A06-J01
[Liǔxī Shèqū]

　　属灵珠山街道管辖。在黄岛区东部。面积 0.23 平方千米。人口 1 400。以柳西村得名。2004 年成立。以平房为主。有老年人照料服务。通公交车。2009 年被评为省文明社区。

丁石洼社区 370211-B01-J01
[Dīngshíwā Shèqū]

　　属琅琊镇管辖。在黄岛区东南部。面积 4 平方千米。人口 1 500。以原丁石洼村得名。2009 年成立。以平房为主。有老年人日间照料服务。通公交车。2011 年被评为省文明社区。

崂山区

崂山区 370212
[Láoshān Qū]

青岛市辖区。在市境东南部。面积 396 平方千米。人口 42.8 万。辖 4 街道。区人民政府驻中韩街道。1949 年置李村、崂西、崂东、夏庄、阴岛 5 区，直属青岛市，同年设崂山行政办事处，辖区属南海专区。1950 年属胶州专区。1951 年属青岛市。1953 年置崂山郊区。1961 年改置崂山县。1989 年改县为区。1994 年划出 9 镇。因境内有著名的风景名胜区崂山得名。境内东部为崂山山脉，白沙河、张村河从区境内穿过。有国家级工程技术研究中心 3 个，省级工程技术研究中心 5 个。有中国海洋大学等高等院校 3 所，中小学 44 所，体育场馆 4 个，三级以上医院 2 个。有国家级文物保护单位崂山道教建筑群 1 个，省级文物保护单位康有为墓、朝连岛灯塔等 5 个，省级爱国主义教育基地 4 个，有国家级非物质文化遗产崂山道教音乐等 3 个，省级非物质文化遗产 1 个，风景名胜区和重要古迹、景点崂山风景区等 10 个。2008 年国展财富中心、鸿泰大厦等商务楼宇投入使用，完成海尔路、东海路、李沙路、崂山路等道路的改造。规划建设了青岛崂山科技城和金融城，完成了北村和大、小埠东社区的回迁安置。加快以崂山风景区为主的国际旅游度假区、现代服务业聚集区、高新技术产业聚集区三个功能区的建设。有青岛大剧院等标志性建筑物。三次产业比例为 1:51:48。农业以种植业和渔业为主，主产小麦、玉米、樱桃、蔬菜、鹰爪虾、鲍鱼、刺参、仙胎鱼等，名优特产有崂山绿茶、北宅樱桃等。工业以钢管制造、轴承及保持器生产、化工建材、机械电子、纺织服装、农副产品加工、海洋生物制药为主导产业。服务业以旅游业和金融业为主，有金家岭金融聚集区。有青岛汽车东站，有多条公交线路。

中韩街道 370212-A01
[Zhōnghán Jiēdào]

崂山区人民政府驻地。在区境西南部。面积 61 平方千米。人口 11.6 万。1998 年设立。因街道办事处原在中韩社区得名。2010 年东韩社区整村改造。2011 年中韩片区整村改造、东韩社区安置区项目开工建设。张村河从境内穿过。有中国海洋大学等高等院校 3 所，中小学 16 所，体育场馆 2 个，医疗卫生机构 37 个。有青岛国际啤酒城、山东省国际会展中心、青岛文化博览中心、青岛雕塑园、世纪广场等标志性建筑物。农业以养殖业和渔业为主，主产猪、鸡和水产。工业以集电子信息、生物技术、新材料为主的高新技术产业为主，境内有海尔工业园区。服务业以生态旅游业为主，有石老人观光园。有青岛汽车东站，通公交车。

沙子口街道 370212-A02
[Shāzikǒu Jiēdào]

属崂山区管辖。在区境东南部。面积 111 平方千米。人口 6.3 万。1998 年设立。因街道办事处在沙子口得名。境内有崂山极顶巨峰、团崮顶、鹰窝顶、盘楼顶、烟台顶、黄花顶、折崮顶、老寨顶和小崂顶等山。有高等院校 1 所，中小学 9 所，医疗卫生机构 3 个。有崂山风景区的巨峰景区、流清河景区、登瀛景区、百雀林生态观光园、万里江茶场、九水沟生态观光园、大河东森林公园等景点。农业以渔业为主，主产对虾、海参、鲍鱼、扇贝及各种鱼类，有名优特产崂山茶。工业以电线电缆生产、玻璃制造、化工、塑钢加工、饮料加工、啤酒酿造为主。服务业以生态旅游业为主。通公交车。

王哥庄街道 370212-A03
[Wánggēzhuāng Jiēdào]

属崂山区管辖。在区境东北部。面积143.49平方千米。人口4.8万。1998年设立。因街道办事处在王哥庄社区得名。境内有大标山、马鞍山、天茶顶、高石屋、万年船等山。有中小学6所，博物馆1个，医疗卫生机构35个。有名胜古迹仰口景区、二龙山景区，道教名刹太清宫、上清宫、太平宫，佛教古庙华严寺、白云洞等。农业以种植业和渔业为主，多种植玉米、地瓜、花生、小麦、崂山茶等农作物，渔业主产海参、鲍鱼、对虾。工业以海洋化工、矿泉饮料加工、五金机械制造、建筑安装、包装制品加工为主。通公交车。

北宅街道 370212-A04
[Běizhái Jiēdào]

属崂山区管辖。在区境北部。面积81平方千米。人口3.0万。1998年设立。因原乡镇驻地北宅科得名。白沙河、张村河、五龙河从境内穿过。有中小学6所，医疗卫生机构38个。有名胜古迹崂山北九水、华楼宫风景区。农业以畜牧业和种植业为主，畜牧业主产奶山羊、肉猪、鸡等，种植业主产茶叶、花卉、樱桃，有大崂樱桃园，每年举办北宅樱桃节，有拳头菜、崂山松蘑、崂山参等特产。工业以矿泉水加工、食品加工、建筑建材、模具制造为主，有北宅工业园。服务业以生态旅游业为主。通公交车。

社区

金家岭社区 370212-A01-J01
[Jīnjiālǐng Shèqū]

属中韩街道管辖。在崂山区西南部。面积1平方千米。人口2 700。以金家岭村得名。2003年成立。有楼房71栋，现代建筑风格。驻有崂山区实验小学等单位。有志愿者服务、老年人日间照料服务。通公交车。2008年被评为省文明社区。

石老人社区 370212-A01-J02
[Shílǎorén Shèqū]

属中韩街道管辖。在崂山区西南部。面积2.8平方千米。人口4 000。因南海湾处有一酷似老人形态的巨大海蚀石礁而得名。2003年成立。有楼房52栋，现代建筑风格。驻有崂山区石老人小学等单位。有老年人照料服务。通公交车。2006年被评为省文明社区。

牟家社区 370212-A01-J03
[Mùjiā Shèqū]

属中韩街道管辖。在崂山区西南部。面积9平方千米。人口2 000。以牟家村得名。2004年成立。有楼房36栋，现代建筑风格。驻有中国海洋大学、青岛第一国际学校等单位。有老年人日间照料服务。通公交车。2012年被评为省文明社区。

枯桃社区 370212-A01-J04
[Kūtáo Shèqū]

属中韩街道管辖。在崂山区西南部。面积2平方千米。人口3 000。以枯桃村得名。2004年成立。以平房为主。驻有海军疗养医院等单位。有老年人日间照料服务。通公交车。2014年被评为省文明社区。

西韩社区 370212-A01-J05
[Xīhán Shèqū]

属中韩街道管辖。在崂山区西部。面积1.0平方千米。人口4 900。相传明永乐年间，韩姓在张村河西南占山，后郭姓于张村河划地建村，最初名村韩郭庄。历数年，续迁来徐、刘两姓人家，世经延传，刘氏人丁最旺,所以刘氏又以"刘家韩哥庄"名村。后为了与东边的两个韩哥庄区别,遂加以方位命名为西韩哥庄,社区以西韩命名。2004年成立。有楼房120栋,现代建筑风格。通公交车。

张家下庄社区 370212-A01-J06
[Zhāngjiāxiàzhuāng Shèqū]

属中韩街道管辖。在崂山区西北部。面积1平方千米。人口1 400。沿用原张家下庄名。2004年成立。以平房为主。通公交车。

张村社区 370212-A01-J07
[Zhāngcūn Shèqū]

属中韩街道管辖。在崂山区西南部。面积2.0平方千米。人口3 200。沿用原村名。2004年成立。以平房为主。通公交车。

文张社区 370212-A01-J08
[Wénzhāng Shèqū]

属中韩街道管辖。在崂山区西南部。面积0.1平方千米。人口1 000。因原文张村得名。2004年成立。以平房为主。通公交车。

孙家下庄社区 370212-A01-J09
[Sūnjiāxiàzhuāng Shèqū]

属中韩街道管辖。在崂山区西南部。面积1.2平方千米。人口1 600。明永乐年间由孙氏立村,故名。2004年成立。以平房为主。通公交车。

董家下庄社区 370212-A01-J10
[Dǒngjiāxiàzhuāng Shèqū]

属中韩街道管辖。在崂山区西南部。面积0.2平方千米。人口2 200。据传,董氏定居,因地势低下,故名。2004年成立。以平房为主。通公交车。

北村社区 370212-A01-J11
[Běicūn Shèqū]

属中韩街道管辖。在崂山区西南部。面积0.2平方千米。人口1 800。以北村得名。2004年成立。有楼房14栋,现代建筑风格。通公交车。

大麦岛社区 370212-A01-J12
[Dàmàidǎo Shèqū]

属中韩街道管辖。在崂山区西南部。面积0.4平方千米。人口4 200。因村边墨水河入海处有一小岛,涨潮与陆相隔,潮落则通,土黑,称"墨岛",后谐音为"麦岛"。2004年成立。有楼房20栋,现代建筑风格。通公交车。

王家村社区 370212-A01-J13
[Wángjiācūn Shèqū]

属中韩街道管辖。在崂山区西南部。面积0.2平方千米。人口2 300。因姓氏得名。2004年成立。有楼房5栋,现代建筑风格,还有平房。通公交车。

王家麦岛社区 370212-A01-J14
[Wángjiāmàidǎo Shèqū]

属中韩街道管辖。在崂山区西南部。面积0.4平方千米。人口2 400。明朝年间,王氏建村,俗称"王家庄",后改名王家麦岛。2004年成立。有楼房6栋,现代建筑风格。驻有中国海洋大学、麦岛中学等单位。通公交车。

午山社区 370212-A01-J15
[Wǔshān Shèqū]

属中韩街道管辖。在崂山区西南部。面积0.2平方千米。人口4 500。相传明永乐年间王氏建村,当时从汉和村到石湾村过山时,适逢中午,遂冠名午山村,社区沿用村名。2004年成立。有楼房8栋，现代建筑风格，还有平房。驻有青岛科技大学、青岛第二中学、午山实验第三小学、午山实验幼儿园、辽阳东路小学等单位。通公交车。

钟家沟社区 370212-A01-J16
[Zhōngjiāgōu Shèqū]

属中韩街道管辖。在崂山区西南部。面积0.2平方千米。人口1 100。相传明万历年间钟氏立村，故名。2004年成立。有楼房1栋，现代建筑风格，还有平房。通公交车。

朱家洼社区 370212-A01-J17
[Zhūjiāwā Shèqū]

属中韩街道管辖。在崂山区西南部。面积0.23平方千米。人口2 200。明永乐年间朱氏建村，故名。2004年成立。有楼房3栋，现代建筑风格，还有平房。驻有青岛大学、青岛科技大学等单位。通公交车。

松山后社区 370212-A02-J01
[Sōngshānhòu Shèqū]

属沙子口街道管辖。在崂山区南部。面积1.43平方千米。人口900。因位于松山之后而得名。2004年成立。有楼房2栋，现代建筑风格。驻有崂山区第五中学等单位。有老年人照料服务。通公交车。2009年被评为省文明社区。

竹窝社区 370212-A02-J02
[Zhúwō Shèqū]

属沙子口街道管辖。在崂山区南部。面积5.64平方千米。人口700。以竹窝村得名。2004年成立。有楼房12栋，现代建筑风格。有老年人照料服务。通公交车。2012年被评为省文明社区。

大河东社区 370212-A02-J03
[Dàhédōng Shèqū]

属沙子口街道管辖。在崂山区南部。面积13.98平方千米。人口1 500。《大河东村志》中记载："明嘉靖初年，姜、朱两姓先后从即墨迁此定居。村建大河以东，故名大河东。"社区沿用村名。2004年成立。有楼房7栋，现代建筑风格，还有平房。通公交车。

东麦窑社区 370212-A02-J04
[Dōngmàiyáo Shèqū]

属沙子口街道管辖。在崂山区南部。面积0.9平方千米。人口500。立村时这里到处是被烟熏得像墨一样漆黑的残窑废址，遂称墨窑、墨窑子，由于崂山方言"墨"和"麦"吐音相同，遂将"墨"写作"麦"，久而久之即成了"麦窑""麦窑子"，后划分为东麦窑、西麦窑。2004年成立。有楼房8栋，现代建筑风格，还有平房。通公交车。

后登瀛社区 370212-A02-J05
[Hòudēngyíng Shèqū]

属沙子口街道管辖。在崂山区南部。面积4.41平方千米。人口2 000。因后登瀛村得名。2004年成立。有楼房8栋，现代建筑风格，还有平房。通公交车。

岭西社区 370212-A02-J06
[Lǐngxī Shèqū]

属沙子口街道管辖。在崂山区南部。面积1.97平方千米。人口1 900。因建村时在东岗以西，故名。2004年成立。有楼房8栋，现代建筑风格，还有平房。通公交车。

龙泉社区 370212-A02-J07
[Lóngquán Shèqū]

属沙子口街道管辖。在崂山区南部。

面积 0.05 平方千米。人口 400。因龙泉村而得名。2004 年成立。以平房为主。通公交车。

南龙口社区 370212-A02-J08
[Nánlóngkǒu Shèqū]

属沙子口街道管辖。在崂山区南部。面积 2.41 平方千米。人口 1 200。因地处龙口石以南而得名。2004 年成立。有楼房 15 栋，现代建筑风格，还有平房。通公交车。

北龙口社区 370212-A02-J09
[Běilóngkǒu Shèqū]

属沙子口街道管辖。在崂山区南部。面积 2.82 平方千米。人口 2 300。因该村居于龙头石的北面而得名。2004 年成立。有楼房 2 栋，现代建筑风格，还有平房。驻有中国海洋大学等单位。通公交车。

前登瀛社区 370212-A02-J10
[Qiándēngyíng Shèqū]

属沙子口街道管辖。在崂山区南部。面积 4.0 平方千米。人口 2 100。因前登瀛村而得名。2004 年成立。有楼房 12 栋，现代建筑风格，还有平房。通公交车。

小河东社区 370212-A02-J11
[Xiǎohédōng Shèqū]

属沙子口街道管辖。在崂山区南部。面积 1.02 平方千米。人口 2 400。明永乐二年（1404），登瀛王氏伯英、伯能、伯俊、伯杰叔兄弟四人（伯俊、伯杰去即墨海阳夏村、三都河居住），伯英、伯能二兄弟留住登窑（当时前后登瀛、小河东等之统称。登瀛叫河西，小河东叫河东），到二世兄弟七人，分为七个支派，其中的支派迁居小河以东，故叫河东，后成村叫小河东村，社区沿用村名。2004 年成立。有楼房 4 栋，现代建筑风格，还有平房。通公交车。

于哥庄社区 370212-A02-J12
[Yúgēzhuāng Shèqū]

属沙子口街道管辖。在崂山区南部。面积 2.49 平方千米。人口 2 500。相传于哥庄的开山户为于姓，故名。2004 年成立。有楼房 14 栋，现代建筑风格，还有平房。通公交车。

段家埠社区 370212-A02-J13
[Duànjiābù Shèqū]

属沙子口街道管辖。在崂山区南部。面积 2.76 平方千米。人口 3 100。明永乐二年（1404）段氏先占山而居，至明万历年间编修《即墨县志》时定名为段家埠。2004 年成立。有楼房 11 栋，现代建筑风格，还有平房。通公交车。

马鞍子社区 370212-A02-J14
[Mǎ'ānzi Shèqū]

属沙子口街道管辖。在崂山区南部。面积 0.61 平方千米。人口 200。因马鞍子村得名。2004 年成立。有楼房 2 栋，现代建筑风格，还有平房。通公交车。

港西社区 370212-A03-J01
[Gǎngxī Shèqū]

属王哥庄街道管辖。在崂山区东北部。面积 2.2 平方千米。人口 2 000。以港西村得名。2004 年成立。有楼房 200 栋，现代中式建筑风格。通公交车。2004 年被评为省文明社区。

曲家庄社区 370212-A03-J02
[Qūjiāzhuāng Shèqū]

属王哥庄街道管辖。在崂山区东北部。面积 3.7 平方千米。人口 2 000。原名石疙瘩后社区，后因与仰口美丽风景不协调，后改为曲家庄社区。2004 年成立。有楼房

176 栋，现代建筑风格。通公交车。2008年被评为省文明社区。

王山口社区　370212-A03-J03
[Wángshānkǒu Shèqū]

　　属王哥庄街道管辖。在崂山区东北部。面积 1.1 平方千米。人口 1 000。因王山口村得名。2004 年成立。以平房为主。通公交车。2010 年被评为省文明社区。

囤山社区　370212-A03-J04
[Dùnshān Shèqū]

　　属王哥庄街道管辖。在崂山区东北部。面积 0.2 平方千米。人口 1 400。因囤山村而得名。2004 年成立。以平房为主。通公交车。

雕龙嘴社区　370212-A03-J05
[Diāolóngzuǐ Shèqū]

　　属王哥庄街道管辖。在崂山区东部。面积 1.0 平方千米。人口 1 400。因雕龙嘴村而得名。2004 年成立。以平房为主。通公交车。

黄泥崖社区　370212-A03-J06
[Huángníyá Shèqū]

　　属王哥庄街道管辖。在崂山区北部。面积 0.8 平方千米。人口 500。因黄泥崖村而得名。2004 年成立。以平房为主。通公交车。

黄山社区　370212-A03-J07
[Huángshān Shèqū]

　　属王哥庄街道管辖。在崂山区东南部。面积 2.3 平方千米。人口 1 100。以黄色山体命名。2004 年成立。以平房为主。通公交车。

会场社区　370212-A03-J08
[Huìchǎng Shèqū]

　　属王哥庄街道管辖。在崂山区东北部。面积 30 平方千米。人口 1 800。因会场村而得名。2004 年成立。以平房为主。通公交车。

江家土寨社区　370212-A03-J09
[Jiāngjiātǔzhài Shèqū]

　　属王哥庄街道管辖。在崂山区东北部。面积 6.6 平方千米。人口 2300。因江氏族人居多，故名江家土寨。2004 年成立。以平房为主。通公交车。

解家河社区　370212-A03-J10
[Xièjiāhé Shèqū]

　　属王哥庄街道管辖。在崂山区北部。面积 7.0 平方千米。人口 600。明末解氏迁此，村立河旁，故名。2004 年成立。以平房为主。通公交车。

梁家社区　370212-A03-J11
[Liángjiā Shèqū]

　　属王哥庄街道管辖。在崂山区北部。面积 0.1 平方千米。人口 900。因梁家村而得名。2004 年成立。以平房为主。驻有宁真海尔希望小学等单位。通公交车。

庙石社区　370212-A03-J12
[Miàoshí Shèqū]

　　属王哥庄街道管辖。在崂山区北部。面积 3.3 平方千米。人口 600。因庙石村而得名。2004 年成立。以平房为主。通公交车。

西山社区　370212-A03-J13
[Xīshān Shèqū]

　　属王哥庄街道管辖。在崂山区北部。

面积 5.3 平方千米。人口 800。因西山村而得名。2004 年成立。以平房为主。开展纳凉晚会、学生座谈会等活动。通公交车。

晓望社区 370212-A03-J14

[Xiǎowàng Shèqū]

属王哥庄街道管辖。在崂山区东北部。面积 12.0 平方千米。人口 3 100。因晓望村而得名。2004 年成立。以平房为主。通公交车。

北涧社区 370212-A04-J01

[Běijiàn Shèqū]

属北宅街道管辖。在崂山区北部。面积 0.5 平方千米。人口 400。因北涧村而得名。2004 年成立。以平房为主。通公交车。

北宅科社区 370212-A04-J02

[Běizháikē Shèqū]

属北宅街道管辖。在崂山区东北部。面积 4.9 平方千米。人口 1 300。因北宅科村而得名。2004 年成立。以平房为主。通公交车。

毕家社区 370212-A04-J03

[Bìjiā Shèqū]

属北宅街道管辖。在崂山区西北部。面积 2.4 平方千米。人口 1 800。因毕家村而得名。2004 年成立。以平房为主。通公交车。

东陈社区 370212-A04-J04

[Dōngchén Shèqū]

属北宅街道管辖。在崂山区西部。面积 2.6 平方千米。人口 2 200。因东陈村而得名。2004 年成立。以平房为主。通公交车。

沟崖社区 370212-A04-J05

[Gōuyá Shèqū]

属北宅街道管辖。在崂山区西部。面积 1.5 平方千米。人口 2 500。以沟崖村得名。2004 年成立。有楼房 4 栋,现代建筑风格。驻有崂山车辆管理所等单位。有老年人照料服务。通公交车。2011 年被评为省文明社区。

河东社区 370212-A04-J06

[Hédōng Shèqū]

属北宅街道管辖。在崂山区东北部。面积 1.6 平方米。人口 500。因河东村而得名。2004 年成立。以平房为主。通公交车。

洪园社区 370212-A04-J07

[Hóngyuán Shèqū]

属北宅街道管辖。在崂山区西部。面积 1.73 平方千米。人口 1 800。因洪园村而得名。2004 年成立。以平房为主。通公交车。

兰家庄社区 370212-A04-J08

[Lánjiāzhuāng Shèqū]

属北宅街道管辖。在崂山区西北部。面积 3.2 平方千米。人口 600。因兰家庄而得名。2004 年成立。以平房为主。通公交车。

凉泉社区 370212-A04-J09

[Liángquán Shèqū]

属北宅街道管辖。在崂山区西北部。面积 3.0 平方千米。人口 1 100。因凉泉村而得名。2004 年成立。有楼房 11 栋,现代建筑风格。通公交车。

慕武石社区 370212-A04-J10

[Mùwǔshí Shèqū]

属北宅街道管辖。在崂山区西部。面

积 1.5 平方千米。人口 200。因慕武石村而得名。2004 年成立。以平房为主。通公交车。

上葛场社区 370212-A04-J11
[Shànggěchǎng Shèqū]

属北宅街道管辖。在崂山区西部。面积 4.5 平方千米。人口 400。因上葛场村而得名。2004 年成立。以平房为主。通公交车。

卧龙社区 370212-A04-J12
[Wòlóng Shèqū]

属北宅街道管辖。在崂山区北部。面积 3.9 平方千米。人口 700。因卧龙村而得名。2004 年成立。以平房为主。有老年人照料服务。通公交车。2013 年被评为省文明社区。

西陈社区 370212-A04-J13
[Xīchén Shèqū]

属北宅街道管辖。在崂山区西部。面积 0.2 平方千米。人口 500。因西陈村而得名。2004 年成立。以平房为主。通公交车。

下葛场社区 370212-A04-J14
[Xiàgěchǎng Shèqū]

属北宅街道管辖。在崂山区西部。面积 2.4 平方千米。人口 800。因下葛场村而得名。2004 年成立。以平房为主。通公交车。

峪夼社区 370212-A04-J15
[Yùkuǎng Shèqū]

属北宅街道管辖。在崂山区西部。面积 0.8 平方千米。人口 1 400。因峪夼场村而得名。2004 年成立。以平房为主。通公交车。

枣行社区 370212-A04-J16
[Zǎoháng Shèqū]

属北宅街道管辖。在崂山区西部。面积 0.8 平方千米。人口 500。因枣行村而得名。2004 年成立。以平房为主。通公交车。

李沧区

李沧区 370213
[Lǐcāng Qū]

青岛市辖区。在市境北部。面积 98 平方千米。人口 33.1 万。辖 11 街道。区人民政府驻浮山路街道。1949 年属四沧区。1954 年析置沧口区。1984 年设置李村镇。1994 年李村镇并入，取李村、沧口两地首字更名李沧区。境内有卧狼齿、老虎山、烟墩山等山丘，楼山后河、李村河从区境内穿过。有国家级科研单位 1 个，省级科研单位 3 个。有中小学 36 所，体育场馆 2 个。有省级文物保护单位古城顶遗址等 3 个，重要古迹、景点 18 个。2006 年建成牛毛山等 3 个公园，实施沧口公园和李沧文化公园建设工程。2010 年青岛北站开工建设。2012 年万达广场项目建成。2014 年银座和谐广场、青岛北站西广场、海怡新城商业综合体建设完成。有青岛国际院士港、青岛北站、万达广场、青岛绿城喜来登酒店等标志性建筑物。二、三产业比例为 37.08：62.92。工业以纺织业、钢铁、石化、碱业、汽车制造等传统产业，生物制药、新能源新材料等新兴产业为主。服务业以旅游业、金融业、商贸物流业、影视文化产业等为主，建有双地铁商业综合体维客广场。有青岛北站、沧口汽车站，有多条公交线路。

浮山路街道 370213-A01
[Fúshānlù Jiēdào]

李沧区人民政府驻地。在区境西南部。面积 8 平方千米。人口 3.2 万。1999 年设立。因辖区主干道浮山路得名。2003 年海尔路立交桥动工建设。2010 年启动改造聚力惠民中心，改建为综合活动中心。2012 年万达广场项目建成。境内有枣儿山，李村河、张村河从境内穿过。有省级科研单位山东省花生研究所。有中小学 4 所，知名文艺团体 26 个，医疗卫生机构 10 个。有名胜古迹枣儿山康有为墓等。有万达广场等标志性建筑物。工业以机械制造、化工、电子、乳制品加工、工艺品加工等为主。服务业以批发零售业、商贸物流业、金融业等为主。通公交车。

振华路街道 370213-A02
[Zhènhuálù Jiēdào]

属李沧区管辖。在区境西北部。面积 8 平方千米。人口 2.1 万。1999 年设立。因振华路得名。李村河从境内穿过。有医疗卫生机构 1 个。工业以啤酒酿造、机械加工为主，有新华工业园。服务业以批发零售、仓储物流为主。有青岛北站，通公交车。

永清路街道 370213-A03
[Yǒngqīnglù Jiēdào]

属李沧区管辖。在区境西部。面积 3 平方千米。人口 2.7 万。以汉族为主，还有回、满、维吾尔、蒙古等民族。1999 年设立。因辖区主干道永清路得名。有中小学 4 所，知名文艺团体 9 个，医疗卫生机构 1 个。有维客广场等标志性建筑物。工业以机械加工、纺织、印染印刷、化工、建材加工等业为主。服务业以批发零售、仓储物流为主，有北方汽车交易市场、沧口蔬菜批发市场等。有青岛长途汽车站北站，通公交车。

永安路街道 370213-A04
[Yǒng'ānlù Jiēdào]

属李沧区管辖。在区境西部。面积 3 平方千米。人口 3.8 万。以汉族为主，还有

回、满等民族。1979 年设立。因永安路得名。有中小学 10 所，知名文艺团体 6 个，医疗卫生机构 6 个。有重要古迹下街遗址。有维客沧口购物中心等标志性建筑物。工业以橡胶、化工、热电、机械制造、纺织印染、建材生产为主。服务业以餐饮、批发零售、仓储物流为主。通公交车。

兴华路街道 370213-A05
[Xīnghuálù Jiēdào]

属李沧区管辖。在区境西部。面积 1 平方千米。人口 2.2 万。以汉族为主，还有满、回、蒙古等民族。1999 年设立。因辖区内主干道兴华路得名。2012 年对铁路沿线兴华苑小区进行平改坡工程，2010 年对邢台路片区进行改造，2014 年对邢台路 44、62 号楼和兴华路 17 号楼进行家庭室内污水管道改造工程。有中小学 3 所。有沧口公园、钰也大酒店、新沪大酒店等标志性建筑物。工业以化工、印刷、皮毛制品加工等为主，泡花碱、环己胺、二环己胺等化工产品出口日本、韩国等 10 多个国家。服务业以仓储物流、批发零售为主，有茶叶批发市场。通公交车。

兴城路街道 370213-A06
[Xīngchénglù Jiēdào]

属李沧区管辖。在区境西部。面积 5.62 平方千米。人口 1.8 万。1999 年设立。因辖区道路兴城路而得名。板桥坊河、楼山河从境内穿过。有小学 3 所，医疗卫生机构 1 个。有李沧剧院等标志性建筑物。工业以化工、建筑建材业为主。服务业以仓储物流业为主。通公交车。

李村街道 370213-A07
[Lǐcūn Jiēdào]

属李沧区管辖。在区境中部。面积 7 平方千米。人口 6.3 万。以汉族为主，还有

朝鲜、回、壮等民族。1999 年设立。沿用原李村镇名。李村河从境内穿过。有中小学 6 所，医疗卫生机构 34 个。有省级文物保护单位李村基督教堂。有商会大厦等标志性建筑物。工业以房地产、化工、啤酒酿造、机械制造为主。服务业以电子商务、仓储物流、金融等业为主。通公交车。

虎山路街道 370213-A08

[Hǔshānlù Jiēdào]

属李沧区管辖。在区境中部。面积 13 平方千米。人口 3.9 万。以汉族为主，还有朝鲜、满、羌、黎、回、蒙古等民族。1999 年设立。因境内老虎山得名。先后对西大村、东大村、上王埠等进行旧村改造工作，分别建成上王埠花园、东王埠瑜璟苑、阜康花园等安置房及蓝山湾一、二、三期。有中小学 2 所，图书馆 1 个，体育场馆 2 个，医疗卫生机构 10 个。有名胜古迹虎山军体中心等。工业以汽车配件加工、橡胶加工、纸箱制造、铝塑制品加工、珍珠岩加工、电镀表生产为主。服务业以商业外贸为主。通公交车。

九水路街道 370213-A09

[Jiǔshuǐlù Jiēdào]

属李沧区管辖。在区境东部。面积 29 平方千米。人口 3.4 万。1999 年设立。因辖区内九水路得名。先后对九水东路、侯家庄等 9 社区进行旧村改造，新建米罗湾、山河城·海洋公园等 4 个小区，完成李村河上游综合治理工程、金水河综合治理工程、九水东路拓宽改造工程，对上臧社区、北王社区等 8 社区进行危旧房屋改造，建成绿城百合花园、金水源等小区。有高等院校 2 所，中小学 6 所，医疗卫生机构 14 个。有名胜古迹竹子庵、仙姑塔、靴子石、三清洞等，有万亩桃园、婆婆崮、红壁子、百果山风景区等景点。有仙姑塔、彩虹桥

等标志性建筑物。工业以电子机械、纺织服装、食品加工、石材加工、家具制造、工艺品制作等为主，有惠水都市经济示范园、市南工业园、李沧工业园、郑庄工业园。服务业以旅游、商贸物流为主。通公交车。

湘潭路街道 370213-A10

[Xiāngtánlù Jiēdào]

属李沧区管辖。在区境北部。面积 8 平方千米。人口 2.6 万。1999 年设立。因辖区内湘潭路得名。先后完成湾头社区、大枣园社区、南岭社区 "旧村改造" 项目以及南渠片区危旧房改造项目。有中小学 5 所，医疗卫生机构 1 个。有省级文物保护单位古城顶遗址、大枣园牌坊，有青岛梅园、禽鸣苑等旅游资源。工业以锅炉制造、汽车配件加工、化工建材生产、焊接设备制造、建筑安装、纺织服装等业为主。服务业以商贸物流、旅游观光业为主。有娄山站，通公交车。

楼山街道 370213-A11

[Lóushān Jiēdào]

属李沧区管辖。在区境西北部。面积 9 平方千米。人口 1.1 万。1999 年设立。因楼山而得名。有中小学 1 所，医疗卫生机构 2 个。工业以冶炼铸造、造纸包装、针织染整、成衣制造、电器化工、汽车配件、机械加工等为主。服务业以商贸物流、批发零售、建筑运输、餐饮娱乐等为主，建有楼山物流园。通公交车。

社区

福岛路社区 370213-A01-J01

[Fúdǎolù Shèqū]

属浮山路街道管辖。在李沧区南部。面积 0.3 平方千米。人口 3 600。取福气、

福运之意，命名福岛。2000 年成立。有楼房 34 栋，现代建筑风格。有志愿者服务，开展文体活动。通公交车。

浮山路社区 370213-A01-J02
[Fúshānlù Shèqū]

属浮山路街道管辖。在李沧区南部。面积 0.1 平方千米。人口 6 000。因辖区道路浮山路得名。2003 年成立。有楼房 66 栋，现代建筑风格。有志愿者服务，开展法律援助、文体活动。通公交车。

河南庄社区 370213-A01-J03
[Hénánzhuāng Shèqū]

属浮山路街道管辖。在李沧区南部。面积 0.9 平方千米。人口 1 500。因在李村河以南得名。2002 年成立。有楼房 11 栋，现代建筑风格。有日间照料服务，开展法律咨询、国学课堂等活动。通公交车。

南庄社区 370213-A01-J04
[Nánzhuāng Shèqū]

属浮山路街道管辖。在李沧区南部。面积 1.0 平方千米。人口 1 700。明朝王氏迁此建村，因在李村集之南，故名集南庄，后改为南庄。2003 年成立。有楼房 15 栋，现代建筑风格。有日间照料服务，开展法律咨询等活动。通公交车。

河南社区 370213-A01-J05
[Hénán Shèqū]

属浮山路街道管辖。在李沧区南部。面积 2.3 平方千米。人口 2 600。相传明成化年间，刘氏从云南迁李村居住，因地处李村河南岸，故名河南。2000 年成立。有楼房 11 栋，现代建筑风格。有日间照料服务，开展法律咨询等活动。通公交车。

东李社区 370213-A01-J06
[Dōnglǐ Shèqū]

属浮山路街道管辖。在李沧区南部。面积 2.2 平方千米。人口 4 900。因位于李村集之东，故名。2000 年成立。有楼房 706 栋，现代建筑风格。开展文化培训、国学课堂、法律咨询等活动。通公交车。

新河东社区 370213-A01-J07
[Xīnhédōng Shèqū]

属浮山路街道管辖。在李沧区南部。面积 0.2 平方千米。人口 800。明末，袁氏从城阳迁至张村河东岸立村，因地理位置得名。2014 年成立。有楼房 35 栋，现代建筑风格。开展文化培训、国学课堂、法律咨询等活动。通公交车。

百通花园社区 370213-A01-J08
[Bǎitōnghuāyuán Shèqū]

属浮山路街道管辖。在李沧区南部。面积 0.2 平方千米。人口 1 100。以四通八达、百事通顺之意命名。2001 年成立。有楼房 68 栋，现代建筑风格。通公交车。

九水路社区 370213-A01-J09
[Jiǔshuǐlù Shèqū]

属浮山路街道管辖。在李沧区南部。面积 2.3 平方千米。人口 1 000。因九水路得名。1994 年成立。有楼房 51 栋，现代建筑风格。通公交车。

台柳路社区 370213-A01-J10
[Táiliǔlù Shèqū]

属浮山路街道管辖。在李沧区南部。面积 0.2 平方千米。人口 14 000。因在台柳路东侧而得名。1999 年成立。有楼房 72 栋，现代建筑风格。有日间照料服务、志愿者服务，开展科普讲座、党员大课堂、国学讲堂等活动。通公交车。

旭东社区 370213-A01-J11
［Xùdōng Shèqū］

属浮山路街道管辖。在李沧区南部。面积 0.1 平方千米。人口 1 100。旭东意为从东边刚升起的太阳。1997 年成立。有楼房 43 栋，现代建筑风格。有志愿者服务、养老服务。通公交车。

福林苑社区 370213-A01-J12
［Fúlínyuàn Shèqū］

属浮山路街道管辖。在李沧区南部。面积 0.3 平方千米。人口 700。名称意为幸福和谐的园林小区。2007 年成立。有楼房 61 栋，现代建筑风格。有志愿者服务、日间照料服务，开展法律咨询等活动。通公交车。

枣山路社区 370213-A01-J13
［Zǎoshānlù Shèqū］

属浮山路街道管辖。在李沧区南部。面积 0.3 平方千米。人口 1 700。因靠近枣山路得名。2014 年成立。有楼房 32 栋，现代建筑风格。有志愿者服务，开展文化培训、国学讲堂、法律咨询等活动。通公交车。

福临社区 370213-A01-J14
［Fúlín Shèqū］

属浮山路街道管辖。在李沧区南部。面积 0.57 平方千米。人口 1 800。因辖区内的福临万家小区而得名，取"百福临门"意。2014 年成立。有楼房 82 栋，现代建筑风格。有志愿者服务，开展法律咨询、悦读等活动。通公交车。

振华路社区 370213-A02-J01
［Zhènhuálù Shèqū］

属振华路街道管辖。在李沧区西南部。面积 1.2 平方千米。人口 6 900。因振华路得名。2000 年成立。有楼房 60 栋，现代建筑风格。开展科学知识讲座、国学讲堂、安全讲座、生活常识讲座等活动。通公交车。

四流中路第一社区 370213-A02-J02
［Sìliúzhōnglù Dìyī Shèqū］

属振华路街道管辖。在李沧区西南部。面积 1.4 平方千米。人口 3 700。因四流中路得名。2001 年成立。有楼房 41 栋，中式建筑风格。有老年人日间照料服务、志愿者服务，开展国学、法律、医学知识讲座等活动。通公交车。2009 年被评为省文明社区。

永平路社区 370213-A02-J03
［Yǒngpínglù Shèqū］

属振华路街道管辖。在李沧区西南部。面积 3.5 平方千米。人口 2 500。因永平路得名。2004 年成立。有楼房 18 栋，现代建筑风格。有老年人日间照料服务。通公交车。2012 年被评为省文明社区。

永昌社区 370213-A03-J01
［Yǒngchāng Shèqū］

属永清路街道管辖。在李沧区西部。面积 0.05 平方千米。人口 5 200。取永远繁荣昌盛之意命名。2000 年成立。有楼房 22 栋，现代建筑风格。有日间照料服务，开展助老助残、文体娱乐等活动。通公交车。

永河社区 370213-A03-J02
［Yǒnghé Shèqū］

属永清路街道管辖。在李沧区西部。面积 0.2 平方千米。人口 2 100。辖区分布成东西向，东起西流庄河，西至永平路，故称永河。1998 年成立。有楼房 15 栋，现代建筑风格。有志愿者服务、助老养老服务。通公交车。

振华苑社区 370213-A03-J03
[Zhènhuáyuàn Shèqū]

属永清路街道管辖。在李沧区西部。面积0.2平方千米。人口2 900。因北邻振华路，故名。2000年成立。有楼房29栋，中式建筑风格。有志愿者服务、养老服务，开展助老助残、文体娱乐等活动。通公交车。

永青苑社区 370213-A03-J04
[Yǒngqīngyuàn Shèqū]

属永清路街道管辖。在李沧区西部。面积0.3平方千米。人口10 000。因为东靠永清路，故名。2000年成立。有楼房55栋，现代建筑风格。有志愿者服务，开展助老助残、文体娱乐等活动。通公交车。

升平苑社区 370213-A03-J05
[Shēngpíngyuàn Shèqū]

属永清路街道管辖。在李沧区西部。面积0.2平方千米。人口9 700。以歌舞升平的美好愿望命名。2000年成立。有楼房56栋，现代建筑风格。有志愿者服务，开展助残助老、文体等活动。通公交车。

东昌社区 370213-A03-J06
[Dōngchāng Shèqū]

属永清路街道管辖。在李沧区西部。面积0.1平方千米。人口3 300。因社区紧邻东小庄社区和文昌社区，故各取一字命名。2000年成立。有楼房37栋，中式建筑风格。有养老服务，开展文化、体育、民间艺术等活动。通公交车。

坊子街社区 370213-A03-J07
[Fángzijiē Shèqū]

属永清路街道管辖。在李沧区西部。面积0.5平方千米。人口1 300。因多数人家靠开坊子做买卖为生，自然形成了一条商业街，所以得名坊子街。2002年成立。有楼房12栋，现代建筑风格。有志愿者服务，开展健康查体、文化培训、文体、科学普及等活动。通公交车。

东小庄社区 370213-A03-J08
[Dōngxiǎozhuāng Shèqū]

属永清路街道管辖。在李沧区西部。面积0.1平方千米。人口1 200。清康熙年间，即墨县黄嘉善让家人在此管理土地，取名小庄。因海西也有一个小庄，为便于区分，定名东小庄，社区沿用村名。2002年成立。有楼房13栋，现代建筑风格。有志愿者服务，开展为孤寡老人打扫卫生等活动。通公交车。

小枣园社区 370213-A03-J09
[Xiǎozǎoyuán Shèqū]

属永清路街道管辖。在李沧区西部。面积0.2平方千米。人口700。1937年时任青岛市市长沈鸿烈，将原枣园村改称大枣园村，把西南山村改称小枣园村，社区沿用村名。2002年成立。有楼房28栋，现代建筑风格。有志愿者服务、养老服务，开展文化、体育、民间艺术等活动。通公交车。

南山社区 370213-A03-J10
[Nánshān Shèqū]

属永清路街道管辖。在李沧区西部。面积0.4平方千米。人口8 800。因当地的"东南山"而得名。2001年成立。有楼房42栋，中式建筑风格。有志愿者服务，开展学一手技能大课堂、文化大课堂等活动。通公交车。

永安路社区 370213-A04-J01
[Yǒng'ānlù Shèqū]

属永安路街道管辖。在李沧区西部。面积0.04平方千米。人口3 800。因辖区内永安路得名，取"永远安康"之意。1998年成立。有楼房34栋，现代建筑风格。有志愿者服务。通公交车。

永年路社区 370213-A04-J02
[Yǒngniánlù Shèqū]

属永安路街道管辖。在李沧区西部。面积0.35平方千米。人口11 500。因永年路得名。2000年成立。有楼房49栋，现代建筑风格。有志愿者服务，开展助老助残等活动。通公交车。

文安路社区 370213-A04-J03
[Wén'ānlù Shèqū]

属永安路街道管辖。在李沧区西部。面积0.56平方千米。人口5 200。因紧邻文安路，取建设一个有文化、和谐、安全的社区之意命名。1999年成立。有楼房75栋，现代建筑风格。有志愿者服务、老年人日间照料服务，开展助老助残等活动。通公交车。

兴山路社区 370213-A04-J04
[Xīngshānlù Shèqū]

属永安路街道管辖。在李沧区西部。面积0.2平方千米。人口4 300。该辖区地理位置属一小山坡，自1950年建起居民居住点后，为表示人们向往子孙后代兴旺发达，而得名兴山。2000年成立。有楼房35栋，中式建筑风格。有志愿者服务，开展助老助残、文体类活动。通公交车。

永定路社区 370213-A04-J05
[Yǒngdìnglù Shèqū]

属永安路街道管辖。在李沧区西部。面积0.1平方千米。人口8 800。因永定路而得名。2004年成立。有楼房52栋，现代建筑风格。有日间托老服务。通公交车。

沧怡路社区 370213-A04-J06
[Cāngyílù Shèqū]

属永安路街道管辖。在李沧区西部。面积0.1平方千米。人口6 700。因沧怡路得名。2004年成立。有楼房38栋，现代建筑风格。有志愿者服务，开展助老助残、文体类活动。通公交车。

振华路北社区 370213-A04-J07
[Zhènhuálùběi Shèqū]

属永安路街道管辖。在李沧区西部。面积0.4平方千米。人口13 800。因位于振华路之北得名。2014年成立。有楼房29栋，现代建筑风格。有志愿者服务，开展为社区老年人免费体检等活动。通公交车。

沧顺路社区 370213-A04-J08
[Cāngshùnlù Shèqū]

属永安路街道管辖。在李沧区西部。面积0.3平方千米。人口3 900。因沧顺路而得名。2004年成立。有楼房48栋，现代建筑风格。有志愿者服务，开展助老助残、文体互动、科普实践等活动。通公交车。

永宁路社区 370213-A04-J09
[Yǒngnínglù Shèqū]

属永安路街道管辖。在李沧区西部。面积0.35平方千米。人口3 200。因永宁路得名。2000年成立。有楼房46栋，中式建筑风格。有志愿者服务，开展助老助残等活动。通公交车。

兴华路社区 370213-A05-J01
[Xīnghuálù Shèqū]

属兴华路街道管辖。在李沧区西北部。面积0.2平方千米。人口6 600。因区内兴华路得名。2001年成立。有楼房74栋，现代中式建筑风格。有志愿者服务、老年人日间照料服务，开展文艺演出等活动。通公交车。2011年被评为省文明社区。

营子社区 370213-A05-J02
[Yíngzi Shèqū]

属兴华路街道管辖。在李沧区西北部。面积0.3平方千米。人口5400。因此地曾为兵营，后逐渐有居民迁至，形成大的村落，故名营子村，社区沿用村名。2002年成立。有楼房28栋，中式建筑风格。有便民服务，开展文化宣传等活动。通公交车。

兴国路社区 370213-A05-J03
[Xīngguólù Shèqū]

属兴华路街道管辖。在李沧区西北部。面积0.2平方千米。人口6200。因辖区内兴国路得名。2014年成立。有楼房41栋，中式建筑风格。有老年人日间照料服务、志愿者服务，开展尊老敬老、文化娱乐、国学讲堂、传统民俗、安全讲座等活动。通公交车。

永平路社区 370213-A05-J04
[Yǒngpínglù Shèqū]

属兴华路街道管辖。在李沧区西部。面积0.05平方千米。人口4100。"永平"意为永享太平。1995年成立。有楼房31栋，现代建筑风格。开展文化演出、安全讲座等活动。通公交车。

邢台路社区 370213-A05-J05
[Xíngtáilù Shèqū]

属兴华路街道管辖。在李沧区西北部。面积0.1平方千米。人口4900。因邢台路得名。2000年成立。有楼房57栋，中式现代建筑风格。有志愿者服务、老年人日间照料服务。通公交车。

华泰社区 370213-A05-J06
[Huátài Shèqū]

属兴华路街道管辖。在李沧区西北部。面积0.2平方千米。人口8400。"华泰"取发扬安定祥和之意命名。2001年成立。有楼房53栋，中式建筑风格。开展合唱、舞蹈、太极展演等活动。通公交车。2010年被评为省文明社区。

兴宁路社区 370213-A06-J01
[Xīngnínglù Shèqū]

属兴城路街道管辖。在李沧区西北部。面积0.2平方千米。人口1800。因兴宁路得名。2000年成立。有楼房7栋，现代中式建筑风格。通公交车。2014年被评为省文明社区。

板桥坊社区 370213-A06-J02
[Bǎnqiáofāng Shèqū]

属兴城路街道管辖。在李沧区西北部。面积0.8平方千米。人口3300。若干年前，村民在村南的河面上架起一座木板桥，因此取了一个颇有意境的村名——板桥坊，社区沿用村名。2000年成立。有楼房14栋，中式建筑风格，还有平房。有老年人日间照料服务。通公交车。

四流北路社区 370213-A06-J03
[Sìliúběilù Shèqū]

属兴城路街道管辖。在李沧区西北部。面积2.8平方千米。人口2900。因四流北路得名。1995年成立。有楼房26栋，中式建筑风格。有志愿者服务。通公交车。

唐山路社区 370213-A06-J04
[Tángshānlù Shèqū]

属兴城路街道管辖。在李沧区西北部。面积0.63平方千米。人口3300。因唐山路得名。2006年成立。有楼房29栋，中式建筑风格。驻有青岛市唐山路小学、海湾实业幼儿园等单位。开展太极展演、合唱等活动。通公交车。

汾阳路社区 370213-A06-J05
[Fényánglù Shèqū]

属兴城路街道管辖。在李沧区西北部。面积1.1平方千米。人口3 100。因汾阳路得名。2006年成立。有楼房44栋，中式、日式建筑风格。驻有汾阳路小学等单位。有志愿者服务，开展文化活动。通公交车。

滨河路社区 370213-A07-J01
[Bīnhélù Shèqū]

属李村街道管辖。在李沧区中部。面积0.03平方千米。人口5 500。因滨河路得名。2000年成立。有楼房31栋，现代建筑风格。开展法律咨询等活动。通公交车。

少山路社区 370213-A07-J02
[Shàoshānlù Shèqū]

属李村街道管辖。在李沧区中部。面积0.03平方千米。人口4 300。少山曾名"烧山"，因法海寺和尚葬于此，常因祭祀引发山火而得名。1999年成立。有楼房65栋，现代建筑风格。有志愿者服务、老年人日间照料服务，开展法律咨询、合唱等活动。通公交车。

青峰路社区 370213-A07-J03
[Qīngfēnglù Shèqū]

属李村街道管辖。在李沧区中部。面积0.9平方千米。人口4 400。因毗邻青峰路，故名。2000年成立。有楼房42栋，现代建筑风格。有志愿者服务、养老服务，开展文化培训、国学课堂、法律咨询等活动。通公交车。

东山社区 370213-A07-J04
[Dōngshān Shèqū]

属李村街道管辖。在李沧区南部。面积0.02平方千米。人口9 800。因主要分布在东山一路、二路、三路、四路、五路周边，故名。2000年成立。有楼房93栋，现代建筑风格。驻有青岛第61中学、青岛市李沧区东山实验小学等单位。有志愿者服务、老年人日间照料服务，开展法律咨询等活动。通公交车。

大崂路社区 370213-A07-J05
[Dàláolù Shèqū]

属李村街道管辖。在李沧区中部。面积0.1平方千米。人口6 400。因大多数居民居住在大崂路北侧得名。2000年成立。有楼房51栋，现代建筑风格。有志愿者服务，开展邻里节、国学讲堂、读书会等活动。通公交车。

长岭路社区 370213-A07-J06
[Chánglǐnglù Shèqū]

属李村街道管辖。在李沧区中部。面积0.8平方千米。人口6 000。因李村长岭路得名。2000年成立。有楼房31栋，中式建筑风格。开展文化培训、国学课堂、法律咨询等活动。通公交车。

中崂路社区 370213-A07-J07
[Zhōngláolù Shèqū]

属李村街道管辖。在李沧区中部。面积0.2平方千米。人口6 500。社区南面以中崂路为界，故名。2001年成立。有楼房74栋，现代建筑风格。有志愿者服务、老年人日间照料服务，开展法律咨询等活动。通公交车。

向阳路社区 370213-A07-J08

[Xiàngyánglù Shèqū]

　　属李村街道管辖。在李沧区中部。面积1.0平方千米。人口5 200。因向阳路得名。2000年成立。有楼房29栋，现代建筑风格。有老年人日间照料服务、志愿者服务，开展文化、党建等活动。通公交车。

玉清宫路第一社区 370213-A07-J09

[Yùqīnggōnglù Dìyī Shèqū]

　　属李村街道管辖。在李沧区中部。面积0.2平方千米。人口5 200。根据社区路名命名。1999年成立。有楼房68栋，现代建筑风格。有志愿者服务、老年人日间照料服务，开展法律咨询、文娱等活动。通公交车。

玉清宫路第二社区 370213-A07-J10

[Yùqīnggōnglù Dì'èr Shèqū]

　　属李村街道管辖。在李沧区中部。面积0.2平方千米。人口6 900。根据社区路名命名。1997年成立。有楼房56栋，现代建筑风格。有老年人日间照料服务，开展法律咨询等活动。通公交车。2013年被评为省文明社区。

北山社区 370213-A07-J11

[Běishān Shèqū]

　　属李村街道管辖。在李沧区中部。面积0.6平方千米。人口4 000。因地处青岛市李沧区李村，以前三面环山，该地位于北面而得名北山。1987年成立。有楼房77栋，现代中式建筑风格。有志愿者服务、老年人日间照料服务，开展助老、文体娱乐等活动。通公交车。

东兴社区 370213-A07-J12

[Dōngxīng Shèqū]

　　属李村街道管辖。在李沧区中部。面积0.5平方千米。人口500。由原东南山村和大兴村合并而成，故名。2002年成立。有楼房8栋，现代建筑风格。有志愿者服务，开展法律咨询、悦读等活动。通公交车。

河北社区 370213-A07-J13

[Héběi Shèqū]

　　属李村街道管辖。在李沧区中部。面积0.1平方千米。人口1 600。因位于李村河北岸，故名。2002年成立。有楼房12栋，中式建筑风格。有志愿者服务，开展文体活动。通公交车。

东北庄社区 370213-A07-J14

[Dōngběizhuāng Shèqū]

　　属李村街道管辖。在李沧区中部。面积0.2平方千米。人口1 600。因村位于李村河东北，故名。2002年成立。现代建筑风格。有志愿者服务，开展文化培训、国学讲堂、法律咨询等活动。通公交车。

枣园路社区 370213-A07-J15

[Zǎoyuánlù Shèqū]

　　属李村街道管辖。在李沧区中部。面积0.3平方千米。人口4 800。因枣园路得名。1980年成立。有楼房57栋，中式建筑风格。有志愿者服务，开展科普讲座、党员大课堂、国学讲堂等活动。通公交车。

书院路社区 370213-A07-J16

[Shūyuànlù Shèqū]

　　属李村街道管辖。在李沧区中部。面积0.3平方千米。人口6 800。因书院路得名。2006年成立。有楼房45栋，现代建筑风格。有老年人日间照料服务，开展文化培训、国学课堂、法律咨询等活动。通公交车。

君峰路社区 370213-A07-J17
[Jūnfēnglù Shèqū]

属李村街道管辖。在李沧区中部。面积 0.8 平方千米。人口 4 700。因君峰路以西为社区辖区而得名。2007 年成立。有楼房 65 栋，现代建筑风格。有志愿者服务、老年人日间照料服务，开展法律咨询、国学课堂、春日健步行、养生讲座、趣味运动会、文艺演出等活动。通公交车。

金水路社区 370213-A08-J01
[Jīnshuǐlù Shèqū]

属虎山路街道管辖。在李沧区北部。面积 0.3 平方千米。人口 6 200。由于临近金水路，故名。2000 年成立。有楼房 32 栋，中式现代建筑风格，还有平房。有志愿者服务、养老服务等，开展端午节包粽子比赛、元宵节"巧手闹元宵，亲子制作彩灯会"、免费义诊等活动。通公交车。

秀峰路社区 370213-A08-J02
[Xiùfēnglù Shèqū]

属虎山路街道管辖。在李沧区北部。面积 0.4 平方千米。人口 9 600。因秀峰路位于社区中心，故名。2000 年成立。有楼房 59 栋，现代中式建筑风格，还有平房。开展文明社区创建、"欢度重阳，敬老爱老"、国学讲堂等活动。通公交车。

文昌阁社区 370213-A08-J03
[Wénchānggé Shèqū]

属虎山路街道管辖。在李沧区北部。面积 0.9 平方千米。人口 800。清同治年间，姜氏从西流庄迁文昌阁附近立村，取村名文昌阁，社区沿用。2002 年成立。有楼房 4 栋，现代建筑风格。有志愿者服务，开展为居民送温暖等活动。通公交车。

顺河路社区 370213-A08-J04
[Shùnhélù Shèqū]

属虎山路街道管辖。在李沧区北部。面积 1.0 平方千米。人口 2 700。因临近顺河路，故名。2009 年成立。有楼房 46 栋，中式建筑风格。有志愿者服务。通公交车。

虎山花苑社区 370213-A08-J05
[Hǔshānhuāyuàn Shèqū]

属虎山路街道管辖。在李沧区北部。面积 0.2 平方千米。人口 6 300。由于在虎山以南不足千米的地方，而且环境优美，社区种植花草种类繁多，故名。2008 年成立。有楼房 51 栋，中式现代建筑风格。有志愿者服务、养老服务等，开展"和谐阳光、美丽绽放"纳凉晚会、"金秋促就业，政策惠万家"求职招聘与法律咨询等活动。通公交车。

石沟社区 370213-A08-J06
[Shígōu Shèqū]

属虎山路街道管辖。在李沧区北部。面积 1.5 平方千米。人口 1 200。因有大大小小的沟共计 10 条，故得"十沟"之名，后因"十沟"不太像村名，又见十条沟之下大部分为乱石，故改为石沟，社区沿用村名。2002 年成立。有楼房 23 栋，欧式建筑风格。志愿者服务、老年人日间照料服务，开展法律咨询、文娱等活动。通公交车。

馨苑社区 370213-A08-J07
[Xīnyuàn Shèqū]

属虎山路街道管辖。在李沧区北部。面积 0.1 平方千米。人口 2 000。名称意为最宜居住的温馨家园。2004 年成立。有楼房 54 栋，欧式建筑风格。有志愿者服务，开展青少年心理咨询、重大节日庆祝等活动。通公交车。

李家庵社区 370213-A08-J08
[Lǐjiā'ān Shèqū]

　　属虎山路街道管辖。在李沧区北部。面积0.1平方千米。人口400。清嘉庆年间，炉房李家的第十三世有令、有会兄弟俩受上王埠村曲家人之托，到老虎山的东南麓看守山林，故名，社区沿用村名。2004年成立。有楼房5栋，中式现代建筑风格。有志愿者服务，开展法律知识宣传等活动。通公交车。

桃园社区 370213-A08-J09
[Táoyuán Shèqū]

　　属虎山路街道管辖。在李沧区北部。面积1.1平方千米。人口900。以村周围多桃树改为桃源村，后演变为桃园村，社区沿用村名。2004年成立。有楼房11栋，中式现代建筑风格。有志愿者服务。通公交车。

东王埠社区 370213-A08-J10
[Dōngwángbù Shèqū]

　　属虎山路街道管辖。在李沧区北部。面积0.7平方千米。人口800。明永乐年间，宋氏迁此立村，因能望见南面土埠，故名望埠村，后演变为王埠庄，因同名村有3个，此村位东，遂名东王埠村，社区沿用。2002年成立。有楼房17栋，现代建筑风格。通公交车。

上王埠社区 370213-A08-J11
[Shàngwángbù Shèqū]

　　属虎山路街道管辖。在李沧区北部。面积0.2平方千米。人口3 000。因村前不远处有一明显小土埠，出门可见，村庄在土埠北且地势较高，由此得名上望埠庄，后"望"字演变为"王"字，社区沿用村名。2004年成立。有楼房37栋，中式现代建筑风格。有志愿者服务，开展法律咨询、文娱等活动。通公交车。

金水翠园社区 370213-A08-J12
[Jīnshuǐcuìyuán Shèqū]

　　属虎山路街道管辖。在李沧区北部。面积0.13平方千米。人口3 200。"金水"代表的是金水路；"翠"表示翠绿的意思，表示社区环境优美；"园"代表是园林的意思，表示社区内有园林般的设计风格。2009年成立。有楼房41栋，中式建筑风格。有志愿者服务，开展普法宣传、法律咨询等活动。通公交车。

百通馨苑社区 370213-A08-J13
[Bǎitōngxīnyuàn Shèqū]

　　属虎山路街道管辖。在李沧区北部。面积0.3平方千米。人口6 900。因为百通房地产公司与城阳区鑫盛源房地产共同开发，以温馨和谐的新型社区之意加开发公司名称命名。2004年成立。有楼房101栋，现代建筑风格。有志愿者服务，开展医疗保健、环境治理、心理咨询、就业指导等活动。通公交车。

金秋社区 370213-A08-J14
[Jīnqiū Shèqū]

　　属虎山路街道管辖。在李沧区北部。面积0.2平方千米。人口1 800。"金秋"意为金色的秋天、收获的季节。2007年成立。有楼房47栋，现代中式建筑风格。有志愿者服务、老年人日间照料服务，开展舞蹈、合唱等文体活动。通公交车。

金水路北社区 370213-A08-J15
[Jīnshuǐlùběi Shèqū]

　　属虎山路街道管辖。在李沧区北部。面积0.3平方千米。人口10 500。在金水路以北，故名。2009年成立。有楼房68栋，中式现代建筑风格。有志愿者服务，开展助老等活动。通公交车。

阜康花园社区 370213-A08-J16
[Fùkānghuāyuán Shèqū]

  属虎山路街道管辖。在李沧区北部。面积 0.1 平方千米。人口 3 600。取"民丰物阜、长乐永康"之意命名。2010 年成立。有楼房 34 栋,现代建筑风格。通公交车。

于家下河社区 370213-A09-J01
[Yújiāxiàhé Shèqū]

  属九水路街道管辖。在李沧区东部。面积 2.3 平方千米。人口 1 200。相传最先来此落户的是于姓人家,故名于家下河,社区沿用村名。2004 年成立。有楼房 25 栋,欧式建筑风格。通公交车。

王家下河社区 370213-A09-J02
[Wángjiāxiàhé Shèqū]

  属九水路街道管辖。在李沧区东部。面积 1.19 平方千米。人口 1 200。因社区中人口以王姓居多,故名王家下河社区。2004 年成立。有楼房 22 栋,欧式建筑风格。有志愿者服务。通公交车。

尤家下河社区 370213-A09-J03
[Yóujiāxiàhé Shèqū]

  属九水路街道管辖。在李沧区东部。面积 1.0 平方千米。人口 400。明永乐年间,尤姓三兄弟从云南迁此,因位于李村河中游,上游为上流、中游为下河,故名尤家下河,社区沿用村名。2004 年成立。有楼房 7 栋,现代建筑风格。开展元宵猜灯谜、端午节包粽子敬老、中秋亲子手工 DIY 等活动。通公交车。

侯家庄社区 370213-A09-J04
[Hóujiāzhuāng Shèqū]

  属九水路街道管辖。在李沧区东部。面积 1.3 平方千米。人口 2 300。明永乐年间,有侯、朱两户人家来到村南一带搭建房舍,落户繁衍,后定名为侯家庄,社区沿用村名。2004 年成立。有楼房 55 栋,欧式建筑风格。有志愿者服务,开展国学课堂、文艺活动等。通公交车。

刘家下河社区 370213-A09-J05
[Liújiāxiàhé Shèqū]

  属九水路街道管辖。在李沧区东部。面积 0.8 平方千米。人口 700。明末,刘德福、德财兄弟俩从云南迁入李家上流村西、李村河的下游处立村,故名刘家下河,社区沿用村名。2004 年成立。有楼房 15 栋,欧式建筑风格。开展端午节包粽子比赛、迎新年庆元旦文艺会演等活动。通公交车。

毛公地社区 370213-A09-J06
[Máogōngdì Shèqū]

  属九水路街道管辖。在李沧区东部。面积 0.9 平方千米。人口 1 000。毛公地原生长着连片茅燕草,每年阴历八月下旬从其顶部抽出白缨,白茫茫一片,因此定名为茅公地,后演变为毛公地。2004 年成立。有楼房 21 栋,欧式建筑风格。有志愿者服务,开展健康查体等活动。通公交车。

庄子社区 370213-A09-J07
[Zhuāngzi Shèqū]

  属九水路街道管辖。在李沧区东部。面积 1.2 平方千米。人口 1 000。此地古有巨石,形似桩篓,俗称桩篓石。后有人陆续到此定居,遂以此石之名作为村名,后称为庄子,社区沿用村名。2004 年成立。有楼房 30 栋,中式建筑风格。有志愿者服务,开展端午节包粽子比赛、"七一"纳凉晚会、庆"十一"文艺会演等活动。通公交车。

苏家社区 370213-A09-J08
[Sūjiā Shèqū]

  属九水路街道管辖。在李沧区东部。

面积 0.9 平方千米。人口 1 300。以姓氏命名。2004 年成立。有楼房 28 栋，欧式建筑风格。有志愿者服务，开展健康生活、家庭教育、安全知识讲座等活动。通公交车。

九水东路社区 370213-A09-J09
[Jiǔshuǐdōnglù Shèqū]

属九水路街道管辖。在李沧区东部。面积 2.3 平方千米。人口 2 800。因九水东路得名。2010 年成立。有楼房 62 栋，欧式建筑风格。有志愿者服务，开展健康生活、家庭教育、安全知识讲座等活动。通公交车。

金水东路社区 370213-A09-J10
[Jīnshuǐdōnglù Shèqū]

属九水路街道管辖。在李沧区东部。面积 0.3 平方千米。人口 5 800。因金水东路得名。2011 年成立。有楼房 78 栋，现代、欧式建筑风格。有志愿者服务、养老服务，开展老年趣味运动会、小海豚计划等活动。通公交车。

毕家上流社区 370213-A09-J11
[Bìjiāshàngliú Shèqū]

属九水路街道管辖。在李沧区东部。面积 4.5 平方千米。人口 2 800。明成化年间，毕氏迁此建村，因村坐落在李村河上游处，故冠毕姓称毕家上流庄，社区沿用村名。2004 年成立。有楼房 86 栋，欧式建筑风格。开展文艺展演等活动。通公交车。2011 年被评为省文明社区。

杨家上流社区 370213-A09-J12
[Yángjiāshàngliú Shèqū]

属九水路街道管辖。在李沧区东部。面积 0.8 平方千米。人口 700。明正统年间，杨氏从云南迁此立村，因地处李村河上流，故名杨家上流，社区沿用村名。2004 年成立。有楼房 18 栋，中式建筑风格。有老年人日间照料服务、志愿者服务，开展文艺演出、重阳节包饺子等活动。通公交车。

李家上流社区 370213-A09-J13
[Lǐjiāshàngliú Shèqū]

属九水路街道管辖。在李沧区东部。面积 1.3 平方千米。人口 1 200。明永乐三年（1405），李忠显、国玉由云南迁来立村，因村位于李村河上游，故名，社区沿用村名。2004 年成立。有楼房 19 栋，现代中式建筑风格。通公交车。2010 年被评为省文明社区。

戴家社区 370213-A09-J14
[Dàijiā Shèqū]

属九水路街道管辖。在李沧区东部。面积 1.2 平方千米。人口 800。以姓氏得名。2004 年成立。有楼房 36 栋，中式建筑风格。有志愿者服务，开展端午节包粽子等活动。通公交车。

长涧社区 370213-A09-J15
[Chángjiàn Shèqū]

属九水路街道管辖。在李沧区东部。面积 1.2 平方千米。人口 400。明永乐年间，张氏由云南迁至炉房，清乾隆年间由炉房迁此立村，因村西有一条很长的山涧，故名，社区沿用村名。2004 年成立。有楼房 7 栋，中式建筑风格。有志愿者服务，开展象棋比赛、趣味运动会等活动。通公交车。

大枣园社区 370213-A10-J01
[Dàzǎoyuán Shèqū]

属湘潭路街道管辖。在李沧区北部。面积 2.8 平方千米。人口 4 200。因本地过去多枣树，故名。2002 年成立。有楼房 47 栋，现代建筑风格。有老年人日间照料服务，开展养老助老、文化体育等活动。通公交车。

湾头社区 370213-A10-J02
［Wāntóu Shèqū］

　　属湘潭路街道管辖。在李沧区北部。面积 1.4 平方千米。人口 3 400。因东侧有一天然池塘，故名湾头。2004 年成立。有楼房 69 栋，欧式建筑风格。有养老服务，开展文化体育等活动。通公交车。

东南渠社区 370213-A10-J03
［Dōngnánqú Shèqū］

　　属湘潭路街道管辖。在李沧区北部。面积 0.7 平方千米。人口 1 700。村南有一水渠，后来形成一条河，村民称其为南河，故村名为东南渠，社区沿用村名。2004 年成立。以平房为主。有养老服务，开展助老助残、文化体育等活动。通公交车。

统建社区 370213-A10-J04
［Tǒngjiàn Shèqū］

　　属湘潭路街道管辖。在李沧区北部。面积 0.3 平方千米。人口 3 400。辖区内有青岛各化工厂为职工建设的宿舍，统称为统建，故名。1999 年成立。有楼房 22 栋，中式建筑风格。有志愿者服务、养老服务，开展助老助残、文化体育等活动。通公交车。

十梅庵社区 370213-A10-J05
［Shíméi'ān Shèqū］

　　属湘潭路街道管辖。在李沧区北部。面积 1.8 平方千米。人口 3 300。明永乐年间，十梅庵先祖从云南迁此，因当时有古庙一座，庙前有 10 棵梅树，故名，社区沿用村名。2001 年成立。有楼房 25 栋，中式建筑风格，还有平房。有老年人日间照料服务，开展助老养老、文化宣传、体育娱乐等活动。通公交车。

南岭社区 370213-A10-J06
［Nánlǐng Shèqū］

　　属湘潭路街道管辖。在李沧区北部。面积 1.4 平方千米。人口 2 100。因家家门朝南，户户居岭上，毗邻大道，故名南岭。2002 年成立。有楼房 8 栋，中式建筑风格。有养老服务，开展养老助老、文化体育等活动。通公交车。

刘家社区 370213-A11-J01
［Liújiā Shèqū］

　　属楼山街道管辖。在李沧区北部。面积 0.1 平方千米。人口 3 700。因原刘家村得名。2002 年成立。有楼房 54 栋，现代建筑风格。通公交车。

西南渠社区 370213-A11-J02
［Xīnánqú Shèqū］

　　属楼山街道管辖。在李沧区北部。面积 0.1 平方千米。人口 500。因原西南渠村得名。2002 年成立。有楼房 4 栋，现代建筑风格。有志愿者服务、养老服务。通公交车。

楼山后社区 370213-A11-J03
［Lóushānhòu Shèqū］

　　属楼山街道管辖。在李沧区北部。面积 0.1 平方千米。人口 2 600。因在楼山北方，故名。2002 年成立。有楼房 30 栋，现代建筑风格。有志愿者服务、养老服务。通公交车。

翠湖社区 370213-A11-J04
［Cuìhú Shèqū］

　　属楼山街道管辖。在李沧区北部。面积 0.3 平方千米。人口 15 000。以社区内湖的特点命名。2005 年成立。有楼房 101 栋，现代建筑风格。驻有蕾蕾幼儿园、唐山路小学等单位。开展助老养老、文化宣传、体育娱乐等活动。通公交车。

城阳区

城阳区 370214
[Chéngyáng Qū]

青岛市辖区。在市境北部。面积 553 平方千米。人口 48.2 万。以汉族为主，还有朝鲜、蒙古、回、满、维吾尔等民族。辖 8 街道。区人民政府驻城阳街道。1950 年 10 月即墨县城阳区撤销，建立即墨县第七区，1955 年 10 月又改称即墨县仲村区。1956 年 3 月即墨县城阳镇和仲村区合并成立即墨县城阳区。1958 年 9 月以城阳区辖区成立即墨城阳人民公社。1961 年 3 月城阳人民公社由即墨划归青岛市崂山郊区，11 月改称崂山县城阳人民公社。1984 年 6 月撤销崂山县城阳人民公社，设立崂山县城阳镇。1988 年 12 月改称崂山区城阳镇。1994 年 5 月设立青岛市城阳区，城阳镇整建制划归城阳区。2001 年 6 月 13 日撤销城阳镇，设立城阳区城阳街道。因位于古不其城以南，即城之阳而得名。白沙河、墨水河、洪江河、桃源河、大沽河从区境内穿过。有国家高速列车技术创新中心等国家级科研单位 3 个，省级科研单位 7 个。有青岛农业大学等高等院校 2 所，中小学 71 所，图书馆 1 个，博物馆 1 个，档案馆 1 个，体育场馆 54 个，知名文艺团体 10 个，三级以上医院 1 个。有省级文物保护单位 6 个，省级非物质文化遗产 4 个，有重要古迹、景点青岛奥林匹克雕塑园等 15 个。1995 年 12 月西元庄至流亭高架桥试通车。1996 年 11 月改造扩建城阳蔬菜批发市场。2000 年 8 月青岛汽车北站开工奠基。2005 年 3 月建青岛家佳源购物中心。有城阳人民广场、青岛新天地、奥林匹克雕塑文化园、法海寺、丽资大厦等标志性建筑物。形成中心区为综合服务区、崂山西麓生态农业旅游区和大沽河湿地保护与休闲旅游区、流亭周边商务区、上马综合功能区的城市功能布局。三次产业比例为 0.4 : 57.6 : 42。农业以种植业为主。工业形成以高速列车、汽车制造、精密机械、电子信息、航空运输设备制造、海洋船舶工程、新材料、生物医药、新能源等为主的先进制造和高新技术产业体系，重点规划高速列车产业化生产、文化科技产业、空港产业聚集区、新材料等产业集群。服务业以旅游业为主。拥有市级以上名牌 95 个，其中，中国名牌 12 个、山东名牌 43 个、青岛名牌 40 个。有国家级开发区 1 个。有青岛汽车北站、城阳火车站、青岛国际空港流亭国际机场，有多条公交线路。

青岛国家高新技术产业开发区 370214-E01
[Qīngdǎo Guójiā Gāoxīnjìshùchǎnyè Kāifāqū]

在区境西南部。东至墨水河、洪江河，西至大沽河，南至胶州湾，北至棘洪滩街道南边界（洪江河、祥茂河之间）及上马街道凤祥路。面积 3 278 公顷。1992 年 11 月经国务院正式批准建立国家级开发区，由市级政府管理。开发区坚持高端引领、集约发展、生态优良的发展导向，力求在胶州湾北部园区形成"一核、两带、四岛群、多园区"的岛链状空间发展格局，构建青岛的大湾区科技创新体系，形成全市科技创新的枢纽，形成良性的、可持续化的发展模式，构建通往全球的创新湾区，努力打造国际一流的生态型科技新城。有青岛高科园、青岛新技术产业开发试验区、青岛科技街、市南软件园，入驻企业 1 136 家，其中有中车四方车辆研究所、青岛华仁太医药业有限公司、青岛萨沃特机器人有限公司、青岛通产智能科技股份有限公司、青岛雷霆重工股份有限公司、青岛佳友精密机械有限公司等国家高新技术企业。形成由铁路、公路、航运构成的交通运输网络，通公交车。

城阳街道 370214-A01
[Chéngyáng Jiēdào]

城阳区人民政府驻地。在区境中部。面积53平方千米。人口12.1万。以汉族为主，还有朝鲜、满、蒙古等民族。2001年设立。因街道办事处在城阳村社区而得名。墨水河从境内穿过。有国家级科研单位海利尔药业集团股份有限公司技术中心、青岛海利尔药业工程研究中心、省级科研单位青岛波尼亚食品有限公司技术中心、青岛迎春乐食品有限公司技术中心、山东省酰胺类农药研发工程研究中心。有高等院校1所，中小学16所，体育场19个。有省级文物保护单位城子龙山文化遗址，古迹不其城遗址、梁王坟、郭庄庙等。有银盛泰商务港、民生法制文化公园等标志性建筑物。经济以工业为主，有机械制造、食品加工、轻纺、化工、橡塑制品生产、建材加工等业。服务业以建材、钢材商贸为主。有城阳火车站、城阳汽车站，通公交车。

流亭街道 370214-A02
[Liútíng Jiēdào]

属城阳区管辖。在区境南部。面积60平方千米。人口6.9万。以汉族为主，还有朝鲜、满、回等民族。2001年设立。因街道办事处原在流亭社区而得名。2001年和2004年先后两次扩建流亭机场，实施旧村改造工程和城市建设。白沙河从境内穿过。有中小学9所，体育场10个，知名文艺团体8个，医疗卫生机构10个。有重要古迹北斋庵、女姑山等。有流亭机场、流亭立交桥等标志性建筑物。工业形成以机电制造、高技术产品生产、轨道交通、新型建材、精细化工为主的产业体系。服务业以旅游

业、物流业等为主。有青岛流亭国际机场，通公交车。

夏庄街道 370214-A03
[Xiàzhuāng Jiēdào]

属城阳区管辖。在区境东南部。面积84平方千米。人口6.8万。以汉族为主，还有蒙古、回、藏、维吾尔等民族。2001年设立。古时，此处朝霞撒满山庄、景色秀丽，取名霞庄，后演变为夏庄。1999年开始先后建丹山工业园、玉皇岭工业园，有30余村实施旧村改造工程。白沙河从境内穿过。有国家级科研单位中国电波传播研究所青岛分所。有中小学15所，知名文艺团体5个，医疗卫生机构3个。有省级文物保护单位财贝沟墓群，名胜古迹法海寺、宅子头龙山文化遗址、丹山风景区等。有鑫江温德姆酒店、丹山大桥等标志性建筑物。有白沙河生态景观带。农业以种植花卉、果蔬、苗木为主，特产山色峪樱桃、少山红杏。工业以机械制造、电子信息业为主。服务业以农业采摘观光旅游等为主。通公交车。

惜福镇街道 370214-A04
[Xīfúzhèn Jiēdào]

属城阳区管辖。在区境东部。面积56平方千米。人口3.6万。以汉族为主，还有蒙古、回、朝鲜等民族。2001年设立。因歇佛寺得名，后演变为惜福镇。2003年有10个社区实施旧村改造工程，共建居民楼22栋。2004年陆续建成居民楼10栋。完成植树造林9 000余亩。葛家河，惜福镇南河、北河，傅家埠南河、北河从境内穿过。有中小学9所，体育场10个，知名文艺团体5个，医疗卫生机构5个。有名胜古迹百福庵、通真宫、玉皇庙、康成书院、林花庵、圣水庵、玉蕊楼、毛公山、三标山、不其山、邋遢石等。农业以种植果蔬、

茶业为主,盛产樱桃、佐实杏、巨峰葡萄、崂山茶等。工业以汽车零部件制造、塑料加工、轮胎制造等为主。服务业以惜福生态特色山区旅游业为主。通公交车。

棘洪滩街道 370214-A05
[Jíhóngtān Jiēdào]

属城阳区管辖。在区境西北部。面积71平方千米。人口5.0万。以汉族为主,还有满、朝鲜、蒙古等民族。2001年设立。因街道办事处所在社区得名。祥茂河、桃源河、洪江河、墨水河从境内穿过。有国家级科研单位海洋化工研究院生产基地、中车青岛四方机车车辆股份有限公司。有中小学6所,体育场2个,知名文艺团体2个,医疗卫生机构2个。有古迹菩萨庙、海西龙王庙等。有丽姿大厦等标志性建筑物。工业以轨道交通、纺织服装、化工橡胶、机械加工、医药食品、新材料为支柱产业。服务业以物流业、现代服务业为主。通公交车。

上马街道 370214-A06
[Shàngmǎ Jiēdào]

属城阳区管辖。在区境西部。面积48平方千米。人口4.5万。以汉族为主,还有回、蒙古、藏等民族。2001年设立。因街道办事处所在村得名。2004年11个村实施旧村改造工程,共建居民楼88栋。建商贸楼75栋,开发商业网点25.5万平方米。建雨污水管线5 800米,敷设自来水管线16千米。完成育英路东扩工程。完成"西水东调"、河东路东扩等重点项目拆迁腾地任务。桃源河从境内穿过。有中小学9所,体育场2个,知名文艺团体3个,医疗卫生机构2个。有名胜古迹烟墩、钟楼、银杏树、菩萨庙、三官庙、关帝庙、土地庙等。农业以果蔬种植,鸡、猪、奶牛养殖为主。工业以机械制造、塑料加工、服装加工、精细化工

为主。服务业以物流、农业生态观光旅游为主。通公交车。

河套街道 370214-A07
[Hétào Jiēdào]

属城阳区管辖。在区境西部。面积83平方千米。人口4.2万。以汉族为主,还有满、朝鲜、蒙古等民族。2001年设立。因街道办事处所在社区而得名。2004年5个社区实施旧村改造工程,尚家沟等3社区实施整体搬迁工程,共建居民楼61栋。完成植树造林13 000亩。大沽河、桃源河从境内穿过。有中小学6所,体育场2个,知名文艺团体1个,医疗卫生机构60个。有重要古迹清代胶州湾勘界碑、古烽火台遗址等。有依托万亩林场、大沽河、胶州湾湿地公园形成的生态功能区。农业以养殖鸡、猪、奶牛等和渔业捕捞、养殖为主。工业以高新技术产品生产、机械制造、精密制造、化工、生物科技等产业为主。服务业以商贸等为主。有红岛站,通公交车。

红岛街道 370214-A08
[Hóngdǎo Jiēdào]

属城阳区管辖。在区境西南部。面积3平方千米。人口4.0万。2001年设立。原称阴岛,因其恰好位于水之南且经常云雾笼罩,天阴地暗,故而得名。后因"阴岛"之名在当时被视为"阴暗之岛",故更名为红岛。2004年旧村改造工程逐步实施,建成楼群面积13.8万平方米;实现柏油路村村通,植树造林38.3万株。有中小学10所,体育场2个,知名文艺团体5个,医疗卫生机构56个。有方特梦幻王国、红岛休闲渔村、韩家民俗村、青云宫等旅游资源。有创业大厦、中央智力岛、方特梦幻王国等标志性建筑物。农业以海洋捕捞、海产品养殖等为主,特产红岛蛤蜊、海蛎子。工业以高端制造业等为主。服务业以文化

创意、滨海旅游业和现代商贸服务业为主。通公交车。

社区

后田社区 370214-A01-J01
[Hòutián Shèqū]

属城阳街道管辖。在城阳区东部。面积 1.0 平方千米。人口 1 500。明永乐二年（1404），李氏由云南乌撒卫迁李家曹村，宣德八年（1433），其一支迁此定居，定名田村，后形成东、西、前、后四村，此村居后，故名后田村，社区沿用村名。2004 年成立。有楼房 13 栋，现代中式建筑风格。有老年人照料服务。通公交车。2005 年被评为省文明单位。

大北曲西社区 370214-A01-J02
[Dàběiqǔxī Shèqū]

属城阳街道管辖。在城阳区中部。面积 1 平方千米。人口 1 600。明洪武年间在水渠北立村，名北渠，后演变为大北曲村，1984 年改建为 5 个村，此村位西，定名大北曲西村，社区沿用村名。2004 年成立。有楼房 32 栋，现代中式建筑风格。通公交车。2010 年被评为省文明社区。

吕家庄社区 370214-A01-J03
[Lǚjiāzhuāng Shèqū]

属城阳街道管辖。在城阳区东部。面积 0.7 平方千米。人口 700。明崇祯年间，吕姓在大北曲置庄子地 60 余亩，明末清初，迁至大北曲所置庄子定居，故名吕家庄子，清末易名吕家庄，社区沿用村名。2004 年成立。有楼房 21 栋，中式建筑风格。驻有青岛崂山旅游鞋厂等单位。通公交车。2011 年被评为省文明社区。

西田社区 370214-A01-J04
[Xītián Shèqū]

属城阳街道管辖。在城阳区东部。面积 0.8 平方千米。人口 1 200。明永乐二年（1404），李氏由云南乌撒卫迁后旺疃，其一支分居此地立村，定名田村，几经发展形成东、西、前、后四村，此村位西，故名西田村，社区沿用村名。2004 年成立。有楼房 28 栋，现代中式建筑风格。驻有田村小学等单位。有养老服务。通公交车。2012 年被评为省文明社区。

大北曲后社区 370214-A01-J05
[Dàběiqǔhòu Shèqū]

属城阳街道管辖。在城阳区中部。面积 0.9 平方千米。人口 1 300。明洪武年间在水渠北立村，名北渠，后演变为大北曲村。1984 年改建为 5 个村，此村位后，定名大北曲后村，社区沿用村名。2004 年成立。有楼房 25 栋，现代中式建筑风格。驻有青岛昌大食品有限公司等单位。通公交车。2012 年被评为省文明单位。

前旺疃社区 370214-A01-J06
[Qiánwàngtuǎn Shèqū]

属城阳街道管辖。在城阳区东北部。面积 1.6 平方千米。人口 1 400。明永乐年间，先民由云南迁居于此，为表吉利，取村名旺疃，后分为两村，此村居南，名前旺疃，村改居时沿用原村名。2004 年成立。有楼房 37 栋，现代中式建筑风格。驻有青岛华辉制衣有限公司等单位。通公交车。2013 年被评为省文明社区。

城子社区 370214-A01-J07
[Chéngzi Shèqū]

属城阳街道管辖。在城阳区中部。面积 1.0 平方千米。人口 3 600。因在不其城内得名。2004 年成立。有楼房 33 栋，现代建筑风格。通公交车。

杨埠寨社区 370214-A02-J01
[Yángbùzhài Shèqū]

属流亭街道管辖。在城阳区南部。面积 0.6 平方千米。人口 1 300。唐初，秦王征东时，其军队曾在此补充过给养，故名养补寨，后演变为杨埠寨。2004 年成立。有楼房 29 栋，现代中式建筑风格。通公交车。2009 年被评为省文明社区。

北后楼社区 370214-A02-J02
[Běihòulóu Shèqū]

属流亭街道管辖。在城阳区西南部。面积 0.6 平方千米。人口 1 000。明朝中叶，林氏搬至不其城南黄家楼后侧立村，名后楼，后分两村，该村在北面，故名，村改居时沿用原村名。2007 年成立。有楼房 18 栋，中式建筑风格。驻有东弥陶瓷有限公司等单位。通公交车。2009 年被评为省文明社区。

西后楼社区 370214-A02-J03
[Xīhòulóu Shèqū]

属流亭街道管辖。在城阳区西南部。面积 2.8 平方千米。人口 1 300。清初，王成正从即墨鳌山迁此，因村后有一梳洗楼，后加"西"字，以有别于北后楼村，故名，村改居时沿用原村名。2004 年成立。有楼房 27 栋，现代中式建筑风格。驻有兴珍工艺品有限公司等单位。有志愿者服务。通公交车。2009 年被评为省文明社区。

于家社区 370214-A02-J04
[Yújiā Shèqū]

属流亭街道管辖。在城阳区南部。面积 3.0 平方千米。人口 700。以姓氏命名。2004 年成立。有楼房 12 栋，现代中式建筑风格。通公交车。2014 年被评为省文明社区。

庙头社区 370214-A02-J05
[Miàotóu Shèqū]

属流亭街道管辖。在城阳区中部。面积 0.3 平方千米。人口 700。因在天齐庙东立村得名，村改居时沿用原村名。2004 年成立。有楼房 17 栋，现代建筑风格。通公交车。

双埠社区 370214-A02-J06
[Shuāngbù Shèqū]

属流亭街道管辖。在城阳区南部。面积 2.0 平方千米。人口 3 700。因在两土埠间立村得名，村改居时沿用原村名。2004 年成立。以平房为主。驻有青岛金刚皮革制品有限公司等单位。通公交车。

东女姑山社区 370214-A02-J07
[Dōngnǚgūshān Shèqū]

属流亭街道管辖。在城阳区南部。面积 1.6 平方千米。人口 2 000。因在女姑山东建村得名，村改居时沿用原村名。2004 年成立。有楼房 7 栋，现代建筑风格。通公交车。

东宅子头社区 370214-A03-J01
[Dōngzháizitóu Shèqū]

属夏庄街道管辖。在城阳区东部。面积 1.3 平方千米。人口 2 600。因位于阴宅（古露天石棺）之东得名，村改居时沿用原村名。2004 年成立。有楼房 13 栋，现代建筑风格。通公交车。

王家曹村社区 370214-A03-J02
[Wángjiācáocūn Shèqū]

属夏庄街道管辖。在城阳区东部。面积 0.4 平方千米。人口 1 100。1841 年修《王氏家谱》时村名为后曹村,后改称王家曹村,村改居时沿用原村名。2004 年成立。以平房为主。通公交车。2013 年被评为省文明社区。

云头崮社区 370214-A03-J03
[Yúntóugù Shèqū]

属夏庄街道管辖。在城阳区东南部。面积 1.3 平方千米。人口 1 000。明崇祯年间,胡氏迁此,因南山顶上常有云雾缭绕,村建其下,故名云头崮,村改居时沿用原村名。2004 年成立。有楼房 19 栋,现代中式建筑风格。开展戏曲演出等活动。通公交车。2013 年被评为省文明单位。

郝家营社区 370214-A03-J04
[Hǎojiāyíng Shèqū]

属夏庄街道管辖。在城阳区东部。面积 0.8 平方千米。人口 1 700。汉时曾在此地扎营驻兵,后冠以郝姓得名,村改居时沿用原村名。2004 年成立。有楼房 38 栋,现代建筑风格。驻有青岛东革体育用品有限公司等单位。通公交车。

秦家小水社区 370214-A03-J05
[Qínjiāxiǎoshuǐ Shèqū]

属夏庄街道管辖。在城阳区南部。面积 1.7 平方千米。人口 2 600。因村东有小水河,并冠秦姓命名,村改居时沿用原村名。2004 年成立。有楼房 37 栋,现代建筑风格。通公交车。

西葛家社区 370214-A04-J01
[Xīgějiā Shèqū]

属惜福镇街道管辖。在城阳区东北部。面积 3.3 平方千米。人口 1 700。因在葛家夼以西立村得名,村改居时沿用原村名。2004 年成立。有楼房 10 栋,现代建筑风格。驻有大业食品有限公司等单位。通公交车。

宫家村社区 370214-A04-J02
[Gōngjiācūn Shèqū]

属惜福镇街道管辖。在城阳区东部。面积 2.4 平方千米。人口 900。村以姓氏得名,村改居时沿用原村名。2004 年成立。以平房为主。通公交车。

傅家埠社区 370214-A04-J03
[Fùjiābù Shèqū]

属惜福镇街道管辖。在城阳区东部。面积 0.6 平方千米。人口 4 000。因立村于埠顶,后冠以傅姓得名,村改居时沿用原村名。2004 年成立。有楼房 22 栋,现代建筑风格。通公交车。

后金社区 370214-A04-J04
[Hòujīn Shèqū]

属惜福镇街道管辖。在城阳区东部。面积 2.7 平方千米。人口 2 000。因村位于荆条沟之北,故名后荆沟,1934 年以谐音改称后金沟,村改居时沿用原村名。2004 年成立。有楼房 10 栋,现代中式建筑风格。通公交车。2011 年被评为省文明社区。

王家村社区 370214-A04-J05
[Wángjiācūn Shèqū]

属惜福镇街道管辖。在城阳区东部。面积 0.1 平方千米。人口 500。明末,王氏先祖从即墨王家院迁此落户,定名王家,清末改称王家村,村改居时沿用原村名。2004 年成立。有楼房 20 栋,现代中式建筑风格。驻有银盛泰房地产有限公司等单位。通公交车。2007 年被评为省文明社区。

东铁社区 370214-A04-J06
[Dōngtiě Shèqū]

属惜福镇街道管辖。在城阳区东部。面积 2.0 平方千米。人口 1 300。在铁旗山（后演变为铁骑山）后立村,名铁骑后村,因人丁兴旺，分为两村，此村在东，故称东铁骑后村，村改居时沿用原村名。2004年成立。有楼房6栋，中式建筑风格，还有平房。驻有青岛可蓝矿泉水有限公司等单位。通公交车。2010年被评为省文明社区。

惜福镇社区 370214-A04-J07
[Xīfúzhèn Shèqū]

属惜福镇街道管辖。在城阳区东部。面积0.2平方千米。人口1 700。村因在歇佛寺旁，后以谐音加吉祥嘉言命名，村改居时沿用原村名。2004年成立。有楼房6栋，现代建筑风格。通公交车。

下崖社区 370214-A05-J01
[Xiàyá Shèqū]

属棘洪滩街道管辖。在城阳区西北部。面积0.7平方千米。人口2 100。清康熙年间，上崖村因人丁兴旺，在村北建新村，因地势低，名下崖，村改居时沿用原村名。2004年成立。有楼房4栋，现代中式建筑风格，还有平房。驻有青岛中美家具有限公司等单位。有老年人日间照料服务。通公交车。2008年被评为省文明社区。

韩洼社区 370214-A05-J02
[Hánwā Shèqū]

属棘洪滩街道管辖。在城阳区北部。面积1.9平方千米。人口1 400。据韩洼村《孙氏族谱》，韩氏祖在洪江河下游东岸立村，因地势低洼，名韩洼，村改居时沿用原村名。2004年成立。以平房为主。驻有韩国青岛培明金属有限公司、青岛凯平实业有限公司等单位。通公交车。

北万社区 370214-A05-J03
[Běiwàn Shèqū]

属棘洪滩街道管辖。在城阳区北部。面积1.4平方千米。人口1 400。村因在南万村北得名，村改居时沿用原村名。2004年成立。以平房为主。驻有青岛市工艺品进出口公司等单位。通公交车。

沈家庄社区 370214-A05-J04
[Shěnjiāzhuāng Shèqū]

属棘洪滩街道管辖。在城阳区西北部。面积0.4平方千米。人口300。村因姓氏得名，村改居时沿用原村名。2004年成立。以平房为主。通公交车。

大胡埠社区 370214-A05-J05
[Dàhúbù Shèqū]

属棘洪滩街道管辖。在城阳区西北部。面积1.9平方千米。人口1 200。因村南有大湖泊，村北有小湖泊，村在高埠上得名，村改居时沿用原村名。2004年成立。以平房为主，现代建筑风格。驻有青岛瑞永正有限公司等单位。通公交车。

铁家庄社区 370214-A05-J06
[Tiějiāzhuāng Shèqū]

属棘洪滩街道管辖。在城阳区北部。面积1.4平方千米。人口1 000。据该村《万氏族谱》载：清乾隆十年（1745），万氏族人为耕作方便，由南万村迁此立村，名贴家庄。乾隆四十年（1775），由外地来一铁匠定居，他技术高超，名扬四方，村名逐渐演变成铁家庄。村改居时沿用原村名。2004年成立。以平房为主。驻有四方机车车辆工厂棘洪滩分厂等单位。通公交车。

前海西社区 370214-A05-J07
[Qiánhǎixī Shèqū]

属棘洪滩街道管辖。在城阳区中部。面积4.4平方千米。人口4 700。因在海西村南得名，村改居时沿用原村名。2004年成立。以平房为主。通公交车。

上马村社区 370214-A06-J01
[Shàngmǎcūn Shèqū]

属上马街道管辖。在城阳区西部。面积1.2平方千米。人口2 200。因立村处地势较高，并冠以马姓得名，村改居时沿用原村名。2004年成立。有楼房9栋，现代建筑风格。通公交车。

王林庄社区 370214-A06-J02
[Wánglínzhuāng Shèqū]

属上马街道管辖。在城阳区西部。面积5.4平方千米。人口3 900。村因王氏祖先王林得名，村改居时沿用原村名。2004年成立。有楼房2栋，现代建筑风格。通公交车。

李仙庄社区 370214-A06-J03
[Lǐxiānzhuāng Shèqū]

属上马街道管辖。在城阳区西部。面积3.2平方千米。人口2 100。因村中曾有一李姓道士，人称李半仙得名，村改居时沿用原村名。2004年成立。有楼房20栋，现代建筑风格。驻有青岛世帮工艺品有限公司等单位。通公交车。

葛家屯社区 370214-A06-J04
[Gějiātún Shèqū]

属上马街道管辖。在城阳区西部。面积1.2平方千米。人口900。村因姓氏得名，村改居时沿用原村名。2004年成立。以平房为主。通公交车。

西张社区 370214-A06-J05
[Xīzhāng Shèqū]

属上马街道管辖。在城阳区西部。面积1.1平方千米。人口1 200。因在张哥庄西得名，村改居时沿用原村名。2004年成立。以平房为主。通公交车。

朝阳社区 370214-A06-J06
[Cháoyáng Shèqū]

属上马街道管辖。在城阳区西部。面积1.3平方千米。人口1 500。村因吉祥之意得名，村改居时沿用原村名。2004年成立。有楼房14栋，现代建筑风格。驻有世伟服装公司等单位。通公交车。

北程社区 370214-A06-J07
[Běichéng Shèqū]

属上马街道管辖。在城阳区西部。面积2.1平方千米。人口2 600。村因在程哥庄北得名，村改居时沿用原村名。2004年成立。有楼房21栋，现代建筑风格。通公交车。

赵家岭社区 370214-A07-J01
[Zhàojiālǐng Shèqū]

属河套街道管辖。在城阳区西南部。面积7.1平方千米。人口3 600。因赵氏迁此处岭上立村得名，村改居时沿用原村名。2004年成立。以平房为主。驻有青岛海城公司等单位。通公交车。

小涧西社区 370214-A07-J02
[Xiǎojiànxī Shèqū]

属河套街道管辖。在城阳区西南部。面积4.5平方千米。人口3 200。因在小涧村西得名，村改居时沿用原村名。2004年成立。以平房为主。通公交车。

下疃社区 370214-A07-J03
[Xiàtuǎn Shèqū]

属河套街道管辖。在城阳区西南部。面积2.5平方千米。人口2 100。因在上疃村之下而得名，村改居时沿用原村名。2004年成立。以平房为主。通公交车。

罗家营社区 370214-A07-J04
［ Luójiāyíng Shèqū ］

属河套街道管辖。在城阳区西南部。面积 8.6 平方千米。人口 3 500。村因姓氏得名，村改居时沿用原村名。2004 年成立。以平房为主。通公交车。

潮海西社区 370214-A07-J05
［ Cháohǎixī Shèqū ］

属河套街道管辖。在城阳区西南部。面积 2.9 平方千米。人口 1 600。因在临海处立村，此村位西得名，村改居时沿用原村名。2004 年成立。以平房为主。通公交车。

韩家庄社区 370214-A07-J06
［ Hánjiāzhuāng Shèqū ］

属河套街道管辖。在城阳区西南部。面积 0.5 平方千米。人口 600。村因姓氏得名，村改居时沿用原村名。2004 年成立。以平房为主。通公交车。

东河套社区 370214-A07-J07
［ Dōnghétào Shèqū ］

属河套街道管辖。在城阳区西南部。面积 0.5 平方千米。人口 600。因村位于沙河东，与沙河西的河套村相邻得名，村改居时沿用原村名。2004 年成立。以平房为主。通公交车。

宁家社区 370214-A08-J01
［ Níngjiā Shèqū ］

属红岛街道管辖。在城阳区南部。面积 1.3 平方千米。人口 2 000。村因姓氏得名，村改居时沿用原村名。2004 年成立。以平房为主。通公交车。

高家社区 370214-A08-J02
［ Gāojiā Shèqū ］

属红岛街道管辖。在城阳区南部。面积 2.0 平方千米。人口 2 400。村因姓氏得名，村改居时沿用原村名。2004 年成立。以平房为主。通公交车。

宿流社区 370214-A08-J03
［ Sùliú Shèqū ］

属红岛街道管辖。在城阳区南部。面积 3.0 平方千米。人口 4 200。因退潮时，海水积于村前得名，村改居时沿用原村名。2004 年成立。以平房为主。驻有红福英水食品有限公司等单位。通公交车。

沟角社区 370214-A08-J04
［ Gōujiǎo Shèqū ］

属红岛街道管辖。在城阳区南部。面积 0.6 平方千米。人口 400。因村建于沟角上得名，村改居时沿用原村名。2004 年成立。以平房为主。通公交车。

东大洋社区 370214-A08-J05
［ Dōngdàyáng Shèqū ］

属红岛街道管辖。在城阳区南部。面积 2.7 平方千米。人口 4 200。因有一山名东大山，又三面环海得名，村改居时沿用原村名。2004 年成立。以平房为主。通公交车。

小庄社区 370214-A08-J06
［ Xiǎozhuāng Shèqū ］

属红岛街道管辖。在城阳区南部。面积 0.8 平方千米。人口 800。因建村时村小、居民少得名，村改居时沿用原村名。2004 年成立。有楼房 7 栋，现代建筑风格。通公交车。

前韩社区 370214-A08-J07
［ Qiánhán Shèqū ］

属红岛街道管辖。在城阳区南部。面积 0.2 平方千米。人口 1 000。因韩姓一支由韩家村搬至村前建村得名，村改居时沿用原村名。2004 年成立。以平房为主。驻有青岛英门贸易有限公司等单位。通公交车。

胶州市

胶州市 370281
[Jiāozhōu Shì]

山东省辖县级市，由青岛市代管。北纬 36°00′，东经 119°37′。在青岛市境南部。面积 1 324 平方千米。人口 82.8 万。辖 6 街道、6 镇。市人民政府驻三里河街道。春秋为莒介根邑，战国入齐。西汉置计斤、黔陬 2 县，计斤紧邻今治，黔陬据西南境。东汉废计斤。隋开皇十六年（596），析黔陬置胶西县，大业初省黔陬入之，属高密郡。唐省胶西入高密县。北宋元祐三年（1088）析高密板桥镇及诸城地复置胶西县，属密州。元于县置胶州，至正十七年（1357）州、县均徙今治。明洪武初省县入州，属青州府，后属莱州府。清因之。1913 年裁州为县，始名胶县，属胶东道。州、县均以胶水得名。1925 年属胶莱道，为道治所。1928 年属省。1941 年属南海专区。1949 年属滨北专区，专署驻胶县。1950 年属胶州专区。1956 年属昌潍专区。1967 年属昌潍地区。1978 年属青岛市。1987 年 1 月撤县设市，以古胶州得名。（资料来源：《胶州市志》）2001 年完成山洲水库引水等工程。2002 年完成市政广场二期工程，建设三里河文化公园。2004 年改造郑州路，建设"一环四线"交通网络。2005 年客运西站建成运营，获批济青客运专线胶州北站。2008 年胶济客运专线胶州北站开工建设。2009 年建设华鲁御龙广场、时代国际中心。2010 年扩建杭州路、胶州路等。2012 年双积路等 4 条道路工程和洋河崖大桥等 5 座桥梁工程竣工。2013 年治理大沽河。2014 年市民文化中心竣工，规划展览馆、下沉广场和广州路过街天桥建成开放。有胶州广播电视塔等标志性建筑物。确立"一带、两区、四板块"空间战略布局，即大沽河生态休闲带，国家级经济技术开发区、国际临空经济区，临空经济板块、城市发展板块、高新产业板块、生态农业板块。境域呈西南、东北斜长分布，地势由西向东、由南向北逐渐倾斜，市区南部和西南部是泰沂山脉的末端，为蜿蜒起伏的低山丘陵区，海拔 50~229.2 米；中部为丘陵、平原。属季风气候和海洋性气候特征，四季分明，年均气温 12.4℃，1 月平均气温 –1.2℃，7 月平均气温 25.3℃。年均降水量 724.8 毫米。有大沽河、桃源河、南胶莱河、洋河、胶河等流经。有花岗石、建筑用砂（河砂）、砖瓦黏土等矿产资源。有野生植物 113 种，其中国家重点保护野生植物有 7 种。有野生动物 20 种，其中国家重点保护野生动物有 20 种。有国家级自然保护区 1 个、省级自然保护区 1 个。森林覆盖率 15.79%。有省级科学技术研究中心 4 个，省级工程研究中心 1 个。有中小学 102 所，图书馆 1 个，博物馆 1 个，档案馆 1 个，知名文艺团体 1 个，体育场馆 2 个，三级以上医院 3 个。有国家级文物保护单位被国都城遗址、板桥镇遗址等 5 个，省级文物保护单位三里河遗址等 11 个，有国家级非物质文化遗产胶州秧歌 1 个、省级非物质文化遗产胶州剪纸 1 个，有风景名胜区和重要古迹、景点 6 个。三次产业比例为 6：55.4：38.6。农业以种植业、养殖业、渔业为主，主产小麦、玉米、花生、地瓜、蔬菜、水果，养殖猪、蛋鸡、奶牛、羊等，渔业以海洋捕捞、海水养殖、淡水养殖为主，水产品有对虾、鲳鱼、黄姑鱼、带鱼、鲤鱼、罗非鱼、光鱼、河蟹、杂色蛤等。工业以车船配件、锅炉辅机、家电电子、钢结构、轻工纺织、食品加工、木器厨加工为主,有千亿级高科技机电产业链,重点培育家电、冷链、数字化装备、锅炉及辅机、金属结构制造及生物医药等产业集群,有海尔、澳柯玛等国内外知名企业。服务业以商贸、物流业为主,是山东省重要的货物集散地。有国家级开发区1个。境内有铁路117千米,公路248.2千米,高速168.9千米。胶济、胶黄、胶新、蓝烟等5条客运铁路,沈海、青银、青兰3条高速公路,省道朱诸路、三城路、平营路、胶王路、黄张路、惜苑路、上里路过境。

山东省胶州市经济开发区 370281-E01
[Shāndōng Shěng Jiāozhōu Shì Jīngjì Kāifāqū]

在胶州市境东南部。北起胶济铁路,南至洋河,西接市海尔大道,东至大沽河沿线。面积48公顷。因所在政区和功能定位得名。2012年12月经国务院正式批准升级为国家级开发区,由县市级政府管理。以研发制造、鞋业服装、装备制造、生物制药、新能源新材料、机械电子为主,有特锐德电气、东软智能电子、美国NOV海工装备、日本电产、德国贝克曼沃玛等高端装备制造业企业55家。开发区内有铁路、公路经过,交通网络四通八达,通公交车。

三里河街道 370281-A01
[Sānlǐhé Jiēdào]

胶州市人民政府驻地。在市境南部。面积57平方千米。人口5.3万。2009年设立。因境内三里河得名。三里河从境内穿过。有高等院校1所,中小学10所,医疗卫生机构1个。有国家级文物保护单位三里河遗址,名胜古迹古莒国都城遗址、宋王氏双女冢遗址、清代高凤翰墓等,有三里河公园等旅游资源。农业以种植业为主,主产小麦、玉米、白菜等,有特色农产品胶州大白菜。工业以汽车制造、机械电子、服装鞋帽、电力钢构等为主。服务业以物流、

商贸为主,有文化市场、蔬菜果品批发市场、生猪交易屠宰市场、专业木材批发市场、粮食市场、粮油物流中心等。通公交车。

阜安街道 370281-A02
[Fù'ān Jiēdào]

属胶州市管辖。在市境中部。面积13平方千米。人口7.9万。1988年设立。因原有旧城门名阜安门而得名。云溪河从境内穿过。有中小学10所,医疗卫生机构3个。有重要古迹城隍庙等。工业以装备制造、农副产品加工、服装鞋帽、锅炉及辅机、金属结构制造及生物医药等为主,建有工业园区2个。服务业以批发零售、餐饮娱乐等为主。通公交车。

中云街道 370281-A03
[Zhōngyún Jiēdào]

属胶州市管辖。在市境中部。面积19.6平方千米,人口7.1万。1988年设立。因位于云溪河干流北岸,河段又名中云河,故名。云溪河从境内穿过。有中小学8所,图书馆1个,医疗卫生机构1个。有重要古迹古方井。经济以商贸为主。有胶州火车站、胶州长途汽车西站,通公交车。

胶东街道 370281-A04
[Jiāodōng Jiēdào]

属胶州市管辖。在市境东部。面积109平方千米。人口7.0万。2009年设立。因街道位于城区东部得名。大沽河、南胶莱河从境内穿过。有中小学7所,医疗卫生机构1个。有太平寺、麻湾渔业湖等景点。农业以种植小麦、玉米、蔬菜为主,是辣椒加工和贸易产业基地。工业以机电、轻纺、食品加工、精细化工为主,建有青岛台湾工业园、青岛纺织染整工业园、店口工业园。服务业以房地产业为主。通公交车。

胶北街道 370281-A05
[Jiāoběi Jiēdào]

属胶州市管辖。在市境北部。面积 106 平方千米。人口 6.1 万。2012 年设立。因位于城区北部而得名。大沽河从境内穿过。有中小学 9 所,医疗卫生机构 2 个。有玉皇庙等景点。农业以种植小麦、玉米等为主,盛产蔬菜、蜜桃、西瓜、红提葡萄等,是"海尔"无公害蔬菜生产基地。工业以食品加工、制造装备、橡胶皮革、针织纺织、家具制造为主,建有工业园区。通公交车。

九龙街道 370281-A06
[Jiǔlóng Jiēdào]

属胶州市管辖。在市境南部。面积 200 平方千米。人口 7.6 万。2012 年设立。因境内有九龙山得名。洋河从境内穿过。有中小学 10 所,医疗卫生机构 3 个。有少海风景区、慈云寺、万佛塔等旅游资源。农业盛产小麦、花生、板栗和各种禽类、蔬菜等,有全国农业科技示范园,有海洋捕捞、贝类养殖业。工业以建筑、铸造、防腐材料生产等为主,建有胶州湾高新技术工业区。服务业以旅游、商贸为主,有九龙山庄休闲度假区。通公交车。

李哥庄镇 370281-B01
[Lǐgēzhuāng Zhèn]

胶州市辖镇。在市境东部。面积 75 平方千米。人口 5.6 万。辖 3 居委会、41 村委会,有 41 自然村。镇人民政府驻李哥庄。1955 年设李哥庄乡。1958 年与沽河乡合并设红旗公社,后改沽河公社。1984 年置李哥庄镇。因驻地村得名。大沽河、桃源河、小辛河从境内穿过。有中小学 7 所,卫生院 1 个,广场 1 个。有桃源河原始生态湿地等景点。农业以种植业为主,主产小麦、玉米、蔬菜、花卉、苹果、大豆。工业以毛发制品、建材、木制品、食品加工为主。服务业以商贸为主。胶济铁路、济青高速、204 国道过境。

铺集镇 370281-B02
[Pùjí Zhèn]

胶州市辖镇。在市境西部。面积 122 平方千米。人口 6.3 万。辖 1 居委会、69 村委会,有 69 自然村。镇人民政府驻铺上一村。1953 年设胶县十八区。1955 年改胶河区。1958 年改铺上乡,同年改东风公社。后改铺集公社。1984 年改置镇。以原驻地村得名。胶河从境内穿过。有中小学 5 所,卫生院 1 个。有胶河森林公园。农业以种植小麦、玉米、地瓜、花生、蔬菜、苹果、蜜桃等为主,建有名优果园、银杏园、黄烟园、高效农业示范园,有种兔、肉牛、奶牛、山羊等养殖场,有早酥梨、朝阳坡蜜桃、马家绿茶、胶州大白菜、里岔黑猪肉等名优特产。工业以机械、化工、汽车配件、新型建材、木器加工等为主。省道朱诸路、董张路过境。

里岔镇 370281-B03
[Lǐchà Zhèn]

胶州市辖镇。在市境西南部。面积 157 平方千米。人口 6.4 万。辖 101 村委会,有 101 自然村。镇人民政府驻河北村。1958 年设卫星公社。后改里岔公社。1984 年改设乡。1993 年改置镇。2012 年张应镇并入。因原驻地村得名。胶河从境内穿过。有中小学 8 所,卫生院 1 个。有国家级文物保护单位祓国都城遗址,重要古迹赵家庄文化遗址等。农业盛产小麦、玉米、花生、大豆、黄烟、蔬菜、果品等,是奶山羊生产基地,特色养殖里岔黑猪,建有里岔镇农业园区。工业以机械、化工、食品、医药、建材、轻工等为主,建有青岛临港(胶州)工业园。青银高速、省道黄张公路过境。

胶西镇 370281-B04
[Jiāoxī Zhèn]

胶州市辖镇。在市境西部。面积 177 平方千米。人口 8.6 万。辖 114 村委会，有 114 自然村。镇人民政府驻西祝村。1957 年设祝村乡。1958 年改城西公社。1984 年改设西祝村乡。1993 年置胶西镇。2012 年杜村镇并入。以处胶州西得名。墨水河、十米河、小新河从境内穿过。有中小学 10 所，卫生院 2 个。农业以种植小麦、玉米、花生、白菜、土豆为主，特产荷兰马铃薯，建有蔬菜生产基地、花卉苗木生产基地。工业以机械、化工、食品、木材、纺织为主，有钢塔、轮胎、皮革、粮油等产品。服务业以物流业为主。兰新铁路、胶济铁路、青银高速、环胶州湾高速、胶莱高速、同三高速、204 国道过境。

洋河镇 370281-B05
[Yánghé Zhèn]

胶州市辖镇。在市境西南部。面积 129 平方千米。人口 5.6 万。辖 84 村委会，有 84 自然村。镇人民政府驻冷家村。1958 年建先锋公社，后改洋河公社。1984 年改置冷家村乡。1993 年置洋河镇。2001 年董城乡并入。以境内有洋河得名。有艾山山脉，洋河、温凉河从境内穿过。有中小学 4 所，卫生院 1 个。有艾山风景区等旅游资源。农业以种植小麦、玉米、花生、蔬菜、地瓜为主，建有无公害蔬菜生产基地、无公害花生生产基地、无公害特色地瓜生产基地。畜牧业发达，有良种羊繁育基地、无公害鸡蛋生产基地。工业以塑胶科技、汽配、模具与设备制造等为主。胶朱公路、杜河公路、张王公路过境。

胶莱镇 370281-B06
[Jiāolái Zhèn]

胶州市辖镇。在市境东北部。面积 155 平方千米。人口 7.0 万。辖 103 村委会，有 103 自然村。镇人民政府驻北王珠村。1946 年成立胶高县。1949 年撤胶高县，划属胶县第八区。1957 年撤区并乡，并为小高、官路两乡。1958 年成立燎原人民公社，后改胶莱公社。2003 年改置镇。2012 年马店镇并入。因境内胶莱河得名。大沽河、胶莱河从境内穿过。有中小学 13 所，卫生院 2 个。农业以种植小麦、玉米、花生、土豆、大葱、姜等为主。工业以农副产品加工、机械制造、纺织、工艺品加工为主，建有青岛胶莱工业园。服务业以商贸为主，沙梁蔬菜批发市场是江北地区最大的土豆集散基地。有公路经此。

社区

阳光丽景社区 370281-A02-J01
[Yángguānglìjǐng Shèqū]

属阜安街道管辖。在胶州市东部。面积 0.8 平方千米。人口 12 000。因辖区内阳光丽景小区得名。2009 年成立。有楼房 151 栋，现代中式建筑风格。通公交车。

白水泉社区 370281-A02-J02
[Báishuǐquán Shèqū]

属阜安街道管辖。在胶州市中部。面积 0.7 平方千米。人口 3 800。因白水泉街得名。1995 年成立。有楼房 28 栋，中式建筑风格。通公交车。

北岭社区 370281-A02-J03
[Běilǐng Shèqū]

属阜安街道管辖。在胶州市北部。面积 0.3 平方千米。人口 2 700。因地处北岭街得名。1995 年成立。有楼房 62 栋，中式建筑风格。通公交车。

浮萍社区 370281-A02-J04
[Fúpíng Shèqū]

属阜安街道管辖。在胶州市中部。面积 0.3 平方千米。人口 4 400。街道中段靠北有个三角形水湾，湾里长满芙蕖，胶城百姓俗称"浮萍"，故名。1995 年成立。有楼房 47 栋，中式建筑风格。通公交车。

阜安市委社区 370281-A02-J05
[Fù'ānshìwěi Shèqū]

属阜安街道管辖。在胶州市中部。面积 32.68 平方千米。人口 3 400。因阜安街道机关大楼在辖区内得名。1995 年成立。有楼房 46 栋，中式建筑风格。通公交车。

太平地社区 370281-A02-J06
[Tàipíngdì Shèqū]

属阜安街道管辖。在胶州市南部。面积 0.5 平方千米。人口 12 100。原名瓜地，后更名太平地。1995 年成立。有楼房 117 栋，中式建筑风格。通公交车。

新立街社区 370281-A02-J07
[Xīnlìjiē Shèqū]

属阜安街道管辖。在胶州市中部。面积 0.5 平方千米。人口 2 500。1995 年成立。有楼房 61 栋，中式建筑风格。通公交车。

袁家巷社区 370281-A02-J08
[Yuánjiāxiàng Shèqū]

属阜安街道管辖。在胶州市中部。面积 8.8 平方千米。人口 3 600。有胶州古街老巷，以姓氏命名。1995 年成立。有楼房 38 栋，中式建筑风格。通公交车。

东苑绿世界社区 370281-A03-J01
[Dōngyuànlǜshìjiè Shèqū]

属中云街道管辖。在胶州市西部。面积 12 平方千米。人口 3 900。以开发公司

名称命名。2002 年成立。有楼房 55 栋，现代中式建筑风格。通公交车。2009 年 5 月被评为省文明单位。

郭家庄社区 370281-A03-J02
[Guōjiāzhuāng Shèqū]

属中云街道管辖。在胶州市西部。面积 0.3 平方千米。人口 1 200。以原郭家庄得名。2004 年成立。有楼房 31 栋，现代中式建筑风格。驻有中国邮政储蓄银行等单位。通公交车。2010 年被评为省文明单位。

店子街社区 370281-A03-J03
[Diànzijiē Shèqū]

属中云街道管辖。在胶州市西部。面积 0.5 平方千米。人口 8 000。因原村庄名而得名。1995 年成立。有楼房 66 栋，中式建筑风格。通公交车。

二里河社区 370281-A03-J04
[Èrlǐhé Shèqū]

属中云街道管辖。在胶州市西部。面积 0.25 平方千米。人口 2 600。因临二里河得名。1996 年成立。有楼房 23 栋，中式建筑风格。通公交车。

方井社区 370281-A03-J05
[Fāngjǐng Shèqū]

属中云街道管辖。在胶州市中部。面积 0.8 平方千米。人口 7 000。因辖区范围内有口古井，名为"方井"，故名。1995 年成立。有楼房 52 栋，中式建筑风格。通公交车。

凤凰庄社区 370281-A03-J06
[Fènghuángzhuāng Shèqū]

属中云街道管辖。在胶州市北部。面积 0.06 平方千米。人口 1 900。传说有"凤凰落于此地"，故名。1989 年成立。有楼房 13 栋，中式建筑风格。通公交车。

芙蓉社区　370281-A03-J07
[Fúróng Shèqū]

　　属中云街道管辖。在胶州市西部。面积0.28平方千米。人口7 300。因社区环境美丽，因此取名芙蓉。1995年成立。有楼房68栋，中式建筑风格。通公交车。

福寿社区　370281-A03-J08
[Fúshòu Shèqū]

　　属中云街道管辖。在胶州市西部。面积0.2平方千米。人口12 100。因辖区内福寿街得名。1995年成立。有楼房48栋，中式建筑风格。通公交车。

高州路社区　370281-A03-J09
[Gāozhōulù Shèqū]

　　属中云街道管辖。在胶州市北部。面积0.31平方千米。人口5 300。因辖区内高州路小区得名。1995年成立。有楼房93栋，中式建筑风格。通公交车。

杭州路社区　370281-A03-J10
[Hángzhōulù Shèqū]

　　属中云街道管辖。在胶州市西部。面积0.2平方千米。人口9 700。因辖区内杭州路小区得名。1995年成立。有楼房66栋，中式建筑风格。通公交车。

华云社区　370281-A03-J11
[Huáyún Shèqū]

　　属中云街道管辖。在胶州市西部。面积3.0平方千米。人口10 800。因辖区内华云城小区得名。1995年成立。有楼房157栋，中式建筑风格。通公交车。

兰州西路社区　370281-A03-J12
[Lánzhōuxīlù Shèqū]

　　属中云街道管辖。在胶州市西部。面积0.7平方千米。人口10 000。因兰州西路得名。1995年成立。有楼房104栋，中式建筑风格。通公交车。

七公司社区　370281-A03-J13
[Qīgōngsī Shèqū]

　　属中云街道管辖。在胶州市西北部。面积0.22平方千米。人口5 800。原系中石油七公司企业内部自办居民委员会，故名。1995年成立。有楼房11栋，中式建筑风格。通公交车。

商城社区　370281-A03-J14
[Shāngchéng Shèqū]

　　属中云街道管辖。在胶州市西部。面积0.5平方千米。人口10 600。因办事处位于胶州市商城内，故名。2009年成立。有楼房96栋，中式建筑风格。通公交车。

捎门里社区　370281-A03-J15
[Shāoménlǐ Shèqū]

　　属中云街道管辖。在胶州市西部。面积0.25平方千米。人口5 900。因居委会位于胶县老城墙围子的"警卫室"——哨门的里侧，因而得名。1995年成立。有楼房66栋，中式建筑风格。通公交车。

振华社区　370281-A03-J16
[Zhènhuá Shèqū]

　　属中云街道管辖。在胶州市西部。面积0.6平方千米。人口1 600。因辖区内振华小区得名。1995年成立。有楼房33栋，中式建筑风格。通公交车。

幸福家园社区　370281-A05-J01
[Xìngfújiāyuán Shèqū]

　　属胶北街道管辖。在胶州市北部。面积3.55平方千米。人口4 500。因辖区内顺盛幸福家园得名。2013年成立。有楼房20栋，现代建筑风格。通公交车。

鑫汇新都社区 370281-A06-J01

[Xīnhuìxīndū Shèqū]

属九龙街道管辖。在胶州市东部。面积0.13平方千米。人口3 200。以开发公司名称命名。2009年成立。有楼房35栋，现代建筑风格。有志愿者服务。通公交车。2011年被评为省文明单位。

兴华社区 370281-A06-J02

[Xīnghuá Shèqū]

属九龙街道管辖。在胶州市东部。面积0.3平方千米。人口5 500。以辖区内的兴华小区命名。1995年成立。有楼房58栋，中式建筑风格。通公交车。

云华社区 370281-A06-J03

[Yúnhuá Shèqū]

属九龙街道管辖。在胶州市东部。面积0.2平方千米。人口6 000。因云华小区得名。1995年成立。有楼房56栋，中式建筑风格。通公交车。

即墨市

即墨市 370282

[Jímò Shì]

山东省直辖县级市，由青岛市代管。北纬36°39′，东经120°44′。在青岛市境北部。面积1 920平方千米。人口119.4万。辖8街道、7镇。市人民政府驻通济街道。西周属夷国，春秋入齐。战国齐建即墨邑，在今平度市古岘镇朱毛村南1千米。秦置即墨县，为胶东郡治。西汉于其南置壮武、皋虞县，即墨、壮武2县属胶东国，皋虞县属琅邪郡。东汉废皋虞县。南朝宋废壮武县。北齐废即墨县。隋开皇十六年（596）复置即墨县，治今即墨镇，属东莱郡。唐、宋、金属莱州。元属胶州。明、清属莱州府。1913年属胶东道。1925年属胶莱道。1928年属省。1945年析置即东县，两县同属南海专区。1950年改属胶州专区。1956年即东县并入，属莱阳专区。1958年属青岛市。1961年改属烟台专区，县境南部划属青岛市崂山郊区。1978年复划属青岛市。1989年撤县设市。（资料来源：《中华人民共和国地名大辞典》）因临墨水而得名。2000年3月建青岛环保产业基地和青岛服装工业基地。2001年4月建青岛北部工业基地。2006年建青岛即墨服装市场。2011年整治墨水河、龙泉河2.9千米城市中心区段，建设马山公园。2013年建龙泉湖公园、盟旺山公园、汽车公园，整治马山公园。2014年建高标准市级全民健身中心。地势由东南向西北倾斜，地形为低山丘陵与平原洼地，平均海拔54.47米。属暖温带季风大陆型气候区，年均气温12.9℃，1月平均气温−2.3℃，7月平均气温25.6℃。年均降水量737毫米。有大沽河、五沽河、流浩河、桃源河、墨水河（淮涉河）等流经。有重晶石、膨润土、砚石等矿产资源。有国家级自然保护区1个。森林覆盖率36.2%。有中小学209所，图书馆1个，博物馆1个，知名文艺团体1个，体育场馆2个。有省级文物保护单位南阡遗址等13个，省级重点烈士纪念建筑物保护单位和平战士姚庆祥烈士纪念馆，有国家级非物质文化遗产2个，重要古迹、景点14个。三次产业比例为6.2：51.9：41.9。农业以种植业、畜牧业、渔业为主，主产小麦、玉米、花生、地瓜、蔬菜等，有特色农产品金口玉芽芹菜、鳌福绿茶、白庙芋头等，养殖猪、牛、羊、家禽、鱼、虾、海参、贝类等，建有国家农业高新技术开发区、国家海洋科研中心、青岛市海珍品健康养殖示范基地、青岛市畜牧科技示范园、七级现代农业开发区和刘家庄大沽河现代农业示范区。工业以汽车、发电装备、造船、太阳能光伏、生物医药、纺织服装、家电电子、机械制造、酿酒为主，是国家级新型工业化产业示范基地，有中国名牌产品7个、山东名牌产品62个、青岛名牌77个，有即发、金王、亨达、红领、即墨老酒等全国驰名商标17个，凯康、青缆、大成锁具等山东著名商标39个。服务业以市场商贸、电子商务、高端旅游为主。有国家级开发区1个、省级开发区1个。境内有公路3 785千米，高速115.6千米。胶济铁路、蓝烟铁路、青荣城际铁路、济青高速、青银高速、青龙高速、青威高速、烟青公路过境。

蓝色硅谷核心区 370282-E01
[Lánsèguīgǔ Héxīnqū]

在即墨市境东南部。东至黄海，西至龙泉街道、龙山街道，南至崂山区，北至金口镇。面积218公顷。为发展海洋蓝色科技聚集区域，故名。2012年1月经国务院正式批准建立国家级开发区，由市级政府管理。按照打造国际海洋创新高地目标定位，建设海洋创新要素集聚区、海洋经济发展示范区、宜居宜业宜游宜养生态区，形成海洋科技研发中心、海洋成果孵化和交易中心、海洋新兴产业培育中心、蓝色教育文化和人才集聚中心、蓝色旅游和健康养生中心等五大中心。引进国家实验室、国家深海基地、天然气水合物调研研发平台、国家海洋设备质检中心等22家科研机构，山东大学、北京航空航天大学等22所高等院校设立校区、研究院入驻。交通便利，公路四通八达。

即墨经济开发区 370282-E01
[Jímò Jīngjì Kāifāqū]

在即墨市境东部。南起文化路以南，北至北安街道办事处，西起青石路（大同街），东至盟旺山风景区。面积2 760公顷。依据即墨市总体建设规划和产业布局规划

设区，定名为即墨经济开发区。1992年5月经省政府正式批准建立省级开发区，由县市级政府管理。着力打造"城市发展新中心、城市中央商务区、现代服务业聚集区、高端生态居住区"，重点发展科研、数据、文化、创意、服务等新经济，逐步培育形成高端服务、健康医疗、信息保密、现代金融、音乐文化、智能制造与新材料、电子电器、纺织服装、汽车及配件、机械制造等十大支柱产业。有山东三迪时空集团、日本东丽株式会社、三菱商事等企业1 367家，其中世界500强企业7家。辖区内道路呈格子状分布，交通便利。

通济街道 370282-A01
[Tōngjì Jiēdào]

即墨市人民政府驻地。在市境西部。面积86平方千米。人口18.7万。1998年设立。因即墨城西城门（万历年间称通济门）而得名。2011年建设宝龙城市广场、利群商业广场、德馨大厦、世贸大厦、正大广场等，实施蓝鳌路、振华街、振中街、朝阳路、新兴路等道路改造。2014年完成顺河片区改造。墨水河从境内穿过。有中小学14所，体育场2个，图书馆1个，医疗卫生机构3个。境内马山为国家级自然保护区、省级地质公园。有墨河公园、利群商厦、服装市场、宝龙城市广场等标志性建筑物。经济以现代服务业为主。农业以蔬菜种植为主。工业有纺织服装、机械制造、碳纤维等企业，青岛服装工业园位于境内。服务业以商贸、金融和物流业为主，有即墨国际商贸城。青荣城际铁路、青银高速、济青高速、青威高速和省道烟青公路、蓝鳌公路过境。设有即墨北站，通公交车。

环秀街道 370282-A02
[Huánxiù Jiēdào]

属即墨市管辖。在市境南部。面积33

平方千米。人口 5.8 万。1998 年设立。因即墨城南城门而得名。2013 开始实施王家官庄、顺河片区旧城改造工程。有训虎山、大庙山等，墨水河从境内穿过。有中小学 15 所，医疗卫生机构 5 个。有重要古迹石磨坑遗址等。有环秀湖体育休闲公园、墨河公园。经济以工业为主，有服装针织、电子产品生产、索具生产、工艺品加工、箱包玩具加工、机械生产加工等企业，有青岛金王集团、红领集团等限额以上规模企业 70 多家，国家级高新技术企业 8 家。农业主产小麦、玉米、花生、蔬菜等。通公交车。

潮海街道 370282-A03
[Cháohǎi Jiēdào]

属即墨市管辖。在市境东部。面积 24 平方千米。人口 6.5 万。1998 年设立。明朝，即墨县城东门上的额题为"潮海"，因地处即墨城东，以潮海命名。2013 年启动古城片区旧城改造工程。横河从境内穿过。有中小学 10 所，医疗卫生机构 1 个。有省级文物保护单位即墨县衙、爱国主义教育基地、纪念地即墨市烈士陵园，有省级非物质文化遗产即墨老酒传统酿造技艺，重要名胜古迹刘若拙墓、东障墓群、刘家西流古墓群、黄家祠堂、山东即墨黄酒厂旧址、即墨红万字会旧址（古城）等。有盟旺广场、即墨古城等标志性建筑物。经济以纺织服装、机械制造、包装塑胶、电子电器产业为主，研发设计、教育培训、医疗卫生、信息服务等产业发展迅速。通公交车。

北安街道 370282-A04
[Běi'ān Jiēdào]

属即墨市管辖。在市境北部。面积 88 平方千米。人口 4.8 万。2001 年设立。因位于即墨市北部，取人民平安祥和之意命名。流浩河、龙泉河从境内穿过。有中小学 8 所，

医疗卫生机构 1 个。有重要古迹泥洼遗址。经济以工业为主。种植业主产粮食、花生、蔬菜、果品、茶叶，畜牧业以饲养猪、牛、羊、家禽为主。工业有家电制造、皮鞋生产、针织服装、五金锁具制造、印刷包装、塑料制品加工、食品加工、建筑建材、汽车配件生产、健身器材生产等支柱产业，汽车制造、新材料、新能源、新科技等新兴产业，建有一汽大众华东生产基地，"亨达"为全国驰名商标。通公交车。

龙山街道 370282-A05
[Lóngshān Jiēdào]

属即墨市管辖。在市境东部。面积 58 平方千米。人口 3.9 万。2002 年设立。因龙山（天井山）而得名。对龙山经济区、淮涉河两岸进行大规模的综合整治开发。有龙山、盟旺山、烟台山等，淮涉河从境内穿过。有中小学 6 所，体育场馆 1 个，卫生医疗机构 25 个。有省级文物保护单位石原遗址，小龙山风景区、龙泉湖公园等旅游资源。经济以工业为主，有针织服装、机械加工、汽车配件、电子及电子配件、运输物流、印刷包装、食品及食品加工、海洋工程等产业，先后引进日本东丽、日本东棉、日本双日、日本丰田通商、日本丸红 5 家世界 500 强企业和 4 家国内 500 强企业。通公交车。

龙泉街道 370282-A06
[Lóngquán Jiēdào]

属即墨市管辖。在市境东北部。面积 103 平方千米。人口 5.2 万。2012 年设立。辖区内有金龙泉、银龙泉、玉龙泉等 9 个以"龙"命名的泉眼，故名。2014 年建设汽车公园、龙泉河上游景观工程。龙泉河从境内穿过。有中小学 7 所，医疗卫生机构 1 个。有重要古迹张家庄、台子两个龙山文化遗址，有莲花山庄、瑞草园文化旅

游区、莲花山骑行公园等旅游资源。建有汽车公园、龙泉河上游景观工程。经济以服务保障汽车产业发展为核心，聚焦汽车小镇建设，有一汽解放公司等多家企业。农业主产小麦、玉米、花生、地瓜、蔬菜等，特产青蒲绿茶，养殖奶牛、黄牛、猪、羊、家禽等。通公交车。

鳌山卫街道 370282-A07
[Áoshānwèi Jiēdào]

属即墨市管辖。在市境东部。面积108平方千米。人口5.4万。2012年设立。据《重修鳌山上清宫碑记》载，鳌山卫乃北宋末年全真教龙门派创始人布道至此时，观其僻处海隅，山脉蜿蜒来自西，十字街之东西南北有天然石垒数处，其形如"鳌"，遂名之。大任河从境内穿过。有中小学9所，医疗卫生机构1个。有省级重点烈士纪念建筑物保护单位姚庆祥烈士祠，重要古迹鳌山卫古城、即墨市级古建筑鹤山遇真宫、西周姚家庄古墓葬群等，以及鹤山风景区、天柱山风景区、东京山风景区、鳌山海水浴场等旅游资源。经济以旅游产业、高新技术产业为主，特产"鳌福"绿茶、冯家河海参、管岛鲍鱼、白庙射箭口芋头等。通公交车。

温泉街道 370282-A08
[Wēnquán Jiēdào]

属即墨市管辖。在市境东部。面积110平方千米。人口5.1万。2012年设立。因域内多温泉而得名。有溴盐海水温泉资源。有中小学7所，医疗卫生机构1个。有重要名胜古迹丁戈庄遗址、王吉墓群、皋虞古城。经济以休闲度假为重点，以综合利用"海洋温泉"资源为基础，全力发展海水温泉旅游业，建设"温泉小镇"，有海尔原乡墅、天泰圣罗尼克、天泰蓝泉、金麒玉麟山庄、青岛国际博览中心等。通公交车。

蓝村镇 370282-B01
[Láncūn Zhèn]

即墨市辖镇。在市境西南部。面积102平方千米。人口7.4万。辖7居委会、53村委会，有48自然村。镇人民政府驻蓝村。1958年成立蓝村人民公社。1978年改属青岛市即墨县。1984年成立蓝村镇，属即墨市。2012年南泉镇并入。因镇政府驻地得名。桃源河从境内穿过。有中小学13所，卫生院2个。有重要古迹西汉壮武城遗址、夷国都邑遗址。经济以制造业为主，形成以制鞋业为主导，机械制造、轧钢、橡胶、服装、交通运输、食品等多行业、多门类的发展格局。农业以种植业为主。胶济铁路、蓝烟铁路、济青高速、省道三城公路和蓝鳌公路过境。设蓝村站。

灵山镇 370282-B02
[Língshān Zhèn]

即墨市辖镇。在市境北部。面积189平方千米。人口7.6万。辖92村委会，有96自然村。镇人民政府驻灵山村。1958年成立灵山公社。1984年改为灵山镇。2012年与华山镇合并为灵山镇。因境内有灵山得名。孟沙河、流浩河从境内穿过。有中小学19所，卫生院2个。有灵山等旅游资源。农业以种植业为主。工业以制造业为主，服务业重点依托玫瑰小镇项目和航空小镇项目发展休闲旅游农业和低空旅游、航空培训、度假休闲等航空配套服务产业，带动农业、服务业融合推进，促进跨界产业全面发展。青威高速、乌威高速、209省道、603省道过境。

段泊岚镇 370282-B03
[Duànpólán Zhèn]

即墨市辖镇。在市境西北部。面积167平方千米。人口6.3万。辖70村委会，有56自然村。镇人民政府驻段泊岚村。

1958年成立段泊岚人民公社。1984年为段泊岚乡。2001年合并瓦戈庄等21个村后为段泊岚镇。2012年刘家庄镇并入。因镇政府驻地得名。大沽河、五沽河、流浩河、泉庄河、孟沙河从境内穿过。有中小学11所，卫生院2个。经济以粮食蔬菜种植为主，有大吕西瓜、栗林萝卜、章嘉埠香菜、程戈庄大葱等30个特色农产品，吕戈庄社区、南程戈庄社区、天宫院社区有规模化的蔬菜大棚。工业以印刷包装、机械制造、新型建材为主，是青岛市重要的包装印刷业基地。蓝烟铁路、青荣城际铁路、602省道、603省道过境。

移风店镇 370282-B04
[Yífēngdiàn Zhèn]

即墨市辖镇。在市境西北部。面积188平方千米。人口9.3万。辖100村委会，有89自然村。镇人民政府驻移风店村。1958年成立人民公社。1984年改为移风店乡。1999年改为移风店镇。2001年太祉庄乡整体划为移风店镇。2012年七级镇并入。以镇政府驻地命名。大沽河、流浩河从境内穿过。有中小学17所，卫生院2个。有省级非物质文化遗产大欧鸟笼制作技艺。经济以粮食、蔬菜种植业为主，全力发展无公害蔬菜产业，西红柿等6种农产品被认证为国家级无公害农产品，主要土特产品有"移风"系列无公害蔬菜，"太丰"西瓜、生姜、大蒜等20多个知名品牌，是青岛市粮食、蔬菜、水果、生猪生产基地之一。工业以制造业为主。服务业以休闲旅游为主，初步形成以大沽河为主体的自然生态观光、旅游、度假产业。青银高速过境。

大信镇 370282-B05
[Dàxìn Zhèn]

即墨市辖镇。在市境南部。面积130平方千米。人口6.7万。辖80村委会，有

82自然村。镇人民政府驻乔家。1958年为五爱人民公社。1959年改为金家人民公社。1984年设大信村乡。1992年改置大信村镇。1998年改名大信镇。2012年普东镇并入。以原驻地大信村得名。洪江河从境内穿过。有中小学14所，卫生院2个。经济以工业为主。农业以种植业为主，大力发展生态农业、光伏农业，主产小麦、玉米、花生、蔬菜、瓜果。工业以制造业为主，有新能源（光伏太阳能）、高端装备制造、动车配件等企业，以及铸造、注塑、机械、橡胶、服装、针织、木业、电子、建筑安装、集装箱、船舶零配件等行业。服务业以商贸物流、现代旅游业为主，有果品批发市场、农副产品交易中心等。济青高速、青银高速、青威高速、省道蓝鳌路过境。

田横镇 370282-B06
[Tiánhéng Zhèn]

即墨市辖镇。在市境东部。面积337平方千米。人口13.8万。辖125村委会，有139自然村。镇人民政府驻王村。1984年撤公社设洼里乡。1992年更名为田横镇。2006年与田横岛省级旅游度假区整合。2012年王村镇、丰城镇、田横镇合并为田横镇。因秦末齐王田横及五百义士留居此地而得名。有中小学16所，医院3个。有省级文物保护单位田横五百义士墓、小桥墓群，重要古迹雄崖所古城。有国家级非物质文化遗产田横祭海节。经济以农业为主。农业以海产养殖为主，产海参、鲍鱼、对虾等海珍品。工业以制造业为主，有电子配件、建筑、碳纤维、食品加工等企业。服务业以滨海旅游业为主，有田横岛省级旅游度假区。省道长岛路、滨海公路过境。

金口镇 370282-B07
[Jīnkǒu Zhèn]

即墨市辖镇。在市境东北部。面积

193 平方千米。人口 8.1 万。辖 102 村委会，有 88 自然村。镇人民政府驻南阡。1984 年金口人民公社改称南阡乡。1989 年即墨撤县设市，南阡乡属即墨市。1992 年撤南阡乡设金口镇。2012 年店集镇并入。明时有金姓父女泊舟于此，称金家口，清朝时辟为金口商港，因此得名。有中小学 16 所，医院 2 个。有省级文物保护单位南阡遗址，重要名胜古迹中国传统村落凤凰古村、金口天后宫、北阡遗址。经济以农业为主。农业以种植业、渔业为主，名优特产有金口芹菜、金口大米、卧牛山大枣、山汪黄瓜、金口对虾等。工业以制造业为主，有汽车配件、纺织服饰、发制品、食品、包装材料加工等产业。有金口港，青威高速、青莱高速过境。

平度市

平度市 370283
[Píngdù Shì]

　　山东省直辖县级市，由青岛市代管。北纬 36°78′，东经 119°95′。在青岛市境西北部。面积 3 175 平方千米。人口 137.8 万。辖 5 街道、12 镇。市人民政府驻东阁街道。西汉置平度县，属东莱郡；又置郁秩县，治今城关镇，属胶东国。东汉废平度县，改郁秩县为胶东县，属北海国。北魏徙胶东县离境。北齐徙长广县来治。隋改为胶水县，属东莱郡。唐、宋、金、元属莱州。明洪武二十二年（1389）升为平度州，取汉旧县为名，属莱州府。清因之。1913 年废州为县，属胶东道。1925 年属胶莱道。1928 年属省。1941 年析南境置平南县，2 县同属南海专区。1942 年又析县境西部置平西县，属西海专区。1945 年析平南县东部置平东县，属南海专区。1950 年 4 县俱属莱阳专区。1953 年平东并入平度县，平西、平南撤并置蓼兰县。1956 年蓼兰并入平度县，属昌潍专区。1983 年划属青岛市。1989 年撤县置市。（资料来源：《平度市地名志》）西汉置县而始名，以战国时间邱先生对齐宣王"选良吏，平法度，臣得寿矣"之言得名。平度城始建于西汉。明洪武二十二年（1389）土筑重修平度城，呈长方形，建三城门。清末民初，城之北端设州署。1985 年，城区划为五个区域，党政机关区主要分布在红旗路、人民路两侧，文化区位于城区东南部，工业区位于红旗路中段和东段，商业区位于常州路以西，住宅生活区位于商业区周边。1994 年，以青岛路和常州路为轴线，成扇面放射状设置街居。有会堂广场、文化广场、人民广场、荷花湾、郁秩湖、植物园等建筑。现城区正建设形成以环城大道为核心，以常州路为纵轴、红旗路为横轴，以西北、东北、东南、西南为四个片区的"一环两轴四片区"的城市规划布局，同步推进旧城改造和新城建设，构筑东部经济开发区、南部生态商务区、西部高新技术产业区、北部生活商业服务区发展大格局，全面构筑"一主两副两轴一带多点"的城乡空间布局。地势由东北向西南呈伞状倾斜，海拔最高点 736.7 米，最低点不足 2 米，北部为山脉，中部、东南部为平原，西北部为洼地丘陵。境内气候四季分明，年均气温 11.9℃，1 月平均气温 −2.6℃，7 月平均气温 25.6℃。年均降水量 702 毫米。有白沙河、秦皇河、双山河等流经。有黄金、石墨、铁、花岗石、大理石、滑石、萤石、石灰石、透辉岩等矿产资源。有野生植物 35 种，其中国家重点保护野生植物有鼠李、盐木、紫珠等 16 种。有野生动物 51 种，其中国家重点保护野生动物有中华蟾蜍、花脊蟾蜍、百灵、黑眉蝮蛇、斑鸠、隼、雉鸡、大杜鹃等 12 种。有省级自然保护区 1 个。森林覆盖率 33.2%。有中小学 199 所，图书馆1个，博物馆1个，三级以上医院2个。有国家文物保护单位4个，省级文物保护单位5个，省级非物质文化遗产2个，风景名胜区和重要古迹、景点7个。三次产业比例为12.1∶48.9∶39.0。农业以种植业、畜牧业为主，主产小麦、玉米、花生、棉花、西瓜、葡萄、樱桃、大姜等，养殖猪、牛等。工业以电子家电、橡胶化工、机械铸造、汽车配件、食品加工五大产业和建材、酿造等行业为主，有海信家电、淄柴机械、裕龙食品、光明轮胎、北苑家具、青啤酿造、碱业化工、中粮花生八大特色产业园。服务业以旅游、商贸为主。有省级开发区1个。境内有铁路90.3千米，公路497.683千米，高速197.78千米。德龙铁路、荣兰高速、潍莱高速、同三高速、威乌高速、青银高速、206国道过境。

山东省平度经济开发区 370283-E01
[Shāndōng Shěng Píngdù Jīngjì Kāifāqū]

在平度市境东部。东至白沙河，西至现河、福州路、香港路，南至泽河，北至围山河。面积40.5公顷。根据行政区域和承载功能命名。1992年12月经省政府正式批准建立省级开发区，由县市级政府管理。形成以食品饮料、纺织服装、化工铸造、机械加工、塑料制品、建筑材料为主的工业体系，有企业1 200余家，青啤、波尼亚、淄柴博洋等知名企业在此落户。交通发达，通公交车。

东阁街道 370283-A01
[Dōnggé Jiēdào]

平度市人民政府驻地。在市境东部。面积179平方千米。人口13.1万。2012年设立。因位于境内古建筑千佛阁东方位得名。2012年始，先后进行付家崖片区、常州路东片区、荷花湾南片区旧城改造项目。有中小学14所，医疗卫生机构2个。有重

要名胜古迹千佛阁、崇德宫、彭寿莘故居、彭家大院、起云庵等。有利群广场等标志性建筑物。农业主产花生、大姜、果品、蔬菜，有桃源洞地瓜、蟠桃大姜、桃花涧绿茶、召德牛奶等绿色产品品牌。工业以农副产品深加工为主，有召德葡萄酒等品牌产品。服务业以金融、商贸、旅游业为主。通公交车。

同和街道 370283-A02
[Tónghé Jiēdào]

属平度市管辖。在市境西南部。面积133平方千米。人口6.7万。1994年设立。因五条河流经本地汇聚于泽河，取"同河"谐音而得名。泽河从境内穿过。有中小学8所，医疗卫生机构1个。有跑龙灯等地方特色文化。有同和文化广场等标志性建筑物。农业以种植业、畜牧业为主，主产小麦、玉米、蚕桑，养殖肉鸡、蛋鸡、奶牛等。工业以新能源新材料、高端装备制造、汽车及电子零部件等产业为主。有平度站，通公交车。

凤台街道 370283-A03
[Fèngtái Jiēdào]

属平度市管辖。在区境东南部。面积22平方千米。人口1.9万。2012年设立。因明清时期的烽火台遗址传说"凤凰落宝台"而得名。泽河从境内穿过。有中小学2所，医疗卫生机构1个。农业主产桃、梨、韭菜等。工业以遮阳用品制造、钢铁建材、机械设备制造、汽车制造及电子零部件加工等为主。通公交车。

白沙河街道 370283-A04
[Báishāhé Jiēdào]

属平度市管辖。在区境东南部。面积178平方千米。人口8.9万。2012年设立。以境内白沙河命名。有峰山、窟窿山，落

药河、三里河、七里河、白沙河、泉组河从境内穿过。有中小学13所，医疗卫生机构2个。有重要古迹娘娘庙等。形成白沙河、落药河沿线生态功能区及落药河两侧都市型现代农业区。农业主要种植小麦、玉米、花生等，大力发展以油桃、草莓、土豆、大葱、大白菜等为主的高效果蔬生产基地，建成麻兰油桃、大水泊韭菜、沙窝草莓、徐家西瓜、东沙沟芋头等无公害果蔬基地，有"麻兰"油桃、"振泊"韭菜、"芋飘香"芋头、"沙窝"草莓、"杰品香"葡萄等16个农业品牌。工业以生物科技、能源设备、玻璃制品加工为主。服务业以商贸物流业为主。通公交车。

李园街道 370283-A05

[Lǐyuán Jiēdào]

属平度市管辖。在市境西部。面积157平方千米。人口14.9万。1995年设立。以境内自然村名称命名。有凤山、文王山、武王山、蟠桃山、紫荆山等山头，秦皇河、龙王河、泽河从境内穿过。有中小学14所，医疗卫生机构3个。有名胜古迹齐大夫田宁戚饭牛处、城隍庙、文庙、蔡状元墓、双凤桥、和尚塔、黑虎泉、太泉等。有马家沟芹菜博物馆等标志性建筑物。农业主产小麦、玉米、花生等，盛产马家沟芹菜、蟠桃大姜，并形成以特色精品农业生产为主导的马家沟芹菜产业园。工业有机械加工、工艺品加工、汽车维修等企业。服务业以现代农业观光旅游为主。通公交车。

古岘镇 370283-B01

[Gǔxiàn Zhèn]

平度市辖镇。在市境东南部。面积81平方千米。人口4.6万。辖40村委会，有37自然村。镇人民政府驻古岘二里村。1949年为平东县古岘区，后改公社。1984年撤社建乡，为古岘乡。1994年改为古岘镇。明洪武元年（1368），取名六铺十三屯；六铺十三屯渐成十字口大聚落，"十口"为"古"、出门见山，改名古岘。有中小学7所，卫生院1个。有国家级文物保护单位即墨故城遗址、六曲山古墓群。农业以种植业为主，主产小麦、玉米和大蒜、大姜、圆葱等蔬菜，有万亩蔬菜无公害生产基地。工业以蔬菜保鲜加工为主。服务业以旅游业为主。沈海高速、省道朱诸路过境。

仁兆镇 370283-B02

[Rénzhào Zhèn]

平度市辖镇。在市境东南部。面积119平方千米。人口7.1万。辖91村委会，有96自然村。镇人民政府驻西仁兆村。1958年属仁兆乡，后改公社。1984年由社改为仁兆乡。1985年仁兆由乡改镇。以镇政府驻地村得名。洗心河、刘胡河、堤沟河从境内穿过。有中小学13所，卫生院1个。农业以小麦、玉米、蔬菜种植为主，蔬菜主要有大蒜、蒜薹、芋头、大姜、圆葱、辣椒、胡萝卜、大白菜等品种，是青岛市无公害蔬菜生产基地，沽河牌蔬菜为青岛市著名商标。工业以农产品加工、铸造、机械加工、塑料制品加工、建材生产为主。服务业以商贸、住宿等业为主。同三高速过境。

南村镇 370283-B03

[Náncūn Zhèn]

平度市辖镇。在市境东南部。面积312平方千米。人口13.2万。辖1居委会、145村委会，有9自然村。镇人民政府驻南村。1956年属南村区。1958年撤区设乡属南村乡。后改公社。1984年撤社建南村镇。2012年将兰底、郭庄镇并入南村镇。以镇政府驻地村得名。大沽河、助水河、落药河、小新河从境内穿过。有中小学14所，卫生院3个。有名胜古迹沙梁龙山文化遗址、文昌阁、双泉池等。经济以农业为主，主要种植小麦、玉米、花生、蔬菜，主要蔬菜有黄瓜、圆葱、菠菜、生菜、西红柿、黄瓜、青椒、白菜、甘蓝等。工业有电子家电、纺织服装、食品加工等企业，建有南村工业园区。沈海高速、青银高速和省道三城路、朱诸路过境。

蓼兰镇 370283-B04
[Liǎolán Zhèn]

平度市辖镇。在市境南部。面积238平方千米。人口8.8万。辖2居委会、162村委会，有162自然村。镇人民政府驻幸福村。1958年属蓼兰乡，后改公社。1984年由社改为蓼兰镇。2012年蓼兰镇与万家镇合并组成新的蓼兰镇。镇以原驻地村蓼兰得名。现河、白沙河、白里河、清水河从境内穿过。有中小学13所，卫生院1个。有名胜古迹玉皇宫建筑群。农业主产小麦、玉米、花生、草莓、桑蚕、蔬菜等。工业有锅炉及锅炉辅机、压力容器、橡胶、纺织、建材、食品加工等企业。海青铁路、603国道过境。

崔家集镇 370283-B05
[Cuījiājí Zhèn]

平度市辖镇。在市境西南部。面积220平方千米。人口8.1万。辖121村委会，有121自然村。镇人民政府驻崔家集村。1952年为蓼兰县崔家集区。1956年改为平度县崔家集区。1958年改为崔家集乡，后改公社。1984年改为崔家集乡。1985年改为崔家集镇。1995年张家坊乡并入。2012年原白埠镇中庄区划入崔家集镇。以镇政府驻地得名。胶莱河、现河、昌平河从境内穿过。有中小学9所，卫生院1个。有重要古迹徐家阳召村新石器遗址。农业以种植大棚蔬菜为主，产西红柿、芹菜、五彩椒、西瓜、韭菜等，西红柿和芹菜被国家农业部认证为无公害食品。工业有农产品加工、

饲料加工、橡胶生产、纺织等企业。省道平日路过境。

明村镇 370283-B06
[Míngcūn Zhèn]

平度市辖镇。在市境西部。面积246平方千米。人口8.7万。辖2居委会、115村委会，有121自然村。镇人民政府驻明村。1958年属平度县三合山公社。1984年三合山由社改乡。1985年三合山乡改为明村镇。1994年将前楼乡并入明村镇。2012年撤销原明村镇、原马戈庄镇，成立新明村镇。以镇政府驻地命名。龙王河、现河、白里河从境内穿过。有中小学11所，卫生院2个。有名胜古迹新石器古文化遗址、杨明斋故居、三合山、宁戚之墓、于沧澜故居等。农业主产小麦、玉米、棉花、花生、蔬菜等。工业有橡胶、铸造、石墨加工等企业，有橡胶轮胎产业园、铸造机械产业园和石墨加工产业园。309国道、省道王新路过境。

田庄镇 370283-B07
[Tiánzhuāng Zhèn]

平度市辖镇。在市境西部。面积211平方千米。人口7.3万。辖2居委会、93村委会，有93自然村。镇人民政府驻西寨。1958年撤区建乡时设田庄乡，后改公社。1984年撤社建镇。2012年张舍镇并入。以镇政府原驻地村命名。龙王河从境内穿过。有中小学12所，卫生院2个。有爱国主义教育基地、纪念地刘谦初故居，重要古迹张舍老白家遗址、官庄北村古村落。农业盛产棉花、花生、辣椒、冬枣等。工业有铸件生产、机械制造、石墨加工等产业。青银高速、潍莱高速过境。

新河镇 370283-B08
[Xīnhé Zhèn]

平度市辖镇。在市境西北部。面积189

平方千米。人口 7.2 万。辖 2 居委会、103 村委会，有 103 自然村。镇人民政府驻灰埠村。1956 年属平度县新河区。1958 年 2 月属新河乡，同年 9 月组新河公社。1984 年新河由社改镇。2012 年与灰埠镇合并，仍名新河镇。1941 年曾设新河区，镇名因之。泽河、双山河、淄阳河从境内穿过。有中小学 9 所，卫生院 3 个。农业主产小麦、玉米、花生、棉花、桑蚕，名优特水产品主要有牙鲆、大鳞鲆、鲈鱼等。工业有工艺品、化工、矿业、机械、纺织、服装、建材等企业。大莱龙铁路、海青铁路、206 国道、392 省道、320 省道、603 省道过境。

大泽山镇 370283-B09
[Dàzéshān Zhèn]

平度市辖镇。在市境北部。面积 150 平方千米。人口 6.2 万。辖 80 村委会，有 72 自然村。镇人民政府驻北昌村。1958 年设公社。1984 年撤社建立大泽山乡。1985 年由乡改镇。2012 年与原长乐镇合并，仍以大泽山镇称之。以境内山脉命名。淄阳河从境内穿过。有中小学 9 所，卫生院 2 个。有国家级文物保护单位东岳石遗址、大泽山石刻及智藏寺墓塔林，名胜古迹大泽山风景区、天柱山魏碑、御驾山、抗日根据地"石雷战"遗址等。农业盛产葡萄、苹果，被国家农业部确定为"国家级大泽山葡萄农业标准化示范区"。工业有石料开采加工、机床加工等企业。服务业以旅游业为主。省道三城路、平营路过境。

旧店镇 370283-B10
[Jiùdiàn Zhèn]

平度市辖镇。在市境东北部。面积 400 平方千米。人口 10.5 万。辖 178 村委会，有 178 自然村。镇人民政府驻旧店村。1956 年属旧店区。1958 年属旧店乡，后改公社。1984 年改置镇。2012 年大田、祝沟

镇并入。以镇政府驻地村得名。旧店河、司家庄河、庙东河、沙埠河、小沽河支流从境内穿过。有中小学 10 所，卫生院 3 个。有爱国主义教育基地东石桥党的一大会址、中共罗头村党支部旧址。农业主产玉米、小麦，特色农产品有苹果、草莓、大樱桃、蓝莓、甜瓜等，建有青岛市万亩优质林果生态区。工业有食品加工、果品加工、建筑建材、塑料制品、黄金白银深加工等行业。省道朱诸路过境。

云山镇 370283-B11
[Yúnshān Zhèn]

平度市辖镇。在市境东部。面积 154 平方千米。人口 5.4 万。辖 74 村委会，有 65 自然村。镇人民政府驻郭家寨村。1958 年撤区并乡为云山乡，后改公社。1984 年改设云山乡。1993 年改置云山镇。1994 年洪山乡并入。以境内云山得名。小沽河、朱洞河、落药河、柳圈河从境内穿过。有中小学 8 所，卫生院 2 个。有名胜古迹云山观、春秋时期冶铁遗址铁岭埠、隋朝末年通往登州府官道大王桥。经济以农业为主，主产小麦、玉米、花生，特产樱桃。工业有饲料、石墨、地毯、草制品加工等企业。潍莱高速、309 国道、省道牟乳路过境。

店子镇 370283-B12
[Diànzi Zhèn]

平度市辖镇。在市境西北部。面积 141 平方千米。人口 5.5 万。辖 1 居委会、95 村委会，有 95 自然村。镇人民政府驻店子村。1956 年属平度县昌里区。1958 年初撤区建乡为昌里乡，后改公社。1984 年撤社建昌里镇。1994 年撤销昌里镇、青杨乡，以原昌里镇行政区域和青杨乡 36 个村设立店子镇。以镇政府驻地命名。龙王河、双山河、淄阳河从境内穿过。有中小学 8 所，卫生院 1 个。有爱国主义教育基地大青杨战役

遗址，名胜古迹汉军都元帅崔世荣石碑、茶山风景区等。农业以种植业为主，主产小麦、玉米、花生、葡萄、蚕桑等。工业有铸造、石材、食品、草编等企业。服务业以旅游、物流业为主。省道三城路过境。

社区

尚家疃社区 370283-A01-J01
[Shàngjiātuǎn Shèqū]

属东阁街道管辖。在平度市中部。面积 0.2 平方千米。人口 900。青州府尚贵宝迁至平度老集街，后在现河西崖建房居住，以姓氏和自然地貌命名为尚家河崖，后又往北迁出约 50 米，建房立村（现村址），并改村名为尚家疃，社区沿用。2000 年成立。有楼房 2 栋，现代建筑风格。通公交车。

东阁社区 370283-A01-J02
[Dōnggé Shèqū]

属东阁街道管辖。在平度市中部。面积 0.2 平方千米。人口 2 300。平度新八景之一的千佛阁坐落于村中心，居民均住在阁的四周，分称阁南、阁北、阁里、阁外。1945 年划为一个村，统称东阁，社区沿用村名。1994 年成立。有楼房 16 栋，现代建筑风格。通公交车。

后巷子社区 370283-A01-J03
[Hòuxiàngzi Shèqū]

属东阁街道管辖。在平度市中部。面积 0.6 平方千米。人口 1 600。清代称文曲巷，民国时称后巷子街，分前街和后街。1945 年城区划村时，定名为后巷子村，社区沿用村名。1994 年成立。有楼房 12 栋，现代建筑风格。通公交车。

即墨旺社区 370283-A01-J04
[Jímòwàng Shèqū]

属东阁街道管辖。在平度市东北部。面积 0.1 平方千米。人口 300。据查，明末清初，即墨县沟崖村王姓迁此地安家立村，因西靠现河、北有小白河，又念祖籍，故取名即墨汪。中华人民共和国成立前后，为图各家族兴旺，由"汪"改为"旺"，便成为即墨旺，沿用至今。1994 年成立。有楼房 2 栋，现代建筑风格。通公交车。

荷花湾社区 370283-A01-J05
[Héhuāwān Shèqū]

属东阁街道管辖。在平度市中部。面积 0.6 平方千米。人口 4 200。因辖区西侧毗邻荷花湾而得名。1996 年成立。有楼房 66 栋，现代建筑风格。通公交车。

青岛路社区 370283-A01-J06
[Qīngdǎolù Shèqū]

属东阁街道管辖。在平度市中部。面积 0.8 平方千米。人口 5 200。因辖区南临青岛路而得名。1996 年成立。有楼房 74 栋，现代建筑风格。通公交车。

红旗路社区 370283-A01-J07
[Hóngqílù Shèqū]

属东阁街道管辖。在平度市中部。面积 0.5 平方千米。人口 3 800。因辖区北临红旗路而得名。1996 年成立。有楼房 29 栋，现代建筑风格。驻有平度市人力资源和社会保障局、平度市实验小学等单位。通公交车。

胜利路社区 370283-A01-J08
[Shènglìlù Shèqū]

属东阁街道管辖。在平度市中部。面积 0.5 平方千米。人口 4 200。因辖区内有胜利路而得名。1996年成立。有楼房65栋，现代建筑风格。通公交车。

福州路社区 370283-A01-J09

[Fúzhōulù Shèqū]

属东阁街道管辖。在平度市中部。面积0.6平方千米。人口8 100。因辖区东临福州路而得名。1996年成立。有楼房68栋，现代建筑风格。驻有胜利路小学等单位。通公交车。

龙山街社区 370283-A01-J10

[Lóngshānjiē Shèqū]

属东阁街道管辖。在平度市中部。面积0.7平方千米。人口5 100。因辖区内原有龙山街而得名。1996年成立。有楼房42栋，现代建筑风格。驻有平度市农机局、平度市环卫园林局等单位。通公交车。

人民路社区 370283-A01-J11

[Rénmínlù Shèqū]

属东阁街道管辖。在平度市中部。面积0.8平方千米。人口2 900。因辖区内有人民路而得名。1996年成立。有楼房55栋，现代建筑风格。驻有平度科技和工信局等单位。通公交车。

永安新村社区 370283-A01-J12

[Yǒng'ānxīncūn Shèqū]

属东阁街道管辖。在平度市中部。面积0.1平方千米。人口2 300。因辖区内有永安新村而得名。1996年成立。有楼房41栋，现代建筑风格。驻有常州路小学等单位。通公交车。

常州路社区 370283-A01-J13

[Chángzhōulù Shèqū]

属东阁街道管辖。在平度市中部。面积0.2平方千米。人口4 500。因辖区西临常州路而得名。1996年成立。有楼房38栋，现代建筑风格。驻有平度市民政局等单位。通公交车。

教师新村社区 370283-A01-J14

[Jiàoshīxīncūn Shèqū]

属东阁街道管辖。在平度市中部。面积0.3平方千米。人口4 100。因辖区内有教师新村而得名。1996年成立。有楼房28栋，现代建筑风格。通公交车。

杭州路社区 370283-A01-J15

[Hángzhōulù Shèqū]

属东阁街道管辖。在平度市中部。面积0.5平方千米。人口7 100。因辖区西临杭州路而得名。1996年成立。有楼房70栋，现代建筑风格。驻有杭州路中学、朝阳中学等单位。通公交车。

苏州路社区 370283-A01-J16

[Sūzhōulù Shèqū]

属东阁街道管辖。在平度市中部。面积0.7平方千米。人口2 900。因辖区东靠苏州路而得名。1996年成立。有楼房35栋，现代建筑风格。通公交车。

新安苑社区 370283-A01-J17

[Xīn'ānyuàn Shèqū]

属东阁街道管辖。在平度市中部。面积0.1平方千米。人口4 000。因辖区内有新安苑而得名。1996年成立。有楼房37栋，现代建筑风格。驻有平度市地税局、平度市实验幼儿园等单位。通公交车。

怡河苑社区 370283-A01-J18

[Yíhéyuàn Shèqū]

属东阁街道管辖。在平度市中部。面积0.4平方千米。人口8 000。因辖区内有怡河苑小区而得名。2000年成立。有楼房

75 栋，现代建筑风格。驻有平度市工商局、南京路小学等单位。通公交车。

安居苑社区 370283-A01-J19
[Ānjūyuàn Shèqū]

属东阁街道管辖。在平度市中部。面积 0.1 平方千米。人口 4 000。因辖区内安居苑而得名。2002 年成立。有楼房 50 栋，现代建筑风格。通公交车。

福安花苑社区 370283-A01-J20
[Fú'ānhuāyuàn Shèqū]

属东阁街道管辖。在平度市中部。面积 0.3 平方千米。人口 10 700。因辖区内有三个福安花苑小区而得名。2002 年成立。有楼房 107 栋，现代建筑风格。有老年人日间照料服务。通公交车。

山水龙苑社区 370283-A01-J21
[Shānshuǐlóngyuàn Shèqū]

属东阁街道管辖。在平度市中部。面积 0.3 平方千米。人口 6 600。因辖区内有山水龙苑小区而得名。2013 年成立。有楼房 71 栋，现代建筑风格。通公交车。

泉州路社区 370283-A01-J22
[Quánzhōulù Shèqū]

属东阁街道管辖。在平度市中部。面积 0.4 平方千米。人口 3 200。因辖区东临泉州路而得名。2013 年成立。有楼房 21 栋，现代建筑风格。通公交车。

祥福社区 370283-A01-J23
[Xiángfú Shèqū]

属东阁街道管辖。在平度市中部。面积 0.3 平方千米。人口 9 000。因辖区内有祥福佳园而得名。2013 年成立。有楼房 130 栋，现代建筑风格。通公交车。

福临社区 370283-A01-J24
[Fúlín Shèqū]

属东阁街道管辖。在平度市中部。面积 0.3 平方千米。人口 10 500。以福气临门之意命名。2013 年成立。有楼房 108 栋，现代建筑风格。通公交车。

金色东城社区 370283-A01-J25
[Jīnsèdōngchéng Shèqū]

属东阁街道管辖。在平度市中部。面积 0.1 平方千米。人口 2 600。以平度东部建一座新城之意命名。2013 年成立。有楼房 76 栋，现代建筑风格。通公交车。

南城社区 370283-A02-J01
[Nánchéng Shèqū]

属同和街道管辖。在平度市西南部。面积 1.5 平方千米。人口 9 900。取平度城南之意命名。1991 年成立。有楼房 136 栋，中式建筑风格。通公交车。

同鑫社区 370283-A02-J02
[Tóngxīn Shèqū]

属同和街道管辖。在平度市西南部。面积 3.0 平方千米。人口 8 200。取同乐兴盛之意命名。2007 年成立。有楼房 120 栋，中式建筑风格。通公交车。

宏泰社区 370283-A02-J03
[Hóngtài Shèqū]

属同和街道管辖。在平度市西南部。人口 500。因原属宏泰铜业公司职工宿舍区而命名，取大而吉祥之意。2001 年成立。有楼房 10 栋，中式建筑风格。通公交车。

高平路社区 370283-A02-J04
[Gāopínglù Shèqū]

属同和街道管辖。在平度市西南部。面积 21.8 平方千米。人口 1 000。取道路平坦、发展快速之意命名。1984 年成立。有楼房 28 栋，中式建筑风格。通公交车。

和平社区 370283-A02-J05
[Hépíng Shèqū]

属同和街道管辖。在平度市西南部。面积 3.5 平方千米。人口 2 600。取邻里和谐、平安相处之意命名。1996 年成立。有楼房 32 栋，中式建筑风格。通公交车。

现河社区 370283-A03-J01
[Xiànhé Shèqū]

属凤台街道管辖。在平度市东南部。面积 3.1 平方千米。人口 600。有现河从近处流过，故名。1996 年成立。有楼房 50 栋，中式建筑风格。通公交车。

胶平路社区 370283-A03-J02
[Jiāopínglù Shèqū]

属凤台街道管辖。在平度市南部。面积 3.0 平方千米。人口 2 400。因胶平路从西面通过，故名。1996 年成立。有楼房 70 栋，中式建筑风格。通公交车。

天柱社区 370283-A03-J03
[Tiānzhù Shèqū]

属凤台街道管辖。在平度市南部。面积 0.03 平方千米。人口 2 300。因天柱集团坐落此地，故名。1996 年成立。有楼房 20 栋，中式建筑风格。通公交车。

大李家疃社区 370283-A03-J04
[Dàlǐjiātuǎn Shèqū]

属凤台街道管辖。在平度市西北部。面积 0.04 平方千米。人口 900。明洪武年间，川籍移民李功义来此建村，以姓取名为李家疃，为区别于小李家疃村，又冠以"大"字加以区别，社区沿用村名。2002 年成立。有楼房 9 栋，现代建筑风格。通公交车。

吴家疃社区 370283-A03-J05
[Wújiātuǎn Shèqū]

属凤台街道管辖。在平度市东部。面积 0.05 平方千米。人口 200。清康熙六年（1667），吴计明由冷戈庄迁此定居，渐成村落后，以姓取名吴家疃，社区沿用村名。2002 年成立。有楼房 3 栋，现代建筑风格。通公交车。

杨家庄社区 370283-A03-J06
[Yángjiāzhuāng Shèqū]

属凤台街道管辖。在平度市西部。面积 0.08 平方千米。人口 300。明洪武二年（1369），李姓从四川成都府东关铁狮子街来建村，因村中有两棵大杨树而得名杨家庄，社区沿用村名。2002 年成立。通公交车。

小十里堡社区 370283-A03-J07
[Xiǎoshílǐpù Shèqū]

属凤台街道管辖。在平度市东部。面积 0.05 平方千米。人口 300。明嘉靖二十五年（1546），姜一夫由平度县迁此定居，距离城八华里，始名八里庄，后因东邻大十里堡，改名小十里堡，社区沿用村名。2002 年成立。有楼房 21 栋，现代建筑风格。通公交车。

扬州路社区 370283-A05-J01
[Yángzhōulù Shèqū]

属李园街道管辖。在平度市西部。面积 1.2 平方千米。人口 1 400。因扬州路贯穿整个社区而得名。1996 年成立。有楼房 53 栋，现代建筑风格。通公交车。

天柱街社区 370283-A05-J02
[Tiānzhùjiē Shèqū]

属李园街道管辖。在平度市西部。面

积 1.4 平方千米。人口 2 900。因辖区内天柱街而得名。1996 年成立。有楼房 33 栋，现代建筑风格。通公交车。

郑州路社区　370283-A05-J03
[Zhèngzhōulù Shèqū]

属李园街道管辖。在平度市西部。面积 1.3 平方千米。人口 4 600。因辖区西侧郑州路得名。1996 年成立。有楼房 78 栋，现代建筑风格。通公交车。

徐州路社区　370283-A05-J04
[Xúzhōulù Shèqū]

属李园街道管辖。在平度市西部。面积 0.7 平方千米。人口 3 900。因原址位于徐州路而得名。1996 年成立。有楼房 59 栋，现代建筑风格。通公交车。

新区社区　370283-A05-J05
[Xīnqū Shèqū]

属李园街道管辖。在平度市西部。面积 0.54 平方千米。人口 2 800。因辖区内多为新开发小区而得名。2001 年成立。有楼房 129 栋，现代建筑风格。通公交车。

金华街社区　370283-A05-J06
[Jīnhuájiē Shèqū]

属李园街道管辖。在平度市西部。面积 0.5 平方千米。人口 4 300。因辖区中部的金华街而得名。1997 年成立。有楼房 189 栋，现代建筑风格。通公交车。

莱西市

莱西市　370285
[Láixī Shì]

山东省直辖县级市，由青岛市代管。北纬 120°12′，东经 36°34′。在青岛市境北部。面积 1 568 平方千米。人口 73.6 万。辖 3 街道、8 镇。市人民政府驻水集街道。西汉为邹卢县地。东汉、三国、魏、晋为挺县地。北魏为挺县及长广县地。隋、唐为昌阳县地。五代后唐同光元年（923）改昌阳为莱阳，自此至 1940 年为莱阳县地。1941 年析莱阳西部置县，故名莱西，属南海专区。1958 年莱西南县并入，属莱阳专区。1958 年并入莱阳县。1962 年复置，属烟台专区。1983 年划属青岛市。1990 年撤县设市。（资料来源：《莱西县地名志》）2003 年城区面积 18.6 平方千米，硬化道路 107 万平方米，建成市行政办公中心、梅花山生态园，完成上海路、长春路、龙水北路、青岛北路、烟台北路、原南龙木材市场绿化工程和 804 线围城林带建设，完成上海路西延、长春路东延工程，11 处地段旧城改造。2004 年完成梅花山生态园二期、月湖广场二期、月湖清淤改造、潴河治理及烟台路、青岛路、文化路、上海路等城区主要道路改造工程。2005 年新增建成区面积 16 平方千米，建设北部新区，建成行政办公中心、人民广场、月湖广场、汇龙广场，建成并开通同三高速和潍莱高速（莱西段），新建沽河大道、躬仁路，拓宽改造干线公路 166 千米。2006 年硬化杭州路、钢构北路等道路 47 万平方米，新增城区面积 1.5 平方千米。2007 年新增建成区面积 12.8 平方千米，翻修硬化城市道路 290 万平方米，完成旧城改造 32 万平方米，建成 7 个商业区、16 个住宅区。2008—2010 年实施基础设施建设工程 40 项，完成水武路一期拓宽改造、雨污管道、绿野生态园二期、背街小巷改造、旧小区路灯改造等工程，实施城中村改造项目 25 个。2011 年建成沙岭河公园、洙河公园，影视中心、体育中心等公共服务设施投入使用。实施烟台路、青岛路综合提升工程，维修改造桥梁 19 座。2013 年老城区 10 条道路改造完成，启动沽河新城建设，青龙高速公路、青荣城际铁路莱西段完成。2014年青荣城际铁路济南方向开通，莱西北站投入使用，青龙高速公路莱西至城阳段主线贯通，市民文化中心主体完工。有市民文化中心、月湖广场、崔子范艺术馆、莱西市博物馆等标志性建筑物。以打造现代化生态型湖滨城市为目标，按照"三点布局、一线展开"的总体思路和"显山露水、透绿出新"的风格，围绕洙河、大沽河等城市水系着力打造绿城水乡，形成以水为媒、人与自然融合的环境。地形北高南低，北部为低山丘陵，中部为缓岗平原，南部为蝶形洼地，最高峰海拔427.8米，最低海拔26米。年均气温11.7℃，1月平均气温−2.9℃，7月平均气温25.5℃。年均降水量635.8毫米。有小沽河、潴河、五沽河等流经。有铁、钛、金、重晶石、钾长石、石墨、大理石等矿产资源。有野生植物156种。有省级科研单位1个。有中小学133所，知名文艺团体45个，体育场馆2个。有国家级文物保护单位西沙埠遗址等，省级文物保护单位6个，省级非物质文化遗产莱西秧歌，有重要古迹、景点4个。三次产业比例为9.37∶47.50∶43.13。农业以种植业、养殖业为主，主产小麦、玉米、蔬菜、果品、花生、肉鸡、生猪等，有官道小米、东大寨苹果、莱西大板栗等国家地理标志产品10个。工业依托雀巢公司、耐克森等项目，形成食品加工、纺织服装、橡胶化工、机械制造四大主导产业，依托北汽新能源汽车莱西生产基地、德通纳米石墨烯等项目，培育新材料、新能源、节能环保、生物医药、信息技术五大新兴产业。服务业以乡村旅游、电子商务、现代物流和金融业为主。有省级开发区1个。境内有铁路105千米，公路312.8千米。青荣城际铁路、蓝烟铁路、龙青高速、同三高速、潍莱高速过境。

莱西市经济开发区 370285-E01

[Láixī Shì Jīngjì Kāifāqū]

在莱西市境东南部。西至莱西市水集街道，南至望城街道，北至河头店镇，东至莱阳市。面积6 388公顷。因所在政区和功能定位得名。1992年12月经省政府正式批准建立省级开发区，由县市级政府管理。有电子信息、新能源新材料、健康食品、装备制造四大重点产业，入驻企业259家。电子信息产业主要有SIM国际半导体协会、正科芯云微电子、欧菲光集团、智慧云谷等，新能源新材料产业主要有中国建材集团三新产业园、FCP中德氢动力产业园等，健康食品产业主要有韩国希杰集团、汉莎天厨食品有限公司、海升集团等，装备制造产业主要有置信青岛制造谷、绿天使高新技术产业园等。区内有铁路、高速、国道通过，四通八达。

水集街道 370285-A01

[Shuǐjí Jiēdào]

莱西市人民政府驻地。在市境中部。面积190平方千米。人口12.7万。以汉族为主，还有回、朝鲜等民族。1998年设立。因地处大水沟之端得名水沟头，又系重要集市，简称水集。有中小学13所，体育馆1个，知名文艺团体1个，医疗卫生机构3个。有省级文物保护单位大架山墓群、解文卿烈士就义处，名胜古迹月湖公园等。农业主产苹果、葡萄等果品和蔬菜、花生、淡水鱼类，为全国花生科研种植示范基地之一。工业形成以食品加工、建筑建材、机械铸造、塑料制品、玩具服装等为支柱的产业格局，是莱西市重点葡萄饮料生产基地。服务业以商贸、旅游业为主。有莱西市汽车总站，通公交车。

望城街道 370285-A02
[Wàngchéng Jiēdào]

属莱西市管辖。在市境南部。面积154平方千米。人口9.2万。1998年设立。因街道办事处所在地大望城村而得名。潴河从境内穿过。有中小学6所,体育场馆17个,医疗卫生机构2个。有爱国主义教育基地、纪念地莱西市革命烈士陵园,重要古迹西贤都遗址。农业主产小麦、玉米和蔬菜。工业形成机械制造、食品加工、新型建材、精细化工等六大产业链条,有2个工业园区。有莱西北站,通公交车。

沽河街道 370285-A03
[Gūhé Jiēdào]

属莱西市管辖。在市境西部。面积167平方千米。人口7.5万。2003年设立。因大沽河流经境内而得名。有中小学9所,医疗卫生机构1个。有国家级文物保护单位西沙埠遗址。农业主产小麦、花生、玉米、水果等,养殖奶牛、肉鸡等。工业以农副产品深加工等为主,有青岛雀巢公司、青岛九联集团股份有限公司等大型企业。通公交车。

姜山镇 370285-B01
[Jiāngshān Zhèn]

莱西市辖镇。在市境东南部。面积214平方千米。人口8.3万。有2居委会、94村委会,有94自然村。镇人民政府驻姜山村。境内有姜山湖。1958年1月设姜山乡,同年9月设姜山公社。1984年改置镇。因镇政府驻地得名。有中小学8所,医院1个、卫生院1个。农业主产小麦、玉米、花生、蔬菜、蚕茧,有优质果品示范园、万紫花卉庄园。工业以汽车制造、食品加工、橡胶制造、医疗卫生为主,有姜山工业园、民营经济园区、蓝宝厂工业园、金岭工业园。省道烟青公路过境。设姜山汽车站。

夏格庄镇 370285-B02
[Xiàgézhuāng Zhèn]

莱西市辖镇。在市境南部。面积107平方千米。人口3.4万。以汉族为主,还有壮、朝鲜、土家、白等民族。辖54村委会,有54自然村。镇人民政府驻夏格庄。明清属莱阳县桃花乡。1929年属莱阳县第九区。1934年属沽阳乡农学校(驻夏格庄)。1939年撤乡校,属莱阳县第十区。1941年属莱西县。1942年属莱西南县。1952年属莱西县八区和九区。1956年属夏格庄区。1958年建夏格庄乡,9月改公社。1984年设夏格庄镇。因镇政府驻地得名。有双山,幸福河、荣家河、渭田河从境内穿过。有中小学6所,卫生院1个。农业主产小麦、玉米、蔬菜、果品、淡水鱼等。工业以塑料制品加工、服装加工、机械制造、建材加工、工艺品加工等为主,"红领"牌西装获"中国公认名牌"产品称号。蓝烟铁路、省道烟青路过境。

院上镇 370285-B03
[Yuànshàng Zhèn]

莱西市辖镇。在市境西南部。面积155平方千米。人口8.2万。辖103村委会,有2自然村。镇人民政府驻院上村。1958年设院上公社。1984年改置镇。2012年原武备镇并入。因镇政府驻地得名。大沽河、小沽河、小清河、许村河从境内穿过。有中小学7所,卫生院1个。有爱国主义教育基地、纪念地花园头抗日纪念碑,古迹古靖林寺、颜真卿《裴将军诗》石刻、葛家埠遗址等。农业主产小麦、玉米、蔬菜、无核葡萄、甜瓜、香菜等,盛产大蒜,养殖肉鸡等。工业以食品加工为主。沈海高速、602省道过境。

日庄镇 370285-B04

[Rìzhuāng Zhèn]

莱西市辖镇。在市境西北部。面积92平方千米。人口4.8万。辖87村委会，有1自然村。镇人民政府驻日庄村。1958年设日庄乡，同年改公社。1984年建日庄镇。2001年院里镇所辖22个村并入。因镇政府驻地得名。大沽河、芝河从境内穿过，境内有产芝湖。有中小学9所，医院1个。有省级文物保护单位西朱毛遗址，重要古迹小埠阴古墓群、张家埠西汉古墓群。经济以花生、水果、蔬菜种植和畜牧业为主导产业。工业以采矿业、食品加工、制造业为主，是山东省优质铁矿区。沈海高速、荣潍高速、209省道过境。

南墅镇 370285-B05

[Nánshù Zhèn]

莱西市辖镇。在市境西北部。面积171平方千米。人口4.7万。辖75村委会，有2自然村。镇人民政府驻南墅村。1958年析萌山、院上2区部分地设南墅公社。1984年改置镇。2001年唐家庄镇17自然村与河里吴家乡并入。因镇政府驻地得名。小沽河从境内穿过。有小学5所，卫生院1个。有省级文物保护单位萌山区殉国烈士纪念塔，有大青山森林公园等旅游资源。农业以种植业为主，主产小麦、玉米、花生、蔬菜、果品，特产韩国新高梨、中华寿桃、优质红富士，养殖肉鸡、奶牛等。工业以矿产加工为主，是胶东半岛最大的陶瓷原料生产基地。服务业以商贸为主。有公路经此。

河头店镇 370285-B06

[Hétóudiàn Zhèn]

莱西市辖镇。在市境东北部。人口4.3万。辖70村委会，有70自然村。镇人民政府驻河头店村。1949年为河头店区。1958年改乡、公社。1984年改置镇。2001年南岚镇并入。因镇政府驻地得名。潴河、李家泊子河、萝卜河、杨家屯河从境内穿过，境内有莱西湖。有中小学10所，医院2个。有省级文物保护单位泥湾头遗址。农业以种植业为主，主产小麦、玉米、果品、蔬菜，特产大樱桃、梅花、苹果、山楂，养殖肉鸡等。工业以工矿业、乐器加工、食品加工为主，是国内膨润土储量最大的矿区之一，为胶东半岛乐器生产基地。沈海高速、龙青高速和省道小莱路、蓬水路、黄水路过境。

店埠镇 370285-B07

[Diànbù Zhèn]

莱西市辖镇。在市境西南部。面积107平方千米。人口5.7万。辖66村委会，有66自然村。镇人民政府驻店埠村。1949年为店埠区。后改公社。1984年改设乡。1994年改置镇。2001年朴木镇并入。因镇政府驻地得名。大沽河、小沽河从境内穿过。有中小学13所，卫生院3个。农业以蔬菜种植为主，主要品种有胡萝卜、黄瓜、白萝卜、大蒜、大姜、芋头、西红柿、香菜、大白菜等，有"东庄头""奥格瑞""菜旺""绿宝石""天下第一园"等蔬菜商标。工业以精密五金、生物科技、纺织、电子、食品加工等产业为主。沈海高速、省道南墅—城阳公路和躬仁路过境。

马连庄镇 370285-B08

[Mǎliánzhuāng Zhèn]

莱西市辖镇。在市境东北部。面积104平方千米。人口4.8万。辖77村委会，有77自然村。镇人民政府驻马连庄。1945年属莱西县马连庄区、芝山区。1951年属三区、二区。1958年2月设马连庄乡，同年8月建公社。1984年改设乡。1993年改置镇。2001年唐家庄镇大部并入。因镇政府驻地得名。大沽河、军武河从境内穿过。

有中小学 10 所，卫生院 1 个。有重要古迹左家院遗址、鲁格庄遗址等。农业以种植业、养殖业为主，盛产花生、果品、瓜菜、小麦和玉米，有苹果、草莓、甜瓜、葡萄、大梨为主的高效农业示范基地，万亩优质苹果生产基地通过山东省、农业部无公害农产品认证；规模化养殖奶牛。工业有塑胶、汽车部件、食品、皮件加工等企业，是莱西市皮件加工产业集群基地。服务业以商贸为主，建有青岛马连庄果蔬批发市场。省道小莱路、龙水路过境。

旧地名

龙水街道（旧） 370285–U01
[Lóngshuǐ Jiēdào]

莱西市辖街道。在市境东部。2003 年设立。2012 年撤销，并入望城街道。

李权庄镇（旧） 370285–U02
[Lǐquánzhuāng Zhèn]

莱西市辖镇。在市境东南部。1993 年设立。2012 年撤销，并入姜山镇。

孙受镇（旧） 370285–U03
[Sūnshòu Zhèn]

莱西市辖镇。在市境南部。1993 年设立。2012 年撤销，并入沽河街道。

武备镇（旧） 370285–U04
[Wǔbèi Zhèn]

莱西市辖镇。在市境西部。1995 年设立。2012 年撤销，并入院上镇。

唐家庄镇（旧） 370285–U05
[Tángjiāzhuāng Zhèn]

莱西市辖镇。在市境北部。1993 年设立。2001 年撤销，大部分区域并入马连庄镇。

南岚镇（旧） 370285–U06
[Nánlán Zhèn]

莱西市辖镇。在市境北部。1984 年设立。2001 年并入河头店镇。

院里镇（旧） 370285–U07
[Yuànlǐ Zhèn]

莱西市辖镇。在市境西部。1984 年设立。2001 年撤销，并入日庄镇。

周格庄镇（旧） 370285–U08
[Zhōugézhuāng Zhèn]

莱西市辖镇。在市境东部。1993 年设立。2001 年改为街道。2012 年整体划归望城街道。

绕岭镇（旧） 370285–U09
[Ràolǐng Zhèn]

莱西市辖镇。在市境东南部。1984 年设立。2001 年撤销，曲家屯等 6 村划归望城街道，绕岭等 18 村划归姜山镇。

朴木镇（旧） 370285–U10
[Pǔmù Zhèn]

莱西市辖镇。在市境西南部。1984 年设立。2001 年撤销，并入店埠镇。

河里吴家乡（旧） 370285–U11
[Hélǐwújiā Xiāng]

莱西市辖乡。在市境西北部。1984 年设立。2001 年撤销，并入南墅镇。

韶存庄乡（旧） 370285–U12
[Sháocúnzhuāng Xiāng]

莱西市辖乡。在市境北部。1984 年设立。2001 年撤销，并入水集街道。

社区

深圳路社区 370285-A01-J01
[Shēnzhènlù Shèqū]

属水集街道管辖。在莱西市西南部。面积5.4平方千米。人口600。以所辖区域范围内深圳路得名。2009年成立。有楼房75栋、别墅39栋，中式建筑风格。驻有莱西市委党校、莱西市总工会等单位。有志愿者服务、养老服务。通公交车。2013年被评为省文明社区。

济南路社区 370285-A01-J02
[Jǐnánlù Shèqū]

属水集街道管辖。在莱西市北部。面积3.0平方千米。人口3 300。因所辖区域范围内一条东西走向的主要交通干道济南路而得名。2009年成立。有楼房110栋，现代建筑风格。通公交车。

南京北路社区 370285-A01-J03
[Nánjīngběilù Shèqū]

属水集街道管辖。在莱西市东部。面积2.0平方千米。人口4 900。因社区所辖区域地处南京北路，故名。1998年成立。有楼房89栋，现代建筑风格。驻有莱西市环保局、莱西市药监局、莱西一中、城关中学等单位。通公交车。

文化路社区 370285-A01-J04
[Wénhuàlù Shèqū]

属水集街道管辖。在莱西市南部。面积0.4平方千米。人口4 600。因社区北边紧邻文化路，故名。1998年成立。有楼房70栋，现代建筑风格。驻有莱西市水产局等单位。通公交车。

香港路社区 370285-A01-J05
[Xiānggǎnglù Shèqū]

属水集街道管辖。在莱西市北部。面积1.68平方千米。人口13 200。以所辖区域范围内一条南北走向的主要交通干道香港路得名。1998年成立。有楼房231栋，现代建筑风格。驻有莱西市质监局、莱西市民政局等单位。通公交车。

中兴路社区 370285-A01-J06
[Zhōngxīnglù Shèqū]

属水集街道管辖。在莱西市东南部。面积0.1平方千米。人口5 500。因社区东边紧靠南北走向的中兴路而得名。1998年成立。有楼房57栋，现代建筑风格。通公交车。

永兴街社区 370285-A01-J07
[Yǒngxīngjiē Shèqū]

属水集街道管辖。在莱西市东部。面积0.1平方千米。人口5 100。因地处永兴街，故名。1998年成立。有楼房57栋，现代建筑风格，还有平房。驻有莱西市公安局等单位。通公交车。

北京路社区 370285-A01-J08
[Běijīnglù Shèqū]

属水集街道管辖。在莱西市北部。面积4.5平方千米。人口10 400。因北京路得名。2009年成立。有楼房437栋，现代建筑风格。驻有莱西市人民政府、莱西市行政审批中心等单位。通公交车。

二　居民点

市南区

城市居民点

八大峡新村　370202-I01

[Bādàxiá Xīncūn]

在区境西南部。185 户。总面积 44.0
公顷。辖区内八条道路以我国著名的八个
峡谷命名，且与著名的"八大关"东西并峙，
故称八大峡新村。1998 年始建，2000 年正
式使用。建筑总面积 120 000 平方米，多层
住宅楼 9 栋，现代建筑风格，绿地面积
2 000 平方米，有超市、幼儿园等配套设施。
通公交车。

市北区

城市居民点

浮山后居民区　370203-I01

[Fúshānhòu Jūmínqū]

在区境东部。人口 120 000。总面积 3.0
公顷。因位于浮山后而得名。1994 年始建，
1998 年正式使用。建筑总面积 85 000 平方米，
多层住宅楼 86 栋，现代中式建筑风格，绿
化率 35%，有中学、小学、超市、老年公
寓等配套设施。通公交车。

水清沟小区　370203-I02

[Shuǐqīnggōu Xiǎoqū]

在区境北部。人口 21 000。总面积
70.0 公顷。因位于水清沟村附近而得名。
1988 年始建，1996 年正式使用。建筑总面
积 445 000 平方米，多层住宅楼 146 栋，现
代建筑风格，绿地面积 6 000 平方米，有幼
儿园、小学、中学、银行、全民健身中心
等配套设施。通公交车。

错埠岭小区　370203-I03

[Cuòbùlǐng Xiǎoqū]

在区境东北部。人口 48 000。总面积
167.0 公顷。以错埠岭村命名。1989 年始建，
1992 年正式使用。建筑总面积 1 128 000 平
方米，住宅楼 328 栋，其中高层 39 栋、
多层 289 栋，现代中式建筑风格，绿化率
50%，有游泳馆、超市、五金店、理发店等
配套设施。通公交车。

黄岛区

城市居民点

山海湾小区　370211-I01

[Shānhǎiwān Xiǎoqū]

在区境东部。人口 4 000。总面积 21.7
公顷。因依山傍海而得名。2008 年始建，
2011 年正式使用。建筑总面积 530 000 平方

米,住宅楼49栋,其中高层33栋、多层16栋,托斯卡纳建筑风格,绿化率40%,有网球场、乒乓球室、老年活动中心、健身设施等配套设施。通公交车。

世纪新村 370211-I02
[Shìjì Xīncūn]

在区境西部。人口16 000。总面积270.0公顷。为纪念跨入21世纪得名。1999年始建,2000年正式使用。建筑总面积1 600 000平方米,住宅楼141栋,其中高层13栋、多层128栋,现代中式建筑风格,绿化率40%,有幼儿园、供热站、社区诊所、农贸市场、健身器材等配套设施。通公交车。

滨海新村 370211-I03
[Bīnhǎi Xīncūn]

在区境西部。人口11 000。总面积104.6公顷。因濒黄海,紧邻滨海大道而得名。2000—2004年先后建设并正式使用。建筑总面积200 000平方米,住宅楼184栋,其中高层10栋、多层174栋、别墅8栋,现代中式建筑风格,绿化率60%,有幼儿园、供热站、社区诊所、购物超市、林荫休闲广场、健身器材等配套设施。通公交车。

馨鑫家园 370211-I04
[Xīnxīn Jiāyuán]

在区境西部。人口450。总面积2.3公顷。以让人入住后有家的温馨感而得名。2006年始建,2007年正式使用。建筑总面积20 000平方米,多层住宅楼8栋,现代中式建筑风格,绿化率35%,有供热站、超市等配套设施。通公交车。

天龙花园 370211-I05
[Tiānlóng Huāyuán]

在区境北部。472户。总面积3.7公顷。

以开发公司名称命名。1993年始建,1995年正式使用。建筑总面积48 361平方米,多层住宅楼14栋,现代中式建筑风格,绿化率30%,有公园等配套设施。通公交车。

茶香苑 370211-I06
[Cháxiāng Yuàn]

在区境西南部。人口240。总面积1.3公顷。因海青镇盛产海青茶而得名。2010年始建,2011年正式使用。建筑总面积9 700平方米,多层住宅楼4栋,现代中式建筑风格,绿化率30%,有文化广场等配套设施。通公交车。

农村居民点

郭家河岩 370211-A01-H01
[Guōjiāhéyán]

在区驻地隐珠街道北方向8.4千米。隐珠街道辖自然村。人口1 200。明初,郭姓迁此立村,因有河,岩石多,故名郭家河岩。聚落呈团块状分布。有文化广场1处。有市级文物保护单位郭家河岩遗址。经济以种植业为主。202国道经此。

李家洼子 370211-A01-H02
[Lǐjiāwāzi]

在区驻地隐珠街道北方向12.1千米。隐珠街道辖自然村。人口1 600。清康熙四年(1665),李殷甲、李兆甲从草夼迁此立村,因地势低洼,取名李家洼子。聚落呈团块状分布。有文化广场1处、图书室1处。经济以种植业为主。有公路经此。

小报屋 370211-A01-H03
[Xiǎobàowū]

在区驻地隐珠街道北方向12.4千米。隐珠街道辖自然村。人口200。清中期,王、高两姓在豹窝山下立村，因村小，取名小豹窝；后因字义不好，改称小报屋。聚落呈团块状分布。有文化广场1处。经济以种植业为主。有公路经此。

尹家大庄 370211-A01-H04
[Yǐnjiādàzhuāng]

在区驻地隐珠街道北方向7.2千米。隐珠街道辖自然村。人口1 100。因尹姓先来，故称尹家小庄，后因重名，更名为尹家大庄。聚落呈团块状分布。有文化广场1处、图书室1处。经济以租赁业为主。有公路经此。

兰西 370211-A01-H05
[Lánxī]

在区驻地隐珠街道北方向6.3千米。隐珠街道辖自然村。人口700。因村东有湾，遍生兰花，故名兰西。聚落呈团块状分布。有文化广场1处。经济以租赁业为主。有公路经此。

崮上 370211-A01-H06
[Gùshàng]

在区驻地隐珠街道东北方向8.3千米。隐珠街道辖自然村。人口1 300。明永乐年间，宋、管、张三姓从附近管家大村迁来立村，因地处四周陡峭、顶部较平坦的山坡上，故名崮上。聚落呈团块状分布。有图书室1处。有市级文物保护单位太平庵。经济以旅游业为主。有公路经此。

长城 370211-A01-H07
[Chángchéng]

在区驻地隐珠街道东北方向11.6千米。隐珠街道辖自然村。人口200。立村时名小新庄。清末，因地势险要，村东西两面是大山，村庄坐落在沟底，更名为大沟。后因该村有古齐长城遗址，又更名为长城。

聚落呈团块状分布。有图书室1处。经济以种植业为主。有公路经此。

西冯家滩 370211-A01-H08
[Xīféngjiātān]

在区驻地隐珠街道东北方向10.8千米。隐珠街道辖自然村。人口1 500。明末，张、冯二姓从云南迁此立村。因张姓先到，故名村张家。清初，张家人丁不旺，冯姓兴旺，张家把土地卖给冯家，又因该村地处碱滩，故改称冯家滩。因村落规模扩大，1958年以村中一条南北小河沟为界分为两村，该村居西，名西冯家滩。聚落呈团块状分布。经济以种植业为主。有公路经此。

孙家滩 370211-A01-H09
[Sūnjiātān]

在区驻地隐珠街道北方向6.0千米。隐珠街道辖自然村。人口1 200。明洪武二年（1369），孙姓从山西洪洞县迁入山东胶州，后又从胶州里岔迁此立村，因地处盐碱荒滩，故名孙家滩。聚落呈带状分布。有国家三级古树国槐一棵。经济以餐饮业、租赁业为主。有公路经此。

大荒庄 370211-A01-H10
[Dàhuāngzhuāng]

在区驻地隐珠街道东北方向6.0千米。隐珠街道辖自然村。人口1 400。清末，张姓从今张家楼镇松山子迁此立村，原名大荒。后因重名，更名为大荒庄。聚落呈团块状分布。有小学1处。经济以制造业、加工业为主，生产手推车、五金零件、塑料制品等。有青岛华天车辆有限公司、胶南天和车辆有限公司等企业。有公路经此。

北高家庄 370211-A01-H11
[Běigāojiāzhuāng]

在区驻地隐珠街道东北方向7.5千米。

隐珠街道辖自然村。人口 600。明末，高姓从云南迁此立村，取名高家庄。1980 年因重名，更名为高家洼，1995 年又以方位更名为北高家庄。聚落呈团块状分布。有文化大院 1 处、小学 1 处。经济以种植业、养殖业、制造业为主，种植小麦、玉米、花生，饲养肉鸡、生猪等，生产橡胶轮胎。有振华集团等企业。有公路经此。

法家园 370211-A02-H01
[Fǎjiāyuán]

在区驻地隐珠街道东北方向 39.0 千米。黄岛街道辖自然村。人口 900。明永乐二年（1404），隋支达一家由山西来到法姓财主花园附近居住，逐渐繁衍后代成村。因此地曾有法家人的花园，故名法家园。聚落呈团块状分布。有图书室 1 处、阅览室 1 处、文化大院 1 处。经济以渔业为主。有公路经此。

龙凤 370211-A02-H02
[Lóngfèng]

在区驻地隐珠街道东北方向 36.0 千米。黄岛街道辖自然村。人口 500。因西傍龙斗山，东靠凤凰岭，故名龙凤。聚落呈团块状分布。有阅览室 1 处。经济以种植业为主。有公路经此。

辛安 370211-A03-H01
[Xīn'ān]

在区驻地隐珠街道东北方向 16.0 千米。辛安街道辖自然村。人口 2 500。北宋乾德元年（963），辛姓到九曲河北岸定居，逐渐建起辛氏庄园，命村名为辛安。聚落呈团块状分布。有文化活动中心 1 处、幼儿园 1 处、小学 1 处。经济以商贸业为主。有福瀛集团等企业。有公路经此。

东南庄 370211-A03-H02
[Dōngnánzhuāng]

在区驻地隐珠街道东北方向 16.0 千米。辛安街道辖自然村。人口 700。因立村时地处辛安村东南方向，故名东南庄。聚落呈团块状分布。有文体活动中心 1 处。经济以餐饮业、住宿业为主。有公路经此。

北庄 370211-A04-H01
[Běizhuāng]

在区驻地隐珠街道街道东方向 23.0 千米。薛家岛街道辖自然村。人口 3 200。明嘉靖年间，薛姓兄弟迁此立村，因居山北，故称北庄。聚落呈团块状分布。有小学 1 处、幼儿园 1 处。经济以养殖业为主。有公路经此。

刘家岛 370211-A04-H02
[Liújiādǎo]

在区驻地隐珠街道街道东方向 18.5 千米。薛家岛街道辖自然村。人口 1 500。明洪武年间，刘姓三兄弟由山西洪洞县迁此定居，因地处唐岛湾南岸沙丘平地，生长着茂密棘子林，前有西泉石为屏，属半岛，遂名刘家岛。聚落呈团块状分布。有幼儿园 1 处。经济以养殖业为主。有公路经此。

周家夼 370211-A05-H01
[Zhōujiākuǎng]

在区驻地隐珠街道东北方向 1.5 千米。长江路街道辖自然村。人口 1 100。元末，周祖兄弟三人从四川省青川县迁入此地，取大川之意，名周家夼。聚落呈团块状分布。有图书室 1 处。经济以种植业为主，种植小麦、玉米、花生等。有公路经此。

花科子 370211-A05-H02
［Huākēzi］

在区驻地隐珠街道东北方向 2.7 千米。长江路街道辖自然村。人口 500。村东北有一山为尖山，山西边有道沟，故取村名为尖山沟。后因山体由多种颜色的岩石构成，俗称花科石，故更名为花科子。聚落呈团块状分布。有图书室 1 处。经济以种植业为主，种植玉米、花生、大豆等。有公路经此。

木厂口 370211-A06-H01
［Mùchǎngkǒu］

在区驻地隐珠街道东北方向 14.0 千米。灵珠山街道辖自然村。人口 1 100。因地形及盛产木材，命村木敞口，后简写为木厂口。聚落呈团块状分布。经济以种植业为主，种植芋头、小麦、花生、玉米等。有公路经此。

独垛子 370211-A06-H02
［Dúduǒzi］

在区驻地隐珠街道东北方向 15.0 千米。灵珠山街道辖自然村。人口 1 200。明崇祯十五年（1642），王氏立村，以村旁独垛子山得村名独垛子。聚落呈团块状分布。有小学 1 处。经济以种植业为主，种植小麦、玉米、地瓜、花生、芋头等。有公路经此。

邵家 370211-A07-H01
［Shàojiā］

在区驻地隐珠街道东北方向 24.8 千米。红石崖街道辖自然村。人口 1 800。明永乐年间，李、邵两姓从云南迁此立村，因李姓人多，初称李家。后邵姓兴旺，改称邵家。聚落呈团块状分布。经济以轻工业、手工业为主，种植业、养殖业为辅，种植小麦、玉米、花生、土豆等，养殖虾、蟹、蛤蜊等。有公路经此。

解家 370211-A07-H02
［Xièjiā］

在区驻地隐珠街道东北方向 22.8 千米。红石崖街道辖自然村。人口 1 200。明正德元年（1506），解曾臣二兄弟迁此立村，因从招远解家迁来，故取村名解家。清嘉庆年间改称山解家。民国时期因属龙泉区，称龙泉解，后改称解家。聚落呈团块状分布。经济以轻工业、手工业为主，种植业为辅，种植小麦、玉米、花生、土豆等，有苹果、桃等果园。有永强木工机械厂等企业。有公路经此。

曹戈庄 370211-A08-H01
［Cáogēzhuāng］

在区驻地隐珠街道北方向 8.1 千米。珠山街道辖自然村。人口 3 400。明洪武年间，曹姓兄弟二人从云南迁此立村，取名曹戈庄。聚落呈团块状分布。有文化广场 1 处、幼儿园 1 处。经济以种植业为主。有公路经此。

崔家庄 370211-A08-H02
［Cuījiāzhuāng］

在区驻地隐珠街道北方向 10.2 千米。珠山街道辖自然村。人口 700。以姓氏命名。聚落呈团块状分布。有文化广场 1 处。经济以种植业为主。疏港高速经此。

瓦屋庄 370211-A08-H03
［Wǎwūzhuāng］

在区驻地隐珠街道北方向 10.2 千米。珠山街道辖自然村。人口 1 000。房氏用小青瓦建房一座，安家创业，繁衍后代，并以"屋"代指房，定村名为瓦屋庄。聚落呈团块状分布。有文化广场 1 处、图书室 1 处。经济以租赁业为主。有公路经此。

郝家石桥 370211-A08-H04

［Hǎojiāshíqiáo］

在区驻地隐珠街道西北方向 5.0 千米。珠山街道辖自然村。人口 2 800。明嘉靖年间，郝氏立村，因村西河上有一座石桥，故名郝家石桥。聚落呈团块状分布。有图书室 1 处、幼儿园 1 处。经济以商贸业为主。有公路经此。

祝家庄 370211-A09-H01

［Zhùjiāzhuāng］

在区驻地隐珠街道西方向 10.0 千米。珠海街道辖自然村。人口 2 200。以姓氏命名。聚落呈团块状分布。有图书室 1 处、幼儿园 1 处。有省级文物保护单位祝家庄遗址。经济以种植业为主，种植小麦、玉米、花生、大豆、地瓜等。有公路经此。

大荒 370211-A09-H02

［Dàhuāng］

在区驻地隐珠街道西方向 10.0 千米。珠海街道辖自然村。人口 800。因此地原为一片荒地，野草丛生，故名大荒。聚落呈团块状分布。有图书室 1 处。经济以种植业为主，种植小麦、玉米、花生等。有公路经此。

袁家 370211-A09-H03

［Yuánjiā］

在区驻地隐珠街道西北方向 6.4 千米。珠海街道街道辖自然村。人口 2 700。明代初期，郭、袁两姓从云南迁此立村，因村庄坐落在河沟附近，取名河沟，后改称袁家。聚落呈团块状分布。有中学 1 处、小学 1 处。经济以租赁业为主。有公路经此。

大哨头 370211-A09-H04

［Dàshàotóu］

在区驻地隐珠街道西北方向 3.0 千米。

珠海街道街道辖自然村。人口 4 100。明洪武二年（1369），张直迁此立村，取名张家庄。明末，张姓在北京为官，因病逝世，其妻战氏携女返回张家庄，改名战家村。清初，因此处是灵山卫最西头的一个哨点，且比邻村大，故又改称大哨头。聚落呈团块状分布。有小学 1 处、幼儿园 3 处。经济以商贸业为主。有公路经此。

朱家小庄 370211-A10-H01

［Zhūjiāxiǎozhuāng］

在区驻地隐珠街道西南方向 8.9 千米。滨海街道辖自然村。人口 1 600。明嘉靖年间，海瑞被捕入狱，有亲属恐受株连，逃至此地立村，改为朱姓。因比邻近村小，故名朱家小庄。聚落呈团块状分布。有小学 1 处、中学 1 处。经济以餐饮业、住宿业为主。204 国道经此。

胡家小庄 370211-A10-H02

［Hújiāxiǎozhuāng］

在区驻地隐珠街道西南方向 12.0 千米。滨海街道辖自然村。人口 1 100。明末，胡姓讨饭来此给地主看山，在此立村，因村小，取名胡家小庄。聚落呈团块状分布。有区级文物保护单位石门寺、赛诗台、麻衣庵遗址。经济以餐饮业为主。有公路经此。

山王 370211-A10-H03

［Shānwáng］

在区驻地隐珠街道西南方向 11.0 千米。滨海街道辖自然村。人口 900。清顺治年间，王氏立村，因地处山岭，故名山王家，后简称山王。聚落呈团块状分布。经济以餐饮业为主。有公路经此。

凤凰 370211-A10-H04

［Fènghuáng］

在区驻地隐珠街道西南方向 11.0 千米。

滨海街道辖自然村。人口 900。因传说曾有凤凰落此，取名凤凰。聚落呈团块状分布。有小学 1 处。经济以餐饮业为主。有公路经此。

黄石坎 370211-A10-H05
[Huángshíkǎn]

在区驻地隐珠街道西方向 11.0 千米。滨海街道辖自然村。人口 900。因地处山麓，石呈黄色，村前有一土岭如坎，故名。聚落呈团块状分布。经济以餐饮业为主。204 国道经此。

峡沟 370211-A10-H06
[Xiágōu]

在区驻地隐珠街道西方向 14.0 千米。滨海街道辖自然村。人口 1 600。因地处峡谷，多沟，故名。聚落呈团块状分布。古迹有隋唐时期石窟 2 处。经济以餐饮业为主。有天信电器、金磐石等企业。有公路经此。

王家村 370211-A10-H07
[Wángjiācūn]

在区驻地隐珠街道西南方向 9.5 千米。滨海街道辖自然村。人口 1 800。以姓氏命名。聚落呈团块状分布。有小学 1 处。经济以餐饮业为主。有聚大洋、长青等企业。204 国道经此。

瓦屋 370211-A10-H08
[Wǎwū]

在区驻地隐珠街道西南方向 8.0 千米。滨海街道辖自然村。人口 1 800。明初，宋、蒋、傅等姓迁此，以烧瓦为生，建有瓦屋，故名。聚落呈团块状分布。经济以餐饮业为主。有易通热电等企业。204 国道路经此。

石甲 370211-A10-H09
[Shíjiǎ]

在区驻地隐珠街道西南方向 10.0 千米。滨海街道辖自然村。人口 900。清初，因岭上多石，且有峡谷，称石峡。民国时期，因谐音更名石甲。聚落呈团块状分布。有党校 1 处。经济以餐饮业为主。有康大、琅琊台酒厂等企业。有公路经此。

海崖 370211-A10-H10
[Hǎiyá]

在区驻地隐珠街道南方向 9.9 千米。滨海街道辖自然村。人口 1 900。明初，孙、唐等姓从云南迁此立村，因临海，故名海崖。聚落呈团块状分布。有青岛港湾学院。有海崖遗址。经济以海水养殖业、餐饮业等为主。有公路经此。

灵山卫西街 370211-A11-H01
[Língshānwèixījiē]

在区驻地隐珠街道东北方向 10.6 千米。灵山卫街道辖自然村。人口 1 500。明洪武五年（1372）修建灵山卫，街为十字形，该村位于十字口以西，故得名灵山卫西街。聚落呈团块状分布。有卫城大戏台、文化广场、图书室。有市级文物保护单位城隍庙。有 610 余年的银杏树 2 棵。经济以餐饮业为主。有公路经此。

灵山卫北门里 370211-A11-H02
[Língshānwèiběiménlǐ]

在区驻地隐珠街道东北方向 10.8 千米。灵山卫街道辖自然村。人口 1 600。明洪武五年（1372）修建灵山卫，因该村位于卫城北门，故得名灵山卫北门里。聚落呈团块状分布。有图书室 1 处。有市级文物保护单位王请试府邸残存建筑。经济以餐饮业为主。有公路经此。

毛家山 370211-A11-H03

[Máojiāshān]

在区驻地隐珠街道东北方向 9.6 千米。灵山卫街道辖自然村。人口 500。明末，程氏一家来此立村，因村后一山形如帽架，称帽架山，以山名村，后演变为毛家山。聚落呈团块状分布。有图书室 1 处。有山神庙遗址等。经济以旅游业为主。有公路经此。

张仓 370211-A12-H01

[Zhāngcāng]

在区驻地隐珠街道西方向 17.3 千米。铁山街道辖自然村。人口 2 000。因朝廷在此建仓，仓大使姓张，故名张仓。聚落呈团块状分布。有文体活动中心 1 处。经济以林果业为主，种植苹果、板栗、茶叶等。341 国道经此。

韩家村 370211-A12-H02

[Hánjiācūn]

在区驻地隐珠街道西方向 16.7 千米。铁山街道辖自然村。人口 1 500。明朝初年，韩、杨两姓迁此立村，取名韩家村。聚落呈团块状分布。有文体活动中心 1 处、中学 1 处、小学 1 处、幼儿园 1 处。经济以林果业为主，种植蓝莓、葡萄、大樱桃、桃等。341 国道经此。

苗家河 370211-A12-H03

[Miáojiāhé]

在区驻地隐珠街道西北方向 17.5 千米。铁山街道辖自然村。人口 1 100。明嘉靖年间，苗万春迁此立村，因地处河旁，取名苗家河。聚落呈团块状分布。有文体活动中心 1 处。经济以种植业为主，兼有养殖业、运输业，种植小麦、玉米、花生。有公路经此。

大下庄 370211-A12-H04

[Dàxiàzhuāng]

在区驻地隐珠街道西方向 19.4 千米。铁山街道辖自然村。人口 500。因地处山里河下游，村大，故名大下庄。聚落呈团块状分布。有文体活动中心 1 处。经济以种植业、旅游业为主，种植小麦、玉米、花生、樱桃、桃、蓝莓。341 国道经此。

别家 370211-A12-H05

[Biéjiā]

在区驻地隐珠街道西北方向 19.5 千米。铁山街道辖自然村。人口 900。以姓氏命名。聚落呈团块状分布。有文体活动中心 1 处、幼儿园 1 处。经济以种植业为主，种植花生、小麦、玉米、草莓、蓝莓、葡萄、软枣、猕猴桃等。有公路经此。

上沟 370211-A12-H06

[Shànggōu]

在区驻地隐珠街道西方向 21.5 千米。铁山街道辖自然村。人口 400。因地处山沟上游，故名上沟。聚落呈团块状分布。有文体活动中心 1 处。经济以林果业为主，种植樱桃、杏、桃、梨、沙果、大枣、山楂、板栗等。341 国道经此。

辛兴 370211-A12-H07

[Xīnxīng]

在区驻地隐珠街道西北方向 19.5 千米。铁山街道辖自然村。人口 700。明成化年间，王氏立村，因辛勤劳动建立家园，人丁兴旺，取名辛兴。聚落呈团块状分布。有文体活动中心 1 处。经济以种植业为主，种植小麦、玉米、花生、蓝莓。有公路经此。

郑家庙 370211-A12-H08

[Zhèngjiāmiào]

在区驻地隐珠街道西北方向 27.6 千米。

铁山街道辖自然村。人口 800。因村后有郑姓所修观音庙一座，故名郑家庙。聚落呈团块状分布。有文体活动中心 1 处。经济以种植业为主，种植小麦、玉米、地瓜、花生等。有公路经此。

夏河城 370211-B01-H01
[Xiàhéchéng]

琅琊镇人民政府驻地。在区驻地隐珠街道南方向 35.5 千米。人口 2 000。因城西有河，唯夏季水大，故取名夏河所，后改称夏河城。聚落呈环状分布。有省级文物保护单位明代夏河城城墙、区级文物保护单位汉代琅琊古墓。经济以种植业为主，种植绿豆芽、芫荽叶、韭菜花、西葫芦、角瓜、玉米、小麦、花生、薯类。有公路经此。

丁石洼 370211-B01-H02
[Dīngshíwā]

在区驻地隐珠街道北方向 97.0 千米。琅琊镇辖自然村。人口 400。明嘉靖年间，丁氏立村，明中期，石氏立村，因地势低洼，分别取名丁家洼、石家洼。后因重名合称丁石洼。聚落呈团块状分布。有文化广场 1 处、图书室 1 处、幼儿园 1 处。经济以渔业为主，兼有餐饮业、商贸业。有公路经此。

小东岭 370211-B01-H03
[Xiǎodōnglǐng]

在区驻地隐珠街道东北方向 103.0 千米。琅琊镇辖自然村。人口 200。明末，王氏立村，因地处山岭，村小，且位于夏河城东，故名小东岭。聚落呈团块状分布。有文化广场 1 处。经济以种植业为主，种植小麦、玉米、花生、大豆、地瓜等。有公路经此。

窝龙 370211-B01-H04
[Wōlóng]

在区驻地隐珠街道东方向 86.0 千米。琅琊镇辖自然村。人口 500。明末，毕氏立村，因此地有石状如卧龙，故名卧龙，后更名为窝龙。聚落呈团块状分布。有文化广场 1 处。经济以种植业为主，种植小麦、玉米、花生、大豆、地瓜等。有公路经此。

瓮沟 370211-B01-H05
[Wènggōu]

在区驻地隐珠街道西南方向 109.0 千米。琅琊镇辖自然村。人口 200。明末，吕氏立村，因村中有沟，并有大石，状如瓮，故称瓮沟。聚落呈团块状分布。有文化广场 1 处。经济以种植业为主，种植小麦、玉米、大豆、花生。有公路经此。

翟家屯 370211-B01-H06
[Zháijiātún]

在区驻地隐珠街道西北方向 97.0 千米。琅琊镇辖自然村。人口 300。明初，汤氏立村。清道光年后，因翟姓兴旺，改名翟家屯。聚落呈团块状分布。有文化广场 1 处、图书室 1 处。经济以种植业为主，种植小麦、玉米、花生、大豆、地瓜等。有公路经此。

前羊栏沟 370211-B01-H07
[Qiányánglángōu]

在区驻地隐珠街道西北方向 99.0 千米。琅琊镇辖自然村。人口 700。清顺治年间，孟、李二姓立村，因村后有一条沟用于拦羊，故名羊栏子沟。清乾隆年间，北面又立一羊栏子沟，该村在南，改名前羊栏沟。聚落呈团块状分布。有文化广场 1 处。经济以种植业为主，种植小麦、玉米、地瓜、大豆、苹果。有公路经此。

车轮山后 370211-B01-H08
[Chēlúnshānhòu]

在区驻地隐珠街道东北方向 67.0 千米。琅琊镇辖自然村。人口 1 100。因坐落在车轮山北，故名。聚落呈散状分布。有文化广场 1 处、幼儿园 1 处。经济以种植业为主，种植小麦、玉米、大豆、花生等。有公路经此。

安子 370211-B01-H09
[Ānzi]

在区驻地隐珠街道西方向 62.0 千米。琅琊镇辖自然村。人口 300。因村中河道呈"之"字形，故名之水村。清末分为三个村，因该村有尼姑庵，取名刘家庵子，亦写成刘家安子，后简称安子。聚落呈团块状分布。有文化广场 1 处、图书室 1 处。经济以种植业为主，种植小麦、玉米、花生、大豆。有公路经此。

逄家屯 370211-B01-H10
[Pángjiātún]

在区驻地隐珠街道北方向 94.0 千米。琅琊镇辖自然村。人口 200。清末，逄氏迁此屯地，取名逄家屯。聚落呈团块状分布。有文化广场 1 处、图书室 1 处。经济以种植业为主，种植小麦、玉米、花玉、大豆、地瓜等。有公路经此。

大南庄 370211-B01-H11
[Dànánzhuāng]

在区驻地隐珠街道西南方向 82.0 千米。琅琊镇辖自然村。人口 500。民国时期，因此村坐落于夏河城南，且比邻村大，故称大南庄。聚落呈团块状分布。有文化广场 1 处。经济以种植业为主，种植小麦、玉米、大豆、花生、蔬菜。有公路经此。

车轮山前 370211-B01-H12
[Chēlúnshānqián]

在区驻地隐珠街道东北方向 90.0 千米。琅琊镇辖自然村。人口 300。因位于车轮山前，故名。聚落呈团块状分布。有文化广场 1 处、图书室 1 处。经济以种植业为主，兼有渔业、畜牧业。有公路经此。

五龙沟 370211-B01-H13
[Wǔlónggōu]

在区驻地隐珠街道东北方向 97.0 千米。琅琊镇辖自然村。人口 500。因此地有五条山沟，状如龙，故名。聚落呈团块状分布。有文化广场 1 处、图书室 1 处。经济以种植业为主，种植小麦、玉米、大豆、花生等。有公路经此。

泊里河北 370211-B02-H01
[Pōlǐhéběi]

泊里镇人民政府驻地。在区驻地隐珠街道西南方向 36.1 千米。人口 1 800。明洪武二年（1369），程氏由安徽徽州迁此立村，因地势低洼，有水泊，故名程家泊。1957 年后改称泊里，后分为四村，因该村靠北，故名泊里河北。聚落呈团块状分布。有中学 1 处。经济以种植业为主，种植小麦、花生、玉米等。有公路经此。

泊里河南 370211-B02-H02
[Pōlǐhénán]

在区驻地隐珠街道西南方向 37.0 千米。泊里镇辖自然村。人口 1 000。明洪武二年（1369），程氏由安徽徽州迁此立村，因地势低洼，有水泊，故名程家泊。1957 年后改称泊里，后分为四村，因该村靠南，故名泊里河南。聚落呈团块状分布。有幼儿园 1 处。有区级文物保护单位藏马县委旧址。经济以种植业为主，种植小麦、花生、玉米等。有公路经此。

泊里河东 370211-B02-H03
[Pōlǐhédōng]

在区驻地隐珠街道西南方向 36.4 千米。泊里镇辖自然村。人口 1 300。明洪武二年（1369），程氏由安徽徽州迁此立村，因地势低洼，有水泊，故名程家泊。1957 年后改称泊里，后分为四村，因该村靠东，故名泊里河东。聚落呈团块状分布。有小学 1 处、中学 1 处。经济以种植业为主，种植小麦、花生、玉米等。有公路经此。

泊里河西 370211-B02-H04
[Pōlǐhéxī]

在区驻地隐珠街道西南方向 37.0 千米。泊里镇辖自然村。人口 1 300。明洪武二年（1369），程氏由安徽徽州迁此立村，因地势低洼，有水泊，故名程家泊。1957 年后改称泊里，后分为四村，因该村靠西，故名泊里河西。聚落呈团块状分布。经济以种植业为主，种植小麦、花生、玉米等。有公路经此。

张家庄 370211-B02-H05
[Zhāngjiāzhuāng]

在区驻地隐珠街道西南方向 39.4 千米。泊里镇辖自然村。人口 800。以姓氏命名。聚落呈团块状分布。有图书室 1 处。经济以种植业为主，种植小麦、花生、玉米等。有公路经此。

马家庄 370211-B02-H06
[Mǎjiāzhuāng]

在区驻地隐珠街道西南方向 39.3 千米。泊里镇辖自然村。人口 1 800。以姓氏命名。聚落呈团块状分布。有图书室 1 处。有马家庄烈士陵园。经济以种植业为主，种植小麦、花生、玉米等。有公路经此。

尹家村 370211-B02-H07
[Yǐnjiācūn]

在区驻地隐珠街道西南方向 36.4 千米。泊里镇辖自然村。人口 1 000。以姓氏命名。聚落呈团块状分布。有幼儿园 1 处。经济以种植业为主，种植小麦、花生、玉米等。有公路经此。

三合村 370211-B02-H08
[Sānhécūn]

在区驻地隐珠街道西南方向 39.8 千米。泊里镇辖自然村。人口 800。1946 年因遭水灾，原村分成三个村，1947 年又合并为一个村，故名三合村。聚落呈团块状分布。有图书室 1 处。有省级非物质文化遗产泊里红席制作技艺。经济以种植业为主，种植小麦、花生、玉米等。有公路经此。

蒋家庄 370211-B02-H09
[Jiǎngjiāzhuāng]

在区驻地隐珠街道西南方向 35.5 千米。泊里镇辖自然村。人口 700。因村东南有蒋姓古坟，故名蒋家坟村，后改为蒋家庄。聚落呈团块状分布。有图书室 1 处。经济以种植业为主，种植小麦、花生、玉米等。有公路经此。

米家庄 370211-B02-H10
[Mǐjiāzhuāng]

在区驻地隐珠街道西南方向 35.5 千米。泊里镇辖自然村。人口 500。明洪武二年（1369），芈氏立村，以姓氏得村名。后为简便，将"芈"改为谐音字"米"，称米家庄。聚落呈团块状分布。有图书室 1 处。经济以种植业为主，种植小麦、花生、玉米等。有公路经此。

东封家村 370211-B02-H11

[Dōngfēngjiācūn]

在区驻地隐珠街道西南方向 44.1 千米。泊里镇辖自然村。人口 1 400。明洪武六年（1373），封始新由江苏海州迁此立村，名封家。后分为两个村，该村较大，称大封家。又因位于小封家村东，称东封家村。聚落呈团块状分布。有幼儿园 1 处。经济以种植业为主，种植小麦、花生、玉米等。204 国道经此。

蟠龙庵 370211-B02-H12

[Pánlóng'ān]

在区驻地隐珠街道西南方向 44.4 千米。泊里镇辖自然村。人口 1 300。因此地山岭盘旋曲折，形如蟠龙，又因有庵，故村名蟠龙庵。聚落呈团块状分布。有幼儿园 1 处。经济以种植业为主，种植小麦、花生、玉米等。青盐铁路、沈海高速经此。

东小滩 370211-B02-H13

[Dōngxiǎotān]

在区驻地隐珠街道西南方向 47.9 千米。泊里镇辖自然村。人口 500。因地处盐碱荒滩，有盐硝，取名硝荒滩。后因退海，硝减少，改名小滩子。1937 年以沟为界分为东、西两村，该村在东，名东小滩子，1956 年简称东小滩。聚落呈团块状分布。有图书室 1 处。经济以种植业为主，种植小麦、花生、玉米等。204 国道经此。

封家官庄 370211-B02-H14

[Fēngjiāguānzhuāng]

在区驻地隐珠街道西南方向 47.7 千米。泊里镇辖自然村。人口 500。清嘉庆年间，封姓从附近西封家村迁此，因耕种官田，故称封家官庄。聚落呈团块状分布。有图书室 1 处。经济以种植业为主，种植小麦、花生、玉米等。沈海高速经此。

贡口 370211-B02-H15

[Gòngkǒu]

在区驻地隐珠街道西南方向 39.9 千米。泊里镇辖自然村。人口 1 300。因村前海口有处名贡口的商埠，村名亦称贡口。聚落呈团块状分布。有图书室 1 处。经济以渔业、种植业为主，种植小麦、花生、玉米、大豆等。有公路经此。

尹家圈 370211-B02-H16

[Yǐnjiāquān]

在区驻地隐珠街道西南方向 41.0 千米。泊里镇辖自然村。人口 2 300。明初尹氏立村，因周围有岭环绕，故名尹家圈。聚落呈团块状分布。有幼儿园 1 处。经济以渔业、种植业为主，种植小麦、花生、玉米、大豆等。

子良山后 370211-B02-H17

[Zǐliángshānhòu]

在区驻地隐珠街道西南方向 41.6 千米。泊里镇辖自然村。人口 700。因位于子良山北，故名子良山后。聚落呈团块状分布。有图书室 1 处。经济以种植业为主，种植小麦、花生、玉米等。有公路经此。

营东头 370211-B02-H18

[Yíngdōngtóu]

在区驻地隐珠街道西南方向 42.4 千米。泊里镇辖自然村。人口 1 000。因此地有兵营，又地处土岭东头，故名营东头。聚落呈团块状分布。有图书室 1 处。经济以种植业为主，种植小麦、花生、玉米等。有公路经此。

长松庄 370211-B02-H19

[Chángsōngzhuāng]

在区驻地隐珠街道西南方向 42.3 千米。泊里镇辖自然村。人口 500。因此地有松林，四季常青，故名长松庄。聚落呈团块状分布。

有图书室 1 处。经济以种植业为主，种植小麦、花生、玉米等。有公路经此。

常河店 370211-B02-H20
[Chánghédiàn]

在区驻地隐珠街道西南方向 41.0 千米。泊里镇辖自然村。人口 1 200。因村西有河，常年流水，村中有店房，故名常河店。聚落呈团块状分布。有幼儿园 1 处。经济以种植业为主，种植小麦、花生、玉米等。有公路经此。

黄家庄 370211-B02-H21
[Huángjiāzhuāng]

在区驻地隐珠街道西南方向 40.7 千米。泊里镇辖自然村。人口 800。因此处青草茂盛，故名草场，后以姓氏改名黄家庄。聚落呈团块状分布。有图书室 1 处。经济以种植业为主，种植小麦、花生、玉米等。有公路经此。

棋子湾 370211-B02-H22
[Qízǐwān]

在区驻地隐珠街道西南方向 44.3 千米。泊里镇辖自然村。人口 800。一说因此地有湾，湾中石块分布若棋子，故名棋子湾；另说旧时在海中看该村像棋子，故名。聚落呈团块状分布。经济以渔业、种植业为主，种植小麦、花生、玉米、大豆等。有公路经此。

撒牛沟 370211-B02-H23
[Sāniúgōu]

在区驻地隐珠街道西南方向 44.8 千米。泊里镇辖自然村。人口 800。清初因居民多在此地沟中放牛，遂称撒牛沟。聚落呈团块状分布。有图书室 1 处。经济以渔业、种植业为主，种植小麦、花生、玉米、大豆等。有公路经此。

草桥 370211-B02-H24
[Cǎoqiáo]

在区驻地隐珠街道西南方向 44.5 千米。泊里镇辖自然村。人口 1 700。因此地是诸城通往海口的要道，河上有桥，又因河滩荒草茂盛，故名草桥。聚落呈团块状分布。有幼儿园 1 处。经济以种植业为主，种植小麦、花生、玉米等。同三高速、204 国道经此。

封家庄 370211-B02-H25
[Fēngjiāzhuāng]

在区驻地隐珠街道西南方向 36.7 千米。泊里镇辖自然村。人口 1 000。明末，许、封二姓迁此立村，因封姓族大，故名封家庄。聚落呈团块状分布。有图书室 1 处。经济以种植业为主，种植小麦、花生、玉米等。204 国道经此。

大场 370211-B03-H01
[Dàchǎng]

大场镇人民政府驻地。在区驻地隐珠街道西南方向 39.3 千米。人口 1 600。明中期徐泰从墩上（今凤墩）迁此立村，因地势低洼，居民多种穄子养牛，故名穄牛场，后改称大场。聚落呈团块状分布。有文化站 1 处、广播站 1 处、幼儿园 1 处、小学 1 处、中学 1 处。经济以种植业为主，种植小麦、玉米、花生、大白菜、苹果等。398 省道、334 省道经此。

凤墩 370211-B03-H02
[Fèngdūn]

在区驻地隐珠街道西南方向 41.0 千米。大场镇辖自然村。人口 1 800。相传，曾有凤凰落在树旁土墩上，故名凤墩，简称墩上，后因重名恢复原名凤墩。聚落呈团块状分布。有文化广场 1 处。经济以种植业为主，种植小麦、高粱、玉米、大豆、蔬菜、草莓、西瓜等。有公路经此。

胜水东北 370211-B03-H03
[Shèngshuǐdōngběi]

在区驻地隐珠街道西南方向 46.0 千米。大场镇辖自然村。人口 500。元末在此建海觉寺，据传因将寺建在"海眼"上，"战胜"了水患，故名胜水村。后分为四村，本村位于东北部，故名胜水东北。聚落呈团块状分布。有文化广场 1 处。经济以种植业为主，种植粮食作物及桑果蔬菜等。398 省道经此。

尹家柳沟 370211-B03-H04
[Yǐnjiāliǔgōu]

在区驻地隐珠街道西南方向 52.0 千米。大场镇辖自然村。人口 300。明末尹氏立村，因此地沟多柳茂，故名尹家柳沟。聚落呈团块状分布。有文化广场 1 处。经济以种植业、养殖业为主，种植茶叶、蔬菜、苗木、花卉等。有公路经此。

西王家柳沟 370211-B03-H05
[Xīwángjiāliǔgōu]

在区驻地隐珠街道西南 52.0 千米。大场镇辖自然村。人口 500。明末王氏立村，名王家柳沟。清嘉庆年间，村东又立一王家柳沟，该村遂改名为西王家柳沟。聚落呈团块状分布。有文化广场 1 处。经济以种植业、养殖业为主，种植茶叶、蔬菜、苗木等。有公路经此。

凤凰庄 370211-B03-H06
[Fènghuángzhuāng]

在区驻地隐珠街道西南方向 50.0 千米。大场镇辖自然村。人口 600。相传，曾有凤凰落此，遂取名凤凰庄。聚落呈团块状分布。有文化广场 1 处。经济以种植业为主，种植小麦、玉米、地瓜、花生等。有公路经此。

雹泉庙 370211-B03-H07
[Báoquánmiào]

在区驻地隐珠街道西南方向 43.0 千米。大场镇辖自然村。人口 400。因此处有一雹泉庙，故以庙命名。聚落呈团块状分布。有文化广场 1 处。经济以种植业、手工业为主。有公路经此。

前老窝 370211-B03-H08
[Qiánlǎowō]

在区驻地隐珠街道西南方向 52.0 千米。大场镇辖自然村。人口 800。因此处树林中乌鸦窝密布，故名大老鸦窝庄，简称老窝，后以方位改名前老窝。聚落呈团块状分布。有文化广场 1 处。经济以种植业为主，以养殖业为辅。334 省道经此。

周家村 370211-B03-H09
[Zhōujiācūn]

在区驻地隐珠街道西南方向 46.0 千米。大场镇辖自然村。人口 1 000。以姓氏命名。聚落呈团块状分布。有文化广场 1 处。经济以种植业为主，兼有养殖业。334 省道经此。

东丁家庄 370211-B03-H10
[Dōngdīngjiāzhuāng]

在区驻地隐珠街道西南方向 44.0 千米。大场镇辖自然村。人口 400。相传，因该村位于大场东南方向，按天干五行方位配合，甲乙为东方，丙丁为南方，故取名丁甲庄，后演变为丁家庄。1962 年，因重名，以位置改名东丁家庄。聚落呈团块状分布。有文化广场 1 处。经济以种植业为主，种植小麦、玉米、蔬菜。334 省道经此。

韩家洼 370211-B03-H11
[Hánjiāwā]

在区驻地隐珠街道西南方向 43.0 千米。大场镇辖自然村。人口 500。明初杨氏立村，因地势低洼，取名杨家洼。后韩姓迁入，人口渐多，清末改称韩家洼。聚落呈团块状分布。有文化广场 1 处。经济以种植业为主。有公路经此。

坊上 370211-B03-H12
[Fángshàng]

在区驻地隐珠街道西南方向 43.0 千米。大场镇辖自然村。人口 400。因诸城李姓地主在此设账房收缴地租，旧时"房"通"坊"，又因该村坐落在吉利河西岸，地势较高，故名坊上。聚落呈团块状分布。有文化广场 1 处。经济以种植业为主。有公路经此。

后河岔 370211-B03-H13
[Hòuhéchà]

在区驻地隐珠街道西南方向 42.0 千米。大场镇辖自然村。人口 800。因靠近白马、吉利两河汇流处，且村比南河岔村小，故名小河岔。清末，以位于河汉村北，改称后河岔。聚落呈团块状分布。有文化广场 1 处。经济以种植业为主。334 省道经过。

陈家屯 370211-B03-H14
[Chénjiātún]

在区驻地隐珠街道西南方向 49.0 千米。大场镇辖自然村。人口 600。明初，陈姓从江苏海州迁来立村，因耕种屯地，故名陈家屯。聚落呈团块状分布。有文化广场 1 处。经济以种植业为主，种植地瓜。有公路经此。

南辛庄 370211-B03-H15
[Nánxīnzhuāng]

在区驻地隐珠街道西南方向 48.0 千米。大场镇辖自然村。人口 300。该村初名新庄，后演变为辛庄。1958 年，因重名，以方位改名南辛庄。聚落呈团块状分布。有文化广场 1 处。经济以种植业、养殖业为主，种植草莓、西红柿。同三高速经此。

河崖 370211-B03-H16
[Héyá]

在区驻地隐珠街道西南方向 43.0 千米。大场镇辖自然村。人口 1 000。因坐落于白马河、吉利河之间，靠近河岸，故名河崖。聚落呈团块状分布。有文化广场 1 处。经济以种植业为主，种植土豆、萝卜、大白菜等。同三高速经此。

马家滩 370211-B03-H17
[Mǎjiātān]

在区驻地隐珠街道西南方向 49.0 千米。大场镇辖自然村。人口 1 000。此地系马姓管辖的海滩，故名马家滩。聚落呈团块状分布。有文化广场 1 处。经济以种植业为主，兼有海水养殖产业。204 国道经此。

董家村 370211-B03-H18
[Dǒngjiācūn]

在区驻地隐珠街道西南方向 48.0 千米。大场镇辖自然村。人口 1 000。以姓氏命名。聚落呈团块状分布。有文化广场 1 处。经济以种植业、养殖业为主，种植土豆、白菜、萝卜、葡萄等。204 国道经此。

吉利河 370211-B03-H19
[Jílìhé]

在区驻地隐珠街道西南方向 41.0 千米。大场镇辖自然村。人口 1 000。相传，因在吉利河东岸立村，故取名吉利河。聚落呈团块状分布。有文化广场 1 处。有区级文物保护单位墓冢文化遗址。经济以林业、桑蚕业、畜牧业为主。有公路经此。

西寺 370211-B03-H20

[Xīsì]

在区驻地隐珠街道西南方向 41.0 千米。大场镇辖自然村。人口 200。因村西寺院内有巨钟一口，故取名大钟寺。1952 年分为两个村，该村居西，故名西寺。聚落呈团块状分布。有文化广场 1 处。有市级文物保护单位西寺龙山文化遗址。经济以种植业为主，种植小麦、玉米、花生、大豆、桑树、白菜、萝卜等。有公路经此。

驼沟 370211-B03-H21

[Tuógōu]

在区驻地隐珠街道西南方向 37.0 千米。大场镇辖自然村。人口 600。因村东有一沟，状如伏卧的骆驼，故取名驼沟。聚落呈团块状分布。有文化广场 1 处。有区级文物保护单位驼沟龙山文化遗址。经济以种植业为主，种植小麦、玉米、花生、苹果、桑树等。有公路经此。

塔山店子 370211-B03-H22

[Tǎshāndiànzi]

在区驻地隐珠街道西南方向 42.0 千米。大场镇辖自然村。人口 800。明末，刘、李、王等姓由徐州迁此，在塔山脚下立村，设有店铺，故名塔山店子。聚落呈团块状分布。有文化广场 1 处。经济以种植业为主，种植小麦、玉米、花生、大豆等。有公路经此。

大村 370211-B04-H01

[Dàcūn]

大村镇人民政府驻地。在区驻地隐珠街道西方向 25.0 千米。人口 2 400。明初，丁推由江苏海州迁此立村，取名丁家大村，后简称大村。聚落呈团块状分布。有文化站 1 处、广播站 1 处、幼儿园 1 处、小学 1 处、中学 1 处。经济以种植业为主，种植小麦、玉米、花生、香菇、黑木耳等。省道黄大公路经此。

前王家庄 370211-B04-H02

[Qiánwángjiāzhuāng]

在区驻地隐珠街道西方向 50.3 千米。大村镇辖自然村。人口 1 000。明洪武二年（1369），王氏迁此，在村北岭前择地而居，取名前王家庄。聚落呈团块状分布。有图书室 1 处。经济以种植业为主，种植小麦、玉米、花生。有公路经此。

范家沟 370211-B04-H03

[Fànjiāgōu]

在区驻地隐珠街道西方向 49.4 千米。大村镇辖自然村。人口 300。明洪武二年（1369），范姓从江苏海州荡芦村迁来，在山沟处立村，取名范家沟。聚落呈团块状分布。有图书室 1 处。经济以种植业为主，种植小麦、玉米、花生。有公路经此。

向阳 370211-B04-H04

[Xiàngyáng]

在区驻地隐珠街道西方向 51.5 千米。大村镇辖自然村。人口 200。明初，张、戈两姓立村，因有重名村，以吉祥嘉言称向阳。聚落呈团块状分布。有图书室 1 处。经济以种植业为主，种植小麦、花生、玉米。有公路经此。

子罗 370211-B04-H05

[Zǐluó]

在区驻地隐珠街道西方向 48.6 千米。大村镇辖自然村。人口 400。明洪武二年（1369），李、徐、刘等姓立村，村以附近的子罗山得名。聚落呈团块状分布。有图书室 1 处。经济以种植业为主，种植小麦、花生、玉米。有公路经此。

屯地 370211-B04-H06
［Túndì］

在区驻地隐珠街道西方向 48.8 千米。大村镇辖自然村。人口 300。清初，曲氏在此垦荒，原名曲家屯。清末，屯田制废除，演称屯地。聚落呈团块状分布。有图书室 1 处。经济以种植业为主，种植小麦、花生、玉米。有公路经此。

新小庄 370211-B04-H07
［Xīnxiǎozhuāng］

在区驻地隐珠街道西方向 51.9 千米。大村镇辖自然村。人口 700。清光绪年间，刘氏立村，因比邻村小，故名刘家小庄。1915 年遭水淹，迁建新村，改名新小庄。聚落呈团块状分布。有图书室 1 处。经济以种植业为主，种植小麦、花生、玉米、苹果等。有公路经此。

洼里 370211-B04-H08
［Wālǐ］

在区驻地隐珠街道西方向 50.7 千米。大村镇辖自然村。人口 500。明洪武二年（1369），曲、陈等姓迁来，在低洼处立村，取名洼里。聚落呈团块状分布。有图书室 1 处。经济以种植业为主，种植小麦、花生、玉米、苹果等。有公路经此。

高家庄子 370211-B04-H09
［Gāojiāzhuāngzi］

在区驻地隐珠街道西方向 53.7 千米。大村镇辖自然村。人口 900。明洪武二年（1369），高氏立村，取名高家庄。后因重名，改名高家庄子。聚落呈团块状分布。有图书室 1 处。经济以种植业为主，种植小麦、花生、玉米、苹果等。有公路经此。

官家茔 370211-B04-H10
［Guānjiāyíng］

在区驻地隐珠街道西方向 49.9 千米。大村镇辖自然村。人口 500。明末，丁氏迁此，在其祖父茔地定居。因其祖曾在开封做过官，故名官家茔。聚落呈团块状分布。有图书室 1 处。经济以种植业为主，种植小麦、花生、玉米、苹果等。有公路经此。

大亮马 370211-B04-H11
［Dàliàngmǎ］

在区驻地隐珠街道西方向 54.7 千米。大村镇辖自然村。人口 900。相传，有一匹白色神马从马耳山去藏马山，途经此地时显出真身，故取名亮马。后因重名，且该村较大，故改称大亮马。聚落呈团块状分布。有图书室 1 处。经济以种植业为主，种植小麦、花生、玉米、苹果等。有公路经此。

白马社 370211-B04-H12
［Báimǎshè］

在区驻地隐珠街道西方向 51.2 千米。大村镇辖自然村。人口 600。清朝时设立镇社，此地为亮马社。为与邻近的大、小亮马村区别，改名白马社。聚落呈团块状分布。有图书室 1 处。经济以种植业为主，种植小麦、花生、玉米、苹果等。有公路经此。

花根山 370211-B04-H13
［Huāgēnshān］

在区驻地隐珠街道西南方向 53.9 千米。大村镇辖自然村。人口 700。因村内有毛庵祠，祠内有月季花，枝叶茂盛，根扎山下，故取名花根山。聚落呈团块状分布。有图书室 1 处。经济以种植业为主，种植小麦、花生、玉米、苹果等。有公路经此。

理务关 370211-B04-H14
［Lǐwùguān］

在区驻地隐珠街道西方向 52.4 千米。大村镇辖自然村。人口 1 600。因地处通往海州的要道，并有集市，官府在此设立关卡管理监督民商事务，故称理务关。聚落呈团块状分布。有图书室 1 处、中学 1 处、小学 1 处、幼儿园 1 处。经济以种植业为主，种植小麦、花生、玉米、苹果等。省道黄大路经此。

重罗山 370211-B04-H15
［Chóngluóshān］

在区驻地隐珠街道西方向 46.9 千米。大村镇辖自然村。人口 600。明中期，丁氏由西南庄迁此立村，因村坐落在重罗山东侧，以山名村。聚落呈团块状分布。有图书室 1 处。经济以种植业为主，种植小麦、花生、玉米、苹果、桃等。有公路经此。

草场 370211-B04-H16
［Cǎochǎng］

在区驻地隐珠街道西方向 39.0 千米。大村镇辖自然村。人口 500。明初，杨、贾两姓立村，因此地为一片草场，居民以牧羊为业，有"羊旺场"之称。清中期，范氏由岭南头迁来，定名为草场。聚落呈团块状分布。有图书室 1 处。经济以种植业为主，种植小麦、花生、玉米、苹果等。有公路经此。

大桥 370211-B04-H17
［Dàqiáo］

在区驻地隐珠街道西方向 47.3 千米。大村镇辖自然村。人口 400。因村旁有一石桥，且此村比邻村大，故名大桥。聚落呈团块状分布。有图书室 1 处。经济以种植业为主，种植小麦、玉米、花生、大豆等。有公路经此。

大石岭 370211-B04-H18
［Dàshílǐng］

在区驻地隐珠街道西方向 48.0 千米。大村镇辖自然村。人口 1 000。因村后有石岭，且村西已立一小石岭村，该村较大，故名大石岭。聚落呈团块状分布。有图书室 1 处。经济以种植业为主，种植小麦、玉米、花生、大豆、菌类、蔬菜。省道黄大路经此。

大尧 370211-B04-H19
［Dàyáo］

在区驻地隐珠街道西方向 41.2 千米。大村镇辖自然村。人口 600。明永乐十六年（1418），孟氏迁此从事烧窑业，名孟家窑。后村渐大，改名大窑，后改写为大尧。聚落呈团块状分布。有图书室 1 处。经济以种植业为主，种植小麦、玉米、花生、大豆等。有公路经此。

丁石桥 370211-B04-H20
［Dīngshíqiáo］

在区驻地隐珠街道西方向 50.1 千米。大村镇辖自然村。人口 500。因村东小河上有三孔石桥，故以姓称丁石桥。聚落呈团块状分布。有图书室 1 处。经济以种植业为主，种植小麦、玉米、花生、大豆等。有公路经此。

东茶沟 370211-B04-H21
［Dōngchágōu］

在区驻地隐珠街道西北方向 35.5 千米。大村镇辖自然村。人口 100。因地处山沟，生长茶树，取名茶沟。后因有两个茶沟村，该村在东，改名东茶沟。聚落呈团块状分布。有图书室 1 处。经济以种植业为主，种植小麦、玉米、花生、大豆等。398 国道经此。

横山后 370211-B04-H22

［Héngshānhòu］

在区驻地隐珠街道西方向 45.4 千米。大村镇辖自然村。人口 400。明初，宋姓迁此，在横山后立村，故名。聚落呈团块状分布。有图书室 1 处。经济以种植业为主，种植小麦、玉米、花生、大豆、茶业。有公路经此。

红草岭 370211-B04-H23

［Hóngcǎolǐng］

在区驻地隐珠街道西方向 40.4 千米。大村镇辖自然村。人口 200。因村东岭上长满红草，故名红草岭。聚落呈团块状分布。有图书室 1 处。经济以种植业、旅游业为主，种植小麦、玉米、花生、大豆、菌类。有青岛红草岭食用菌专业合作社等企业。有公路经此。

黄岭 370211-B04-H24

［Huánglǐng］

在区驻地隐珠街道西方向 37.0 千米。大村镇辖自然村。人口 300。因坐落在黄土岭上，故名黄岭。聚落呈团块状分布。有图书室 1 处。经济以种植业为主，种植小麦、玉米、花生、大豆等。有公路经此。

庙子山 370211-B04-H25

［Miàozishān］

在区驻地隐珠街道西方向 48.8 千米。大村镇辖自然村。人口 100。因附近山上有庙宇，故名庙子山。聚落呈团块状分布。有图书室 1 处。经济以种植业为主，种植小麦、玉米、花生、大豆等。有公路经此。

市美 370211-B04-H26

［Shìměi］

在区驻地隐珠街道西北方向 34.8 千米。大村镇辖自然村。人口 1 100。明初，季、王二姓从江苏海州迁来立村，因此地设集，是山区贸易中心，故名市美集，后简称市美。聚落呈团块状分布。有图书室 1 处、小学 1 处。经济以种植业为主，种植小麦、玉米、花生、大豆。398 国道经此。

双墩 370211-B04-H27

［Shuāngdūn］

在区驻地隐珠街道西方向 40.2 千米。大村镇辖自然村。人口 1 000。因村前后都有大黄土墩，故名双墩。聚落呈团块状分布。有图书室 1 处。经济以种植业、养殖业为主，种植小麦、玉米、花生、大豆等，养殖业以养猪为主。有公路经此。

双庙 370211-B04-H28

［Shuāngmiào］

在区驻地隐珠街道西方向 40.2 千米。大村镇辖自然村。人口 600。因村南北各有一座庙，故名双庙。聚落呈团块状分布。有图书室 1 处。经济以种植业为主，种植小麦、玉米、花生、大豆、苹果、桃子。有青岛双庙果品专业合作社等企业。398 国道经此。

桃山 370211-B04-H29

［Táoshān］

在区驻地隐珠街道西方向 48.3 千米。大村镇辖自然村。人口 400。因位于老桃山东南，取名东桃山，后简称桃山。聚落呈团块状分布。有图书室 1 处。经济以种植业为主，种植小麦、玉米、花生、大豆、辣椒。有公路经此。

斜屋 370211-B04-H30

［Xiéwū］

在区驻地隐珠街道西南方向 36.2 千米。大村镇辖自然村。人口 300。因村落位于塔山庙后的山坡上,且明末民房不能与庙宇同向,因此房舍均斜向东南,故名斜屋。聚落呈团块状分布。有图书室 1 处。经济以种植业为主,种植小麦、玉米、花生、大豆等。有公路经此。

西南庄 370211-B04-H31
[Xīnánzhuāng]

在区驻地隐珠街道西方向 45.5 千米。大村镇辖自然村。人口 1 300。明中期丁氏立村,因位于大村镇驻地西南方向而得名。聚落呈团块状分布。有图书室 1 处。经济以种植业为主,种植小麦、玉米、花生、大豆、茶叶等。有青岛龙马农产品专业合作社等企业。398 国道经此。

院前 370211-B04-H32
[Yuànqián]

在区驻地隐珠街道西北方向 33.8 千米。大村镇辖自然村。人口 400。因坐落在寺院前,故名院前。聚落呈团块状分布。有图书室 1 处。经济以种植业为主,种植小麦、玉米、花生、大豆等,特产黑木耳。有公路经此。

六汪 370211-B05-H01
[Liùwāng]

六汪镇人民政府驻地。在区驻地隐珠街道西北方向 24.3 千米。人口 1 400。明洪武二年(1369),樊可诚从云南迁来,因在六个水汪(坑)附近立村,故名六汪。聚落呈团块状分布。有文化站 1 处、广播站 1 处、中学 1 处、小学 1 处、幼儿园 1 处。经济以种植业、林业、制造业为主,种植速生杨、黑松、黄烟、蔬菜、小麦、玉米、花生等。341 国道、省道黄大路经此。

柏乡一村 370211-B05-H02
[Bǎixiāngyīcūn]

在区驻地隐珠街道西北方向 33.7 千米。六汪镇辖自然村。人口 800。此处有汉祝兹国故城,旧时称城外为四乡,该村坐落城北,故称北乡。后国除城废,村名演变为柏乡。后分为三个村,本村在最北部,因此命名为柏乡一村。聚落呈团块状分布。有文化活动室 1 处、图书阅览室 1 处。经济以种植业为主,种植小麦、玉米、花生、大白菜等。有公路经此。

埠上兰 370211-B05-H03
[Bùshànglán]

在区驻地隐珠街道西北方向 34.0 千米。六汪镇辖自然村。人口 1 100。明初,齐姓由山西洪洞县迁来,在一土埠南面立村,取名埠上南,后演变为埠上兰。聚落呈团块状分布。有文化活动室 1 处。经济以种植业为主,种植小麦、玉米、地瓜、花生等。有公路经此。

西下泊 370211-B05-H04
[Xīxiàpō]

在区驻地隐珠街道西北方向 32.3 千米。六汪镇辖自然村。人口 900。因坐落在岭下,近处有一片水泊,故名下泊。清初分东、西两个村,该村在西,名西下泊。聚落呈团块状分布。有文化活动室 1 处、图书阅览室 1 处。经济以种植业为主,种植小麦、玉米、地瓜、花生等。有公路经此。

冷家阿洛 370211-B05-H05
[Lěngjiā'āluò]

在区驻地隐珠街道西北方向 28.3 千米。六汪镇辖自然村。人口 900。因地势四周高中间低,如同"窝洛",故以姓氏命名为冷家窝洛,后演变为冷家阿洛。聚落呈团块状分布。有文化活动室 1 处。经济以种植业为主，种植小麦、玉米、地瓜、花生等。有公路经此。

芹口 370211-B05-H06
［Qínkǒu］

在区驻地隐珠街道西北方向 31.7 千米。六汪镇辖自然村。人口 500。因村内河道弯曲，取名河曲庄。清嘉庆年间，该村擒获一大贼寇，为纪念该事，改村名为擒寇，后演变为芹口。聚落呈团块状分布。有图书阅览室 1 处。经济以种植业为主，种植小麦、玉米、地瓜、花生等。有公路经此。

后立柱 370211-B05-H07
［Hòulìzhù］

在区驻地隐珠街道西北方向 29.6 千米。六汪镇辖自然村。人口 1 100。明洪武二年（1369），刘、任二姓在大片芦苇荡附近立村，取名广荡。后因含义不好，改名立柱，又因该村在北，改名后立柱。聚落呈团块状分布。有文化活动室 1 处、小学 1 处。经济以种植业为主，种植小麦、玉米、地瓜、花生等。有公路经此。

塔桥 370211-B05-H08
［Tǎqiáo］

在区驻地隐珠街道西北方向 32.7 千米。六汪镇辖自然村。人口 900。西汉时此地建有塔和石桥，后因战乱全部倒塌。明初，辛、杜、由三姓在此建村，取名塔桥。聚落呈团块状分布。有文化活动室 1 处。有区级非物质文化遗产塔桥全羊。经济以种植业、餐饮服务业为主，种植小麦、玉米、地瓜、花生等。341 国道经此。

胶河 370211-B05-H09
［Jiāohé］

在区驻地隐珠街道西北方向 30.3 千米。六汪镇辖自然村。人口 600。清初，刘姓从前立柱迁至胶河西岸立村，遂以河名村。聚落呈团块状分布。有图书阅览室 1 处。经济以种植业为主，种植小麦、玉米、地瓜、花生等。有公路经此。

墨得水一村 370211-B05-H10
［Mòdéshuǐyīcūn］

在区驻地隐珠街道西北方向 24.8 千米。六汪镇辖自然村。人口 700。因地处墨得水河畔，故名墨得水庄，简称墨得水。后该村由北至南划分为三个村，本村在最北部，因此命名为墨得水一村。聚落呈团块状分布。有图书阅览室 1 处。经济以种植业为主，种植小麦、玉米、地瓜、花生等。有公路经此。

石屋 370211-B05-H11
［Shíwū］

在区驻地隐珠街道西北方向 22.4 千米。六汪镇辖自然村。人口 200。因地处山沟，村中有石屋，故名石屋子沟。后因重名，改名石屋。聚落呈团块状分布。有图书阅览室 1 处。经济以种植业为主，种植小麦、玉米、地瓜、花生等。有公路经此。

下河山 370211-B05-H12
［Xiàhéshān］

在区驻地隐珠街道西北方向 28.5 千米。六汪镇辖自然村。人口 600。清康熙十八年（1679），李、王、沙等姓从山西洪洞县迁来，在象龟山下、胶河岸边立村，取名下河山子，后简称下河山。聚落呈团块状分布。有图书阅览室 1 处。经济以种植业为主，种植小麦、玉米、地瓜、花生等。341 国道经此。

不过涧 370211-B05-H13
［Bùguòjiàn］

在区驻地隐珠街道西北方向 29.7 千米。六汪镇辖自然村。人口 600。明崇祯三年

（1630），张、管、武三姓立村，屯垦荒地，后屯废，因洞中野鸽群栖，名鹁鸽涧；又因道路难行，村名以谐音称不过涧。聚落呈团块状分布。有图书阅览室1处。经济以种植业为主，种植小麦、玉米、地瓜、花生等。有公路经此。

大沟 370211-B05-H14
［Dàgōu］

在区驻地隐珠街道西北方向20.8千米。六汪镇辖自然村。人口1 100。明成化七年（1471），单氏立村，因地处山沟，故名单家大沟，后简称大沟。聚落呈团块状分布。有图书阅览室1处。经济以种植业为主，种植小麦、玉米、地瓜、花生等。有公路经此。

石牛卧 370211-B05-H15
［Shíniúwò］

在区驻地隐珠街道西北方向22.6千米。六汪镇辖自然村。人口300。明万历八年（1580），王氏立村，名舍窑洼。后嫌原名音义不好，以附近大石形如卧牛，改名石牛卧。聚落呈团块状分布。有图书阅览室1处。经济以种植业为主，种植小麦、玉米、地瓜、花生等。有公路经此。

柳杭沟 370211-B05-H16
［Liǔhánggōu］

在区驻地隐珠街道西北方向23.0千米。六汪镇辖自然村。人口800。明末，樊氏立村，因此地有沟，并有柳树沿沟成行而生，故取名柳行沟，后书写成柳杭沟。聚落呈团块状分布。有图书阅览室1处。经济以种植业为主，种植小麦、玉米、地瓜、花生等。有公路经此。

砖瓦屯 370211-B05-H17
［Zhuānwǎtún］

在区驻地隐珠街道西北方向26.5千米。六汪镇辖自然村。人口900。因屯垦官田，以吉祥字取名丰和屯。清光绪三十三年（1907），屯废，因此处烧制砖瓦，改名砖瓦屯。聚落呈团块状分布。有图书阅览室1处。经济以种植业为主，种植小麦、玉米、地瓜、花生等。有公路经此。

花沟 370211-B05-H18
［Huāgōu］

在区驻地隐珠街道西北方向28.2千米。六汪镇辖自然村。人口1 400。因地处山沟，沟中莲花繁茂，故名莲花沟，清初简称花沟。聚落呈团块状分布。有图书阅览室1处、小学1处。经济以种植业为主，种植小麦、玉米、花生等。有公路经此。

庄家茔 370211-B06-H01
［Zhuāngjiāyíng］

王台镇人民政府驻地。在区驻地隐珠街道北方向25.7千米。人口1 200。王台立村后，庄氏子孙迁来守墓，并在此繁衍生息，渐成村落，始称庄家茔庄，后来改称庄家茔。聚落呈团块状分布。有图书室1处、幼儿园1处。经济以加工业为主。204国道、328省道经此。

王台 370211-B06-H02
［Wángtái］

在区驻地隐珠街道北方向22.5千米。王台镇辖自然村。人口7 700。唐贞观年间，唐太宗东征高丽，在此建瞭望台，并驻兵，后驻兵在此立村，因临近瞭望台，取名望台，后演变为王台。聚落呈团块状分布。有文化站1处、广播站1处、中学1处、小学1处、幼儿园1处。经济以种植业、苗木业、养殖业等为主，种植小麦、玉米、花生。204国道经此。

雒家　370211-B06-H03
[Luòjiā]

在区驻地隐珠街道北方向 26.5 千米。王台镇辖自然村。人口 600。以姓氏命名。聚落呈团块状分布。有图书室 1 处。经济以加工业为主。328 省道经此。

河西董　370211-B06-H04
[Héxīdǒng]

在区驻地隐珠街道西北方向 28.5 千米。王台镇辖自然村。人口 500。因坐落在巨洋河西岸，村民以董姓为主，故称河西董。聚落呈团块状分布。有图书室 1 处。经济以种植业、养殖业为主。有公路经此。

河西庄　370211-B06-H05
[Héxīzhuāng]

在区驻地隐珠街道西北方向 26.4 千米。王台镇辖自然村。人口 900。因地处巨洋河西，故取名为河西新庄。清初，改称河西庄。聚落呈团块状分布。有图书室 1 处。经济以种植业、养殖业为主。有公路经此。

河南邢　370211-B06-H06
[Hénánxíng]

在区驻地隐珠街道西北方向 24.5 千米。王台镇辖自然村。人口 700。因村旁有庙，且邢姓居多，故取名邢家庙，又名邢家庄，后因坐落在河西南岸，改名河南邢。聚落呈团块状分布。有图书室 1 处。经济以种植业、养殖业为主。有公路经此。

北柳圈　370211-B06-H07
[Běiliǔquān]

在区驻地隐珠街道北方向 32.7 千米。王台镇辖自然村。人口 800。因坐落在洋河畔，柳树环绕，前有文武二山，故名北柳圈。聚落呈团块状分布。有图书室 1 处、幼儿园 1 处。经济以种植业为主。204 国道、328 省道经此。

东漕汶　370211-B06-H08
[Dōngcáowèn]

在区驻地隐珠街道北方向 32.8 千米。王台镇辖自然村。人口 1 500。因村前有漕渠（运粮河道）、村西北有汶山，故名漕汶村。后因有重名村，该村在东，改名东漕汶。聚落呈团块状分布。有图书室 1 处。经济以种植业为主。204 国道、328 省道经此。

张小庄　370211-B06-H09
[Zhāngxiǎozhuāng]

在区驻地隐珠街道北方向 34.3 千米。王台镇辖自然村。人口 900。明崇祯年间，张氏立村，因当时村小，取名张小庄。聚落呈团块状分布。有图书室 1 处。经济以种植业、养殖业为主。有公路经此。

西漕汶东　370211-B06-H10
[Xīcáowèndōng]

在区驻地隐珠街道北方向 32.2 千米。王台镇辖自然村。人口 800。因前有漕渠（运粮河道）、村西北有汶山，故取名漕汶村。后因有重名村，以方位改名西漕汶。西漕汶分设东、西两个村，该村因在东而得名西漕汶东。聚落呈团块状分布。有图书室 1 处、幼儿园 1 处。经济以种植业、养殖业为主，种植蔬菜、苗木等。204 国道、328 省道经此。

张家岛耳河　370211-B06-H11
[Zhāngjiādǎo'ěrhé]

在区驻地隐珠街道东北方向 33.6 千米。王台镇辖自然村。人口 1 000。因村前后各有一条河，东临胶州湾，三面环水如半岛，村南河道弯曲似耳，又因张姓居多，故名张家岛耳河。聚落呈团块状分布。有图书室 1 处。经济以养殖业为主。有公路经此。

庄家岛耳河 370211-B06-H12
[Zhuāngjiādǎo'ěrhé]

在区驻地隐珠街道东北方向 33.6 千米。王台镇辖自然村。人口 1 100。因村前后各有一条河，东临胶州湾，三面环水如半岛，村南河道弯曲似耳，又因庄姓居多，故名庄家岛耳河。聚落呈团块状分布。有图书室 1 处。经济以种植业、养殖业为主。有公路经此。

逄猛王 370211-B06-H13
[Pángměngwáng]

在区驻地隐珠街道东北方向 29.7 千米。王台镇辖自然村。人口 600。因在逄猛山脚下，且王姓居多，故名逄猛王。聚落呈团块状分布。有图书室 1 处、幼儿园 1 处。经济以加工业为主。有公路经此。

住范 370211-B06-H14
[Zhùfàn]

在区驻地隐珠街道北方向 27.8 千米。王台镇辖自然村。人口 400。原名范村，明永乐二年（1404），侯氏迁此，取名住范。聚落呈团块状分布。有图书室 1 处。经济以加工业为主。204 国道、328 省道经此。

田家窑 370211-B06-H15
[Tiánjiāyáo]

在区驻地隐珠街道东北方向 29.2 千米。王台镇辖自然村。人口 2 700。因村民多从事烧窑业，以田姓为主，故名田家窑。聚落呈团块状分布。有图书室 1 处、幼儿园 1 处、小学 1 处。经济以种植业为主。204 国道、328 省道经此。

石梁杨 370211-B06-H16
[Shíliángyáng]

在区驻地隐珠街道东北方向 27.7 千米。王台镇辖自然村。人口 1 500。明洪武年间，杨氏立村，因坐落在石梁河旁，故名石梁杨。聚落呈团块状分布。有图书室 1 处。经济以种植业、养殖业为主。有公路经此。

徐村 370211-B06-H17
[Xúcūn]

在区驻地隐珠街道东北方向 30.7 千米。王台镇辖自然村。人口 1 600。明代，徐、韩、李、薛等姓立村，以徐姓取名为徐村。聚落呈团块状分布。有图书室 1 处、幼儿园 1 处。经济以种植业为主，种植小麦、花生、玉米、芋头等。青莱高速经此。

薛家庄 370211-B06-H18
[Xuējiāzhuāng]

在区驻地隐珠街道北方向 20.6 千米。王台镇辖自然村。人口 800。以姓氏命名。聚落呈团块状分布。有图书室 1 处、幼儿园 1 处、小学 1 处、中学 1 处。经济以种植业为主，种植苹果、西瓜、茶叶等。204 国道经此。

西灰 370211-B06-H19
[Xīhuī]

在区驻地隐珠街道北方向 24.8 千米。王台镇辖自然村。人口 1 200。明初，纪、葛等姓从云南元阳迁此立村，取名纪家庄。清代，因葛姓烧制石灰，改称西灰。聚落呈团块状分布。有图书室 1 处。经济以种植业为主，种植芋头、西瓜、苹果、桃等。同三高速、204 国道经此。

东草夼 370211-B06-H20
[Dōngcǎokuǎng]

在区驻地隐珠街道北方向 32.7 千米。王台镇辖自然村。人口 1 000。明初，李姓从云南迁此立村，因村坐落在低洼处，草木茂盛，故名草夼。清末分为两个村，该村在东，称东草夼。聚落呈团块状分布。有图书室 1 处、幼儿园 1 处。经济以种植业为主。有公路经此。

广播站 1 处、中学 1 处、小学 1 处、幼儿园 1 处。经济以种植业、养殖业为主，种植蓝莓、小麦、玉米、花生等。204 国道经此。

沙沟东 370211-B06-H21
［Shāgōudōng］

在区驻地隐珠街道北方向 20.0 千米。王台镇辖自然村。人口 800。因此地沟中沙多，故名沙沟。后因该村位置在东，故称沙沟东。聚落呈团块状分布。有图书室 1 处、幼儿园 1 处。经济以种植业为主，有西瓜、芋头等特色农产品。204 国道经此。

岳家 370211-B06-H22
［Yuèjiā］

在区驻地隐珠街道东北方向 31.2 千米。王台镇辖自然村。人口 800。明初，岳玉宝率族人从云南迁此立村，取名岳家。聚落呈团块状分布。有图书室 1 处。经济以种植业为主，种植蜜桃。398 省道经此。

韩家寨 370211-B06-H23
［Hánjiāzhài］

在区驻地隐珠街道东北方向 32.5 千米。王台镇辖自然村。人口 1 800。明初，韩姓从云南迁此立村，因此地曾是兵寨，故名寨里，后改称韩家寨。聚落呈团块状分布。有图书室 1 处、幼儿园 1 处。经济以种植业为主，种植芋头、苹果、桃。398 省道经此。

张家楼 370211-B07-H01
［Zhāngjiālóu］

张家楼镇人民政府驻地。在区驻地隐珠街道西南方向 19.0 千米。人口 1 800。明初，吕姓从云南迁此立村，取名吕家庄。明天启年间，张姓从平度南乡郎屠庙子迁来。崇祯年间，张氏后人张其策建楼房三栋，且此处设集市，故改称张家楼集，后称张家楼。聚落呈团块状分布。有文化站 1 处、

大泥沟头 370211-B07-H02
［Dànígōutóu］

在区驻地隐珠街道西南方向 14.3 千米。张家楼镇辖自然村。人口 1 400。因位于一条大泥沟上游，故名大泥沟头。聚落呈团块状分布。有文化活动室 1 处、数字放映室 1 处、图书阅览室 1 处、职业学院 1 处。经济以文化旅游业、种植业为主，种植玉米、白芸豆、土豆。有公路经此。

东马家庄 370211-B07-H03
［Dōngmǎjiāzhuāng］

在区驻地隐珠街道西南方向 16.0 千米。张家楼镇辖自然村。人口 700。明万历年间，马氏迁此立村，取名大马家庄，后因该村在张家楼村东，改称东马家庄。聚落呈团块状分布。有幼儿园 1 处。经济以种植业为主，种植小麦、玉米、花生等。202 国道经此。

岭前马家庄 370211-B07-H04
［Lǐngqiánmǎjiāzhuāng］

在区驻地隐珠街道西南方向 20.2 千米。张家楼镇辖自然村。人口 1 500。明初，马姓从云南迁此立村，取名马家庄，后以该村坐落在土岭前，改称岭前马家庄。聚落呈团块状分布。有图书阅览室 1 处。经济以种植业为主，种植小麦、玉米、花生、苹果、蓝莓、苗木等。有公路经此。

秋七园 370211-B07-H05
［Qiūqīyuán］

在区驻地隐珠街道西南方向 19.0 千米。张家楼镇辖自然村。人口 900。因此地多臭齐树（枳树），称臭齐园，后雅化为秋七园。

聚落呈团块状分布。有图书阅览室1处。经济以种植业为主，种植小麦、玉米、花生等。有公路经此。

良家庄 370211-B07-H06
[Liángjiāzhuāng]

在区驻地隐珠街道西南方向20.0千米。张家楼镇辖自然村。人口600。以姓氏命名。聚落呈团块状分布。有图书阅览室1处、文化活动站1处。经济以种植业、养殖业为主，种植小麦、玉米、地瓜、花生、蔬菜、苗木等。有公路经此。

苑庄 370211-B07-H07
[Yuànzhuāng]

在区驻地隐珠街道西南方向17.1千米。张家楼镇辖自然村。人口700。因建有张家花园，故名苑庄。聚落呈团块状分布。有图书阅览室1处。经济以种植业、养殖业为主。202国道经此。

小泥沟头 370211-B07-H08
[Xiǎonígōutóu]

在区驻地隐珠街道西南方向19.8千米。张家楼镇辖自然村。人口500。因位于一条小泥沟上游，故名小泥沟头。聚落呈团块状分布。有图书阅览室1处。经济以种植业为主，种植小麦、玉米、花生等。有公路经此。

西石岭 370211-B07-H09
[Xīshílǐng]

在区驻地隐珠街道西南方向17.2千米。张家楼镇辖自然村。人口900。因村后有两条石岭，且比邻村大，故名大石岭；后因该村在西，更名西石岭。聚落呈团块状分布。有图书阅览室1处。经济以种植业、养殖业为主。有公路经此。

纪家店子 370211-B07-H10
[Jìjiādiànzi]

在区驻地隐珠街道西南方向18.5千米。张家楼镇辖自然村。人口600。因地处东西交通要道，纪姓在此开店，故名纪家店，后更改为纪家店子。聚落呈团块状分布。有图书阅览室1处。有县级文物保护单位纪家店子遗址。经济以种植业、养殖业为主，种植小麦、玉米、花生。有公路经此。

北寨 370211-B07-H11
[Běizhài]

在区驻地隐珠街道西南方向23.2千米。张家楼镇辖自然村。人口500。明永乐二年（1404），崔、逄、杜、于等姓从江苏海州迁此立村，因此处有兵寨，故名崔家寨，后以村中小河为界，分成四个村，该村在河北，故名北寨。聚落呈团块状分布。有图书阅览室1处。经济以种植业为主，种植小麦、玉米、花生等。有公路经此。

大崮 370211-B07-H12
[Dàgù]

在区驻地隐珠街道西方向24.5千米。张家楼镇辖自然村。人口300。因坐落在崮山北沟中，且村大，故名大崮。聚落呈团块状分布。有图书阅览室1处。经济以种植业、畜牧业为主，种植小麦、玉米、花生、杏、板栗，特产双崮樱桃。有公路经此。

海龙 370211-B07-H13
[Hǎilóng]

在区驻地隐珠街道西南方向22.3千米。张家楼镇辖自然村。人口600。清乾隆年间，于纪桂从原寨里镇丁家寨迁来，在岭坡处立村。因"于""鱼"同音，鱼又称"海龙"，故名海龙山。后阎姓迁入，改称海里干。1992年，因"海里干"一名不文雅，故更名为海龙。聚落呈团块状分布。有图书阅览室 1 处。经济以种植业为主，种植小麦、玉米、花生、苹果、蔬菜等。202 国道经此。

下村 370211-B07-H14
[Xiàcūn]

在区驻地隐珠街道西南方向 24.5 千米。张家楼镇辖自然村。人口 1 600。明永乐年间，逄姓从江苏海州镇坛集东坎庄迁此立村，始在岭上，后迁至岭下，故名下村。聚落呈团块状分布。有图书阅览室 1 处。经济以种植业为主，种植小麦、玉米、花生、大豆、苹果等。有公路经此。

小崔家庄 370211-B07-H15
[Xiǎocuījiāzhuāng]

在区驻地隐珠街道西南方向 21.5 千米。张家楼镇辖自然村。人口 700。清康熙年间，崔氏兄弟二人迁此立村，该村为小弟所立，故名小崔家庄。聚落呈团块状分布。有图书阅览室 1 处。经济以种植业为主，种植小麦、玉米、地瓜、大豆、花生、苹果、苗木等。202 国道经此。

上疃 370211-B07-H16
[Shàngtuǎn]

在区驻地隐珠街道西南方向 21.5 千米。张家楼镇辖自然村。人口 1 200。因此地四周高、中间低，形如坛，且村庄位于上方，故名上坛，后演变为上疃。聚落呈团块状分布。有图书阅览室 1 处。经济以种植业为主，种植小麦、玉米、花生、茶叶、苗木等。有公路经此。

石河头 370211-B07-H17
[Shíhétóu]

在区驻地隐珠街道西南方向 20.4 千米。张家楼镇辖自然村。人口 600。因处河的源头，河中有很多从陡阳山上随河水冲流下来的石头，遂取村名为石河头。聚落呈团块状分布。有图书阅览室 1 处。经济以种植业为主，种植小麦、花生、玉米。有公路经此。

土山屯 370211-B07-H18
[Tǔshāntún]

在区驻地隐珠街道西南方向 15.2 千米。张家楼镇辖自然村。人口 900。清初，因此处三屯连在一起，以西靠土山，名土山屯。聚落呈团块状分布。有图书阅览室 1 处。经济以种植业为主，种植小麦、玉米、花生及绿化苗木等。有公路经此。

大山张 370211-B07-H19
[Dàshānzhāng]

在区驻地隐珠街道西南方向 25.8 千米。张家楼镇辖自然村。人口 800。清初，部分张姓村民从此村迁出，另立一村名小山张，该村遂名大山张。聚落呈团块状分布。有图书阅览室 1 处。经济以种植业为主，种植小麦、花生、玉米等。有公路经此。

东石岭 370211-B07-H20
[Dōngshílǐng]

在区驻地隐珠街道西南方向 17.0 千米。张家楼镇辖自然村。人口 200。因地处山岭，比邻村小，故名小石岭，后因重名，更名东石岭。聚落呈团块状分布。有图书阅览室 1 处。经济以种植业为主，种植花生、大豆、玉米、小麦等。有公路经此。

张家屯 370211-B07-H21
[Zhāngjiātún]

在区驻地隐珠街道西南方向 17.3 千米。张家楼镇辖自然村。人口 500。因张家坟墓圈在村中，故名张家坟，后以谐音改称张家屯。聚落呈团块状分布。有图书阅览室 1

处。经济以种植业为主，种植花生、玉米、小麦等。有公路经此。

海青 370211-B08-H01
[Hǎiqīng]

海青镇人民政府驻地。在区驻地隐珠街道西南方向44.5千米。人口1 600。因徐氏迁此而得名徐家大村，后因重名，取旧时经此的海州至青州公路两地首字改今名。聚落呈团块状分布。有文化广场1处、文化站1处、广播站1处、幼儿园1处、小学1处、中学1处。经济以种植业为主，种植茶叶、小麦、玉米、花生。220省道、334省道经此。

前坡楼 370211-B08-H02
[Qiánpōlóu]

在区驻地隐珠街道西南方向58.0千米。海青镇辖自然村。人口1 000。因地处岭坡，且位于亭楼前面，故名前坡楼。聚落呈团块状分布。有文化广场1处。经济以种植业为主，种植西瓜、蘑菇。有公路经此。

小店子 370211-B08-H03
[Xiǎodiànzi]

在区驻地隐珠街道西南方向59.0千米。海青镇辖自然村。人口1 500。明洪武年间，李姓人家来此开店，名李家店子。后聚集成村落，名小店子。聚落呈团块状分布。有文化广场1处。经济以种植业为主，种植小麦、玉米。有公路经此。

麻沟河 370211-B08-H04
[Mágōuhé]

在区驻地隐珠街道西南方向59.0千米。海青镇辖自然村。人口800。因村旁沟、河边遍生野麻，故名。聚落呈团块状分布。有文化广场1处。经济以种植业为主，种植小麦、玉米。有公路经此。

水泊子 370211-B08-H05
[Shuǐpōzi]

在区驻地隐珠街道西南方向57.0千米。海青镇辖自然村。人口800。因此处低洼积水，有水泊，故名水泊庄。后分为两村，此村改称水泊子。聚落呈团块状分布。有文化广场1处。经济以种植业为主，种植小麦、玉米。有公路经此。

后河东 370211-B08-H06
[Hòuhédōng]

在区驻地隐珠街道西南方向61.0千米。海青镇辖自然村。人口800。因位于前河庄（即今臧家庄）之后，名后河。1955年以河为界分为两个村，该村在东，故名后河东。聚落呈团块状分布。有文化广场1处。经济以种植业为主，种植茶叶。有公路经此。

后河西 370211-B08-H07
[Hòuhéxī]

在区驻地隐珠街道西南方向62.0千米。海青镇辖自然村。人口900。因此地位于前河庄（今臧家庄）之后，故名后河。1955年以河为界分为两个村，该村在西，故名后河西。聚落呈团块状分布。有文化广场1处。经济以种植业为主，种植茶叶。有公路经此。

臧家庄 370211-B08-H08
[Zāngjiāzhuāng]

在区驻地隐珠街道西南方向61.0千米。海青镇辖自然村。人口700。因在后河村前面，故名前河庄，清初改称臧家庄。聚落呈团块状分布。有文化广场1处。经济以种植业为主，种植茶叶。有公路经此。

尚庄 370211-B09-H01
[Shàngzhuāng]

宝山镇人民政府驻地。在区驻地隐珠街道东北方向 19.2 千米。人口 1 900。明初，法姓立村，因有庙，故名和尚庄。清初以含意不佳更名为尚庄。聚落呈团块状分布。有文化站 1 处、广播站 1 处、幼儿园 1 处、小学 1 处、中学 1 处。经济以种植业、养殖业、制造业、旅游业为主，种植苹果、蓝莓、猕猴桃、黄烟等，养殖奶牛、肉牛、小尾寒羊。215 省道、省道黄大公路经此。

李家沟 370211-B09-H02
[Lǐjiāgōu]

在区驻地隐珠街道东北方向 20.5 千米。宝山镇辖自然村。人口 700。明洪武二年（1369），李姓从云南迁至高密老墓前，后又迁此立村，因地处山沟，取名李家沟。聚落呈团块状分布。经济以种植业为主，种植蓝莓等。青兰高速经此。

抬头 370211-B09-H03
[Táitóu]

在区驻地隐珠街道东北方向 25.5 千米。宝山镇辖自然村。人口 1 000。因坐落于较平坦的岭坡，坡形如台，故取名台头，后演变为抬头。聚落呈团块状分布。经济以种植业为主，种植花生、玉米、小麦等。青兰高速经此。

黄山后 370211-B09-H04
[Huángshānhòu]

在区驻地隐珠街道东北方向 23.6 千米。宝山镇辖自然村。人口 600。因坐落在黄山背后，故名黄山后。聚落呈团块状分布。经济以种植业为主，种植蓝莓。青兰高速公路经此。

东宅科 370211-B09-H05
[Dōngzháikē]

在区驻地隐珠街道东北方向 19.3 千米。宝山镇辖自然村。人口 400。因建宅于坎坷不平的地方，故名宅科，1980 年以方位更名为东宅科。聚落呈团块状分布。经济以种植业为主，种植蓝莓。215 省道经此。

庙王家 370211-B09-H06
[Miàowángjiā]

在区驻地隐珠街道东北方向 23.8 千米。宝山镇辖自然村。人口 800。因村西有座古庙，故名庙王家。聚落呈团块状分布。经济以种植业为主。青兰高速经此。

向阳 370211-B09-H07
[Xiàngyáng]

在区驻地隐珠街道东北方向 24.6 千米。宝山镇辖自然村。人口 1 500。明末，仲姓来此建村，取名仲家庄。清初，刘衡从云南迁来，建关帝庙一座，村名改为关爷庙，1965 年以吉祥嘉言改名向阳。聚落呈团块状分布。古迹有向阳龙山文化遗址。经济以种植业为主。有公路经此。

七宝山 370211-B09-H08
[Qībǎoshān]

在区驻地隐珠街道东北方向 22.3 千米。宝山镇辖自然村。人口 400。因位于七宝山旁，故名。聚落呈团块状分布。古迹有七宝山山寨遗址。经济以养殖业、种植业为主。青兰高速经此。

大陡崖 370211-B09-H09
[Dàdǒuyá]

在区驻地隐珠街道东北方向 17.7 千米。宝山镇辖自然村。人口 600。因此地有陡崖，故名陡崖。后因有重名村，且此村较大，故称大陡崖。聚落呈团块状分布。经济以种植业为主。有公路经此。

大张八 370211-B09-H10
[Dàzhāngbā]

在区驻地隐珠街道东北方向 23.7 千米。宝山镇辖自然村。人口 1 400。明洪武二年（1369），张氏立村，因其排行老八，故名张八村。后分成两村，以该村较大，取名大张八。聚落呈团块状分布。有小学 1 处。古迹有烽火台。经济以种植业为主。有公路经此。

金沟 370211-B09-H11
[Jīngōu]

在区驻地隐珠街道东北方向 17.1 千米。宝山镇辖自然村。人口 500。因位于庵北沟中，故名后庵子沟，后称后沟村。因重名，更名为金沟。聚落呈团块状分布。经济以种植业为主，种植蓝莓。有公路经此。

小马家疃 370211-B10-H01
[Xiǎomǎjiātuǎn]

藏南镇人民政府驻地。在区驻地隐珠街道南方向 21.0 千米。人口 800。明永乐年间，王姓从江苏海州迁此立村，因临近马家疃，且村较小，故名小马家疃。聚落呈团块状分布。有图书室 1 处、文化站 1 处、广播站 1 处、幼儿园 1 处、小学 1 处、中学 1 处。经济以种植业为主，种植小麦、玉米、花生、苗木、花果、蔬菜。204 国道经此。

于家官庄 370211-B10-H02
[Yújiāguānzhuāng]

在区驻地隐珠街道南方向 34.0 千米。藏南镇辖自然村。人口 1 300。明万历年间，于氏立村，因耕种官田，称于家官庄。聚落呈团块状分布。有图书室 1 处。经济以种植业为主，种植小麦、玉米、花生、苹果、茶叶。有公路经此。

高戈庄 370211-B10-H03
[Gāogēzhuāng]

在区驻地隐珠街道南方向 29.0 千米。藏南镇辖自然村。人口 1 400。明洪武二年（1369），高姓由江苏海州迁此立村，名高家庄，后改为高戈庄。聚落呈团块状分布。有图书室 1 处、小学 1 处。经济以种植业为主，种植小麦、玉米、花生等。有公路经此。

横河川 370211-B10-H04
[Hénghéchuān]

在区驻地隐珠街道南方向 29.0 千米。藏南镇辖自然村。人口 1 400。因地处岭间平川，傍横河，故名。聚落呈团块状分布。有图书室 1 处、幼儿园 1 处。经济以种植业为主，种植小麦、玉米、花生等。有公路经此。

茉旺 370211-B10-H05
[Mòwàng]

在区驻地隐珠街道南方向 33.0 千米。藏南镇辖自然村。人口 1 300。因早有一沫姓居此，又因有水汪，故名沫汪。清初，雅化为茉旺。聚落呈团块状分布。有图书室 1 处。经济以种植业为主，种植小麦、玉米、花生、苹果、梨。青连铁路经此。

丁家皂户 370211-B10-H06
[Dīngjiāzàohù]

在区驻地隐珠街道南方向 26.0 千米。藏南镇辖自然村。人口 1 400。明中期，丁氏立村，因耕种灶地，故名丁家灶户，后演变为丁家皂户。聚落呈团块状分布。有图书室 1 处。经济以种植业为主，种植小麦、玉米、花生、地瓜、梨、桃。沈海高速经此。

刘卜疃 370211-B10-H07
[Liúbǔtuǎn]

在区驻地隐珠街道南方向 37.0 千米。藏南镇辖自然村。人口 1 700。因刘博为村主，遂取村名刘博疃，民国时以谐音字改称刘卜疃。聚落呈团块状分布。有图书室 1 处、幼儿园 1 处。经济以种植业为主，种植小麦、玉米、花生等。沈海高速经此。

马栏 370211-B10-H08
[Mǎlán]

在区驻地隐珠街道南方向 28.0 千米。藏南镇辖自然村。人口 400。清初，因守卫海防的马兵常在此圈栏牧马，故名马栏。聚落呈团块状分布。有图书室 1 处。经济以种植业为主，种植小麦、玉米、大豆、地瓜、花生等。有公路经此。

赵家沟 370211-B10-H09
[Zhàojiāgōu]

在区驻地隐珠街道南方向 30.0 千米。藏南镇辖自然村。人口 400。明末，赵氏立村，因有沟，故名赵家沟。聚落呈团块状分布。有图书室 1 处。经济以种植业为主，种植小麦、玉米、花生等。有公路经此。

唐家庄 370211-B10-H10
[Tángjiāzhuāng]

在区驻地隐珠街道南方向 30.0 千米。藏南镇辖自然村。人口 1 300。因唐姓先到此立村，故名唐家庄。聚落呈团块状分布。有图书室 1 处。经济以种植业为主，种植小麦、玉米、花生、苹果、柿子等。204 国道经此。

崂山区

城市居民点

鲁信长春小区 370212-I01
[Lǔxìn Chángchūn Xiǎoqū]

在区境西部。人口 14 486。总面积 48 公顷。以开发商山东鲁信置业与隋唐时期宫殿长春宫命名。2005 年始建，2007 年正式使用。建筑总面积 990 000 平方米，住宅楼 96 栋，其中高层 58 栋、多层 38 栋，现代建筑风格，绿地面积 300 000 平方米，有老年人日间照料食堂、超市、学校、幼儿园、文体活动中心等配套设施。通公交车。

农村居民点

青山渔村 370212-A03-H01
[Qīngshānyúcūn]

在区驻地中韩街道东南方向 20.1 千米。王哥庄街道辖自然村。人口 2 500。清初，姜氏从南厫宅科移此青山绿水之间立村，故名。聚落呈团块状分布。经济以种植业、捕捞业、旅游业为主。有公路经此。

李沧区

城市居民点

中南世纪城 370213-I01
[Zhōngnán Shìjì Chéng]

在区境北部。8 000 户。总面积 50 公顷。以开发企业名称命名。2012 年始建，同年正式使用。建筑总面积 1 800 000 平方米，高层住宅楼 50 栋，西班牙建筑风格，绿地面积 176 700 平方米，有中小学、幼儿园、健身器材等配套设施。通公交车。

海怡新城 370213-I02

[Hǎiyí Xīnchéng]

在区境中部。10 000 户。总面积 60 公顷。因西邻胶州湾，取名海怡新城。2011 年始建，2014 年正式使用。建筑总面积 1 460 000 平方米，高层住宅楼 35 栋，现代建筑风格，绿地面积 120 000 平方米，有小学、超市、医院、健身器材等配套设施。通公交车。

北苑风景小区 370213-I03

[Běiyuàn Fēngjǐng Xiǎoqū]

在区境西南部。人口 3 504。总面积 13.8 公顷。北苑指宫廷北面的皇室园林，寓意有着皇室园林一般美丽风景的居民小区。2002 年始建，2003 年正式使用。建筑总面积 140 000 平方米，多层住宅楼 23 栋，现代建筑风格，有市场、超市、学校等配套设施。

阳光香蜜湖小区 370213-I04

[Yángguāng Xiāngmìhú Xiǎoqū]

在区境西部。2 200 户。总面积 9.7 公顷。因该小区采光较好，又依人工湖而建，故名阳光香蜜湖小区。2000 年始建，2012 年正式使用。建筑总面积 145 000 平方米，高层住宅楼 22 栋，中式建筑风格，绿化率 49%，有市场、医院、学校等配套设施。

沧台路小区 370213-I05

[Cāngtáilù Xiǎoqū]

在区境西部。人口 5 958。总面积 3.3 公顷。根据所在道路命名。1998 年始建，2000 年正式使用。建筑总面积 200 000 平方米，多层住宅楼 86 栋，现代建筑风格。

振华苑小区 370213-I06

[Zhènhuáyuàn Xiǎoqū]

在区境西部。人口 1 293。总面积 12.0 公顷。以振兴中华之意命名。一期 2004 年始建，2006 年正式使用；二期 2008 年始建，2010 年正式使用。建筑总面积 90 000 平方米，多层住宅楼 25 栋，现代建筑特点，有健身广场等配套设施。

兴华苑小区 370213-I07

[Xīnghuáyuàn Xiǎoqū]

在区境西部。人口 2 352。总面积 3.6 公顷。因为隶属兴华路街道，故名兴华苑小区。2000 年始建，2002 年正式使用。建筑总面积 26 000 平方米，多层住宅楼 15 栋，中式建筑特点，有门诊等配套设施。

映月公馆小区 370213-I08

[Yìngyuè Gōngguǎn Xiǎoqū]

在区境西部。773 户。总面积 2.99 公顷。因毗邻李村河，夜晚月上枝头，倒映在河中，故名映月公馆。2010 年始建，2012 年正式使用。建筑总面积 88 096.7 平方米，高层住宅楼 11 栋，法式建筑风格，绿化率 37.2%。

兆鸿新村 370213-I09

[Zhàohóng Xīncūn]

在区境西部。人口 1 300。总面积 3 公顷。兆，指瑞雪兆丰年、佳兆，为吉祥之意；鸿，指大展宏图，寓意居住在此的居民能够在事业上大展宏图，生活富足。2000 年始建，2005 年正式使用。建筑总面积 30 000 平方米，多层住宅楼 13 栋，中式建筑风格。

同盛苑小区 370213-I10

[Tóngshèngyuàn Xiǎoqū]

在区境西部。1 184 户。总面积 3 公顷。

取开发商公司的"同盛"二字，寓意吉祥富贵之地，故名。2000年始建，2002年正式使用。建筑总面积59 000平方米，多层住宅楼26栋，中式建筑风格。

御景山庄小区 370213-I11
[Yùjǐng Shānzhuāng Xiǎoqū]

在区境西部。1 258户。总面积8公顷。寓意景色优美，故名。2005年始建，2007年正式使用。建筑总面积88 000平方米，住宅楼25栋，其中高层3栋、多层22栋，中式建筑风格。

青山绿水小区 370213-I12
[Qīngshān Lùshuǐ Xiǎoqū]

在区境东部。人口2 400。总面积5.8公顷。因有山有水，故名青山绿水。2009年始建，2011年正式使用。建筑总面积91 402平方米，住宅楼18栋，其中高层14栋、多层4栋，现代建筑风格。

蓝山湾小区 370213-I13
[Lánshānwān Xiǎoqū]

在区境北部。1 654户。总面积33.9公顷。因紧靠老虎山余脉，辖区内有小池塘，故名。2008年始建，2011年正式使用。建筑总面积800 000平方米，高层住宅楼12栋，现代建筑风格，绿化率43%。

虎山花苑 370213-I14
[Hǔshān Huāyuàn]

在区境中部。人口1 590。总面积29公顷。小区种植花草种类众多，因此得名。2000年始建，2003年正式使用。建筑总面积320 000平方米，住宅楼88栋，其中高层5栋、多层83栋，现代建筑风格，有幼儿园、超市等配套设施。

东篱桃源小区 370213-I15
[Dōnglí Táoyuán Xiǎoqū]

在区境东部。人口3 000。总面积5.9公顷。以"采菊东篱下，悠然见南山"的意境命名。2010年始建，2013年正式使用。建筑总面积113 341.1平方米，住宅楼19栋，其中高层7栋、多层12栋，现代建筑风格。

乐客公寓 370213-I16
[Lèkè Gōngyù]

在区境中部。449户。总面积10.2公顷。因希望居民任何时候都心情愉快而得名。2010年始建，2012年正式使用。建筑总面积298 800平方米，高层住宅楼6栋，现代建筑风格，有百货商超、影院、儿童游乐中心等配套设施。

城阳区

城市居民点

天泰城小区 370214-I01
[Tiāntàichéng Xiǎoqū]

在区境南部。人口20 000。总面积140.0公顷。因开发商天泰集团得名。2002年始建，2003年正式使用。建筑总面积1 100 000平方米，住宅楼179栋，其中高层124栋、多层55栋，现代中式建筑风格，绿化率58%，有幼儿园、卫生室、超市、活动室等配套设施。通公交车。

蔚蓝群岛小区 370214-I02
[Wèilán Qúndǎo Xiǎoqū]

在区境西南部。人口15 000。总面积100.0公顷。因住宅设计成多个岛屿组合的形态，故名。2005年始建，2007年正式使用。建筑总面积1 600 000平方米，住宅楼 80 栋，其中高层 49 栋、多层 31 栋，还有别墅 112 栋，西班牙建筑风格，绿化率 50%，有一站式便民服务大厅、幼儿园、学校等配套设施。通公交车。

胶州市

城市居民点

将军花园 370281-I01
[Jiāngjūn Huāyuán]

在县级市市区中部。271 户。总面积 6 公顷。因是军队驻地，故名。2005 年始建，2006 年正式使用。建筑总面积 39 080 平方米，住宅楼 13 栋，其中高层 2 栋、多层 11 栋，现代建筑风格，有市场、超市等配套设施。通公交车。

农村居民点

管理村 370281-A01-H01
[Guǎnlǐcūn]

在市驻地三里河街道东南方向 5.1 千米。三里河街道辖自然村。人口 1 000。清乾隆年间，郭、刘两姓到此立村，因离县城约五里，得名城南五里宿，后逐渐演变为管理。另传，郭、刘两家在此开黄酒馆，称为"馆子"或"馆儿里"，渐成村名馆里，后演变为管理。聚落呈团块状分布。经济以建筑业、制造业为主。有公路经此。

北三里河 370281-A01-H02
[Běisānlǐhé]

在市驻地三里河街道东南方向 1.0 千米。三里河街道辖自然村。人口 1 100。因在三里河以北而得名。聚落呈团块状分布。

经济以种植业为主，种植小麦、玉米、地瓜、花生、蔬菜等。有公路经此。

城子 370281-A01-H03
[Chéngzi]

在市驻地三里河街道西南方向 1.2 千米。三里河街道辖自然村。人口 2 600。因历史古迹莒国旧址得名。聚落呈团块状分布。经济以种植业为主，种植小麦、玉米、地瓜、花生、蔬菜等。有公路经此。

法家莹 370281-A01-H04
[Fǎjiāyíng]

在市驻地三里河街道东南方向 3.8 千米。三里河街道辖自然村。人口 400。清末，法守元死后葬于本村，长工常年给他看莹，村以此得名。聚落呈散状分布。经济以种植业为主，种植小麦、玉米、地瓜、花生、蔬菜等。204 国道经此。

高家台子 370281-A01-H05
[Gāojiātáizi]

在市驻地三里河街道东南方向 4.5 千米。三里河街道辖自然村。人口 1 100。因高姓和当地地形得名。聚落呈团块状分布。经济以种植业为主，种植小麦、玉米、地瓜、花生、蔬菜等。有公路经此。

七里河 370281-A01-H06
[Qīlǐhé]

在市驻地三里河街道西南方向 2.5 千米。三里河街道辖自然村。人口 1 300。因地理实体得名。聚落呈团块状分布。经济以种植业为主，种植小麦、玉米、地瓜、花生、蔬菜等。有公路经此。

三官庙 370281-A01-H07
[Sānguānmiào]

在市驻地三里河街道西南方向 1.5 千

米。三里河街道辖自然村。人口 1 600。因古庙得名。聚落呈团块状分布。经济以种植业为主，种植小麦、玉米、地瓜、花生、蔬菜。有公路经此。

十五里夼 370281–A01–H08
[Shíwǔlǐkuǎng]

在市驻地三里河街道南方向 7.5 千米。三里河街道辖自然村。人口 1 300。因地理位置得名。聚落呈散状分布。经济以种植业为主，种植小麦、玉米、地瓜、花生、蔬菜。395 省道经此。

涝洼 370281–A02–H01
[Làowā]

在市驻地三里河街道东北方向 5.1 千米。阜安街道辖自然村。人口 600。明洪武年间，有村民来到此地坡岭上立村，但耕地大部分在村北洼地，遇到阴雨天时，常有积水，故名涝洼。聚落呈团块状分布。经济以商贸业、手工业、餐饮服务业等为主。有公路经此。

响嘡 370281–A03–H01
[Xiǎngtāng]

在市驻地三里河街道西北方向 4.2 千米。中云街道辖自然村。人口 1 800。因享堂得名。聚落呈散状分布。经济以商业、手工业、餐饮服务业等为主。

河头源 370281–A03–H02
[Hétóuyuán]

在市驻地三里河街道北方向 1.3 千米。中云街道辖自然村。人口 1 700。因地理位置得名。经济以商业、手工业、餐饮服务业等为主。

胶东 370281–A04–H01
[Jiāodōng]

在市驻地三里河街道东北方向 12.0 千米。胶东街道辖自然村。人口 700。因胶东车站在此地得名。聚落呈团块状分布。经济以种植业为主，种植小麦、玉米、地瓜、花生、蔬菜。有公路经此。

小西庄 370281–A04–H02
[Xiǎoxīzhuāng]

在市驻地三里河街道东北方向 8.8 千米。胶东街道辖自然村。人口 2 100。因地理位置和规模得名。聚落呈团块状分布。经济以种植业为主，种植小麦、玉米、地瓜、花生、蔬菜。有公路经此。

大店 370281–A04–H03
[Dàdiàn]

在市驻地三里河街道东北方向 25.0 千米。胶东街道辖自然村。人口 2 500。金、元时为陈村镇，是驻兵之所，后演变为陈村店，俗称存军店，抗日战争时期改称大店。聚落呈团块状分布。经济以种植业为主，种植小麦、玉米、地瓜、花生、蔬菜。有公路经此。

葛埠岭 370281–A04–H04
[Gěbùlǐng]

在市驻地三里河街道东北方向 11.0 千米。胶东街道辖自然村。人口 1 000。因葛姓立村和地理实体得名。聚落呈团块状分布。经济以种植业为主，种植小麦、玉米、地瓜、花生、蔬菜。有公路经此。

南庄 370281–A04–H05
[Nánzhuāng]

在市驻地三里河街道东北方向 11.0 千米。胶东街道辖自然村。人口 6 200。因地理位置得名。聚落呈团块状分布。经济以种植业为主，种植小麦、玉米、地瓜、花生、蔬菜。有公路经此。

麻湾 370281-A04-H06

[Máwān]

在市驻地三里河街道东北方向 16.0 千米。胶东街道辖自然村。人口 4 300。一说因村落地处麻湾河（即今大沽河）口而得名；另一说当地盛产黄麻，因沤麻水湾较多，故名。聚落呈团块状分布。经济以种植业为主，种植小麦、玉米、地瓜、花生、蔬菜。有公路经此。

十里铺 370281-A04-H07

[Shílǐpù]

在市驻地三里河街道东北方向 8.0 千米。胶东街道辖自然村。人口 1 200。因地理位置得名。聚落呈团块状分布。经济以种植业为主，种植小麦、玉米、地瓜、花生、蔬菜。有公路经此。

爱国庄 370281-A04-H08

[Àiguózhuāng]

在市驻地三里河街道东北方向 11.0 千米。胶东街道辖自然村。人口 1 100。因嘉言得名。聚落呈团块状分布。经济以种植业为主，种植小麦、玉米、地瓜、花生、蔬菜。有公路经此。

斜沟崖 370281-A04-H09

[Xiégōuyá]

在市驻地三里河街道东北方向 15.0 千米。胶东街道辖自然村。人口 1 300。因地理实体得名。聚落呈团块状分布。经济以种植业为主，种植小麦、玉米、地瓜、花生、蔬菜。

南堤子 370281-A04-H10

[Nándīzi]

在市驻地三里河街道东北方向 23.0 千米。胶东街道辖自然村。人口 1 300。因地理实体和方位得名。聚落呈团块状分布。经济以种植业为主，种植小麦、玉米、地瓜、花生、蔬菜。

河西店 370281-A04-H11

[Héxīdiàn]

在市驻地三里河街道东北方向 11.0 千米。胶东街道辖自然村。人口 1 200。因地理位置得名。聚落呈团块状分布。经济以种植业为主，种植小麦、玉米、地瓜、花生、蔬菜。

圈子 370281-A04-H12

[Quānzi]

在市驻地三里河街道东北方向 21.0 千米。胶东街道辖自然村。人口 1 200。因三面环水，故名。聚落呈团块状分布。经济以种植业为主，种植小麦、玉米、地瓜、花生、蔬菜。

大寨 370281-A04-H13

[Dàzhài]

在市驻地三里河街道东北方向 20.0 千米。胶东街道辖自然村。人口 1 200。因村落规模得名。聚落呈团块状分布。经济以种植业为主，种植小麦、玉米、地瓜、花生、蔬菜。

宋家泊子 370281-A04-H14

[Sòngjiāpōzi]

在市驻地三里河街道北方向 14.0 千米。胶东街道辖自然村。人口 1 200。因宋姓立村和地理实体得名。聚落呈团块状分布。经济以种植业为主，种植小麦、玉米、地瓜、花生、蔬菜。

韩信沟 370281-A04-H15
［Hánxìngōu］

在市驻地三里河街道东北方向 11.0 千米。胶东街道辖自然村。人口 800。因历史人物得名。聚落呈团块状分布。经济以种植业为主，种植小麦、玉米、地瓜、花生、蔬菜。

杏果庄 370281-A05-H01
［Xìngguǒzhuāng］

在市驻地三里河街道西北方向 18.1 千米。胶北街道辖自然村。人口 1 000。因村中银杏树得名。聚落呈团块状分布。经济以种植业为主，种植小麦、玉米、地瓜、花生、蔬菜。有公路经此。

北台 370281-A05-H02
［Běitái］

在市驻地三里河街道西北方向 11.2 千米。胶北街道辖自然村。人口 1 300。因地理位置得名。聚落呈团块状分布。经济以种植业为主，种植小麦、玉米、地瓜、花生、蔬菜。有公路经此。

水牛 370281-A05-H03
［Shuǐniú］

在市驻地三里河街道西北方向 12.1 千米。胶北街道辖自然村。人口 1 500。因村中有一大湾，曾有牧童在此饮牛、洗澡，故名。聚落呈团块状分布。经济以种植业为主，种植小麦、玉米、地瓜、花生、蔬菜。有公路经此。

大庄 370281-A05-H04
［Dàzhuāng］

在市驻地三里河街道西北方向 5.8 千米。胶北街道辖自然村。人口 1 800。因比周围的村庄大而得名。聚落呈散状分布。经济以种植业为主，种植小麦、玉米、地瓜、花生、蔬菜。有公路经此。

沈家河 370281-A05-H05
［Shěnjiāhé］

在市驻地三里河街道西北方向 4.7 千米。胶北街道辖自然村。人口 1 100。因姓氏和地理实体得名。聚落呈团块状分布。经济以种植业为主，种植小麦、玉米、地瓜、花生、蔬菜。有公路经此。

玉皇庙 370281-A05-H06
［Yùhuángmiào］

在市驻地三里河街道西北方向 16.1 千米。胶北街道辖自然村。人口 700。因村中古庙得名。聚落呈团块状分布。经济以种植业为主，种植小麦、玉米、地瓜、花生、蔬菜。有公路经此。

李家河头 370281-A05-H07
［Lǐjiāhétóu］

在市驻地三里河街道西北方向 18.1 千米。胶北街道辖自然村。人口 1 000。因李姓立村和地理位置得名。聚落呈团块状分布。经济以种植业为主，种植小麦、玉米、地瓜、花生、蔬菜。217 省道经此。

秋连庄 370281-A05-H08
［Qiūliánzhuāng］

在市驻地三里河街道西北方向 11.1 千米。胶北街道辖自然村。人口 1 000。明末清初立村于现村东的东北岭前，吃水困难。清乾隆年间，一村民耕地时发现此地一石碾下有眼水井，遂移村于此，取村名井连庄，后演为秋连庄。聚落呈团块状分布。经济以种植业为主，种植小麦、玉米、地瓜、花生、蔬菜。有公路经此。

谷家庙子 370281-A05-H09
[Gǔjiāmiàozi]

在市驻地三里河街道西北方向6.1千米。胶北街道辖自然村。人口1 500。明初立村,称国家庙子,旧时"国"字易读成"鬼"字,村民感到不吉,便改称谷家庙子,暗含五谷丰登之意;另一说村落曾有盘龙庙,祀保佑村民五谷丰收之神,故名。聚落呈团块状分布。经济以种植业为主,种植小麦、玉米、地瓜、花生、蔬菜。有公路经此。

营房 370281-A06-H01
[Yíngfáng]

在市驻地三里河街道东南方向9.2千米。九龙街道辖自然村。人口2 200。因该村曾为驻兵营地得名。聚落呈团块状分布。经济以渔业、种植业为主。有公路经此。

洛戈庄 370281-A06-H02
[Luògēzhuāng]

在市驻地三里河街道东南方向14.0千米。九龙街道辖自然村。人口2 600。明初,王氏二兄弟从云南迁至战家附近,渐成村落,初称乐哥庄,后演为洛戈庄。聚落呈团块状分布。经济以种植业为主,种植小麦、玉米、蔬菜。214国道、219省道经此。

同心村 370281-A06-H03
[Tóngxīncūn]

在市驻地三里河街道东南方向13.0千米。九龙街道辖自然村。人口1 300。由政府以嘉言命名。聚落呈团块状分布。经济以种植业为主,种植小麦、玉米、蔬菜。有公路经此。

李家河 370281-A06-H04
[Lǐjiāhé]

在市驻地三里河街道东南方向5.2千米。九龙街道辖自然村。人口2 000。因姓氏和自然地理实体得名。聚落呈团块状分布。经济以种植业为主,种植小麦、玉米、蔬菜。有公路经此。

关王庙 370281-A06-H05
[Guānwángmiào]

在市驻地三里河街道东南方向12.0千米。九龙街道辖自然村。人口900。因庙得名。聚落呈团块状分布。经济以种植业为主,种植小麦、玉米、蔬菜。214国道经此。

周家 370281-A06-H06
[Zhōujiā]

在市驻地三里河街道东南方向6.7千米。九龙街道辖自然村。人口1 500。以姓氏名村。聚落呈团块状分布。经济以种植业为主,种植小麦、玉米、蔬菜。有公路经此。

大王邑 370281-A06-H07
[Dàwángyì]

在市驻地三里河街道东南方向14.0千米。九龙街道辖自然村。人口1 000。明洪武元年(1368),郑姓从云南移民迁此立村,因地处丘陵谷洼,以姓氏名村郑家汪义;清代郑姓绝户,王姓成为主姓,改称王义庄;1949年后"义"演变为"邑",遂改称大王邑。聚落呈团块状分布。经济以种植业为主,种植小麦、玉米、蔬菜。有公路经此。

洋河崖 370281-A06-H08
[Yánghéyá]

在市驻地三里河街道东南方向11.0千米。九龙街道辖自然村。人口1 900。因地理实体得名。聚落呈团块状分布。经济以种植业为主,种植小麦、玉米、蔬菜。204国道、219省道经此。

高家洼 370281-A06-H09
[Gāojiāwā]

在市驻地三里河街道东南方向 13.0 千米。九龙街道辖自然村。人口 1 200。因地处平原洼地，由高氏立村，故名。聚落呈团块状分布。经济以种植业为主，种植小麦、玉米、蔬菜。204 国道经此。

石河 370281-A06-H10
[Shíhé]

在市驻地三里河街道东南方向 6.7 千米。九龙街道辖自然村。人口 3 600。因地理实体得名。聚落呈团块状分布。经济以种植业为主，种植小麦、玉米、蔬菜。有公路经此。

大西庄 370281-A06-H11
[Dàxīzhuāng]

在市驻地三里河街道东南方向 8.4 千米。九龙街道辖自然村。人口 4 300。因地理位置得名。聚落呈团块状分布。经济以种植业为主，种植小麦、玉米、蔬菜。有公路经此。

荒村 370281-A06-H12
[Huāngcūn]

在市驻地三里河街道东南方向 3.6 千米。九龙街道辖自然村。人口 1 000。因村南有荒岭得名。聚落呈团块状分布。经济以种植业为主，种植小麦、玉米、蔬菜。有公路经此。

李哥庄 370281-B01-H01
[Lǐgēzhuāng]

李哥庄镇人民政府驻地。在市驻地三里河街道东北方向 14.9 千米。人口 6 000。以姓名村。聚落呈团块状分布。有图书室 1 处、综合文化站 1 处、中学 1 处、小学 1 处、幼儿园 1 处。经济以种植业、养殖业为主，种植水稻、小麦、玉米、花生、蔬菜，养殖牛、猪、鸡等，特产沽河米。有公路经此。

北王家庄 370281-B01-H02
[Běiwángjiāzhuāng]

在市驻地三里河街道东北方向 14.6 千米。李哥庄镇辖自然村。人口 1 300。因地理方位和姓氏得名。聚落呈团块状分布。经济以种植业为主，种植小麦、玉米、地瓜、花生、蔬菜，养殖牛、猪、鸡等。有公路经此。

贾疃 370281-B01-H03
[Jiǎtuǎn]

在市驻地三里河街道东北方向 20.8 千米。李哥庄镇辖自然村。人口 1 400。因姓氏得名。聚落呈团块状分布。经济以种植业为主，种植小麦、玉米、地瓜、花生、蔬菜。有公路经此。

矫戈庄 370281-B01-H04
[Jiǎogēzhuāng]

在市驻地三里河街道东北方向 22.4 千米。李哥庄镇辖自然村。人口 3 300。以姓命村矫哥庄，后演变为矫戈庄。聚落呈团块状分布。经济以种植业为主，种植小麦、玉米、地瓜、花生、蔬菜。有公路经此。

石拉子 370281-B01-H05
[Shílāzi]

在市驻地三里河街道东北方向 13.6 千米。李哥庄镇辖自然村。人口 700。因从前村口有石梁，故以谐音称石拉子。聚落呈团块状分布。经济以种植业为主，种植小麦、玉米、地瓜、花生、蔬菜。有公路经此。

双京 370281-B01-H06

[Shuāngjīng]

在市驻地三里河街道东北方向22.1千米。李哥庄镇辖自然村。人口2 400。因村口有两棵古荆树，名双荆，后演为双京。聚落呈团块状分布。经济以种植业为主，种植小麦、玉米、地瓜、花生、蔬菜。有公路经此。

铺上一村 370281-B02-H01

[Pùshàngyīcūn]

铺集镇人民政府驻地。在市驻地三里河街道西方向35.0千米。人口1 400。明清时期是诸城、高密、胶州三市的驿递铺，因商铺多而得名。聚落呈团块状分布。有图书阅览室1处、小学1处、中学1处、幼儿园2处。经济以种植业、养殖业为主，种植小麦、玉米、花生，养殖猪、牛、鸡等。有公路经此。

铺集 370281-B02-H02

[Pùjí]

在市驻地三里河街道西方向35.0千米。铺集镇辖自然村。人口5 100。因此村是明清时距离诸城七十里处的驿递铺，故称七十里铺，简称铺集。聚落呈团块状分布。经济以种植业为主，种植小麦、玉米、地瓜、花生、蔬菜。217省道经此。

彭家庄 370281-B02-H03

[Péngjiāzhuāng]

在市驻地三里河街道西方向36.0千米。铺集镇辖自然村。人口2 000。因彭姓立村，故名。聚落呈团块状分布。经济以种植业为主，种植小麦、玉米、地瓜、花生、蔬菜。217省道经此。

沙北庄 370281-B02-H04

[Shāběizhuāng]

在市驻地三里河街道西南方向36.0千米。铺集镇辖自然村。人口1 200。因地理位置得名。聚落呈团块状分布。经济以种植业为主，种植小麦、玉米、地瓜、花生、蔬菜。有公路经此。

孙家 370281-B02-H05

[Sūnjiā]

在市驻地三里河街道西方向40.0千米。铺集镇辖自然村。人口1 600。因孙姓立村，故名。聚落呈团块状分布。经济以种植业为主，种植小麦、玉米、地瓜、花生、蔬菜。217省道经此。

天台寺 370281-B02-H06

[Tiāntáisì]

在市驻地三里河街道西南方向43.0千米。铺集镇辖自然村。人口1 500。明洪武二年(1369)，赵姓人迁此立村，后建天台寺，以寺名村。聚落呈团块状分布。经济以种植业为主，种植小麦、玉米、地瓜、花生、蔬菜。有公路经此。

后涝庄 370281-B02-H07

[Hòulàozhuāng]

在市驻地三里河街道西南方向36.0千米。铺集镇辖自然村。人口1 500。因方位和地势低洼，易发生洪涝得名。聚落呈带状分布。经济以种植业为主，种植小麦、玉米、地瓜、花生、蔬菜。有公路经此。

河北 370281-B02-H08

[Héběi]

在市驻地三里河街道西南方向37.1千米。铺集镇辖自然村。人口1 600。明洪武二年（1369），王姓兄弟从山西洪洞县迁来立村，因地处胶河北岸而名。聚落呈团块状分布。经济以种植业为主，种植小麦、玉米、地瓜、花生、蔬菜。有公路经此。

黔陬 370281-B02-H09
[Qiánzōu]

在市驻地三里河街道西南方向 40.1 千米。铺集镇辖自然村。人口 2 500。明洪武二年（1369），迟德玉、王尧由山西洪洞县迁来立村，因此村坐落于秦汉古城黔陬旧址，故名黔陬。聚落呈团块状分布。经济以种植业为主，种植小麦、玉米、地瓜、花生、蔬菜。有公路经此。

苏家泊 370281-B02-H10
[Sūjiāpō]

在市驻地三里河街道西南方向 37.2 千米。铺集镇辖自然村。人口 1 000。因姓氏得名。聚落呈团块状分布。经济以种植业为主，种植小麦、玉米、地瓜、花生、蔬菜。有公路经此。

皇姑庵 370281-B02-H11
[Huánggū'ān]

在市驻地三里河街道西南方向 41.1 千米。铺集镇辖自然村。人口 1 800。建村于明末，因村中有三皇姑庵庙，故命村名为皇姑庵。聚落呈团块状分布。经济以种植业为主，种植小麦、玉米、地瓜、花生、蔬菜。有公路经此。

北龙池 370281-B02-H12
[Běilóngchí]

在市驻地三里河街道西南方向 33.1 千米。铺集镇辖自然村。人口 900。因自然地理实体得名。聚落呈团块状分布。经济以种植业为主，种植小麦、玉米、地瓜、花生、蔬菜。有公路经此。

崔家河 370281-B02-H13
[Cuījiāhé]

在市驻地三里河街道西南方向 36.0 千米。铺集镇辖自然村。人口 1 000。因崔姓立村和自然地理实体得名。聚落呈团块状分布。经济以种植业为主，种植小麦、玉米、地瓜、花生、蔬菜。有公路经此。

沙河 370281-B02-H14
[Shāhé]

在市驻地三里河街道西南方向 38.2 千米。铺集镇辖自然村。人口 2 700。因立村人祖籍得名。聚落呈团块状分布。经济以种植业为主，种植小麦、玉米、地瓜、蔬菜。有公路经此。

三妹冢 370281-B02-H15
[Sānmèizhǒng]

在市驻地三里河街道西南方向 42.5 千米。铺集镇辖自然村。人口 900。因村东南有一三角形古冢，群众称为三边地脉，村以此得名，后以谐音演称今名。聚落呈团块状分布。经济以种植业为主，种植小麦、玉米、地瓜、花生、蔬菜。有公路经此。

张家屯 370281-B02-H16
[Zhāngjiātún]

在市驻地三里河街道西南方向 41.5 千米。铺集镇辖自然村。人口 1 900。明洪武二年（1369），孟姓从山西洪洞县迁来立村，村名孟家屯。后来孟姓有位官员在京犯法，因惧株连，孟姓村民遂逃离该村，从此村内张姓居多，故改为张家屯。聚落呈团块状分布。经济以种植业为主。有公路经此。

鹿家 370281-B02-H17
[Lùjiā]

在市驻地三里河街道西南方向 40.5 千

米。铺集镇辖自然村。人口1 100。明洪武二年（1369），鹿氏家族由河南省迁入并立村，取村名鹿家。聚落呈团块状分布。经济以种植业为主，种植苹果。有公路经此。

殷家庄 370281-B02-H18
［Yīnjiāzhuāng］

在市驻地三里河街道西南方向43.2千米。铺集镇辖自然村。人口1 200。建村于明天启年间，原名樊家庄，后因殷姓居多，改名殷家庄。聚落呈团块状分布。经济以种植业为主，种植黄烟、韭菜。有公路经此。

林家庄 370281-B02-H19
［Línjiāzhuāng］

在市驻地三里河街道西南方向38.2千米。铺集镇辖自然村。人口900。明永乐年间，林氏从云南迁来建村，以姓氏取名林家庄。聚落呈团块状分布。经济以种植业为主，种植辣椒。有公路经此。

逄家沟 370281-B02-H20
［Pángjiāgōu］

在市驻地三里河街道西南方向43.2千米。铺集镇辖自然村。人口1 100。明末，逄姓逃荒至此，此地四面沟壑交汇，林木茂密，故命村名逄家沟。聚落呈团块状分布。经济以种植业、养殖业为主，种植花生，养殖里岔黑猪，产花生油。有公路经此。

苗家庄 370281-B02-H21
［Miáojiāzhuāng］

在市驻地三里河街道西南方向44.1千米。铺集镇辖自然村。人口1 000。明洪武年间，苗姓为避战乱迁居至此，故名。聚落呈团块状分布。经济以种植业为主，种植花生、玉米、地瓜等。有公路经此。

河北 370281-B03-H01
［Héběi］

里岔镇人民政府驻地。在市驻地三里河街道西南方向25.0千米。人口1 400。明万历年间立村，因村南有河，该村居河北岸，故名河北。聚落呈团块状分布。有图书室1处、综合文化站1处、中学1处、小学1处、幼儿园1处。经济以种植业、养殖业为主，种植小麦、玉米、花生、蔬菜，养殖猪、牛、羊、鸡、鸭等，特产里岔黑猪肉。有公路经此。

里岔 370281-B03-H02
［Lǐchà］

在市驻地三里河街道西南方向38.7千米。里岔镇辖自然村。人口1 100。取自孟母择邻的典故，教诲后人里仁为美，勿出差错，故以谐音名里岔。聚落呈团块状分布。经济以种植业、养殖业为主，种植小麦、玉米、地瓜、花生、蔬菜，养殖生猪，特产里岔黑猪。311省道经此。

观音堂 370281-B03-H03
［Guānyīntáng］

在市驻地三里河街道西南方向34.2千米。里岔镇辖自然村。人口1 000。因村中建筑得名。聚落呈团块状分布。经济以种植业为主，种植小麦、玉米、地瓜、花生、蔬菜。有公路经此。

黄家岭 370281-B03-H04
［Huángjiālǐng］

在市驻地三里河街道西南方向32.6千米。里岔镇辖自然村。因姓氏与自然地理实体得名。人口1 200。聚落呈团块状分布。经济以种植业为主，种植小麦、玉米、地瓜、花生、蔬菜。219省道经此。

林家庄 370281-B03-H05

[Línjiāzhuāng]

在市驻地三里河街道西南方向 36.2 千米。里岔镇辖自然村。人口 900。明洪武二年（1369），林姓二弟兄从云南尧家迁此立村，以姓名村林家庄。聚落呈团块状分布。经济以种植业为主，种植小麦、玉米、地瓜、花生、蔬菜。有公路经此。

南楼 370281-B03-H06

[Nánlóu]

在市驻地三里河街道西南方向 33.1 千米。里岔镇辖自然村。人口 1 100。因村中建筑得名。聚落呈团块状分布。经济以种植业为主，种植小麦、玉米、地瓜、花生、蔬菜。有公路经此。

良乡 370281-B03-H07

[Liángxiāng]

在市驻地三里河街道西南方向 40.7 千米。里岔镇辖自然村。人口 3 100。相传南朝梁武帝萧衍崇信佛教，曾于此地筑台拜志公高僧，后将台埠称梁王埠，村以此得名梁乡。后因此处土地肥沃，逐渐演为良乡。聚落呈团块状分布。经济以种植业为主，种植小麦、玉米、地瓜、花生、蔬菜。311 省道经此。

大河流 370281-B03-H08

[Dàhéliú]

在市驻地三里河街道西南方向 25.2 千米。里岔镇辖自然村。人口 2 300。因自然地理实体得名。聚落呈团块状分布。经济以种植业为主，种植小麦、玉米、地瓜、花生、蔬菜。217 省道经此。

安家沟 370281-B03-H09

[Ānjiāgōu]

在市驻地三里河街道西南方向 25.1 千米。里岔镇辖自然村。人口 1 500。因姓氏和自然地理实体得名。聚落呈团块状分布。经济以种植业为主，种植小麦、玉米、地瓜、花生、蔬菜。有公路经此。

沙家庄 370281-B03-H10

[Shājiāzhuāng]

在市驻地三里河街道西南方向 33.2 千米。里岔镇辖自然村。人口 400。元末，沙姓从云南迁来立村，以姓氏命村名沙家庄。聚落呈团块状分布。经济以种植业为主，种植花生、玉米、地瓜等。有公路经此。

游家屯 370281-B03-H11

[Yóujiātún]

在市驻地三里河街道西南方向 32.2 千米。里岔镇辖自然村。人口 400。明洪武二年（1369），王姓从云南迁此开荒种地，为求丰衣足食，取村名丰年。明永乐四年（1406），游姓从山东景芝迁来，后王姓举家南迁，遂改名游家屯。聚落呈团块状分布。经济以养殖业为主，养殖奶牛。有公路经此。

郭家洼 370281-B03-H12

[Guōjiāwā]

在市驻地三里河街道西南方向 32.2 千米。里岔镇辖自然村。人口 600。明泰昌元年（1620），郭姓来此立村，取村名郭家洼。聚落呈团块状分布。经济以种植业为主，种植花生、玉米、地瓜。有公路经此。

胡家 370281-B03-H13

[Hújiā]

在市驻地三里河街道西南方向 31.9 千米。里岔镇辖自然村。人口 900。因胡姓从云南迁来立村，以姓氏命村名。聚落呈团块状分布。经济以种植业、手工业为主，种植桃、梨。有公路经此。

高福庄 370281-B03-H14
[Gāofúzhuāng]

在市驻地三里河街道西南方向 39.9 千米。里岔镇辖自然村。人口 700。因金姓迁此立村，称金家庄。清乾隆年间，高姓由胶州三里河迁入，后高姓人丁兴旺，遂改称高家庄。后因附近有多个高家庄，故于1980年更名为高福庄。聚落呈团块状分布。经济以加工业为主。有公路经此。

西祝 370281-B04-H01
[Xīzhù]

胶西镇人民政府驻地。在市驻地三里河街道西南方向 15.0 千米。人口 700。清道光年间建村，取名祖村。后县官认为村名不雅，改为祝村。后分为三个村，此村在西，故名。聚落呈团块状分布。有综合文化站1处、中学1处、小学1处、幼儿园1处。经济以种植业为主，种植小麦、玉米、花生、蓝莓、马铃薯。102 省道经此。

河崖 370281-B04-H02
[Héyá]

在市驻地三里河街道西南方向 18.0 千米。胶西镇辖自然村。人口 2 000。因自然地理实体得名。聚落呈团块状分布。经济以种植业为主，种植小麦、玉米、地瓜、花生、蔬菜。217 省道经此。

佛乐 370281-B04-H03
[Fólè]

在市驻地三里河街道西方向 23.0 千米。胶西镇辖自然村。人口 1 700。因村前有个寺庙，名佛乐寺，故名。聚落呈团块状分布。经济以种植业为主，种植小麦、玉米、地瓜、花生、蔬菜。102 省道经此。

杜村 370281-B04-H04
[Dùcūn]

在市驻地三里河街道西南方向 17.0 千米。胶西镇辖自然村。人口 2 800。明成化年间，迟姓三兄弟从莱阳迁来立村，传说当时地脉形似凤凰，便在凤凰肚的位置建村，取谐音"杜"字命村名。聚落呈团块状分布。经济以种植业为主，种植小麦、玉米、地瓜、花生、蔬菜。217 省道经此。

孝源 370281-B04-H05
[Xiàoyuán]

在市驻地三里河街道西南方向 15.0 千米。胶西镇辖自然村。人口 1 300。因孝源河而得名。聚落呈团块状分布。经济以种植业为主，种植小麦、玉米、地瓜、花生、蔬菜。217 省道经此。

寺前 370281-B04-H06
[Sìqián]

在市驻地三里河街道西南方向 19.0 千米。胶西镇辖自然村。人口 1 100。明末清初，崔姓从云南迁来立村，因坐落在古寺之前，故名寺前。聚落呈团块状分布。经济以种植业为主，种植小麦、玉米、地瓜、花生、蔬菜。217 省道经此。

娄敬庵 370281-B04-H07
[Lóujìng'ān]

在市驻地三里河街道西方向 20.0 千米。胶西镇辖自然村。人口 1 900。汉初功臣娄敬死后，后人为其建祠于该地，称娄敬祠堂，又称娄敬大殿，后有尼姑居此殿中，称娄敬庵，村由此得名。聚落呈团块状分布。经济以种植业为主，种植小麦、玉米、地瓜、花生、蔬菜。217 省道经此。

雅会 370281-B04-H08

[Yǎhuì]

在市驻地三里河街道西方向 9.2 千米。胶西镇辖自然村。人口 1 700。明洪武年间，先居者由云南省移民来此落户，因为当时村内有一雅会堂，故名。聚落呈团块状分布。经济以种植业为主，种植小麦、玉米、地瓜、花生、蔬菜。

陡沟 370281-B04-H09

[Dǒugōu]

在市驻地三里河街道西方向 11.0 千米。胶西镇辖自然村。人口 1 100。因自然地理实体得名。聚落呈团块状分布。经济以种植业为主，种植小麦、玉米、地瓜、花生、蔬菜。102 省道经此。

西门 370281-B04-H10

[Xīmén]

在市驻地三里河街道西方向 17.0 千米。胶西镇辖自然村。人口 1 400。明洪武年间，刘氏兄弟从云南迁到此处居住，由于当时这里遍地荆棘一片荒芜，刘氏心里感到郁闷，以此取村名心闷，后来演变成西门。聚落呈团块状分布。经济以种植业为主，种植小麦、玉米、地瓜、花生、蔬菜。102 省道经此。

苑家会 370281-B04-H11

[Yuànjiāhuì]

在市驻地三里河街道西方向 17.0 千米。胶西镇辖自然村。人口 1 100。因苑姓立村得名。聚落呈团块状分布。经济以种植业为主，种植小麦、玉米、地瓜、花生、蔬菜。102 省道经此。

冷家 370281-B05-H01

[Lěngjiā]

洋河镇人民政府驻地。在市驻地三里河街道西南方向 27.0 千米。人口 1 500。因早年冷姓立村，故名。聚落呈团块状分布。有图书室 1 处、综合文化站 1 处、中学 1 处、小学 1 处、幼儿园 1 处。经济以种植业、养殖业为主，种植小麦、玉米、花生、大豆等，养殖牛、猪、羊、鸡等。有公路经此。

宾贤 370281-B05-H02

[Bīnxián]

在市驻地三里河街道西南方向 19.8 千米。洋河镇辖自然村。人口 2 700。为了纪念故地宾州，传承先人的贤达，故名宾贤。聚落呈团块状分布。经济以种植业为主，种植小麦、玉米、地瓜、花生、蔬菜。有公路经此。

大村 370281-B05-H03

[Dàcūn]

在市驻地三里河街道西南方向 20.6 千米。洋河镇辖自然村。人口 1 100。原名董家大村，后改为大村。聚落呈团块状分布。经济以种植业为主，种植小麦、玉米、地瓜、花生、蔬菜。有公路经此。

董城 370281-B05-H04

[Dǒngchéng]

在市驻地三里河街道西南方向 25.6 千米。洋河镇辖自然村。人口 1 600。因土地肥沃，地势平坦，明朝拟建胶州城于此，后因交通不便而作罢，群众认为这里迟早是建城之地，便命村为等城，后演变为董城。聚落呈团块状分布。经济以种植业为主，种植小麦、玉米、地瓜、花生、蔬菜。有公路经此。

杜家横沟 370281-B05-H05

[Dùjiāhénggōu]

在市驻地三里河街道西南方向 27.6 千米。洋河镇辖自然村。人口 1 200。因姓氏和自然地理实体得名。聚落呈团块状分布。经济以种植业为主，种植小麦、玉米、地瓜、花生、蔬菜。有公路经此。

黄墩后 370281-B05-H06
[Huángdūnhòu]

在市驻地三里河街道西南方向18.8千米。洋河镇辖自然村。人口1 000。因自然地理实体和位置得名。聚落呈团块状分布。经济以种植业为主，种植小麦、玉米、地瓜、花生、蔬菜。有公路经此。

李子行 370281-B05-H07
[Lǐzihàng]

在市驻地三里河街道西南方向23.6千米。洋河镇辖自然村。人口1 500。因村中树林成行得名。聚落呈团块状分布。经济以种植业为主，种植小麦、玉米、地瓜、花生、蔬菜。有公路经此。

临洋 370281-B05-H08
[Línyáng]

在市驻地三里河街道西南方向25.6千米。洋河镇辖自然村。人口1 500。因地理位置得名。经济以种植业为主，种植小麦、玉米、地瓜、花生、蔬菜。

曲家芦 370281-B05-H09
[Qūjiālú]

在市驻地三里河街道西南方向26.1千米。洋河镇辖自然村。人口1 600。因曲姓立村得名。聚落呈团块状分布。经济以种植业为主，种植小麦、玉米、地瓜、花生、蔬菜。

山子 370281-B05-H10
[Shānzi]

在市驻地三里河街道西南方向20.6千米。洋河镇辖自然村。人口1 000。因自然

地理实体名称演变得名。聚落呈团块状分布。经济以种植业为主，种植小麦、玉米、地瓜、花生、蔬菜。有公路经此。

袁家坟 370281-B05-H11
[Yuánjiāfén]

在市驻地三里河街道西南方向25.2千米。洋河镇辖自然村。人口1 200。一袁姓朝廷大臣死后葬于村西，看坟人繁衍成村，故名袁家坟。聚落呈团块状分布。经济以种植业为主，种植小麦、玉米、地瓜、花生、蔬菜。有公路经此。

朱季 370281-B05-H12
[Zhūjì]

在市驻地三里河街道西南方向30.6千米。洋河镇辖自然村。人口1 800。此处原名古茔地，茔地四角各有土埠一个，其状如猪，称为猪祭，后演称朱季。聚落呈团块状分布。经济以种植业为主，种植小麦、玉米、地瓜、花生、蔬菜。有公路经此。

香甸 370281-B05-H13
[Xiāngdiàn]

在市驻地三里河街道西南方向21.6千米。洋河镇辖自然村。人口600。村民以制香为业，故名香店，后演变为香甸。聚落呈团块状分布。经济以种植业为主，种植小麦、玉米、地瓜、花生、蔬菜。有公路经此。

油坊 370281-B05-H14
[Yóufáng]

在市驻地三里河街道西南方向17.6千米。洋河镇辖自然村。人口900。因此地曾开设油坊而得名。聚落呈团块状分布。经济以种植业为主，种植小麦、玉米、地瓜、花生、蔬菜。有公路经此。

张家 370281-B05-H15
[Zhāngjiā]

在市驻地三里河街道西南方向 22.6 千米。洋河镇辖自然村。人口 1 000。明永乐年间，张氏由京东桑琅村迁入该村，以姓氏命村名为张家。聚落呈团块状分布。经济以种植业为主，种植小葱、黄烟。有公路经此。

匡王庄 370281-B05-H16
[Kuāngwángzhuāng]

在市驻地三里河街道西南方向 21.6 千米。洋河镇辖自然村。人口 500。因姓氏得名。聚落呈团块状分布。经济以种植业、养殖业为主，种植速生杨。有公路经此。

于家庄 370281-B05-H17
[Yújiāzhuāng]

在市驻地三里河街道西南方向 16.9 千米。洋河镇辖自然村。人口 300。清康熙年间，于姓从即墨南万村迁来，故名于家庄。聚落呈团块状分布。经济以种植业为主，种植大豆、花生、辣椒。有公路经此。

前澄海 370281-B05-H18
[Qiánchénghǎi]

在市驻地三里河街道西南方向 21.2 千米。洋河镇辖自然村。人口 700。明洪武年间立村，以地理位置得名。聚落呈团块状分布。经济以种植业为主，种植芋头，栽植茶树。有公路经此。

后澄海 370281-B05-H19
[Hòuchénghǎi]

在市驻地三里河街道西南方向 21.1 千米。洋河镇辖自然村。人口 500。明洪武年间立村，以地理位置得名。聚落呈团块状分布。经济以种植业为主。有公路经此。

曹家庄 370281-B05-H20
[Cáojiāzhuāng]

在市驻地三里河街道西南方向 23.2 千米。洋河镇辖自然村。人口 200。清康熙年间，曹姓从即墨南疃迁入立村，以姓氏命名。聚落呈团块状分布。经济以种植业为主，种植杏、李、桃。有公路经此。

黑山前 370281-B05-H21
[Hēishānqián]

在市驻地三里河街道西南方向 28.6 千米。洋河镇辖自然村。人口 100。以地理位置得名。聚落呈团块状分布。经济以种植业为主，种植苹果、梨、桃子等。有公路经此。

裴家 370281-B05-H22
[Péijiā]

在市驻地三里河街道西南方向 27.3 千米。洋河镇辖自然村。人口 400。因姓氏得名。聚落呈团块状分布。经济以种植业、养殖业为主，种植苹果、花生、红薯，养殖黄牛、黑山羊、梅花鹿等。有公路经此。

后夼 370281-B05-H23
[Hòukuǎng]

在市驻地三里河街道西南方向 29.4 千米。洋河镇辖自然村。人口 700。清道光十一年（1831），张姓从杜村镇大剑家沟村迁此落户，因地理实体得名。聚落呈团块状分布。经济以种植业为主，种植苹果、梨、桃子等。有公路经此。

前夼 370281-B05-H24
[Qiánkuǎng]

在市驻地三里河街道西南方向 29.6 千米。洋河镇辖自然村。人口 300。因地理实体得名。聚落呈团块状分布。经济以种植业、林果业、养殖业为主,种植花生、大豆、棉花、红薯。有公路经此。

养殖业为主,种植花生、小麦、玉米、苹果,养殖鸡。有公路经此。

西王家庄 370281-B05-H25
[Xīwángjiāzhuāng]

在市驻地三里河街道西南方向 26.6 千米。洋河镇辖自然村。人口 200。因姓氏和方位得名。聚落呈团块状分布。经济以种植业为主,种植土豆、芋头。有公路经此。

房家 370281-B05-H30
[Fángjiā]

在市驻地三里河街道西南方向 36.2 千米。洋河镇辖自然村。人口 500。因姓氏得名。聚落呈团块状分布。经济以种植业、养殖业为主,种植花生,养殖猪。有公路经此。

李高庄 370281-B05-H26
[Lǐgāozhuāng]

在市驻地三里河街道西南方向 26.6 千米。洋河镇辖自然村。人口 500。因姓氏得名。聚落呈团块状分布。经济以种植业为主,种植苹果、山杏、山楂、柿子、李子等。有公路经此。

神山屯 370281-B05-H31
[Shénshāntún]

在市驻地三里河街道西南方向 31.6 千米。洋河镇辖自然村。人口 200。因自然地理实体得名。聚落呈团块状分布。经济以种植业、养殖业为主,种植花生,养殖猪、牛、羊、鸡。有公路经此。

窑洼 370281-B05-H27
[Yáowā]

在市驻地三里河街道西南方向 36.6 千米。洋河镇辖自然村。人口 500。因此处有一旧窑,且地势低洼,积水严重,故名。聚落呈团块状分布。经济以加工业为主。有公路经此。

南官庄 370281-B05-H32
[Nánguānzhuāng]

在市驻地三里河街道西南方向 33.6 千米。洋河镇辖自然村。人口 40。此地原有两位大财主,一人资产较多,显赫一时,以所居位置立村北大湾崖,另一人兴办学堂,培养了许多人才,立村南二湾崖,后改称南官庄。聚落呈团块状分布。经济以种植业为主,种植蓝莓。

李家屯 370281-B05-H28
[Lǐjiātún]

在市驻地三里河街道西南方向 33.2 千米。洋河镇辖自然村。人口 500。因姓氏得名。聚落呈团块状分布。经济以种植业为主,种植西瓜。有公路经此。

石沟 370281-B05-H33
[Shígōu]

在市驻地三里河街道西南方向 38.6 千米。洋河镇辖自然村。人口 300。因自然地理实体得名。聚落呈团块状分布。经济以种植业为主,种植地瓜。

仲家庄 370281-B05-H29
[Zhòngjiāzhuāng]

在市驻地三里河街道西南方向 36.6 千米。洋河镇辖自然村。人口 500。因姓氏得名。聚落呈团块状分布。经济以种植业、

石门子 370281-B05-H34
[Shíménzi]

在市驻地三里河街道西南方向 34.6 千

米。洋河镇辖自然村。人口 600。因地形地貌特征得名。聚落呈团块状分布。经济以种植业为主。

石前庄　370281-B05-H35
［Shíqiánzhuāng］

在市驻地三里河街道西南方向 28.3 千米。洋河镇辖自然村。人口 600。明朝初年，丁姓和马姓从云南到此立村，该村位于胶州八景之一"石耳争奇"的西石前，故名石前庄。聚落呈团块状分布。经济以加工业、养殖业为主。有公路经此。

北王珠　370281-B06-H01
［Běiwángzhū］

胶莱镇人民政府驻地。在市驻地三里河街道北方向 26.0 千米。人口 1 300。传说唐王征东时，曾到过此地，故名村王柱，后演为王珠。因此村在北，后以方位改名北王珠。聚落呈团块状分布。有小学 1 处、幼儿园 1 处。经济以种植业为主，种植大葱、土豆、大姜等，济青高速、同三高速、国道诸朱路经此。

中王珠　370281-B06-H02
［Zhōngwángzhū］

在市驻地三里河街道北方向 25.6 千米。胶莱镇辖自然村。人口 900。传说唐王征东时，曾到过此地，故名村王柱，后演为王珠。因此村居中，后以方位改名中王珠。聚落呈团块状分布。经济以种植业为主，种植小麦、玉米。沈海高速、217 省道经此。

王珠　370281-B06-H03
［Wángzhū］

在市驻地三里河街道北方向 26.5 千米。胶莱镇辖自然村。人口 3 600。传说唐王征东时，曾到过此地，故名村王柱，后以谐音称王珠。聚落呈带状分布。经济以种植

业为主，种植小麦、玉米、花生。同三高速、309 国道、217 省道经此。

撑角埠　370281-B06-H04
［Chēngjiǎobù］

在市驻地三里河街道北方向 24.8 千米。胶莱镇辖自然村。人口 1 100。一说因村内地势低洼，汛期汪洋一片，仅一角能撑船进出，故得名撑角埠；另一说村西有高埠，向东延伸一角，村落建于角下，故名撑角埠。聚落呈团块状分布。经济以种植业为主，种植小麦、玉米、地瓜、花生、蔬菜。

耕乐庄　370281-B06-H05
［Gēnglèzhuāng］

在市驻地三里河街道北方向 21.0 千米。胶莱镇辖自然村。人口 1 000。因嘉言得名。聚落呈团块状分布。经济以种植业为主，种植小麦、玉米。青银高速经此。

瓦丘埠　370281-B06-H06
［Wǎqiūbù］

在市驻地三里河街道北方向 20.0 千米。胶莱镇辖自然村。人口 1 900。明万历年间，张姓由云南移民来此立村，因村址邻近古墓群，时有古代随葬品破碎瓦片出土，又因该处地势较高，故称瓦丘埠。聚落呈团块状分布。经济以种植业为主，种植小麦、玉米。沈海高速、青银高速经此。

官路　370281-B06-H07
［Guānlù］

在市驻地三里河街道北方向 23.0 千米。胶莱镇辖自然村。人口 1 100。因古代道路得名。聚落呈团块状分布。经济以种植业为主，种植小麦、玉米。青银高速、309 国道经此。

马店 370281-B06-H08

[Mǎdiàn]

在市驻地三里河街道北方向 20.0 千米。胶莱镇辖自然村。人口 2 600。据传唐王征兵时曾在此集结过兵马，被称为马站。明清时期，因处于胶州通往莱州府的交通要道处，客商络绎不绝，村中有十几处店铺，村名逐渐演变为马店。聚落呈团块状分布。经济以种植业为主，种植小麦、玉米、地瓜、花生、蔬菜。有公路经此。

东岭 370281-B06-H09

[Dōnglǐng]

在市驻地三里河街道北方向 23.0 千米。胶莱镇辖自然村。人口 1 000。因自然地理位置得名。聚落呈团块状分布。经济以种植业为主，种植小麦、玉米、地瓜、花生、蔬菜。沈海高速经此。

五里堠子 370281-B06-H10

[Wǔlǐhòuzi]

在市驻地三里河街道北方向 21.0 千米。胶莱镇辖自然村。人口 800。明末清初立村，一说堠为古代记里程的土堆，因距胶城三十五里，此为通莱州府之大道，故名三十五里丰堠庄，简化为五里堠子；另一说村落原称封侯庄，一州官到此巡访，嫌庄名太大，封侯是皇事，故以当地有堠为名，改称五里堠子。聚落呈团块状分布。经济以种植业为主，种植小麦、玉米、地瓜、花生、蔬菜。沈海高速经此。

店子 370281-B06-H11

[Diànzi]

在市驻地三里河街道北方向 27.0 千米。胶莱镇辖自然村。人口 900。因村民开店而得名。聚落呈散状分布。经济以种植业为主，种植小麦、玉米、地瓜、花生、蔬菜。有公路经此。

王家河头 370281-B06-H12

[Wángjiāhétóu]

在市驻地三里河街道北方向 17.0 千米胶莱镇辖自然村。人口 1 200。因姓氏和地理位置得名。聚落呈团块状分布。经济以种植业为主，种植小麦、玉米。309 国道、217 省道经此。

即墨市

城市居民点

宝龙城市广场小区 370282-I01

[Bǎolóng Chéngshì Guǎngchǎng Xiǎoqū]

在县级市市区中部。人口 6 021。总面积 17.7 公顷。以建设单位和位置命名。2010 年始建，2013 年正式使用。建筑总面积 580 000 平方米，高层住宅楼 10 栋，地中海经典建筑风格，绿地面积 3 553 平方米，有幼儿园、健身广场、活动中心等配套设施。通公交车。

新民小区 370282-I02

[Xīnmín Xiǎoqū]

在县级市市区东南部。人口 3 300。总面积 7.6 公顷。名称意为新时代的人民。一期 1991 年始建，1993 年正式使用；二期 1993 年始建，1996 年正式使用。建筑总面积 90 000 平方米，多层住宅楼 178 栋，现代建筑风格。通公交车。

环秀苑小区 370282-I03

[Huánxiùyuàn Xiǎoqū]

在县级市市区东南部。人口 1 230。总面积 4.0 公顷。是在环秀街道辖区建的居民小区，故名。一期 1999 年始建，2000 年正式使用；二期 2003 年始建，2004 年正式使用。

建筑总面积 40 000 平方米, 多层住宅楼 18 栋, 现代建筑特点。通公交车。

万科四季花城 370282-I04
[Wànkē Sìjì Huāchéng]

在县级市市区东部。人口 1 500。总面积 1.0 公顷。因由万科房地产公司承建, 故名万科四季花城。2006 年始建, 2008 年正式使用。建筑总面积 270 000 平方米, 住宅楼 42 栋, 其中高层 31 栋、多层 11 栋, 现代建筑风格。通公交车。

和平一区 370282-I05
[Hépíng Yīqū]

在县级市市区北部。人口 3 552。总面积 1.3 公顷。取 "和谐、平安" 之意命名。1988 年始建, 1990 年正式使用。建筑总面积 63 700 平方米, 多层住宅楼 19 栋, 现代建筑风格。通公交车。

江南花园小区 370282-I06
[Jiāngnán Huāyuán Xiǎoqū]

在县级市市区中部。人口 1 979。总面积 8.0 公顷。因小区临近水上公园, 风景如画, 有江南意境, 故名。2001 年建设, 2003 年正式使用。建筑总面积 73 700 平方米, 住宅楼 27 栋, 现代建筑风格, 有广场等配套设施。通公交车。

德馨园小区 370282-I07
[Déxīnyuán Xiǎoqū]

在县级市市区中部。人口 5 174。总面积 24.0 公顷。取 "斯是陋室, 惟吾德馨" 之意命名。2001 年始建, 2003 年正式使用。建筑总面积 221 000 平方米, 多层住宅楼 28 栋, 现代建筑风格, 有健身广场等配套设施。通公交车。

御墅临枫 370282-I08
[Yùshùlínfēng]

在县级市市区东北部。人口 6 100。总面积 73.0 公顷。该小区以枫叶为主题, 故名御墅临枫。2004 年始建, 2009 年正式使用。建筑总面积 500 000 平方米, 多层住宅楼 110 栋, 现代建筑风格, 绿化率 56%, 有学校等配套设施。通公交车。

农村居民点

八里三村 370282-A01-H01
[Bālǐsāncūn]

在市驻地通济街道西方向 0.4 千米。通济街道辖自然村。人口 1 200。明正德年间, 巩、綦二姓来此立村, 因村坐落于即墨至胶州驿路北侧的十里铺与五里墩之间, 距县城约八华里, 故得名八里庄, 后按序数称八里三村。聚落呈团块状分布。有文化大院。有青莹集团公司、海来福集团等企业。有公路经此。

西北关 370282-A01-H02
[Xīběiguān]

在市驻地通济街道西南方向 2.5 千米。通济街道辖自然村。人口 2 400。因在城西关之北, 故名。聚落呈团块状分布。有图书室 2 处。经济以商贸业、服装业、餐饮业为主。213 省道经此。

王家院 370282-A01-H03
[Wángjiāyuàn]

在市驻地通济街道南方向 1.5 千米。通济街道辖自然村。人口 1 800。明宣德年间, 王姓在此开菜园, 后形成村落, 取名王家园, 后演变为王家院。聚落呈团块状分布。有文化大院。经济以制造业为主。有公路经此。

北龙湾头 370282-A01-H04
[Běilóngwāntóu]

在市驻地通济街道北方向 2.0 千米。通济街道辖自然村。人口 2 400。明洪熙年间，高、韩、卢三姓来此地立村，因村中有一池塘，天旱不涸，称龙湾，故命村名为龙湾头。后因此村位于湾北，称北龙湾头。聚落呈团块状分布。有文化大院、幼儿园。经济以制造业为主。有公路经此。

南龙湾头 370282-A01-H05
[Nánlóngwāntóu]

在市驻地通济街道东北方向 1.5 千米。通济街道辖自然村。人口 2 400。明洪熙年间，高、韩、卢三姓来此地立村，因村中有一池塘，天旱不涸，称龙湾，故命村名为龙湾头。后因此村位于湾南，称南龙湾头。聚落呈团块状分布。有文化大院。经济以制造业、纺织业为主。有公路经此。

辛家庄 370282-A01-H06
[Xīnjiāzhuāng]

在市驻地通济街道南方向 2.0 千米。通济街道辖自然村。人口 1 400。明洪武年间，辛姓来此立村，以姓名村。聚落呈团块状分布。有文化大院。经济以租赁业为主。有公路经此。

坊子街 370282-A01-H07
[Fángzijiē]

在市驻地通济街道东方向 2.3 千米。通济街道辖自然村。人口 2 500。因靠近官路，开设坊子（小店）的较多，故称坊子街。聚落呈团块状分布。有文化大院。经济以商业为主。有公路经此。

长阡 370282-A01-H08
[Chángqiān]

在市驻地通济街道西南方向 1.0 千米。通济街道辖自然村。人口 1 800。因地势平衍，田地阡陌（道路）较长，取村名长阡。聚落呈团块状分布。有文化大院。经济以商贸业为主。有公路经此。

八里一村 370282-A01-H09
[Bālǐyīcūn]

在市驻地通济街道西方向 0.2 千米。通济街道辖自然村。人口 1 300。明正德年间，巩、綦二姓来此立村，因村坐落于即墨至胶州驿路北侧的十里铺与五里墩之间，距县城约八华里，故得名八里庄，后按序数称八里一村。聚落呈团块状分布。有文化大院。经济以制造业、商贸业为主。有公路经此。

八里二村 370282-A01-H10
[Bālǐ'èrcūn]

在市驻地通济街道东北方向 0.5 千米。通济街道辖自然村。人口 1 000。明正德年间，巩、慕二姓来此立村，因村坐落于即墨至胶州路北侧的十里铺与王里墩之间，距县城约八华里，故得名八里庄，后按序数称八里二村。聚落呈团块状分布。有文化大院、小学。经济以商贸业为主。有公路经此。

枣杭 370282-A01-H11
[Zǎoháng]

在市驻地通济街道东北方向 5.0 千米。通济街道辖自然村。人口 2 400。因村前有一片枣林，名村为枣行，后演为今名。聚落呈团块状分布。有文化大院。经济以商贸业为主。有公路经此。

阁里 370282-A01-H12
[Gélǐ]

在市驻地通济街道东方向 4.0 千米。通济街道辖自然村。人口 1 700。因村中主要街道为西阁所在地而得名。聚落呈团块状分布。有文化大院。经济以商贸业、加工业为主。有公路经此。

窑头 370282-A01-H13
［Yáotóu］

在市驻地通济街道东方向 1.5 千米。通济街道辖自然村。人口 2 600。隋朝修建即墨城时，曾在该村址建窑烧砖，故名。聚落呈团块状分布。有文化大院。经济以商贸业为主。有公路经此。

大同 370282-A01-H14
［Dàtóng］

在市驻地通济街道东方向 4.0 千米。通济街道辖自然村。人口 2 200。因靠近官路，开设坊子（小店）的较多，改称坊子街。1953 年后改称大同。聚落呈团块状分布。有文化大院、中学。经济以商贸业、运输业为主。有公路经此。

小李 370282-A01-H15
［Xiǎolǐ］

在市驻地通济街道北方向 2.9 千米。通济街道辖自然村。人口 2 800。因村有李姓居住，故名李村，后因重名，改为小李。聚落呈团块状分布。有文化大院。经济以商贸业为主。有公路经此。

云桥 370282-A01-H16
［Yúnqiáo］

在市驻地通济街道西南方向 5.0 千米。通济街道辖自然村。人口 2 400。因村东淮涉河上有一石桥，桥头常有云雾出现，故名云桥。聚落呈团块状分布。有文化大院、小学。经济以商贸业为主。有公路经此。

阎家岭 370282-A01-H17
［Yánjiālǐng］

在市驻地通济街道西南方向 8.0 千米。通济街道辖自然村。人口 1 900。明永乐年间，阎姓从云南来此岭居住，取名阎家岭。聚落呈团块状分布。有文化大院、中学。有青岛即墨京信电子有限公司等企业。有公路经此。

邢家岭 370282-A01-H18
［Xíngjiālǐng］

在市驻地通济街道西南方向 9.0 千米。通济街道辖自然村。人口 900。明永乐年间，邢姓建村，名邢家岭。聚落呈团块状分布。有文化大院。经济以制造业、加工业、运输业、餐饮业、商贸业为主。有公路经此。

华桥 370282-A01-H19
［Huáqiáo］

在市驻地通济街道西南方向 11.0 千米。通济街道辖自然村。人口 2 400。因滑石桥得名。聚落呈团块状分布。有文化大院、小学。经济以商业为主。有公路经此。

大韩村 370282-A02-H01
［Dàháncūn］

在市驻地通济街道东南方向 2.4 千米。环秀街道辖自然村。人口 2 900。明永乐二年（1404），韩姓兄弟二人由云南迁至此地立村，兄长所立村称大韩村。聚落呈团块状分布。有文化大院。经济以加工业为主。有公路经此。

王家庄 370282-A02-H02
［Wángjiāzhuāng］

在市驻地通济街道东南方向 2.9 千米。环秀街道辖自然村。人口 1 300。明嘉靖年间，王氏流迁于此，开荒耕耘，繁衍生息，逐渐成为村落，故名王家庄。聚落呈团块状分布。有文化大院。经济以制造业为主。有公路经此。

三里庄 370282-A02-H03
[Sānlǐzhuāng]

在市驻地通济街道东南方向 7.2 千米。环秀街道辖自然村。人口 1 200。明洪武年间，籍异宗别的三家李姓先后迁至此地立村，故称三李庄，后演变为三里庄。聚落呈团块状分布。经济以制造业为主。有公路经此。

小韩村 370282-A02-H04
[Xiǎohácūn]

在市驻地通济街道东南方向 3.7 千米。环秀街道辖自然村。人口 2 000。明永乐二年（1404），韩氏兄弟二人从云南迁来建村，弟居此地，为小韩村。聚落呈团块状分布。有文化大院、小学。经济以制造业为主。有公路经此。

河南 370282-A02-H05
[Hénán]

在市驻地通济街道东南方向 1.3 千米。环秀街道辖自然村。人口 300。明洪武年间，宫姓由云南来此立村于一条小河南面，故取名河南。聚落呈团块状分布。有文化大院。经济以加工业为主。有公路经此。

王家官庄 370282-A02-H06
[Wángjiāguānzhuāng]

在市驻地通济街道东南方向 2.5 千米。环秀街道辖自然村。人口 1 500。明末，王姓来此居住，仿效东邻孙家官庄，取村名为王家官庄。聚落呈团块状分布。有文化大院、中学。经济以种植业为主。有公路经此。

郭家巷 370282-A02-H07
[Guōjiāxiàng]

在市驻地通济街道东南方向 2.2 千米。环秀街道辖自然村。人口 1 900。以姓氏命名。聚落呈团块状分布。有文化大院。经济以制造业为主。有公路经此。

磨市 370282-A02-H08
[Mòshì]

在市驻地通济街道东南方向 2.1 千米。环秀街道辖自然村。人口 1 200。此村位于即墨城通往东南山的河口，山里所产石磨多集散于此，故称磨市口子，后简称磨市。聚落呈团块状分布。有文化大院。经济以制造业为主。有公路经此。

前东城 370282-A02-H09
[Qiándōngchéng]

在市驻地通济街道东南方向 5.5 千米。环秀街道辖自然村。人口 2 800。因地处东城之前，称前东城。聚落呈团块状分布。有文化大院。经济以制造业为主。有公路经此。

塚子头 370282-A02-H10
[Zhǒngzitóu]

在市驻地通济街道东南方向 2.6 千米。环秀街道辖自然村。人口 800。明嘉靖年间，江氏来此立村，因村南、村北各有一巨塚，取名塚子头。聚落呈团块状分布。有文化大院。经济以种植业为主。有公路经此。

西山前 370282-A02-H11
[Xīshānqián]

在市驻地通济街道东南方向 8.9 千米。环秀街道辖自然村。人口 1 600。明万历年间，江姓来此居住，因立村于驯虎山前，取名山前。后分为东、西两村，本村以方位称西山前。聚落呈团块状分布。有文化大院、小学。经济以制造业为主，主要产品有电表、仪表配件、铸造配件、汽车配件。有公路经此。

河南杨头 370282-A03-H01
[Hénányángtóu]

在市驻地通济街道东方向 10.2 千米。潮海街道辖自然村。人口 2 000。因村中有一条沟，两岸杨树成林，称杨树沟。村在杨树沟南，故称河南杨头。聚落呈团块状分布。有小学 1 处、幼儿园 1 处。经济以制造业为主。有公路经此。

前铺下 370282-A03-H02
[Qiánpùxià]

在市驻地通济街道东方向 6.0 千米。潮海街道辖自然村。人口 400。明末，孙姓在铺下村前立村，称前铺下。聚落呈团块状分布。有文化大院。经济以种植业为主，种植小麦、玉米、花生等。有公路经此。

后铺下 370282-A03-H03
[Hòupùxià]

在市驻地通济街道东方向 5.0 千米。潮海街道辖自然村。人口 400。明朝时，该地是即墨通莱阳驿邮路上侯家庄铺的所在地。永乐年间，栾姓于驿站以西低处立村，称铺下，后改称后铺下。聚落呈团块状分布。有文化大院。经济以种植业为主，种植小麦、玉米、花生等。有公路经此。

西障 370282-A03-H04
[Xīzhàng]

在市驻地通济街道东方向 2.0 千米。潮海街道辖自然村。人口 1 200。因村落位于县城东部，对县城起到保护屏障的作用，故称障村。1953 年，村西段改称西障。聚落呈团块状分布。有文化大院。经济以商贸业为主。有公路经此。

中障 370282-A03-H05
[Zhōngzhàng]

在市驻地通济街道东方向 3.0 千米。潮海街道辖自然村。人口 2 200。因村落位于县城东部，对县城起到保护屏障的作用，故称障村。1953 年，村东段改称中障。聚落呈团块状分布。有文化大院。经济以机械加工业、纺织业为主。有公路经此。

考院 370282-A03-H06
[Kǎoyuàn]

在市驻地通济街道东方向 3.0 千米。潮海街道辖自然村。人口 1 500。因辖区内有清朝科考童生的考院而得名。聚落呈团块状分布。有文化大院。经济以商业为主。有公路经此。

江家西流 370282-A03-H07
[Jiāngjiāxīliú]

在市驻地通济街道东北方向 5.1 千米。潮海街道辖自然村。人口 1 800。明崇祯年间，江氏迁此建村，因龙泉河由北来至村南，回湾西流，由此称江家西流。聚落呈团块状分布。有文化大院、小学。经济以加工制造业为主。有公路经此。

刘家西流 370282-A03-H08
[Liújiāxīliú]

在市驻地通济街道东北方向 5.2 千米。潮海街道辖自然村。人口 1 000。聚落呈团块状分布。原村名吕家西流，后因刘家出了一名状元，改为刘家西流。有文化大院。经济以种植业为主，种植小麦、玉米、花生等。有公路经此。

解家营 370282-A03-H09
[Xièjiāyíng]

在市驻地通济街道东方向 5.0 千米。潮海街道辖自然村。人口 1 400。清康熙年间，城里解樾在周家茔侧定居，后称村解家营。聚落呈团块状分布。有文化大院、小学、幼儿园。经济以商贸业为主。有公路经此。

宅子头 370282-A03-H10
[Zháizitóu]

在市驻地通济街道东方向 4.0 千米。潮海街道辖自然村。人口 3 000。明洪武年间，赵姓、郑姓先后来此地，称宅子，后逐渐演变为宅子头。聚落呈团块状分布。有文化大院、小学。经济以商贸业、加工业为主。有公路经此。

十亩地 370282-A03-H11
[Shímǔdì]

在市驻地通济街道东方向 4.1 千米。潮海街道辖自然村。人口 1 300。因这里曾有黄家的十亩花园，故取名十亩地。聚落呈团块状分布。有文化大院、小学。经济以种植业为主。有公路经此。

王家后戈庄 370282-A04-H01
[Wángjiāhòugēzhuāng]

在市驻地通济街道东方向 4.0 千米。北安街道辖自然村。人口 1 600。唐朝时，王氏从城阳迁此定居，取村名柳溪庄，明洪武年间，以村中大姓取名侯家庄。永东年间，因附近有刘家侯戈庄、朱家侯戈庄，且村中侯氏外迁，王氏增多，故改名王家后戈庄。聚落呈团块状分布。有文化大院、小学、幼儿园。经济以商贸业为主。有公路经此。

上疃 370282-A04-H02
[Shàngtuǎn]

在市驻地通济街道北方向 7.3 千米。北安街道辖自然村。人口 1 000。明永乐年间，单姓在此落户。清初，单姓绝，崔、常等姓相继迁此，因地势高于邻村下疃，命名为上疃。聚落呈团块状分布。有文化大院。经济以种植业为主，种植小麦、玉米、花生。有公路经此。

下疃 370282-A04-H03
[Xiàtuǎn]

在市驻地通济街道北方向 7.8 千米。北安街道辖自然村。人口 21 000。明洪武年间，王、黄、乔相继迁此，因地势位于岭下低处，取名下疃。聚落呈团块状分布。有文化大院、小学。经济以种植业为主，种植小麦、玉米、花生。有公路经此。

辛庄一村 370282-A04-H04
[Xīnzhuāngyīcūn]

在市驻地通济街道北方向 4.7 千米。北安街道辖自然村。人口 1 000。明洪武年间，辛姓逃荒至此定居，故称辛庄。1960 年 10 月分为三个自然村，该村在西，排序为一，故称辛庄一村。聚落呈团块状分布。有文化大院。经济以种植业为主，种植小麦、玉米、花生。有公路经此。

辛庄二村 370282-A04-H05
[Xīnzhuāng'èrcūn]

在市驻地通济街道北方向 4.6 千米。北安街道辖自然村。人口 700。明洪武年间，辛姓逃荒至此定居，故称辛庄。1960 年 10 月分为三个自然村，该村在中间，排序为二，故称辛庄二村。聚落呈团块状分布。有文化大院、小学。经济以种植业为主，种植小麦、玉米、花生。有公路经此。

辛庄三村 370282-A04-H06
[Xīnzhuāngsāncūn]

在市驻地通济街道北方向 4.5 千米。北安街道辖自然村。人口 700。明洪武年间，辛姓逃荒至此定居，故称辛庄。1960 年 10 月分为三个自然村，该村在东，排序为三，故称辛庄三村。聚落呈团块状分布。有文化大院。经济以种植业为主，种植小麦、玉米、花生。有公路经此。

李家岭 370282-A04-H07
[Lǐjiālǐng]

在市驻地通济街道北方向 8.4 千米。北安街道辖自然村。人口 400。明顺治年间，世袭李姓博士从海阳之兆固山迁于周哥庄。清乾隆年间，兄弟五人分居，三支、四支来此立村，因地处岭地，称李家岭。聚落呈团块状分布。有文化大院。经济以种植业为主，种植小麦、玉米、花生。有公路经此。

营东 370282-A04-H08
[Yíngdōng]

在市驻地通济街道北方向 5.2 千米。北安街道辖自然村。人口 2 000。明宣德八年（1433），村民由县南金家岭迁即墨营于城北十里，故称营上。因该村位于营上东面，故命名为营东。聚落呈团块状分布。有文化大院、小学、幼儿园。经济以种植业、纺织业为主，种植小麦、玉米、花生等。有公路经此。

营西 370282-A04-H09
[Yíngxī]

在市驻地通济街道北方向 5.3 千米。北安街道辖自然村。人口 1 500。明宣德八年（1433），村民由县南金家岭迁即墨营于城北十里，故称营上。该村在营上西面，故称营西。聚落呈团块状分布。有文化大院。经济以种植业、纺织业为主，种植小麦、玉米、花生。有公路经此。

蓝家庄 370282-A04-H10
[Lánjiāzhuāng]

在市驻地通济街道北方向 5.0 千米。北安街道辖自然村。人口 300。因蓝姓在此立村，故称蓝家庄。聚落呈团块状分布。有文化大院。经济以种植业、商贸业为主，种植小麦、玉米、花生等。有公路经此。

蒲洼 370282-A04-H11
[Púwā]

在市驻地通济街道北方向 9.7 千米。北安街道辖自然村。人口 1 300。明永乐十二年（1414），胡姓来此立村，以濒临二蒲河（又称周戈庄河）和地势低洼而取名为蒲洼。聚落呈团块状分布。有文化大院、幼儿园。经济以种植业、加工业、商贸业为主，种植小麦、玉米、花生等。有公路经此。

小庄 370282-A04-H12
[Xiǎozhuāng]

在市驻地通济街道北方向 5.2 千米。北安街道辖自然村。人口 600。明朝中期，韩姓来此居住，因村小，故取名小庄。聚落呈团块状分布。有文化大院。经济以种植业、商贸业为主，种植小麦、玉米、花生等。有公路经此。

宋化泉 370282-A04-H13
[Sònghuàquán]

在市驻地通济街道北方向 6.6 千米。北安街道辖自然村。人口 1 400。明洪武年间，宋、江、曹等姓相继来此，因村西有泉，附近有多棵古松，松花落入泉中，故以谐音称宋化泉。聚落呈团块状分布。有文化大院。经济以种植业为主，种植小麦、玉米、花生、高粱等。有公路经此。

大留村 370282-A05-H01
［Dàliúcūn］

在市驻地通济街道东方向 8.3 千米。龙山街道辖自然村。人口 2 300。明洪武二十一年（1388），魏国公徐辉祖奉命设吞山卫，授田于周氏并留住于该村，故始名留村。后为区别于小留村，称大留村。聚落呈团块状分布。有文化大院、小学。经济以种植业为主，种植谷子、花生、玉米等，特产大留村小米。有公路经此。

前东葛 370282-A05-H02
［Qiándōnggé］

在市驻地通济街道东方向 8.0 千米。龙山街道辖自然村。人口 800。明永乐元年（1403），刘氏立村，因西邻葛村，故称东葛。后发展为两村，此村在前，称前东葛。聚落呈团块状分布。有文化大院。经济以机械加工业为主。有公路经此。

后东葛 370282-A05-H03
［Hòudōnggé］

在市驻地通济街道东方向 7.8 千米。龙山街道辖自然村。人口 1 100。明永乐元年（1403），刘氏立村，因西邻葛村，故称东葛。前东葛形成后，此村称后东葛。聚落呈团块状分布。有文化大院。经济以种植业、商贸业为主，种植蔬菜、果树、茶叶等。有公路经此。

团彪庄 370282-A05-H04
［Tuánbiāozhuāng］

在市驻地通济街道东方向 9.2 千米。龙山街道辖自然村。人口 900。因此地南傍虎头山，山形如猛虎蜷卧，故取名为团彪庄。聚落呈团块状分布。有文化大院、小学。经济以种植业为主，种植果树、花生、玉米、茶叶等。有公路经此。

刘家官庄 370282-A05-H05
［Liújiāguānzhuāng］

在市驻地通济街道东方向 6.1 千米。龙山街道辖自然村。人口 2 100。清代卢姓任道台后，村名为官庄。后因此村刘姓居民居多，1980 年地名普查时，更名为刘家官庄。聚落呈团块状分布。有文化大院、中学。经济以种植业为主，种植玉米、花生等。有公路经此。

羊山夼 370282-A05-H06
［Yángshānkuǎng］

在市驻地通济街道东方向 11.2 千米。龙山街道辖自然村。人口 400。因地处山沟，杨树遍布村周，得名杨树沟，后改杨山夼，又演变为羊山夼。聚落呈团块状分布。有文化大院。有机械加工企业。有公路经此。

后北葛 370282-A05-H07
［Hòuběigé］

在市驻地通济街道东方向 5.9 千米。龙山街道辖自然村。人口 1 400。明永乐年间，周姓建村，因村四周土地长有很多葛子，故名葛村。后因重名，因本村在最北方，取名北葛。后发展为两村，此村位置在后，称后北葛。聚落呈团块状分布。有文化大院。经济以种植业为主。

大村 370282-A05-H08
［Dàcūn］

在市驻地通济街道东方向 8.4 千米。龙山街道辖自然村。人口 1 700。明洪武三十年（1397），邵氏辗转此地，见四面环山，地势雄伟，决定立村定居，取名大村。聚落呈团块状分布。有文化大院。经济以种植业、商贸业为主，种植玉米、地瓜、花生等。有公路经此。

张家烟霞 370282-A05-H09

[Zhāngjiāyānxiá]

在市驻地通济街道东方向 6.0 千米。龙山街道辖自然村。人口 1 300。村名由来说法有三：一说以"烟霞此地多"的诗句命名；一说，当时北盟旺山设有烟墩，战时用来发狼烟传递信号，因本村建于盟旺山南，立村北望，滚滚浓烟在空中回荡，好似一道天然烟雾屏障，故名；一说，因村南紧靠淮涉河，河两岸柳树成荫，河里流水潺潺，当朝霞从东方冉冉升起时，柳林、河水在朝霞的映照下，气雾蒙蒙，缭绕在河岸上空，人们感慨这一怡人景观，故名。聚落呈团块状分布。有文化大院。经济以商业、制造业为主。有公路经此。

石龙庄 370282-A05-H10

[Shílóngzhuāng]

在市驻地通济街道东方向 9.2 千米。龙山街道辖自然村。人口 1 100。因村南河底有一形状似龙的岩石而得名。聚落呈团块状分布。有文化大院。经济以种植业为主，种植花生、玉米、地瓜等。有公路经此。

汪汪泊 370282-A06-H01

[Wāngwāngpō]

在市驻地通济街道东方向 12.0 千米。龙泉街道辖自然村。人口 1 100。明弘治元年（1488），栾姓来此地立村，因此处低洼，东、西、北三个方向的水都向村中心部汇流，雨后往往积水成泊，故名村汪汪泊。聚落呈团块状分布。有文化大院。经济以种植业为主，种植小麦、花生、玉米、地瓜等。有公路经此。

刘家街 370282-A06-H02

[Liújiājiē]

在市驻地通济街道东方向 10.1 千米。龙泉街道辖自然村。人口 700。明万历年间，刘氏迁段村东立村，称刘家疃，后逐渐与段村部分地域形成一个自然村，改称刘家街。聚落呈团块状分布。有文化大院。经济以种植业为主，种植小麦、玉米、花生。有公路经此。

修家街 370282-A06-H03

[Xiūjiājiē]

在市驻地通济街道东方向 10.0 千米。龙泉街道辖自然村。人口 900。明末，修姓迁段村北立村，称修家疃。后逐渐与段村部分地域形成一个自然村，北部称修家街。聚落呈团块状分布。有文化大院。经济以种植业为主，种植小麦、玉米、花生。有公路经此。

范家街 370282-A06-H04

[Fànjiājiē]

在市驻地通济街道东方向 9.6 千米。龙泉街道辖自然村。人口 900。明洪武初年，范氏迁段村定居，后段姓绝，南部称范家街。聚落呈团块状分布。有文化大院。经济以种植业为主，种植小麦、玉米、花生。有公路经此。

石门 370282-A06-H05

[Shímén]

在市驻地通济街道东方向 13.0 千米。龙泉街道辖自然村。人口 1 100。因村东有双石对立路侧，形似门，故村名石门。聚落呈团块状分布。有文化大院、小学。经济以种植业为主，种植小麦。有公路经此。

河东杨头 370282-A06-H06

[Hédōngyángtóu]

在市驻地通济街道东北方向 6.4 千米。龙泉街道辖自然村。人口 1 700。村中有一条沟，两岸杨树成林，称杨树沟。村落在杨树沟头，故改称杨头。后因居民在杨头东定居，故村名河东杨头。聚落呈团块状分布。有文化大院。经济以种植业为主，种植玉米、小麦、花生。有公路经此。

邹家蒲渠 370282-A06-H07
[Zōujiāpúqú]

在市驻地通济街道东北方向 15.0 千米。龙泉街道辖自然村。人口 800。明永乐五年（1407），邹氏立村。此地东南临莲阴河支流，此支流两岸蒲苇丛生，称蒲渠，故村名邹家蒲渠。聚落呈团块状分布。有文化大院。经济以种植业为主，种植小麦。有公路经此。

西蒋戈庄 370282-A06-H08
[Xījiǎnggēzhuāng]

在市驻地通济街道东北方向 6.7 千米。龙泉街道辖自然村。人口 900。明洪武年间，蒋氏兄弟二人迁来此地，分立东、西两村，本村为西蒋哥庄，后演变为西蒋戈庄。聚落呈团块状分布。有文化大院。经济以种植业为主，种植小麦。有公路经此。

韩家后寨 370282-A06-H09
[Hánjiāhòuzhài]

在市驻地通济街道东北方向 7.3 千米。龙泉街道辖自然村。人口 1 000。明永乐年间，张姓来此立村，因位于大村杨头之后，故名后寨。因重名，后更名为韩家后寨。聚落呈团块状分布。有文化大院。经济以种植业为主，种植小麦、玉米、花生、地瓜等。有公路经此。

柳林 370282-A06-H10
[Liǔlín]

在市驻地通济街道东北方向 11.0 千米。龙泉街道辖自然村。人口 300。战国时，李姓来此立村，因村旁柳树成林，故命名为柳林。聚落呈团块状分布。有文化大院。

经济以种植业为主，种植小麦、玉米、花生。有公路经此。

玉石头 370282-A06-H11
[Yùshítóu]

在市驻地通济街道东北方向 9.7 千米。龙泉街道辖自然村。人口 1 300。因村西有两块上下相叠的圆形岩石，坚硬密致似玉，故村名玉石头。聚落呈团块状分布。有文化大院、小学。经济以种植业为主，种植小麦、玉米、花生。有公路经此。

于家蓝蒿埠 370282-A06-H12
[Yújiālánhāobù]

在市驻地通济街道东北方向 16.0 千米。龙泉街道辖自然村。人口 700。明洪武时期，于氏兄弟二人迁至鹁鸽山附近定居，因鹁鸽山是一个长满微蓝色蒿草的小埠，故村取名于家蓝蒿埠。聚落呈团块状分布。有文化大院。经济以种植业为主，种植小麦、花生等。有公路经此。

院上 370282-A07-H01
[Yuànshàng]

在市驻地通济街道东方向 16.2 千米。鳌山卫街道辖自然村。人口 800。明永乐二年（1404），刘氏从云南乌撒卫迁居此地居住，因村址在寺院上面，故名院上。聚落呈团块状分布。有文化大院。经济以种植业为主。有公路经此。

顾家庄 370282-A07-H02
[Gùjiāzhuāng]

在市驻地通济街道东方向 21.4 千米。鳌山卫街道辖自然村。人口 300。以姓氏命名。聚落呈团块状分布。有文化大院。经济以种植业为主，种植玉米、花生、大豆、地瓜。有公路经此。

南泊子 370282-A07-H03
[Nánpōzi]

在市驻地通济街道东方向 20.7 千米。鳌山卫街道辖自然村。人口 500。明洪武年间，李姓由云南迁于此处居住立村，因村南部近海，地势低洼，往往积水成泊，故取名泊子。后为与北泊子区别，根据方位称南泊子。聚落呈团块状分布。有文化大院。经济以加工业为主，有仪表加工企业。有公路经此。

西里 370282-A07-H04
[Xīlǐ]

在市驻地通济街道东方向 20.0 千米。鳌山卫街道辖自然村。人口 1 500。明洪武二十一年（1388）筑城建卫，防御倭寇，命名为鳌山卫。因是鳌山卫的西门口，故名西里。聚落呈团块状分布。有中学 1 处。经济以种植业为主，种植地瓜、花生、小麦、玉米。有公路经此。

南里 370282-A07-H05
[Nánlǐ]

在市驻地通济街道东方向 20.4 千米。鳌山卫街道辖自然村。人口 1 800。明洪武年间，鳌山卫建成，有四门、四街，因本村居南门，故取名南里。聚落呈团块状分布。经济以种植业为主，种植玉米、花生、豆类、小麦。有公路经此。

水泊 370282-A07-H06
[Shuǐpō]

在市驻地通济街道东方向 21.0 千米。鳌山卫街道辖自然村。人口 2 400。明洪武年间，张姓从云南迁鳌山卫，永乐年间又由鳌山卫迁此处立村，因此地原系一片水泊，故取名水泊。聚落呈团块状分布。经济以种植业为主，种植小麦、玉米、地瓜、大豆、花生。有公路经此。

东绕山河 370282-A07-H07
[Dōngràoshānhé]

在市驻地通济街道东方向 19.5 千米。鳌山卫街道辖自然村。人口 300。明洪武年间，姚姓从江苏省江宁府江浦县仁丰乡深村迁鳌山卫定居。清顺治年间，又由鳌山卫来此安村，因在山河的怀抱中，故名绕山河。后因分东、西两村，该村居东，得名东绕山河。聚落呈团块状分布。经济以种植业、商贸业为主，种植小麦、玉米、地瓜、花生。有公路经此。

盘龙庄 370282-A07-H08
[Pánlóngzhuāng]

在市驻地通济街道东方向 22.0 千米。鳌山卫街道辖自然村。人口 1 400。陈姓于明洪武二十一年（1388）到此立村，村东有一小山，形似巨龙盘踞，故称盘龙庄。聚落呈团块状分布。有小学 1 处。经济以种植业为主，种植玉米、花生、大豆、地瓜等。有公路经此。

鳌角石 370282-A07-H09
[Áojiǎoshí]

在市驻地通济街道东方向 16.1 千米。鳌山卫街道辖自然村。人口 1 700。此地天柱山下有一奇石，形状如鳌而有三脚，该村因近临此石而得名整角石，后演变为鳌角石。聚落呈团块状分布。经济以种植业为主，种植茶叶、玉米、地瓜、大豆。有公路经此。

大管岛 370282-A07-H10
[Dàguǎndǎo]

在市驻地通济街道东方向 32.4 千米。鳌山卫街道辖自然村。人口 100。"管"是古代对竹的别称，因此岛竹子丛生，故称管岛。小管岛建村后，为便于区别，改称大管岛。聚落呈团块状分布。经济以种植业、海产养殖业、捕捞业为主，种植小麦、玉米、地瓜。

沪沱 370282-A07-H11
［Hùtuó］

在市驻地通济街道东方向 22.1 千米。鳌山卫街道辖自然村。人口 1 200。因村前有一条小河名沪沱，故村以此得名。聚落呈团块状分布。经济以种植业为主，种植玉米、地瓜、花生。

官场 370282-A07-H12
［Guānchǎng］

在市驻地通济街道东方向 20.0 千米。鳌山卫街道辖自然村。人口 400。明永乐年间，朱姓来此安家。那时，鳌山卫的官员经常在此跑马练武，故称官场。聚落呈团块状分布。经济以种植业为主，种植小麦、玉米、地瓜、大豆、花生。有公路经此。

东温泉 370282-A08-H01
［Dōngwēnquán］

在市驻地通济街道东北方向 19.5 千米。温泉街道辖自然村。人口 1 300。此地多温泉，蒸腾如汤，称汤上。抗日战争后改名为温泉。后为与西温泉区别，改称东温泉。聚落呈团块状分布。有文化大院。经济以加工业、服装业、温泉旅游业为主。309 国道经此。

西温泉 370282-A08-H02
［Xīwēnquán］

在市驻地通济街道东北方向 18.8 千米。温泉街道辖自然村。人口 2 000。因地势高于邻村取名上庄，后此地因交通方便，村中数户开店，又称西店。1949 年后，因村东有地热水又取名为西温泉。聚落呈团块状分布。有文化大院。经济以商贸业为主。有青岛天泰集团下设地产、物业等企业。309 国道经此。

西夼 370282-A08-H03
［Xīkuǎng］

在市驻地通济街道东北方向 19.0 千米。温泉街道辖自然村。人口 1 100。明成化十六年（1480），于姓来此立村，因村四面皆是丘陵，村处丘陵底平川之地，又在东夼以西，故取村名为西夼。聚落呈团块状分布。有文化大院。经济以旅游业、建筑业为主。309 国道经此。

东夼 370282-A08-H04
［Dōngkuǎng］

在市驻地通济街道东北方向 19.5 千米。温泉街道辖自然村。人口 1 500。因地处古山堆东麓河谷中，故取名为东夼。聚落呈团块状分布。有文化大院。经济以旅游业为主。有金麒玉麟温泉度假酒店等企业。309 国道经此。

南黄埠 370282-A08-H05
［Nánhuángbù］

在市驻地通济街道东北方向 23.0 千米。温泉街道辖自然村。人口 1 100。村庄因东邻大海且靠近黄土高埠而得名黄埠，后北黄埠立村，此村以方位更名南黄埠。聚落呈团块状分布。有文化大院。经济以养殖业为主，有对虾养殖、海参育苗、肉鸡养殖。228 国道经此。

东皋虞 370282-A08-H06
［Dōnggāoyú］

在市驻地通济街道东北方向 25.0 千米。温泉街道辖自然村。人口 1 200。明清两代为海润乡皋虞社。西皋虞形成后，称东皋虞。聚落呈团块状分布。有文化大院、小学。经济以纺织业、加工业为主。有即发华和针织公司等企业。309 国道经此。

西皋虞 370282-A08-H07

[Dōnggāoyú]

在市驻地通济街道东北方向 24.7 千米。温泉街道辖自然村。人口 1 500。因地处西汉古皋虞县城之西，故取名为西皋虞。聚落呈团块状分布。有文化大院。经济以加工业、纺织业为主。309 国道经此。

南北行 370282-A08-H08

[Nánběixíng]

在市驻地通济街道东北方向 21.8 千米。温泉街道辖自然村。人口 1 400。因村落位于红庙山之北而得名。聚落呈团块状分布。有文化大院。经济以加工业为主。309 国道经此。

七沟 370282-A08-H09

[Qīgōu]

在市驻地通济街道东北方向 24.5 千米。温泉街道辖自然村。人口 1 400。因周围有七条沟环绕，故名七沟。聚落呈团块状分布。有文化大院。经济以渔业、种植业为主。228 国道经此。

小海南 370282-A08-H10

[Xiǎohǎinán]

在市驻地通济街道东北方向 23.7 千米。温泉街道辖自然村。人口 400。因村在大海南面，故取村名为小海南。聚落呈团块状分布。有文化大院。经济以种植业为主。有公路经此。

东四舍 370282-A08-H11

[Dōngsìshè]

在市驻地通济街道东北方向 20.0 千米。温泉街道辖自然村。人口 600。明永乐二年（1404），武氏迁此，居于东面，取名东四舍。聚落呈团块状分布。有文化大院。经济以旅游业为主。209 省道经此。

蓝村 370282-B01-H01

[Láncūn]

蓝村镇人民政府驻地。在市驻地通济街道西方向 23.0 千米。人口 14 000。明永乐年间，孙氏由云南迁来此地立村，因盛产栾树，得名栾村。清光绪二十四年（1898），德租胶州湾，修胶济铁路，在此村前设蓝村站，栾村遂演变为蓝村。聚落呈团块状分布。有文化广场。经济以养殖业、制鞋业、交通运输业为主。省道三城路经此，设蓝村站。

前白塔 370282-B01-H02

[Qiánbáitǎ]

在市驻地通济街道西方向 23.6 千米。蓝村镇辖自然村。人口 900。因村后有一座白塔，故名前白塔。聚落呈团块状分布。有文化大院。经济以制鞋业为主。有公路经此。

鲁家埠 370282-B01-H03

[Lǔjiābù]

在市驻地通济街道西方向 23.3 千米。蓝村镇辖自然村。人口 1 800。明永乐年间，鲁姓迁入此地，因地势较高，故称鲁家埠。聚落呈团块状分布。有文化大院。经济以制鞋业为主。有公路经此。

大官庄 370282-B01-H04

[Dàguānzhuāng]

在市驻地通济街道西方向 22.1 千米。蓝村镇辖自然村。人口 1 400。西汉壮武古城建立时立村，时称官庄，后因附近有小官庄，故改称大官庄。聚落呈团块状分布。有文化大院。经济以制鞋业、印刷业为主。有公路经此。

城后 370282-B01-H05

[Chénghòu]

在市驻地通济街道西方向 24.0 千米。蓝村镇辖自然村。人口 1 200。因位置而得名。聚落呈团块状分布。有文化大院。经济以制鞋业为主。有公路经此。

后白塔 370282-B01-H06

[Hòubáitǎ]

在市驻地通济街道西方向 23.6 千米。蓝村镇辖自然村。人口 1 500。因村前有一座白塔，故名后白塔。聚落呈团块状分布。有文化大院、小学。经济以制鞋业为主。有公路经此。

古城 370282-B01-H07

[Gǔchéng]

在市驻地通济街道西方向 23.8 千米。蓝村镇辖自然村。人口 2 500。隋朝先民在此旧址上建村，名古城。聚落呈团块状分布。有文化大院、小学。经济以制鞋业为主。有公路经此。

南泉 370282-B01-H08

[Nánquán]

在市驻地通济街道西方向 18.0 千米。蓝村镇辖自然村。人口 3 400。因附近泉水得名。聚落呈团块状分布。有文化大院、小学。经济以种植业为主。有公路经此。

郭家庄 370282-B01-H09

[Guōjiāzhuāng]

在市驻地通济街道西方向 24.1 千米。蓝村镇辖自然村。人口 2 300。以姓氏得名。聚落呈团块状分布。有文化大院。经济以种植业为主，种植小麦、玉米。有公路经此。

小官庄 370282-B01-H10

[Xiǎoguānzhuāng]

在市驻地通济街道西方向 21.7 千米。蓝村镇辖自然村。人口 800。明嘉靖年间，许姓迁至官庄东的桃源河东岸立村，称小官庄。聚落呈团块状分布。有文化大院。经济以制造业、加工业为主。有公路经此。

灵山 370282-B02-H01

[Língshān]

灵山镇人民政府驻地。在市驻地通济街道北方向 16.7 千米。人口 2 700。以山得名。聚落呈团块状分布。有中学 2 处、小学 1 处。经济以种植业为主，种植小麦、玉米、蔬菜等。省道烟青公路经此。

东姜戈庄 370282-B02-H02

[Dōngjiānggēzhuāng]

在市驻地通济街道北方向 20.8 千米。灵山镇辖自然村。人口 500。明天顺年间，董姓迁姜戈庄居住，后以方位称东姜戈庄。聚落呈团块状分布。有文化大院。经济以种植业为主。有公路经此。

中姜戈庄 370282-B02-H03

[Zhōngjiānggēzhuāng]

在市驻地通济街道北方向 21.0 千米。灵山镇辖自然村。人口 1 000。明永乐年间，姜姓、孙姓来此定居，称姜戈庄。后形成三个村，此村在中部，称中姜戈庄。聚落呈团块状分布。有文化大院、小学。经济以种植业为主，特产姜戈庄牛奶西瓜。有公路经此。

泉上 370282-B02-H04

[Quánshàng]

在市驻地通济街道北方向 15.0 千米。灵山镇辖自然村。人口 200。明洪武年间，邹、于两姓来此，在泉前面高处立村，故取名泉上。聚落呈团块状分布。有文化大院。经济以种植业、休闲采摘业为主。有公路经此。

松树庄 370282-B02-H05
[Sōngshùzhuāng]

在市驻地通济街道北方向 20.0 千米。灵山镇辖自然村。人口 300。因村南多松树，称松树庄。聚落呈团块状分布。有文化大院、小学。经济以种植业、印刷业为主。有公路经此。

院东 370282-B02-H06
[Yuàndōng]

在市驻地通济街道北方向 22.3 千米。灵山镇辖自然村。人口 1 000。因位于天宫院之东，故名院东。聚落呈团块状分布。有文化大院、小学。经济以种植业为主。有公路经此。

集旺疃 370282-B02-H07
[Jíwàngtuǎn]

在市驻地通济街道北方向 23.0 千米。灵山镇辖自然村。人口 600。明正德年间，王姓来此立村，以姓氏命村王疃，后演变为旺疃，又因设集，称集旺疃。聚落呈团块状分布。有文化大院。经济以种植业为主。有公路经此。

万华埠 370282-B02-H08
[Wànhuábù]

在市驻地通济街道北方向 30.0 千米。灵山镇辖自然村。人口 2 000。因位于万华埠山前，称万华埠。聚落呈团块状分布。有文化大院。经济以种植业为主。有公路经此。

西牛齐埠 370282-B02-H09
[Xīniúqíbù]

在市驻地通济街道北方向 20.1 千米。灵山镇辖自然村。人口 1 200。战国时期，齐国大将田单在万华山摆火牛阵，大败燕军，故村名牛齐埠。1946 年划分为两村，本村以方位称西牛齐埠。聚落呈团块状分布。有文化大院、中学。经济以种植业为主。有公路经此。

埠后 370282-B02-H10
[Bùhòu]

在市驻地通济街道北方向 23.0 千米。灵山镇辖自然村。人口 900。因地处牛齐埠之后，故名埠后。聚落呈团块状分布。有文化大院。经济以种植业为主，种植葡萄等。有公路经此。

皋埠 370282-B02-H11
[Gāobù]

在市驻地通济街道北方向 23.1 千米。灵山镇辖自然村。人口 1 400。明永乐年间，宋氏由云南迁至此地，因此处涝洼，选高处定居，取名为高埠，后演变为皋埠。聚落呈团块状分布。有文化大院、小学。经济以种植业为主，种植草莓、秋葵等。有公路经此。

段泊岚 370282-B03-H01
[Duànpōlán]

段泊岚镇人民政府驻地。在市驻地通济街道西北方向 18.0 千米。人口 2 700。古为即墨通莱州府驿道第四段，称段铺栏，后演变为段泊岚。聚落呈团块状分布。有中学、小学、幼儿园。经济以种植业为主，种植小麦、玉米、花生、蔬菜、水果等。有公路经此。

天宫院 370282-B03-H02

[Tiāngōngyuàn]

在市驻地通济街道西北方向 31.0 千米。段泊岚镇辖自然村。人口 800。因在此村建天宫庙，故命村名天宫院。聚落呈团块状分布。有文化大院。经济以种植业为主。有公路经此。

岚埠 370282-B03-H03

[Lánbù]

在市驻地通济街道西北方向 22.7 千米。段泊岚镇辖自然村。人口 600。明永乐二年（1404），雒氏迁来，在岭上立村，名岚埠。聚落呈团块状分布。有文化大院。经济以种植业、养殖业、加工业为主。有青岛思裕家庭农场、青岛思裕农机合作社等企业。有公路经此。

栗林 370282-B03-H04

[Lìlín]

在市驻地通济街道西北方向 15.5 千米。段泊岚镇辖自然村。人口 1 300。因此处曾栗树成林而得名。聚落呈团块状分布。有文化大院。经济以种植业、养殖业、加工业为主，特产"栗林牌"青萝卜。有公路经此。

小吕戈庄 370282-B03-H05

[Xiǎolǚgēzhuāng]

在市驻地通济街道西北方向 31.9 千米。段泊岚镇辖自然村。人口 800。明永乐二年（1404），吕氏兄弟迁来，弟吕桐定居此地，初名小吕家。清顺治五年（1648），改名为小吕戈庄。聚落呈团块状分布。有文化大院。经济以种植业为主。有公路经此。

西章嘉埠 370282-B03-H06

[Xīzhāngjiābù]

在市驻地通济街道西北方向 30.0 千米。段泊岚镇辖自然村。人口 1 600。明嘉靖年间，本村人国子监祭酒周如砥之母青年殉夫，受到朝廷嘉奖，自此周氏文人称此地为章嘉埠，后加方位命名为西章嘉埠。聚落呈团块状分布。有文化大院、幼儿园。经济以种植业、加工业为主。有公路经此。

孟戈庄 370282-B03-H07

[Mènggēzhuāng]

在市驻地通济街道西北方向 19.8 千米。段泊岚镇辖自然村。人口 1 300。明永乐二年（1404），孟姓来此立村，故取名孟戈庄。聚落呈团块状分布。有文化大院。经济以种植业、养殖业、加工业为主。有公路经此。

大吕戈庄 370282-B03-H08

[Dàlǚgēzhuāng]

在市驻地通济街道西北方向 44.0 千米。段泊岚镇辖自然村。因吕姓人旺，故取名吕戈庄。后为与小吕戈庄区别，此村称大吕戈庄。聚落呈团块状分布。有文化大院。经济以种植业、果林业为主，种植小麦、玉米、花生，特产大吕西瓜。有公路经此。

程戈庄 370282-B03-H09

[Chénggēzhuāng]

在市驻地通济街道西北方向 20.0 千米。段泊岚镇辖自然村。人口 1 000。明永乐三年（1405），程姓迁来此地立村，称程哥庄，后演为程戈庄。聚落呈团块状分布。有文化大院。经济以种植业、养殖业为主。有公路经此。

毛家岭一村 370282-B03-H10
[Máojiālǐngyīcūn]

在市驻地通济街道西北方向 23.0 千米。段泊岚镇辖自然村。人口 500。明永乐年间，毛氏立村，因地处土岗山岭上，并加以序数命名。聚落呈团块状分布。有文化大院。经济以种植业、养殖业、加工业为主。有公路经此。

刘家庄一村 370282-B03-H11
[Liújiāzhuāngyīcūn]

在市驻地通济街道西北方向 31.0 千米。段泊岚镇辖自然村。人口 700。以姓氏和序数名村。聚落呈团块状分布。有文化大院。经济以种植业、工商业为主。有公路经此。

移风店 370282-B04-H01
[Yífēngdiàn]

移风店镇人民政府驻地。在市驻地通济街道西北方向 30.0 千米。人口 900。村名源于金代兵屯移风寨，明清时期此地为较大的市集之一，开有旅店，故改名移风店。聚落呈团块状分布。有幼儿园、文化广场。经济以种植业为主。有公路经此。

泉庄 370282-B04-H02
[Quánzhuāng]

在市驻地通济街道西北方向 23.0 千米。移风店镇辖自然村。人口 1 200。明成化年间，胡姓来此居住，因临水泉，故取名泉庄。聚落呈团块状分布。有文化大院。经济以种植业为主，种植土豆。有公路经此。

张王庄 370282-B04-H03
[Zhāngwángzhuāng]

在市驻地通济街道西北方向 26.0 千米。移风店镇辖自然村。人口 700。清顺治年间，王姓来此立村，称王家庄。后张姓渐多，

1980 年地点普查时，更名为张王庄。聚落呈团块状分布。有县级非物质文化遗产张王庄长拳。经济以种植业为主，种植小麦、玉米、花生。

马军寨 370282-B04-H04
[Mǎjūnzhài]

在市驻地通济街道西北方向 39.0 千米。移风店镇辖自然村。人口 900。西汉时，仪宾城（今古城）驸马在此地屯驻骑兵，称马家寨。东汉建武年间，程姓来此立村，村名马家寨，1984 年改名为马军寨。聚落呈团块状分布。有文化大院。经济以种植业为主，种植小麦、玉米、花生等。有公路经此。

北住 370282-B04-H05
[Běizhù]

在市驻地通济街道西北方向 28.0 千米。移风店镇辖自然村。人口 1 300。唐代在此建庙一座。明永乐二年（1404），赵、李两家在此立村，因位于庙北，故名北住。聚落呈团块状分布。有文化大院。经济以种植业、加工业为主，种植小麦、玉米、花生、地瓜。有公路经此。

道头 370282-B04-H06
[Dàotóu]

在市驻地通济街道西北方向 21.1 千米。移风店镇辖自然村。人口 800。明永乐二年（1404），王姓从云南迁来立村，因地处十字道口，取名道头。聚落呈团块状分布。有文化大院。经济以种植业为主，种植小麦、玉米、花生。有公路经此。

大欧戈庄 370282-B04-H07
[Dà'ōugēzhuāng]

在市驻地通济街道西北方向 32.0 千米。移风店镇辖自然村。人口 1 500。北宋年间

建村，因有一欧姓来此居住，故取名为欧戈庄。小欧戈庄建立后，此村称大欧戈庄。聚落呈团块状分布。有省级非物质遗产大欧鸟笼生产加工技术。经济以种植业、制造业为主，种植小麦、玉米。有公路经此。

女儿村 370282-B04-H08
[Nǚ'ércūn]

在市驻地通济街道西北方向30.0千米。移风店镇辖自然村。人口1 200。唐代有一官员来到此村，见到男儿都去河上防汛，村中唯余妇孺，故名女儿村。聚落呈团块状分布。有文化大院。经济以种植业为主，种植蒜、葱、姜、土豆。有公路经此。

乔家 370282-B05-H01
[Qiáojiā]

大信镇人民政府驻地。在市驻地通济街道西南方向10.4千米。人口1 000。明永乐二年（1404），乔姓从云南来此立村，以姓氏命名为乔家。聚落呈团块状分布。有文化大院。经济以种植业为主，种植小麦、玉米、花生。有公路经此。

大信村 370282-B05-H02
[Dàxìncūn]

在市驻地通济街道西南方向11.2千米。大信镇辖自然村。人口1 700。原称大刁村，后刁姓绝，人们恶"刁"字的含义，改称信村。后因有小信村，此村改称大信村。聚落呈团块状分布。有文化大院、幼儿园、小学、中学。经济以种植业为主，种植小麦、玉米、花生。有公路经此。

郝家庄 370282-B05-H03
[Hǎojiāzhuāng]

在市驻地通济街道西南方向10.4千米。大信镇辖自然村。人口700。明永乐年间，郝姓在此立村，取名郝家庄。聚落呈团块状分布。经济以种植业为主。有公路经此。

宫家 370282-B05-H04
[Gōngjiā]

在市驻地通济街道西方向10.0千米。大信镇辖自然村。人口700。清乾隆时期，宫氏六兄弟尚禄、尚周、尚明、尚敬、尚举、尚仪由大韩村迁来此地居住，称宫家。聚落呈团块状分布。经济以种植业为主，种植小麦、玉米、花生。有公路经此。

新胜村 370282-B05-H05
[Xīnshèngcūn]

在市驻地通济街道西南方向11.6千米。大信镇辖自然村。人口800。明永乐年间，辛姓来此立村，取名辛庄。后因重名，1980年更名为新胜村。聚落呈团块状分布。经济以种植业为主，种植果树。有公路经此。

王村 370282-B06-H01
[Wángcūn]

田横镇人民政府驻地。在市驻地通济街道东北方向39.0千米。人口7 000。因王姓在此建村而得名。聚落呈团块状分布。有中学、小学、幼儿园、文化广场等。古迹有东周墓群。经济以种植业、养殖业为主，种植桃子、苹果等，养殖禽类、猪。有公路经此。

雄崖所 370282-B06-H02
[Xióngyásuǒ]

在市驻地通济街道东方向41.7千米。田横镇辖自然村。人口2 900。明建文四年（1402），为防倭寇入侵，在此筑城设所。因对面为东北白马岛上的断崖，故称雄崖所。聚落呈团块状分布。有小学、幼儿园等。有省级文物保护单位雄崖所古城。经济以渔业、旅游业为主，有鱼、对虾、蛤蜊、蛏子等水产。有公路经此。

马坊 370282-B06-H03
[Mǎfáng]

在市驻地通济街道东方向40.2千米。田横镇辖自然村。人口800。明永乐五年（1407），陆凯被封为武略将军，调至雄崖所守御，家属随迁雄崖所定居。因驻军在此设置养马场，形成小村，称马房，后演变为马坊。聚落呈团块状分布。古迹有汉代古墓群。经济以种植业为主，种植小麦、玉米、花生。有公路经此。

韩家屯 370282-B06-H04
[Hánjiātún]

在市驻地通济街道东方向43.8千米。田横镇辖自然村。人口500。明代，韩九恩随朱棣北征有功，授正五品千户司、武略将军之职，在此安家屯田，守御海疆，称韩家屯。聚落呈团块状分布。经济以种植业为主，种植小麦、玉米、花生。有公路经此。

时家丰城 370282-B06-H05
[Shíjiāfēngchéng]

在市驻地通济街道东方向39.4千米。田横镇辖自然村。人口1 400。明永乐三年（1405），时姓从云南来此立村，以姓氏命名为时家丰城。聚落呈团块状分布。经济以种植业为主，种植小麦、玉米、地瓜、花生。有公路经此。

南阡 370282-B07-H01
[Nánqiān]

金口镇人民政府驻地。在市驻地通济街道西北方向32.3千米。人口3 200。明永乐二年（1404），万氏由云南乌撒卫乐歌屯迁此地立村。因在古阡村南，称南阡。

聚落呈团块状分布。有小学、文化大院。古迹有南阡遗址。经济以种植业为主，种植小麦、花生、蔬菜、苹果、葡萄。省道莱青公路经此。

凤凰 370282-B07-H02
[Fènghuáng]

在市驻地通济街道东北方向42.0千米。金口镇辖自然村。人口600。明永乐年间，房氏由云南乌撒卫乐歌屯来此立村，因地处古阡村北，称北阡。1946年以北阡河为界分为两村，本村位于河南，因靠近凤凰山，名凤凰。聚落呈团块状分布。有小学等。经济以种植业、养殖业、旅游业为主，种植玉米、花生、蔬菜、水果等。省道莱青公路经此。

李家周疃 370282-B07-H03
[Lǐjiāzhōutuǎn]

在市驻地通济街道东北方向33.0千米。金口镇辖自然村。人口800。明永乐二年（1404）建村，因濒临莲阴河入海口，四周多海滩、河滩，故称周滩，后演变为周疃。后李姓迁来此地，称李家周疃。聚落呈团块状分布。经济以种植业为主，种植小麦、玉米、花生等。有公路经此。

南里 370282-B07-H04
[Nánlǐ]

在市驻地通济街道东北方向31.0千米。金口镇辖自然村。人口800。明洪武年间，邹氏建村，因所在地市集较大，常有来往旅客住宿，村中多人开店，故称客旅店，后称店集。1949年后以方位改称店集南里，后简称南里。聚落呈团块状分布。经济以种植业为主，种植小麦、玉米、花生等。有公路经此。

金口 370282-B07-H05
[Jīnkǒu]

在市驻地通济街道东北方向 45.0 千米。金口镇辖自然村。人口 600。明末，金姓父女最早在此以打鱼为生，泊舟避风，故称金家口，简称金口。聚落呈团块状分布。有小学 1 处。有省级文物保护单位金口天后宫。经济以种植业为主，种植小麦、玉米、花生等。有公路经此。

平度市

城市居民点

福安花苑 370283-I01
[Fú'ān Huāyuàn]

在县级市市境中部。人口 4 600。总面积 32 公顷。取福寿安康之意命名。2001 年始建，2005 年正式使用。建筑总面积 288 000 平方米，多层住宅楼 107 栋，中式建筑风格，绿化率 41.6%，有老人活动室、照料中心、幼儿园、超市等配套设施。通公交车。

福乐花苑 370283-I02
[Fúlè Huāyuàn]

在县级市市境东部。人口 5 800。取居民幸福安乐之意命名。1992 年始建，2004 年正式使用。建筑总面积 217 840 平方米，多层住宅楼 68 栋，中式建筑风格，绿化率 35%，有卫生室、幼儿园、超市等配套设施。通公交车。

东宁园 370283-I03
[Dōngníng Yuán]

在县级市市境东部。人口 8 400。总面积 110 公顷。取平度东部安静祥和的家园之意命名。1996 年始建，1997 年正式使用。建筑总面积 329 066.7 平方米，住宅楼 85 栋，其中高层 9 栋、多层 76 栋，中式建筑风格，绿化率 50%，有老人活动室、照料中心、幼儿园、超市等配套设施。通公交车。

昌泰花苑 370283-I04
[Chāngtài Huāyuàn]

在县级市市境东部。人口 7 900。总面积 110 公顷。取昌盛安泰之意命名。2000 年始建，2010 年正式使用。建筑总面积 309 500 平方米，住宅楼 115 栋，其中高层 2 栋、多层 113 栋，中式建筑风格，绿化率 40%，有老人活动室、照料中心、幼儿园、超市等配套设施。通公交车。

世纪花园 370283-I05
[Shìjì Huāyuán]

在县级市市区东部。人口 8 058。总面积 4 公顷。取世纪大花园之意命名。1999 年始建，2007 年正式使用。建筑总面积 296 600 平方米，多层住宅楼 76 栋，中式建筑风格，别墅 36 栋，绿化率 37%，有老人活动室、照料中心、幼儿园、超市等配套设施。通公交车。

农村居民点

东关 370283-A01-H01
[Dōngguān]

在市驻地东阁街道西南方向 1.0 千米。东阁街道辖自然村。人口 1 600。1945 年城区划村时，以所处位置定名为东关。聚落呈团块状分布。经济以商贸业为主。有公路经此。

菜园 370283-A01-H02
[Càiyuán]

在市驻地东阁街道西南方向 1.0 千米。东阁街道辖自然村。人口 1 200。此地域为县城最早的贸易市集，故称老集街。当时居民种菜闻名，群众惯称老集南园子，1945 年城区划村时，定名为菜园。聚落呈团块状分布。经济以商贸业为主。有公路经此。

姜家疃 370283-A01-H03
[Jiāngjiātuǎn]

在市驻地东阁街道西北方向 1.0 千米。东阁街道辖自然村。人口 900。明朝末年（1644），姜氏立村，以姓取名为姜家疃。聚落呈团块状分布。经济以商贸业为主。有公路经此。

付家崖 370283-A01-H04
[Fùjiāyá]

在市驻地东阁街道西北方向 1.0 千米。东阁街道辖自然村。人口 600。明代名御史傅汉臣在此建村，取名傅家崖，后简化为付家崖。聚落呈团块状分布。经济以商贸业、种植业为主，主要农作物有小麦、玉米、花生。有公路经此。

代家上观 370283-A01-H05
[Dàijiāshàngguàn]

在市驻地东阁街道西北方向 3.0 千米。东阁街道辖自然村。人口 1 200。明洪武二年（1369），戴姓立村，因村后有一上观庙，以姓和庙取名戴家上观，后简化为代家上观。聚落呈团块状分布。经济以商贸业、种植业为主，主要农作物有小麦、玉米、花生。有公路经此。

官家上观 370283-A01-H06
[Guānjiāshàngguàn]

在市驻地东阁街道西北方向 3.0 千米。东阁街道辖自然村。人口 400。清康熙年间，官姓徙居上观，因人繁户众，村附近有座上观庙，故以姓氏改名为官家上观。聚落呈团块状分布。经济以商贸业、种植业为主，主要农作物有小麦、玉米、花生。有公路经此。

尚家上观 370283-A01-H07
[Shàngjiāshàngguàn]

在市驻地东阁街道西北方向 3.0 千米。东阁街道辖自然村。人口 400。明嘉靖年间，尚足发从尚家疃迁代家上观北上观庙处立村，取名尚家上观。聚落呈团块状分布。经济以商贸业、种植业为主，主要农作物有小麦、玉米、花生。有公路经此。

北姜家庄 370283-A01-H08
[Běijiāngjiāzhuāng]

在市驻地东阁街道北方向 2.0 千米。东阁街道辖自然村。人口 900。明朝初年，姜文圣携妻王氏由原平度城北关迁此立村，以姓氏取名姜家庄。因重名，1980 年 9 月更名为北姜家庄。聚落呈团块状分布。经济以商贸业为主。有公路经此。

郭家疃 370283-A01-H09
[Guōjiātuǎn]

在市驻地东阁街道北方向 2.0 千米。东阁街道辖自然村。人口 1 800。明朝初年，李姓从今平度城南门外迁来立村，以姓氏取名为李家疃，后有郭姓迁来居住，超过李姓，经协商改名为郭家疃。聚落呈团块状分布。有幼儿园 1 处、小学 1 处、中学 1 处。经济以商贸业为主。有公路经此。

徐福 370283-A01-H10
[Xúfú]

在市驻地东阁街道东北方向 4.0 千米。东阁街道辖自然村。人口 700。据传为秦方士徐福故里，故名。聚落呈团块状分布。有小学 1 处、中学 2 处。经济以商贸业为主。有公路经此。

金沟子 370283-A01-H11
[Jīngōuzi]

在市驻地东阁街道东北方向 4.0 千米。东阁街道辖自然村。人口 800。因村东有条金花山河沟，沟中有金，人们以淘金为业，故取名金沟子。聚落呈团块状分布。经济以商贸业为主。有公路经此。

丰山洼 370283-A01-H12
[Fēngshānwā]

在市驻地东阁街道东北方向 3.8 千米。东阁街道辖自然村。人口 500。因村立在北山（又称北埠子）南麓，地势较洼，故取名红山洼。民国时称凤山洼，1970 年前后改称丰山洼。聚落呈团块状分布。有中学 1 处。经济以商贸业为主。有公路经此。

大十里堡 370283-A01-H13
[Dàshílǐpù]

在市驻地东阁街道东方向 3.5 千米。东阁街道辖自然村。人口 1 200。因村西有一土堡距县城十华里，故得名十里堡，小十里堡建村后，改称大十里堡。聚落呈团块状分布。经济以商贸业为主。有公路经此。

康家庄 370283-A01-H14
[Kāngjiāzhuāng]

在市驻地东阁街道东方向 3.5 千米。东阁街道辖自然村。人口 200。明代后期，康氏定居，后以姓氏命名为康家疃，后更名康家庄。聚落呈团块状分布。经济以商贸业、种植业为主，主要农作物有小麦、玉米、花生。有公路经此。

辛家庄 370283-A01-H15
[Xīnjiāzhuāng]

在市驻地东阁街道东北方向 7.5 千米。东阁街道辖自然村。人口 200。清康熙年间，郭邦强由掖县西村迁来定居，因建村比附近村庄晚，故名新庄，后书写为辛庄。1980 年 9 月地名普查时因重名，更名辛家庄。聚落呈团块状分布。经济以商贸业、种植业为主，主要农作物有小麦、玉米、花生。有公路经此。

兰家庄 370283-A01-H16
[Lánjiāzhuāng]

在市驻地东阁街道东北方向 3.5 千米。东阁街道辖自然村。人口 800。明朝末年（1644），时氏立村，当时这里鲜花遍野，在金花山上向下俯瞰，村庄似大花篮，故取名兰家庄。聚落呈团块状分布。经济以商贸业、种植业为主，主要农作物有小麦、玉米、花生。有公路经此。

贾家营 370283-A01-H17
[Jiǎjiāyíng]

在市驻地东阁街道东北方向 3.0 千米。东阁街道辖自然村。人口 800。明洪武年间，赵姓立村，立村前东南角有个贾家茔盘，东北角有个吉家茔盘，因此以两姓茔盘命名为贾吉茔。因"吉"与"家"音近，而"家"又顺口，故演变为贾家茔。20 世纪 60 年代始称贾家营。聚落呈团块状分布。有幼儿园、中学。经济以商贸业为主。有公路经此。

东窝洛子 370283-A01-H18
[Dōngwōluòzi]

在市驻地东阁街道东北方向 5.0 千米。

东阁街道辖自然村。人口1 900。因这里三面环山，村立于洼处，远不见村，故取名窝洛子。1980年9月地名普查时因重名，更名东窝洛子。聚落呈团块状分布。经济以商贸业、种植业为主，主要农作物有小麦、玉米、花生。有公路经此。

下李元　370283-A01-H19

[Xiàlǐyuán]

在市驻地东阁街道北方向2.0千米。东阁街道辖自然村。人口1 000。据传，明崇祯年间，曾有吕氏建村。因吕姓绝后，李姓发展较快，故改名为李元庄。清道光地图显示"里元庄"，民国始称李园庄，后为区别于上李园庄，更名为下李园庄，日久，群众习称下李元。聚落呈团块状分布。有文化广场1处。经济以商贸业、种植业为主，主要农作物有小麦、玉米、花生。有公路经此。

上李元　370283-A01-H20

[Shànglǐyuán]

在市驻地东阁街道东北方向4.0千米。东阁街道辖自然村。人口900。据传原村西有片梨园，取村名梨园庄。因地势较洼，故名下梨园，而梨园庄遂改为上梨园庄，清道光地图简化为上里元和下里元。民国时区划为上李园庄和中李园庄。农业合作化时中李园庄并归于上李园庄，后简化为上李元。聚落呈团块状分布。有文化广场1处。经济以商贸业、种植业为主，主要农作物有小麦、玉米、花生。有公路经此。

李家莹　370283-A01-H21

[Lǐjiāyíng]

在市驻地东阁街道北方向6.0千米。东阁街道辖自然村。人口400。明万历年间，李姓兄弟为看护祖坟，由平度城东关至此定居，后繁衍成村落，故称李家莹，后演变为李家莹。聚落呈团块状分布。有文化广场1处。经济以商贸业为主。有公路经此。

官地　370283-A01-H22

[Guāndì]

在市驻地东阁街道北方向3.5千米。东阁街道辖自然村。人口100。清朝初年，王珍玉迁此定居，因土地归官家所有，故取名为官地。聚落呈团块状分布。有文化广场1处。经济以商贸业、种植业为主，主要农作物有小麦、玉米、花生。有公路经此。

北沙窝　370283-A01-H23

[Běishāwō]

在市驻地东阁街道北方向4.5千米。东阁街道辖自然村。人口200。明万历年间，李长化由平度城南关迁此建村，因此地多沙又洼，故名沙窝。1980年9月地名普查时更名北沙窝。聚落呈团块状分布。有文化广场1处。经济以商贸业、种植业为主，主要农作物有小麦、玉米、花生。有公路经此。

桃源洞　370283-A01-H24

[Táoyuándòng]

在市驻地东阁街道北方向5.0千米。东阁街道辖自然村。人口700。因村东山上有一洞，洞口有桃树，流出的水有桃花漂浮，为一奇观，故得名桃花洞，后改名桃源洞。聚落呈团块状分布。有文化广场1处。经济以商贸业、种植业为主，主要农作物有小麦、玉米、花生。有公路经此。

王庄　370283-A01-H25

[Wángzhuāng]

在市驻地东阁街道北方向6.0千米。东阁街道辖自然村。人口400。清乾隆年间，王志祥由曲坊迁此立村，取名王家庄，

1980年9月地名普查时更名为王庄。聚落呈团块状分布。有文化广场1处。经济以商贸业、种植业为主，主要农作物有小麦、玉米、花生。有公路经此。

蝎山子 370283-A01-H26

[Xiēshānzi]

在市驻地东阁街道北方向6.0千米。东阁街道辖自然村。人口1 300。旧时因山上有座尼姑庙，故名范家庵。清康熙三十四年（1695），尼姑谢世，庙宇倒塌，村名已不符实，官、范两姓商定，以蝎山子为村名。聚落呈团块状分布。有文化广场1处。经济以商贸业、种植业为主，主要农作物有小麦、玉米、花生。有公路经此。

库屯 370283-A01-H27

[Kùtún]

在市驻地东阁街道北方向4.0千米。东阁街道辖自然村。人口500。因建村时此处有棵枯桃树，故得名枯桃村。清末，刘继强迁入该村，认为"枯桃"已失去生命力，作村名不吉利，故以其谐音改名库屯，寓五谷丰登粮满仓之意。聚落呈团块状分布。有文化广场1处。经济以商贸业、种植业为主，主要农作物有小麦、玉米、花生。有公路经此。

五亩兰 370283-A01-H28

[Wǔmǔlán]

在市驻地东阁街道北方向3.0千米。东阁街道辖自然村。人口1 300。明代甲申科名进士戴新，在云南为官后晚年隐退乡野，以莳养欣赏兰花为娱，在居处四近广植兰蕙，故其所居村庄称五亩兰。聚落呈团块状分布。有文化广场1处。经济以商贸业、种植业为主，主要农作物有小麦、玉米、花生。有公路经此。

古莹崖 370283-A01-H29

[Gǔyíngyá]

在市驻地东阁街道北方向5.0千米。东阁街道辖自然村。人口400。传说，唐朝官兵曾在此作战，一将军阵亡，葬于高崖，筑一大茔，故取名为古茔崖，后更名古莹崖。聚落呈团块状分布。有文化广场1处。经济以商贸业、种植业为主，主要农作物有小麦、玉米、花生。有公路经此。

梨沟 370283-A01-H30

[Lígōu]

在市驻地东阁街道东北方向5.0千米。东阁街道辖自然村。人口900。因村旁有流水的深沟，沟崖皆植梨树，故名。聚落呈团块状分布。经济以商贸业、种植业为主，主要农作物有小麦、玉米、花生。有公路经此。

窝洛子 370283-A01-H31

[Wōluòzi]

在市驻地东阁街道北方向10.5千米。东阁街道辖自然村。人口1 600。因此处地势起伏，岗岭环抱形如石臼，村在其中洼处，故以地貌取名窝洛子。聚落呈团块状分布。有文化广场1处。经济以商贸业、种植业为主，主要农作物有小麦、玉米、花生，生产苹果、大姜。有公路经此。

大庙庄 370283-A02-H01

[Dàmiàozhuāng]

在市驻地东阁街道西南方向13.4千米。同和街道辖自然村。人口400。明朝末年，祖姓郑尚永迁来立村，取名郑家同立个庄，1914年因村西修了座玉皇庙，故改名大庙同立个庄，1955年简化为大庙庄。聚落呈团块状分布。经济以商贸业、种植业为主，主要农作物有小麦、玉米。有公路经此。

大罗家 370283-A02-H02
[Dàluójiā]

在市驻地东阁街道西南方向23.8千米。同和街道辖自然村。人口400。明朝末年，罗姓由四川迁此建村，取名罗家庄子，后罗土集、罗土迁来，村改名大罗家。聚落呈团块状分布。经济以商贸业、种植业为主，主要农作物有小麦、玉米、花生。有公路经此。

大洪沟 370283-A02-H03
[Dàhónggōu]

在市驻地东阁街道西南方向5.2千米。同和街道辖自然村。人口600。明初，杨伯川由四川迁来先居兰前村。明永乐十三年（1415）又由兰前迁至此处建新家园，因村旁有条大横沟，故村又以横沟得称，后演变为洪沟。清末，改称大洪沟。聚落呈团块状分布。经济以商贸业、种植业为主，主要农作物有小麦、玉米、草莓。有公路经此。

大官家庄 370283-A02-H04
[Dàguānjiāzhuāng]

在市驻地东阁街道西南方向2.6千米。同和街道辖自然村。人口700。明万历年间，官好古由四川迁此立村，以姓取名官家庄。析出小官庄后，改称大官家庄。聚落呈团块状分布。经济以商贸业为主。有公路经此。

大赵戈庄 370283-A02-H05
[Dàzhàogēzhuāng]

在市驻地东阁街道西南方向8.5千米。同和街道辖自然村。人口1 300。元朝赵天宫在此立村，初名赵戈庄，后周围三村皆以赵戈庄冠姓氏取村名，因赵戈庄建村早户数多，为有区别，取名大赵戈庄。聚落呈团块状分布。有小学1处。经济以种植业为主，主要农作物有小麦、玉米、花生、苹果。有公路经此。

王家站 370283-A02-H06
[Wángjiāzhàn]

在市驻地东阁街道西南方向4.9千米。同和街道辖自然村。人口1 300。清初以后，王姓迁入定居渐为主姓，遂名王家站。聚落呈团块状分布。经济以商贸业、种植业为主，主要农作物有小麦、玉米。有公路经此。

王家坡子 370283-A02-H07
[Wángjiāpōzi]

在市驻地东阁街道西南方向12.1千米。同和街道辖自然村。人口800。明成化十年（1474），王四耀携三子王进、王杰、王栋由四川徙居此地，因地洼积水较多，取村名泊子。清光绪二十九年（1903），以谐音改称坡子。地名普查时因重名，1982年更名王家坡子。聚落呈团块状分布。有幼儿园1处。经济以种植业为主，主要农作物有小麦、玉米、花生。有公路经此。

王家柳疃 370283-A02-H08
[Wángjiāliǔtuǎn]

在市驻地东阁街道西南方向8.1千米。同和街道辖自然村。人口500。明万历年间，王庭云、王立、王柱兄弟三人由潍县王门口迁此定居，因村旁秦皇河两岸柳林成荫，故得村名王家柳疃。聚落呈团块状分布。经济以种植业、养殖业、商贸业为主，主要农作物有小麦、玉米，养殖业以养猪为主。有公路经此。

王家沙戈庄 370283-A02-H09
[Wángjiāshāgēzhuāng]

在市驻地东阁街道西南方向4.4千米。

同和街道辖自然村。人口 600。清雍正年间，王进宝迁入定居繁衍生息，户多人众，后称沙戈庄王家街，1962 年始称王家沙戈庄。聚落呈团块状分布。经济以种植业、养殖业、商贸业为主，主要农作物有小麦、玉米、芹菜，养殖业以养猪为主。有公路经此。

王家赵戈庄 370283–A02–H10
[Wángjiāzhàogēzhuāng]

在市驻地东阁街道西南方向 9.8 千米。同和街道辖自然村。人口 500。明洪武三年（1370），四川发洪水，王姓从四川逃荒到此，看到此处风景较好，便在一棵大槐树边上居住下来，随着人口的增加，便起村名王家赵戈庄。聚落呈团块状分布。有幼儿园 1 处。经济以种植业为主，主要农作物有小麦、玉米、花生。有公路经此。

中华里 370283–A02–H11
[Zhōnghuálǐ]

在市驻地东阁街道西南方向 17.8 千米。同和街道辖自然村。人口 700。1984 年 5 月，以方位和华里划为东华里、兴华里、北华里、新华里、西华里、振华里、南华里、中华里八个村，本村为中华里。聚落呈团块状分布。经济以种植业、商贸业为主，主要农作物有小麦、玉米、花生。有公路经此。

中辛庄 370283–A02–H12
[Zhōngxīnzhuāng]

在市驻地东阁街道西南方向 5.4 千米。同和街道辖自然村。人口 400。清初柴姓至此建村，后他姓迁入，因属晚建村庄，取名新庄，后书写为辛庄。地名普查时因重名，1982 年更名为中辛庄。聚落呈团块状分布。经济以种植业、商贸业为主，主要农作物有小麦、玉米、花生。有公路经此。

中李家庄 370283–A02–H13
[Zhōnglǐjiāzhuāng]

在市驻地东阁街道西南方向 2.8 千米。同和街道辖自然村。人口 300。明洪武年间，李民至此建村，因人口少，称为小李家庄子。清朝末年，村庄扩大后，改名李家庄。地名普查时因重名，1982 年更名中李家庄。聚落呈团块状分布。有文化广场 1 处。经济以种植业、商贸业为主，主要农作物有小麦、玉米。有公路经此。

牛戈庄 370283–A02–H14
[Niúgēzhuāng]

在市驻地东阁街道西南方向 25.5 千米。同和街道辖自然村。人口 600。明万历年间，牛姓至此放牧，择土地宽阔、水肥草丰之地，建一养牛棚定居下来，后人越聚越多，渐成村落，周围村庄皆称"牛栏"，村名由此而得。地名普查时更名为牛戈庄。聚落呈团块状分布。经济以种植业、商贸业为主，主要农作物有小麦、玉米、花生、西红柿。有公路经此。

兰家窑 370283–A02–H15
[Lánjiāyáo]

在市驻地东阁街道西南方向 2.6 千米。同和街道辖自然村。人口 300。明正德六年（1511），兰恕从河南开封府迁入平度城南兰家疃村，后兰香在县桑蚕所旁立村，又因建窑烧砖闻名，故取名兰家窑。聚落呈团块状分布。经济以商贸业为主。有公路经此。

东埠 370283–A02–H16
[Dōngbù]

在市驻地东阁街道西南方向 14.9 千米。同和街道辖自然村。人口 800。明洪武初年，王宝玉由四川迁此，立村于白埠以东，又因村前村后有一埠子，故名东埠。聚落呈团块状分布。经济以商贸业、种植业为主，主要农作物有小麦、玉米、花生。有公路经此。

东三甲 370283-A02-H17
[Dōngsānjiǎ]

在市驻地东阁街道西南方向 14.0 千米。同和街道辖自然村。人口 400。赵九京等三户人家迁移此地居住，俗称三家，后以谐音定村名三甲。后因重名，于 1982 年以方位更名东三甲。聚落呈团块状分布。经济以种植业、商贸业为主，主要农作物有小麦、玉米、花生。有公路经此。

东史家 370283-A02-H18
[Dōngshǐjiā]

在市驻地东阁街道西南方向 14.0 千米。同和街道辖自然村。人口 500。清顺治年间，史月由莱阳迁此定居，渐成村落后，以姓取名史家庄，后为与同名村区别，按所处方位冠以"东"字，故名东史家。聚落呈团块状分布。经济以种植业、商贸业为主，主要农作物有小麦、玉米、花生、水果。有公路经此。

东华里 370283-A02-H19
[Dōnghuálǐ]

在市驻地东阁街道西南方向 17.7 千米。同和街道辖自然村。人口 700。1984 年 5 月以方位和华里划为东华里、兴华里、北华里、新华里、西华里、振华里、南华里、中华里八个村，本村在最东边，为东华里。聚落呈团块状分布。经济以商贸业、种植业为主，主要农作物有小麦、玉米、花生、水果。有公路经此。

东邢家 370283-A02-H20
[Dōngxíngjiā]

在市驻地东阁街道西南方向 14.0 千米。同和街道辖自然村。人口 300。清顺治年间，邢尚始兄弟由现明村镇郭村迁此分两地建村，后以人口多少和姓氏取名，分称大、小邢家疃，本村为大邢家疃。1950 年后，按所处方位，改名东邢家。聚落呈团块状分布。经济以商贸业、种植业为主，主要农作物有小麦、玉米、花生。有公路经此。

东丰台堡 370283-A02-H21
[Dōngfēngtáipù]

在市驻地东阁街道西南方向 1.8 千米。同和街道辖自然村。人口 500。冷思魁由城里水胡同街迁此定居，曾名五里堡、五里庄、蒋家屯，后改名丰台堡。为与同名村区别，又冠"东"字命名。聚落呈团块状分布。经济以商贸业为主。有公路经此。

东孙家庄 370283-A02-H22
[Dōngsūnjiāzhuāng]

在市驻地东阁街道西南方向 7.7 千米。同和街道辖自然村。人口 300。清顺治年间，孙熙财由四川至此建村，以姓取名孙家庄。地名普查时因重名，更名东孙家庄。聚落呈团块状分布。经济以商贸业、种植业为主，主要农作物有小麦、玉米、花生。有公路经此。

东侯家庄 370283-A02-H23
[Dōnghóujiāzhuāng]

在市驻地东阁街道西南方向 17.0 千米。同和街道辖自然村。人口 600。明永乐年间，侯云吉由现蓼兰镇吴庄至此定居，渐成村落后，以姓取名侯家庄，后因重名，按方位冠以"东"字，故名东侯家庄。聚落呈团块状分布。有幼儿园 1 处。经济以种植业为主，主要农作物有小麦、玉米、花生、蔬菜、水果。有公路经此。

石庙 370283-A02-H24
[Shímiào]

在市驻地东阁街道西南方向6.1千米。同和街道辖自然村。人口800。明末清初，王清由崖头村至此定居，未取村名，后修建了一座石头土地庙，村以庙命名。聚落呈团块状分布。经济以商贸业、种植业为主，主要农作物有小麦、玉米、花生。有公路经此。

石家庄 370283-A02-H25
[Shíjiāzhuāng]

在市驻地东阁街道西南方向11.0千米。同和街道辖自然村。人口200。明洪武年间，石明清由四川省迁此定居繁衍成村，取名石家庄，后虽石姓渐绝，仍沿原名。聚落呈团块状分布。经济以商贸业、种植业为主，主要农作物有小麦、玉米、花生。有公路经此。

艾家疃 370283-A02-H26
[Àijiātuǎn]

在市驻地东阁街道西南方向7.5千米。同和街道辖自然村。人口600。明洪武十八年（1385），艾天道由四川迁居西十里堡，艾姓繁衍，人丁兴旺，村更名为艾家疃。聚落呈团块状分布。经济以种植业、商贸业为主，主要农作物有小麦、玉米、花生。309国道经此。

北华里 370283-A02-H27
[Běihuálǐ]

在市驻地东阁街道西南方向17.9千米。同和街道辖自然村。人口500。1984年5月以方位和华里划为东华里、兴华里、北华里、新华里、西华里、振华里、南华里、中华里八个村，本村在最北面，遂称北华里。聚落呈团块状分布。有小学1处、中学1处。经济以种植业、商贸业为主，主要农作物有小麦、玉米、花生。有公路经此。

北高家庄 370283-A02-H28
[Běigāojiāzhuāng]

在市驻地东阁街道西南方向22.8千米。同和街道辖自然村。人口300。明洪武年间，高魁由四川省迁居此地，以姓取名高家庄，后为与同名村区别，因该村居北，故称北高家庄。聚落呈团块状分布。经济以种植业、商贸业为主，主要农作物有小麦、玉米、花生。有公路经此。

卢家庄 370283-A02-H29
[Lújiāzhuāng]

在市驻地东阁街道西南方向22.5千米。同和街道辖自然村。人口300。清道光年间，卢世法由现白埠至此建新居，以姓取名卢家庄，沿用至今。聚落呈团块状分布。经济以商贸业、种植业为主，主要农作物有小麦、玉米、花生。有公路经此。

史同庄 370283-A02-H30
[Shǐtóngzhuāng]

在市驻地东阁街道西南方向14.2千米。同和街道辖自然村。人口200。明朝初年，同天祥由四川先迁此居住，史姓、李姓相继迁入共建村落，取名史家同李哥庄，1949年后简称史同庄。聚落呈团块状分布。经济以种植业、商贸业为主，主要农作物有小麦、玉米、花生。有公路经此。

小窑 370283-A03-H01
[Xiǎoyáo]

在市驻地东阁街道东南方向1.7千米。凤台街道辖自然村。人口700。明万历年间，张瑞朝从城里搬来建一座小窑烧窑，故得名小窑。聚落呈团块状分布。有幼儿园。经济以种植业、商贸业为主，主要农作物有小麦、玉米、蔬菜、水果。有公路经此。

大窑 370283-A03-H02
[Dàyáo]

在市驻地东阁街道东南方向 1.7 千米。凤台街道辖自然村。人口 700。明洪武年间，仲姓由济宁府迁此立村。继之，川籍移民张文忠迁来，以烧窑为主，故得名大窑。聚落呈团块状分布。有幼儿园。经济以种植业、商贸业为主，主要农作物有小麦、玉米、蔬菜、水果。有公路经此。

杜家疃 370283-A03-H03
[Dùjiātuǎn]

在市驻地东阁街道南方向 1.7 千米。凤台街道辖自然村。人口 600。明万历年间，杜宝林从四川迁于此地，以姓取名杜家疃。聚落呈团块状分布。有幼儿园。经济以种植业、商贸业为主，主要农作物有蔬菜瓜果。有公路经此。

东崔家疃 370283-A03-H04
[Dōngcuījiātuǎn]

在市驻地东阁街道东南方向 3.2 千米。凤台街道辖自然村。人口 1 400。明万历年间，崔、梁两姓迁此立村，故得名崔家疃，后以方位更名东崔家疃。聚落呈团块状分布。有幼儿园。经济以种植业、商贸业为主，主要农作物有小麦、玉米、蔬菜、水果。有公路经此。

关家庙头 370283-A03-H05
[Guānjiāmiàotóu]

在市驻地东阁街道东南方向 3.5 千米。凤台街道辖自然村。人口 300。明万历年间，邴全有由莱阳县迁此建村，后建关帝庙一座，故得名关家庙头。聚落呈团块状分布。

有幼儿园。经济以种植业、商贸业为主，主要农作物有小麦、玉米、蔬菜、水果。有公路经此。

小官家庄 370283-A03-H06
[Xiǎoguānjiāzhuāng]

在市驻地东阁街道东南方向 3.2 千米。凤台街道辖自然村。人口 400。官氏迁此，故得名小官家庄。聚落呈团块状分布。有幼儿园。经济以种植业、商贸业为主，主要农作物有小麦、玉米、蔬菜、水果。有公路经此。

战家疃 370283-A03-H07
[Zhànjiātuǎn]

在市驻地东阁街道南方向 3.2 千米。凤台街道辖自然村。人口 600。明洪武年间，川籍移民战福迁此立村，故得名战家疃。聚落呈团块状分布。有幼儿园。经济以种植业、商贸业为主，主要农作物有小麦、玉米、蔬菜、水果。有公路经此。

何家楼 370283-A03-H08
[Héjiālóu]

在市驻地东阁街道南方向 2.8 千米。凤台街道辖自然村。人口 600。明万历年间，何进士在此建楼，故得名何家楼。聚落呈团块状分布。有幼儿园。经济以种植业、商贸业为主，主要农作物有小麦、玉米、蔬菜、水果。有公路经此。

小李家疃 370283-A03-H09
[Xiǎolǐjiātuǎn]

在市驻地东阁街道东南方向 3.0 千米。凤台街道辖自然村。人口 300。明万历年间，李祖由四川迁此，故得名小李家疃。聚落呈团块状分布。有幼儿园。经济以种植业、商贸业为主，主要农作物有小麦、玉米、蔬菜、水果。有公路经此。

河崖 370283-A03-H10

［Héyá］

在市驻地东阁街道东南方向 1.7 千米。凤台街道辖自然村。人口 800。明永乐年间，李姓由平度城衙门口迁此，因紧靠现河，故取名河崖。聚落呈带状分布。有幼儿园。经济以种植业、商贸业为主，主要农作物有小麦、玉米、蔬菜、水果。有公路经此。

东潘家疃 370283-A03-H11

［Dōngpānjiātuǎn］

在市驻地东阁街道东南方向 3.2 千米。凤台街道辖自然村。人口 400。明弘治年间，潘姓到此建村，故得名潘家疃。后分为两村，本村按方位称东潘家疃。聚落呈团块状分布。有幼儿园。经济以种植业、商贸业为主，主要农作物有小麦、玉米、蔬菜、水果。有公路经此。

西潘家疃 370283-A03-H12

［Xīpānjiātuǎn］

在市驻地东阁街道东南方向 2.8 千米。凤台街道辖自然村。人口 600。明弘治年间，潘姓迁此立村，故得名潘家疃。后分为两村，本村按方位称西潘家疃。聚落呈团块状分布。有幼儿园。经济以种植业、商贸业为主，主要农作物有小麦、玉米、蔬菜、水果。有公路经此。

李官庄 370283-A03-H13

［Lǐguānzhuāng］

在市驻地东阁街道南方向 2.5 千米。凤台街道辖自然村。人口 900。明嘉靖年间，一卢姓与家人逃荒至此，立村卢官庄，后改名李官庄。聚落呈团块状分布。有幼儿园。经济以种植业、商贸业为主，主要农作物有小麦、玉米、蔬菜、水果。有公路经此。

小刘家疃 370283-A03-H14

［Xiǎoliújiātuǎn］

在市驻地东阁街道西南方向 3.8 千米。凤台街道辖自然村。人口 200。明洪武年间，刘姓在此立村，故得名小刘家疃。聚落呈团块状分布。有幼儿园。经济以种植业、商贸业为主，主要农作物有小麦、玉米、蔬菜、水果。有公路经此。

兰前 370283-A03-H15

［Lánqián］

在市驻地东阁街道东南方向 2.1 千米。凤台街道辖自然村。人口 600。明天启年间，先民从四川迁此建村，取名兰前。聚落呈团块状分布。有幼儿园。经济以种植业、商贸业为主，主要农作物有小麦、玉米、蔬菜、水果。有公路经此。

黄家道口 370283-A03-H16

［Huángjiādàokǒu］

在市驻地东阁街道东南方向 2.5 千米。凤台街道辖自然村。人口 600。明成化年间，黄士能由平度城北胡同迁此建村，故得名黄家道口。聚落呈团块状分布。有幼儿园。经济以种植业、商贸业为主，主要农作物有小麦、玉米、蔬菜、水果。有公路经此。

小洪沟 370283-A03-H17

［Xiǎohónggōu］

在市驻地东阁街道西南方向 5.4 千米。凤台街道辖自然村。人口 400。明弘治年间，杨士安由平度城西迁此建村，因村前有条小洪沟，故名。聚落呈团块状分布。有幼儿园。经济以种植业、商贸业为主，主要农作物有小麦、玉米、蔬菜、水果。有公路经此。

臧家疃 370283-A03-H18
[Zāngjiātuǎn]

在市驻地东阁街道东南方向 5.2 千米。凤台街道辖自然村。人口 200。清天命年间，臧姓在此定居，故得名臧家疃。聚落呈团块状分布。有幼儿园。经济以种植业、商贸业为主，主要农作物有小麦、玉米、蔬菜、水果。有公路经此。

苇园 370283-A03-H19
[Wěiyuán]

在市驻地东阁街道东南方向 3.8 千米。凤台街道辖自然村。人口 200。明永乐年间，张青龙、张青凤二人由四川省成都东关村迁此建村，因村南有成片苇子，故取名苇园。聚落呈团块状分布。有幼儿园。经济以种植业、商贸业为主，主要农作物有小麦、玉米、蔬菜、水果。有公路经此。

苇村 370283-A03-H20
[Wěicūn]

在市驻地东阁街道东南方向 4.2 千米。凤台街道辖自然村。人口 400。明崇祯年间，先民由四川迁此建村，村庄周边芦苇丛生，故得名苇村。聚落呈团块状分布。有幼儿园。经济以种植业、商贸业为主，主要农作物有小麦、玉米、蔬菜、水果。有公路经此。

南于家 370283-A03-H21
[Nányújiā]

在市驻地东阁街道西南方向 4.5 千米。凤台街道辖自然村。人口 500。明洪武年间，付玉华由云南迁此建村，未取村名。明嘉靖年间，于华斋迁入后，取名于家，后更名为南于家。聚落呈团块状分布。有幼儿园。经济以种植业、商贸业为主，主要农作物有小麦、玉米、蔬菜、水果。有公路经此。

中万家 370283-A03-H22
[Zhōngwànjiā]

在市驻地东阁街道东南方向 4.2 千米。凤台街道辖自然村。人口 200。清康熙年间，万志忠由平度城北万家疃迁此建村，故取名万家，后改名中万家。聚落呈团块状分布。有幼儿园。经济以种植业、商贸业为主，主要农作物有小麦、玉米、蔬菜、水果。有公路经此。

前麻兰 370283-A04-H01
[Qiánmálán]

在市驻地东阁街道东南方向 13.8 千米。白沙河街道辖自然村。人口 2 300。明永乐二年（1404），金国宝与王氏由河南洛阳迁此定居，因村旁有一墩很大的马莲花，故村得名马莲庄，后以谐音演变为麻兰。1956 年分为两个村，即前麻兰、后麻兰。聚落呈团块状分布。经济以种植业、商贸业为主，主要农作物有小麦、玉米、花生、油桃。有公路经此。

后麻兰 370283-A04-H02
[Hòumálán]

在市驻地东阁街道东方向 14.2 千米。白沙河街道辖自然村。人口 2 000。明永乐二年（1404），金国宝与王氏由河南洛阳迁此定居，因村旁有一墩很大的马莲花，故村得名马莲庄，后以谐音演变为麻兰。于 1956 年分为两个村，即前麻兰、后麻兰。聚落呈团块状分布。经济以种植业、商贸业为主，主要农作物有小麦、玉米、花生、油桃。有公路经此。

东店后 370283-A04-H03
[Dōngdiànhòu]

在市驻地东阁街道东方向 13.1 千米。白沙河街道辖自然村。人口 500。明弘治三年（1490），初原杰由云南迁此立村，取名初家屯。后因村子位于佛父殿和百子殿北，故改名殿后，"殿"与"店"谐音，书写为店后。1984年以前，称为麻兰九村。为与同名村区别，依方位于1984年改称东店后。聚落呈团块状分布。经济以种植业、商贸业为主，主要农作物有小麦、玉米、花生、草莓。有公路经此。

西店后 370283-A04-H04
[Xīdiànhòu]

在市驻地东阁街道东方向13.3千米。白沙河街道辖自然村。人口700。明万历年间，吴道士由小云南迁此立村，因村子位于佛父殿和百子殿后，故名殿后，后书写为店后。1984年以前称为麻兰七村。1984年为与同名村区别，依方位改称西店后。聚落呈团块状分布。经济以种植业、商贸业为主，主要农作物有小麦、玉米、油桃。有公路经此。

中店后 370283-A04-H05
[Zhōngdiànhòu]

在市驻地东阁街道东方向13.6千米。白沙河街道辖自然村。人口700。明万历年间，宋姓由云南迁来定居，以姓取名宋家屯，后因在佛父店和百子殿北，故改名殿后，"殿"与"店"谐音，后书写为店后，为与同名村相区别，以方位更名中店后。聚落呈团块状分布。经济以种植业、商贸业为主，主要农作物有小麦、玉米、花生、草莓。有公路经此。

金家河岔 370283-A04-H06
[Jīnjiāhéchà]

在市驻地东阁街道东南方向12.1千米。白沙河街道辖自然村。人口400。清道光年间，金广维由麻兰村迁居此地，因村址坐落在七里河与三里河交汇处，故取名金家河岔。聚落呈团块状分布。经济以种植业、商贸业为主，主要农作物有小麦、玉米、花生、草莓。有公路经此。

王家河岔 370283-A04-H07
[Wángjiāhéchà]

在市驻地东阁街道东南方向13.8千米。白沙河街道辖自然村。人口600。明洪武年间，滇籍移民耿姓至此居住，取名耿家庄。明永乐年间，王姓迁入并发展成主姓，因村址位于两河交叉处，故取名王家河岔。聚落呈团块状分布。经济以种植业、商贸业为主，主要农作物有小麦、玉米、花生、油桃。有公路经此。

于家河岔 370283-A04-H08
[Yújiāhéchà]

在市驻地东阁街道东南方向12.8千米。白沙河街道辖自然村。人口400。明永乐年间，于自敬、于自信兄弟由文登县大水泊村来此定居，因村址在三里河、七里河入落药河的交汇处，故取名于家河岔。聚落呈团块状分布。经济以种植业、商贸业为主，主要农作物有小麦、玉米、花生。有公路经此。

任家河岔 370283-A04-H09
[Rénjiāhéchà]

在市驻地东阁街道东南方向14.2千米。白沙河街道辖自然村。人口1 100。明洪武年间，滇籍移民任汉宗至此居住，因村坐落在落药河与三里河交汇处，故以姓和地貌特征取名任家河岔。聚落呈团块状分布。经济以种植业、商贸业为主，主要农作物有小麦、玉米、花生。有公路经此。

徐家河岔 370283-A04-H10
[Xújiāhéchà]

在市驻地东阁街道东南方向14.1千米。白沙河街道辖自然村。人口900。明永乐年

间，徐升付由云南迁此立村，因村址在落
药河支流三里河、七里河交汇处，故取名
徐家河岔。聚落呈团块状分布。经济以种
植业、商贸业为主，主要农作物有小麦、
玉米、花生、草莓。有公路经此。

徐戈庄 370283-A04-H11
[Xúgēzhuāng]

在市驻地东阁街道东南方向 14.8 千米。
白沙河街道辖自然村。人口 300。明朝末年，
徐姓至此建村，以姓取名徐戈庄。聚落呈
团块状分布。经济以种植业、商贸业为主，
主要农作物有小麦、玉米、花生、草莓。
有公路经此。

焦疃 370283-A04-H12
[Jiāotuǎn]

在市驻地东阁街道东南方向 14.7 千米。
白沙河街道辖自然村。人口 600。嘉靖年间，
刘贵由山西村迁出择此地建新家园，因村
东有焦家蓝子坟，故取名焦屯，后改名焦疃。
聚落呈团块状分布。经济以种植业、商贸
业为主，主要农作物有小麦、玉米、花生、
草莓。有公路经此。

山西 370283-A04-H13
[Shānxī]

在市驻地东阁街道东南方向 16.5 千米。
白沙河街道辖自然村。人口 1 600。明洪武
二年（1369），滇籍移民刘成迁此定居，
因村址坐落在峰山西，故取名山西。聚落
呈团块状分布。经济以种植业、商贸业为
主，主要农作物有小麦、玉米、花生、草莓。
有公路经此。

大埠 370283-A04-H14
[Dàbù]

在市驻地东阁街道东南方向 16.8 千米。
白沙河街道辖自然村。人口 500。明崇祯二

年（1629），左茂贤由莱阳安兰逃难至此
安家，因村东、北两面各有一土埠，俗称
大埠，村以埠称，故名。聚落呈团块状分布。
经济以种植业、商贸业为主，主要农作物
有小麦、玉米、花生、草莓。有公路经此。

东南李付庄 370283-A04-H15
[Dōngnánlǐfùzhuāng]

在市驻地东阁街道东南方向 15.9 千米。
白沙河街道辖自然村。人口 700。清乾隆年
间，付孟仁、付孟德兄弟由前李付庄迁此
另建家园，因村址坐落在前李付庄东南，
故取名东南李付庄。聚落呈团块状分布。
经济以种植业、商贸业为主，主要农作物
有小麦、玉米、白菜、芋头、大葱。有公
路经此。

东沙沟 370283-A04-H16
[Dōngshāgōu]

在市驻地东阁街道东南方向 15.7 千米。
白沙河街道辖自然村。人口 1 000。明成化
四年（1468），生百慈由云南至此安家立村，
因村后有一沙沟，故村以沙沟得名。曾称
过沙沟一村，后改为东沙沟。聚落呈团块
状分布。经济以种植业、商贸业为主，主
要农作物有小麦、玉米、白菜、芋头、大葱、
大姜。有公路经此。

中沙沟 370283-A04-H17
[Zhōngshāgōu]

在市驻地东阁街道东南方向 15.2 千米。
白沙河街道辖自然村。人口 700。明成化四
年（1468），生百慈由云南至此安家立村，
因村后有一沙沟，村名遂以沙沟得称，曾
称过沙沟三村，后改名中沙沟。聚落呈团
块状分布。经济以种植业、商贸业为主，
主要农作物有小麦、玉米、白菜、芋头、
大葱。有公路经此。

后李付庄 370283-A04-H18
[Hòulǐfùzhuāng]

在市驻地东阁街道东南方向 14.1 千米。白沙河街道辖自然村。人口 1 400。明万历八年（1580），付子敬由平度城迁此新辟家园。李、庄两姓相继迁入，以三姓为村名，得李付庄之名。后因其在四个同名村之后，故称后李付庄。聚落呈团块状分布。经济以种植业、商贸业为主，主要农作物有小麦、玉米、白菜、芋头、大葱。有公路经此。

后洼子 370283-A04-H19
[Hòuwāzi]

在市驻地东阁街道东南方向 11.9 千米。白沙河街道辖自然村。人口 300。清顺治元年（1644），赵钦由平度城西北朝阳庄迁此建家园，因村周围是片大洼，故以地势特征得名洼子村。地名普查时因重名，1982 年更名为后洼子。聚落呈团块状分布。经济以种植业、商贸业为主，主要农作物有小麦、花生、玉米。有公路经此。

后张家庄 370283-A04-H20
[Hòuzhāngjiāzhuāng]

在市驻地东阁街道东南方向 11.2 千米。白沙河街道辖自然村。人口 400。清康熙三十一年（1692），张斋由平度城南关迁此定居，以姓取名张家庄。地名普查时因重名，1982 年更名为后张家庄。聚落呈团块状分布。经济以种植业、商贸业为主，主要农作物有小麦、玉米、芋头、大葱。有公路经此。

前李付庄 370283-A04-H21
[Qiánlǐfùzhuāng]

在市驻地东阁街道东南方向 11.1 千米。白沙河街道辖自然村。人口 1 400。明万历三十三年（1605），付应士、付应诰由平度城迁此立村，附近几村均以李付庄称村，冠以方位区别，故得前李付庄之名。聚落呈团块状分布。经济以种植业、商贸业为主，主要农作物有小麦、玉米、白菜、芋头、大葱、西红柿、黄瓜。有公路经此。

西沙沟 370283-A04-H22
[Xīshāgōu]

在市驻地东阁街道东南方向 13.8 千米。白沙河街道辖自然村。人口 500。明洪熙元年（1425），杨姓由云南至此安家立村，因村旁有条流水沙沟，以姓和沙沟取名杨家沙沟，曾称过沙沟四村，后改称西沙沟。聚落呈团块状分布。经济以商贸业、种植业为主，主要农作物有小麦、玉米、白菜、芋头、大葱。有公路经此。

张戈庄东 370283-A04-H23
[Zhānggēzhuāngdōng]

在市驻地东阁街道东南方向 11.8 千米。白沙河街道辖自然村。人口 1 200。明永乐年间，张、王二姓由青州府迁此建村，张自成年长，王祥岁幼，又是姑表兄弟，王称张为哥，故名张哥庄，又演变为张戈庄。后分为三村，本村以方位得名张戈庄东。聚落呈团块状分布。经济以商贸业、种植业为主，主要农作物有小麦、玉米、辣椒。有公路经此。

张戈庄南 370283-A04-H24
[Zhānggēzhuāngnán]

在市驻地东阁街道东南方向 11.9 千米。白沙河街道辖自然村。人口 700。明永乐年间，张、王二姓由青州府迁此建村，张自成年长，王祥岁幼，又是姑表兄弟，王称张为哥，故名张哥庄，又演变为张戈庄。后分为三村，本村以方位得名张戈庄南。聚落呈团块状分布。经济以商贸业、种植业为主，主要农作物有小麦、玉米、蔬菜。有公路经此。

张戈庄西 370283-A04-H25
[Zhānggēzhuāngxī]

在市驻地东阁街道东南方向11.6千米。白沙河街道辖自然村。人口800。明永乐年间，张、王两姓由青州府迁此建村，张自成年长，王祥年幼，又是姑表弟兄，王称张为哥，故名张哥庄，演为张戈庄。后分为三村，本村以方位得名张戈庄西。聚落呈团块状分布。经济以商贸业、种植业为主，主要农作物有小麦、玉米、蔬菜。有公路经此。

中李付庄 370283-A04-H26
[Zhōnglǐfùzhuāng]

在市驻地东阁街道东南方向14.1千米。白沙河街道辖自然村。人口400。清乾隆二十五年（1760），付从政由前李付庄迁此定居，仍以李付庄称村。为与同名村区别，以所处方位得名。聚落呈团块状分布。经济以商贸业、种植业为主，主要农作物有小麦、花生、玉米、白菜、芋头、大葱。有公路经此。

邓家荒 370283-A04-H27
[Dèngjiāhuāng]

在市驻地东阁街道东南方向11.5千米。白沙河街道辖自然村。人口500。明万历年间，邓姓至此拓荒建家园，因此处田野广阔，荒草满坡，故取名邓家荒。聚落呈团块状分布。经济以商贸业、种植业为主，主要农作物有小麦、花生、玉米。有公路经此。

芦家荒 370283-A04-H28
[Lújiāhuāng]

在市驻地东阁街道东南方向12.8千米。白沙河街道辖自然村。人口300。明嘉靖年间，陈良带领两个儿子由山西村迁此，取名陈家屯。清乾隆年间，卢姓迁入其村，人丁日盛成为主姓，又因村周是荒野，故改名卢家荒，后演变为芦家荒。聚落呈团块状分布。经济以种植业、商贸业为主，主要农作物有小麦、玉米、花生。有公路经此。

孙家荒 370283-A04-H29
[Sūnjiāhuāng]

在市驻地东阁街道东南方向11.1千米。白沙河街道辖自然村。人口500。明洪武年间，张现武由平度城迁此立村，当时此地野草丛生，故取名张家荒。明末，孙伯自平度南李戈庄村迁居张家荒，因人繁户盛，于清道光年间改称孙家荒。聚落呈团块状分布。经济以种植业、商贸业为主，主要农作物有小麦、花生、玉米、蔬菜、瓜果。有公路经此。

王家屯 370283-A04-H30
[Wǎngjiātún]

在市驻地东阁街道东南方向10.2千米。白沙河街道辖自然村。人口500。清康熙二年（1663），王可汲由即墨县东鳌山卫南门里迁此建村，以姓取名王家屯。聚落呈团块状分布。经济以种植业、商贸业为主，主要农作物有小麦、玉米、花生。有公路经此。

阁北头 370283-A04-H31
[Géběitóu]

在市驻地东阁街道东方向10.1千米。白沙河街道辖自然村。人口300。据传，因村南有一阁楼，故名阁北头。聚落呈团块状分布。经济以种植业、商贸业为主，主要农作物有小麦、玉米、花生。有公路经此。

前辛庄 370283-A04-H32
[Qiánxīnzhuāng]

在市驻地东阁街道东方向 10.0 千米。白沙河街道辖自然村。人口 400。清乾隆四十五年（1780），代、王二姓至此立村，因建村时间晚于附近村庄，故取名新庄。地名普查时因重名，1982 年更名为前辛庄。聚落呈团块状分布。经济以种植业、商贸业为主，主要农作物有小麦、玉米、花生和瓜果。有公路经此。

东沙窝 370283-A04-H33
[Dōngshāwō]

在市驻地东阁街道东方向 9.5 千米。白沙河街道辖自然村。人口 300。清康熙年间，赵伟平至此建村，因靠近河滩，村周沙多，故名沙窝，后为与同名村区别，冠以方位，故名。聚落呈团块状分布。经济以种植业、商贸业为主，主要农作物有小麦、玉米、花生和草莓。有公路经此。

西沙窝 370283-A04-H34
[Xīshāwō]

在市驻地东阁街道东方向 9.3 千米。白沙河街道辖自然村。人口 300。明末清初，梁进宝至此建村，因靠近河滩而得名沙窝，后为与同名村区别，冠以方位，故名。聚落呈团块状分布。经济以种植业、商贸业为主，主要农作物有小麦、玉米、花生及果蔬。有公路经此。

楼里头 370283-A04-H35
[Lóulǐtóu]

在市驻地东阁街道东南方向 10.2 千米。白沙河街道辖自然村。人口 800。明崇祯三年（1630），王姓始祖万象携眷属由掖县王家楼村迁此建新居，为念迁出地，故以祖籍村取名，后因村中有一楼房，故得楼里头之称。聚落呈团块状分布。经济以种植业、商贸业为主，主要农作物有小麦、玉米和花生。有公路经此。

东白沙 370283-A04-H36
[Dōngbáishā]

在市驻地东阁街道东南方向 9.0 千米。白沙河街道辖自然村。人口 500。明成化三年（1467），始祖李旺其妻刘氏由平度城南关迁此建新居，来时此处是白沙滩一片，故得名白沙，李旺后生五子，为占地盘分东、西两村居住，本村居东，称东白沙。聚落呈团块状分布。经济以种植业、商贸业为主，主要农作物有小麦、玉米、花生和草莓。有公路经此。

西白沙 370283-A04-H37
[Xībáishā]

在市驻地东阁街道东南方向 8.8 千米。白沙河街道辖自然村。人口 700。明成化三年（1467），始祖李旺其妻刘氏由平度城南关迁此建新居，来时此处是白沙滩一片，故得名白沙，李旺后生五子，为占地盘分东、西两村居住，本村居西，称西白沙。聚落呈团块状分布。经济以种植业、商贸业为主，主要农作物有小麦、玉米、花生和草莓。有公路经此。

东前李 370283-A04-H38
[Dōngqiánlǐ]

在市驻地东阁街道东南方向 8.9 千米。白沙河街道辖自然村。人口 600。明永乐年间，李、贾两姓由云南至此立村，因李姓居前，贾姓居后，故得名前李后贾，后演变为前李家。明万历年间，李姓迁出另立村庄，取名西前李家后，本村遂改名东前李家，简称东前李。聚落呈团块状分布。经济以种植业、商贸业为主，主要农作物有小麦、玉米、花生和草莓。有公路经此。

西前李 370283-A04-H39

[Xīqiánlǐ]

在市驻地东阁街道东南方向 9.2 千米。白沙河街道辖自然村。人口 400。明万历年间，前李家村李法友至此另辟新居，仍以祖居村称为名。又因位置在迁出村西，故名西前李家，简称西前李。聚落呈团块状分布。经济以种植业、商贸业为主，主要农作物有小麦、玉米、花生和蔬菜、草莓。有公路经此。

崔家营 370283-A04-H40

[Cuījiāyíng]

在市驻地东阁街道东南方向 17.8 千米。白沙河街道辖自然村。人口 600。明万历十八年（1590），平度城东阁崔世荣为看祖茔至此居住，繁衍成村，取名崔家茔，后雅化为崔家营。聚落呈团块状分布。经济以种植业、商贸业为主，主要农作物有花生、白菜、芋头、大葱、小麦、玉米。有公路经此。

戴家庄 370283-A05-H01

[Dàijiāzhuāng]

在市驻地东阁街道西北方向 4.7 千米。李园街道辖自然村。人口 300。明初韩姓至此立村，取名韩家庄，后戴姓繁衍，戴姓比韩姓多，遂改名戴家庄。聚落呈团块状分布。有文化广场 1 处。经济以种植业、商贸业为主，主要农作物有芹菜、茄子。有公路经此。

后戈庄 370283-A05-H02

[Hòugēzhuāng]

在市驻地东阁街道西北方向 7.8 千米。李园街道辖自然村。人口 2 500。因西河洼村有侯庸在京城任吏部侍郎，死后葬于三里庄村北，其后代祭祖常进村落脚。其后代和本村毛姓是表兄弟，为攀高枝，村民将村名改为侯哥庄，意思是姓侯的表哥的庄。后来为书写方便，谐音演绎为后戈庄。聚落呈团块状分布。有文化广场 1 处。经济以商贸业为主。有公路经此。

南关 370283-A05-H03

[Nánguān]

在市驻地东阁街道西北方向 5.0 千米。李园街道辖自然村。人口 1 200。陈姓于明朝初期由四川先迁此定居。1945 年，城区由 37 条街巷划村时，以所处方位定名为南关。聚落呈团块状分布。有文化广场 1 处。有市级文物保护单位美国教会医院。经济以商贸业为主。有公路经此。

北关 370283-A05-H04

[Běiguān]

在市驻地东阁街道西北方向 6.8 千米。李园街道辖自然村。人口 600。谢姓于清朝末期迁居此处。1945 年城区划村时，因所处方位定名为北关。聚落呈团块状分布。有文化广场 1 处。经济以商贸业、种植业为主，主要农作物有芹菜。有公路经此。

刘家寨 370283-A05-H05

[Liújiāzhài]

在市驻地东阁街道西北方向 13.0 千米。李园街道辖自然村。人口 1 500。明永乐年间，刘姓自四川江安县迁此立村，为防盗避战乱，在村周围修筑围墙，以姓取名刘家寨。聚落呈团块状分布。有文化广场 1 处。经济以商贸业、种植业为主，主要农作物有黄瓜、西红柿。有公路经此。

戈家疃 370283-A05-H06

[Gējiātuǎn]

在市驻地东阁街道西北方向 10.2 千米。李园街道辖自然村。人口 800。相传明朝初期建村，戈姓由古岘迁来定居，繁衍生息，渐成村落后，以姓取村名。聚落呈团块状分布。有文化广场1处。经济以种植业、商贸业为主，主要农作物有小麦、玉米、花生。有公路经此。

万家疃 370283-A05-H07
[Wànjiātuǎn]

在市驻地东阁街道西北方向11.0千米。李园街道辖自然村。人口1 300。村民以万姓为主，称为万家疃。聚落呈团块状分布。有文化广场1处。经济以种植业、商贸业为主，主要农作物有小麦、玉米、花生。有公路经此。

李子园 370283-A05-H08
[Lǐziyuán]

在市驻地东阁街道西北方向7.9千米。李园街道辖自然村。人口1 900。明洪武二年（1369），王守忠迁此，在一片李子树旁建房居住，故取名李子园。聚落呈团块状分布。经济以种植业为主，主要农作物有小麦、玉米、花生、芹菜。有公路经此。

大杨召 370283-A05-H09
[Dàyángzhào]

在市驻地东阁街道西北方向13.1千米。李园街道辖自然村。人口700。明洪武二年（1369），川籍移民杨、赵、马三姓徙居此地。因杨、赵两姓人众，故以杨、赵两姓取名，后演变为杨召。后为了与同名村相区别，改称大杨召。聚落呈团块状分布。有文化广场1处。经济以种植业、商贸业为主，主要农作物有小麦、玉米、花生。有公路经此。

庞家沟 370283-A05-H10
[Pángjiāgōu]

在市驻地东阁街道西北方向16.3千米。李园街道辖自然村。人口300。明洪武二年（1369），庞姓由四川迁此建家园，因村立于三面环山之处，故以姓氏及地理特征得村名。聚落呈团块状分布。有文化广场1处。经济以商贸业、种植业为主，主要农作物有小麦、玉米、花生。有公路经此。

西二十里堡 370283-A05-H11
[Xī'èrshílǐpù]

在市驻地东阁街道西北方向15.9千米。李园街道辖自然村。人口400。明崇祯二年（1629），王东荣由大杨召徙居此地，因村中有条由莱州府通往平度城的大道，离城里10公里，故以此得村名。后因村落扩大，分为两村，以方位区别，故得西二十里堡之称。聚落呈团块状分布。有文化广场1处。经济以商贸业、种植业为主，主要农作物有小麦、玉米、花生。有公路经此。

油坊 370283-A05-H12
[Yóufáng]

在市驻地东阁街道西北方向5.9千米。李园街道辖自然村。人口800。南关大街通往胡秸市的一条胡同内，开有多家油坊，因此得名油坊胡同。1945年城区划村时，以南关街沟为界，沟西定名为油坊。聚落呈团块状分布。有文化广场1处。经济以商贸业、种植业为主。有公路经此。

西河洼 370283-A05-H13
[Xīhéwā]

在市驻地东阁街道西北方向9.5千米。李园街道辖自然村。人口1 000。因傍秦皇河，地势低洼，故取名河洼。地名普查时因重名，1982年更名西河洼。聚落呈团块状分布。有文化广场1处。经济以商贸业、种植业为主，主要农作物有小麦、玉米、花生。有公路经此。

花窝洛　370283-A05-H14
[Huāwōluò]

在市驻地东阁街道西北方向 13.1 千米。李园街道辖自然村。人口 600。西山坡上有个土石坑，里面长满了颜色鲜艳、花姿奇特的山花。后因山水横流，沙土淤平花窝，山花不再复生，但花窝这块宝地仍存。人们为纪念宝花，将村名改为花窝洛。聚落呈团块状分布。有文化广场 1 处。经济以商贸业、种植业为主，主要农作物有小麦、玉米、花生。有公路经此。

山前　370283-A05-H15
[Shānqián]

在市驻地东阁街道西北方向 9.5 千米。李园街道辖自然村。人口 700。明洪武二年（1369），赵氏立村，取名赵家山前，1945 年统并为山前。聚落呈团块状分布。有文化广场 1 处、中学 1 处。经济以商贸业、种植业为主，主要农作物有小麦、玉米、花生。有公路经此。

前杨召　370283-A05-H16
[Qiányángzhào]

在市驻地东阁街道西北方向 12.8 千米。李园街道辖自然村。人口 600。因村北面有个大杨召，故取名前杨召。聚落呈团块状分布。有文化广场 1 处。经济以商贸业、种植业为主，主要农作物有小麦、玉米、花生。有公路经此。

朝阳庄　370283-A05-H17
[Cháoyángzhuāng]

在市驻地东阁街道西北方向 9.9 千米。李园街道辖自然村。人口 300。因此地三面环山，正午时，太阳才普照全村，故取名朝阳庄。聚落呈团块状分布。有文化广场 1 处。经济以商贸业、种植业为主，主要农作物有小麦、玉米、花生。有公路经此。

东七里河子　370283-A05-H18
[Dōngqīlǐhézi]

在市驻地东阁街道西北方向 9.3 千米。李园街道辖自然村。人口 700。由于河滩距平度市区（原衙门口）七华里，习惯上称为七里河滩，故得七里河子之名，后为与河西岸的同名村区别，冠以"东"字，故名。聚落呈团块状分布。有文化广场 1 处。经济以商贸业、种植业为主，主要农作物有小麦、玉米、花生。有公路经此。

西阁　370283-A05-H19
[Xīgé]

在市驻地东阁街道西北方向 5.6 千米。李园街道辖自然村。人口 1 000。唐朝于西阁街西头建一大阁，此处统称西南关。1945 年城区划村时，以西大阁定名为西阁。聚落呈团块状分布。有文化广场 1 处。经济以商贸业、种植业为主。有公路经此。

东崔家营　370283-A05-H20
[Dōngcuījiāyíng]

在市驻地东阁街道西北方向 12.2 千米。李园街道辖自然村。明嘉靖三十四年（1555），白果园村的解元崔桓葬于村东后，村名遂称崔家茔，后将"茔"书为"营"。地名普查时因重名，1982 年改为东崔家营。聚落呈团块状分布。有文化广场 1 处。经济以种植业、商贸业为主，主要农作物有小麦、玉米、花生、大姜。有公路经此。

东马家沟　370283-A05-H21
[Dōngmǎjiāgōu]

在市驻地东阁街道西北方向 4.5 千米。李园街道辖自然村。人口 1 800。明洪武年间马姓至此傍沟立村，取名马家沟。后贾氏搬到马家沟排水沟东头建房立村，为与马姓先建村区别，按方位命名为东马家沟。

聚落呈团块状分布。有文化广场 1 处。经济以商贸业、种植业为主，主要农作物有芹菜。有公路经此。

西马家沟 370283-A05-H22
[Xīmǎjiāgōu]

在市驻地东阁街道西北方向 4.6 千米。李园街道辖自然村。人口 1 100。明洪武年间，马崇由河南固始县西南关迁来安家立村，因城里向西南排水，在此形成水沟，便以姓氏结合地貌命名为马家沟。后贾姓建东马家沟，本村遂改名西马家沟。聚落呈团块状分布。有文化广场 1 处。经济以商贸业、种植业为主，主要农作物有芹菜。有公路经此。

西七里河子 370283-A05-H23
[Xīqīlǐhézi]

在市驻地东阁街道西北方向 9.5 千米。李园街道辖自然村。人口 300。明崇祯年间，西北金牛山和东北小豁口山之流水在村南、村北形成两大河滩，由于离平度市区（原衙门口）七里，遂起名七里河子。河流穿村而过，本村在河西，为西七里河子。聚落呈团块状分布。有文化广场 1 处。经济以商贸业、种植业为主，主要农作物有小麦、玉米、花生。有公路经此。

小庄子 370283-A05-H24
[Xiǎozhuāngzi]

在市驻地东阁街道西北方向 7.2 千米。李园街道辖自然村。人口 700。明万历年间，崔景山在此建小庄子，取名崔家小庄子。明朝李询从下李元迁此，明末张姓又从门村迁入，本村由三姓聚居后，改为小庄子。聚落呈团块状分布。有文化广场 1 处。经济以商贸业为主。有公路经此。

十里堡 370283-A05-H25
[Shílǐpù]

在市驻地东阁街道西北方向 11.0 千米。李园街道辖自然村。人口 1 000。明万历年间，袁德发由云南迁此居住，欧姓相继而来，共建村落。明万历二十六年（1598）官府在村北修石桥一座，从石桥至衙门口共 10 里，故取名十里堡。聚落呈团块状分布。有文化广场 1 处。经济以商贸业、种植业为主，主要农作物有小麦、玉米、花生。有公路经此。

巧女张 370283-A05-H26
[Qiǎonǚzhāng]

在市驻地东阁街道西北方向 14.5 千米。李园街道辖自然村。人口 800。相传，赵匡胤称帝前领兵经此，进张婆店歇脚吃饭，张婆令其女巧做饭菜相待，被赵誉为巧女，赵匡胤称帝后派人接巧女进宫，巧女误解自缢。为纪念，赵匡胤封其为巧女，命人建了巧女庙，修了巧女坟，村更名为巧女张。聚落呈团块状分布。有文化广场 1 处。经济以种植业、商贸业为主，主要农作物有小麦、玉米、花生、大姜。有公路经此。

宗家庄 370283-A05-H27
[Zōngjiāzhuāng]

在市驻地东阁街道西北方向 7.5 千米。李园街道辖自然村。人口 700。明洪武年间，宗纪由胶南灵山村迁此建家园，以姓取名宗家庄。聚落呈团块状分布。有文化广场 1 处。经济以商贸业、种植业为主，主要农作物有蔬菜。有公路经此。

崔疃 370283-A05-H28
[Cuītuǎn]

在市驻地东阁街道西北方向 11.1 千米。李园街道辖自然村。人口 400。明洪武年间，崔远志由四川迁此落居，渐成村落，以姓取名崔家疃。地名普查时因重名，1982年更名为崔疃。聚落呈团块状分布。有文化广场1处。经济以商贸业、种植业为主，主要农作物有小麦、玉米、花生。有公路经此。

韩疃　370283-A05-H29
[Hántuǎn]

在市驻地东阁街道西北方向10.4千米。李园街道辖自然村。人口600。明嘉靖三年（1524）韩姓到此立村，后耿、王、高、赵、崔、孙姓逐步迁来，由于韩姓多，故取名韩家疃。地名普查时因重名，1982年更名韩疃。聚落呈团块状分布。有文化广场1处。经济以商贸业、种植业为主，主要农作物有小麦、玉米、花生。有公路经此。

水沟子　370283-A05-H30
[Shuǐgōuzi]

在市驻地东阁街道西北方向6.9千米。李园街道辖自然村。人口300。明末李姓从南京水石门迁此立村，因地势高突取名台子屯。后张、刘两姓在土屯子旁靠水沟立村水沟子，章姓在台子屯南建村鲁戈庄。后因村小抗灾力弱，三村并为一村，统称水沟子。聚落呈团块状分布。有文化广场1处。经济以商贸业、种植业为主，主要农作物有小麦、玉米、花生。有公路经此。

柳行头　370283-A05-H31
[Liǔhángtóu]

在市驻地东阁街道西北方向6.2千米。李园街道辖自然村。人口1 900。相传，唐代此地就有居民，此处是通往莱州府的大道，道旁栽满柳树，道口设迎官处，俗称柳行头，1945年城区划村时定为村名。聚落呈团块状分布。有文化广场1处。经济以商贸业、种植业为主，主要农作物有蔬菜。有公路经此。

古岘二里　370283-B01-H01
[Gǔxiàn'èrlǐ]

古岘镇人民政府驻地。在市驻地东阁街道东南方向22.2千米。人口1 400。原名古岘村，清末按照"五户为一邻，五邻为一里，五里为一弄"的原则划分为八村，本村为古岘二里。聚落呈团块状分布。有文化活动中心。经济以养殖业、种植业为主，主要农作物有花生、蔬菜等，养殖猪、肉食鸡等。省道朱诸路经此。

古岘一里　370283-B01-H02
[Gǔxiànyīlǐ]

在市驻地东阁街道东方向22.8千米。古岘镇辖自然村。人口1 100。原名古岘村，清末按照"五户为一邻，五邻为一里，五里为一弄"的原则划分为八村，本村为古岘一里。聚落呈团块状分布。有文化广场1处、文化教育中心1处。经济以商贸业、种植业为主，主要农作物有大姜、大蒜、芋头、玉米、香菜、大葱、花生。有公路经此。

古岘三里　370283-B01-H03
[Gǔxiànsānlǐ]

在市驻地东阁街道东方向22.3千米。古岘镇辖自然村。人口500。原名古岘村，清末按照"五户为一邻，五邻为一里，五里为一弄"的原则划分为八村，本村为古岘三里。聚落呈团块状分布。有文化教育中心1处。经济以商贸业、种植业为主，主要农作物有大蒜、圆葱、芹菜、大姜、土豆。有公路经此。

古岘四里 370283-B01-H04

[Gǔxiànsìlǐ]

在市驻地东阁街道东方向 23.0 千米。古岘镇辖自然村。人口 1 400。原名古岘村,清末按照"五户为一邻,五邻为一里,五里为一弄"的原则划分为八村,本村为古岘四里。聚落呈团块状分布。有文化教育中心 1 处。经济以商贸业、种植业为主,主要农作物有大蒜、圆葱、芹菜、大姜、土豆。有公路经此。

古岘五里 370283-B01-H05

[Gǔxiànwǔlǐ]

在市驻地东阁街道东方向 22.5 千米。古岘镇辖自然村。人口 1 100。原名古岘村,清末按照"五户为一邻,五邻为一里,五里为一弄"的原则划分为八村,本村为古岘五里。聚落呈团块状分布。有文化教育中心 1 处。经济以商贸业、种植业为主,主要农作物有大蒜、圆葱、花生。有公路经此。

古岘六里 370283-B01-H06

[Gǔxiànliùlǐ]

在市驻地东阁街道东方向 22.2 千米。古岘镇辖自然村。人口 600。原名古岘村,清末按照"五户为一邻,五邻为一里,五里为一弄"的原则划分为八村,本村为古岘六里。聚落呈团块状分布。有文化教育中心 1 处。经济以商贸业、种植业为主,主要农作物有大蒜、圆葱、土豆。有公路经此。

古岘七里 370283-B01-H07

[Gǔxiànqīlǐ]

在市驻地东阁街道东方向 22.0 千米。古岘镇辖自然村。人口 1 200。原名古岘村,清末按照"五户为一邻,五邻为一里,五里为一弄"的原则划分为八村,本村为古岘七里。聚落呈团块状分布。有文化教育中心 1 处。经济以商贸业、种植业为主,主要农作物有大蒜、圆葱、土豆、大姜、玉米、小麦和花生。有公路经此。

古岘八里 370283-B01-H08

[Gǔxiànbālǐ]

在市驻地东阁街道东方向 22.7 千米。古岘镇辖自然村。人口 400。原名古岘村,清末按照"五户为一邻,五邻为一里,五里为一弄"的原则划分为八村,本村为古岘八里。聚落呈团块状分布。有文化教育中心 1 处。经济以商贸业、种植业为主,主要农作物有大蒜、芹菜、圆葱、土豆、大姜、玉米、小麦和花生。有公路经此。

五家寨子 370283-B01-H09

[Wǔjiāzhàizi]

在市驻地东阁街道东方向 29.0 千米。古岘镇辖自然村。人口 1 700。建村于明初,因此地是汉康王领兵扎寨之地,故名寨子。开创村落时按姓氏聚集,分衣家寨子、钟家寨子、矫家寨子、李家寨子、郭家寨子,1958 年合为一个村,统称寨子。地名普查时,因重名,更名为五家寨子。聚落呈团块状分布。有文化教育中心 1 处。经济以商贸业、种植业为主,主要农作物有大蒜、大姜、圆葱、大葱、花生。有公路经此。

东花园 370283-B01-H10

[Dōnghuāyuán]

在市驻地东阁街道东方向 24.6 千米。古岘镇辖自然村。人口 600。战国时期,即墨古城历代王侯都派人在故城外种植花草苗木,供城中王后及其家眷赏玩和城内美化使用,因在故城以北,也叫即墨城(康王城)后花园,立村后取名花园村。地名普查时,因重名,更村名为东花园。聚落呈团块状分布。有文化教育中心 1 处。经济以商贸业、种植业为主，主要农作物有大蒜、大姜、圆葱、土豆、花生、玉米。有公路经此。

朱村　370283-B01-H11
[Zhūcūn]

在市驻地东阁街道东方向 25.1 千米。古岘镇辖自然村。人口 1 900。元朝时这里已有南珠、北珠两村，明洪武二年（1369）遭水患，合并为一村，称朱村。聚落呈团块状分布。有文化教育中心 1 处。经济以商贸业、种植业为主，主要农作物有大蒜、大姜、圆葱、花生、玉米、蘑菇、大葱、香菜。有公路经此。

姜格庄　370283-B01-H12
[Jiānggēzhuāng]

在市驻地东阁街道东方向 25.0 千米。古岘镇辖自然村。人口 2 900。明洪武二年（1369），云南移民姜德尔带领族人从云南搬迁至此立村，以姓取名姜家庄，后改称姜格庄，沿用至今。聚落呈团块状分布。有文化教育中心 1 处。经济以商贸业、种植业为主，主要农作物有大蒜、大姜、圆葱、芋头、花生、玉米。有公路经此。

前龙泉　370283-B01-H13
[Qiánlóngquán]

在市驻地东阁街道东方向 23.3 千米。古岘镇辖自然村。人口 700。明初黄桂由云南迁来定居，因村西南角有一水泉，泉水呈黑色，出水似龙翻滚，故取村名龙泉村。后刘姓迁来在村后立村，为便于区分，更村名为前龙泉，沿用至今。聚落呈团块状分布。有文化教育中心 1 处。经济以商贸业、种植业为主，主要农作物有大蒜、大姜、圆葱。有公路经此。

后龙泉　370283-B01-H14
[Hòulóngquán]

在市驻地东阁街道东方向 23.3 千米。古岘镇辖自然村。人口 400。明洪武二年（1369），刘先由云南迁来定居，因村南有泉，出水时水花翻滚似蛟龙吐水，又居前龙泉村后，故取村名后龙泉，沿用至今。聚落呈团块状分布。有文化教育中心 1 处。经济以商贸业、种植业为主，主要农作物有大姜、大蒜、芋头、花生。有公路经此。

山上　370283-B01-H15
[Shānshàng]

在市驻地东阁街道东方向 23.5 千米。古岘镇辖自然村。人口 2 400。明洪武二年（1369），李旺由云南迁来，本想择平川地建家园，后见有凤凰落于山上，认为是吉祥之地，故在半山坡定居，取村名山上。聚落呈团块状分布。有文化教育中心 1 处。经济以商贸业、种植业为主，主要农作物有大蒜、圆葱、大姜、花生、地瓜。有公路经此。

岩山头　370283-B01-H16
[Yánshāntóu]

在市驻地东阁街道东方向 22.7 千米。古岘镇辖自然村。人口 600。因村后有小山名石山，故村名为岩山头。聚落呈团块状分布。有文化教育中心 1 处。经济以商贸业、种植业为主，主要农作物有大蒜、小麦、玉米、花生、地瓜。有公路经此。

三里庄　370283-B01-H17
[Sānlǐzhuāng]

在市驻地东阁街道东方向 22.1 千米。古岘镇辖自然村。人口 700。清乾隆五十一年（1786），戴祥从云南迁来定居，因距古岘三里路，故取村名三里庄，沿用至今。

聚落呈团块状分布。有文化教育中心1处。经济以商贸业、种植业为主，主要农作物有大蒜、大姜、圆葱、大葱、芋头、花生。有公路经此。

五里庄 370283-B01-H18
[Wǔlǐzhuāng]

在市驻地东阁街道东方向21.6千米。古岘镇辖自然村。人口1 300。约1480年，段秀才从蓼兰迁来居住，因距古岘五华里，取名五里庄，沿用至今。聚落呈团块状分布。有文化教育中心1处。经济以商贸业、种植业为主，主要农作物有大蒜、大姜、圆葱、大葱、芋头、花生。有公路经此。

八里庄 370283-B01-H19
[Bālǐzhuāng]

在市驻地东阁街道东方向21.0千米。古岘镇辖自然村。人口1 400。明洪武元年（1368），田有才、吴永刚由云南迁此重建家园，因立村处距古岘八华里，故名八里庄。聚落呈团块状分布。有文化教育中心1处。经济以商贸业、种植业为主，主要农作物有大蒜、大姜、圆葱、大葱、芋头、花生。有公路经此。

杜家集木 370283-B01-H20
[Dùjiājímù]

在市驻地东阁街道东方向20.2千米。古岘镇辖自然村。人口1 000。村居康王墓陵东山脚下，因康王修造墓穴时，大量的木材都堆集于此，1580年杜姓搬来居住，故取村名杜家集木。聚落呈团块状分布。有文化教育中心1处。经济以商贸业、种植业为主，主要农作物有大蒜、圆葱、大姜、芋头、土豆、地瓜、花生。有公路经此。

刘家集木 370283-B01-H21
[Liújiājímù]

在市驻地东阁街道东方向19.9千米。古岘镇辖自然村。人口700。村居康王墓陵东山脚下，康王修造墓穴时大量的木材都堆集于此，1580年刘姓搬来居住，故取村名刘家集木。聚落呈团块状分布。有文化教育中心1处。经济以商贸业、种植业为主，主要农作物有大蒜、大姜、圆葱、芋头、花生、玉米。有公路经此。

蓬莱前 370283-B01-H22
[Pénglàiqián]

在市驻地东阁街道东方向19.5千米。古岘镇辖自然村。人口2 100。因村前有片洼地，常年积水形成平澜，故名平澜后。清道光十三年（1833）又以村后有山，山前有庙，庙中有神，是神仙居住的地方，故更名为蓬莱前。聚落呈团块状分布。有文化教育中心1处。经济以商贸业、种植业为主，主要农作物有花生、玉米、小麦、大蒜。有公路经此。

东六曲 370283-B01-H23
[Dōngliùqǔ]

在市驻地东阁街道东方向18.1千米。古岘镇辖自然村。人口500。明洪武元年（1368），李春、李宽由云南李阳县槐树沟李家胡同迁至西六曲，后李宽由西六曲迁至河东建家园，取名东六曲。聚落呈团块状分布。有文化教育中心1处。经济以商贸业、种植业为主，主要农作物有大蒜、小麦、玉米、花生、水果。有公路经此。

西六曲 370283-B01-H24
[Xīliùqǔ]

在市驻地东阁街道东方向17.7千米。古岘镇辖自然村。人口1 500。明洪武元年

（1368），李春由云南李阳县槐村沟李家胡同迁来居住，因村东有一条河，河道弯弯曲曲有六道弯，取村名为六曲村。后李宽迁小河东侧居住，取名东六曲，原六曲村改名西六曲，沿用至今。聚落呈团块状分布。有文化教育中心1处。经济以商贸业、种植业为主，主要农作物有花生、玉米、小麦、大蒜、水果。有公路经此。

六曲店子 370283-B01-H25
[Liùqǔdiànzi]

在市驻地东阁街道东方向18.3千米。古岘镇辖自然村。人口600。因村西有六曲河，又在六曲村前，故取村名前六曲。后来村内有开店的，村前有大道，过往行人到店里就餐住宿，更村名六曲店子，沿用至今。聚落呈团块状分布。有文化教育中心1处。经济以商贸业、种植业为主，主要农作物有大蒜、小麦、玉米、花生。有公路经此。

古现沙岭 370283-B01-H26
[Gǔxiànshālǐng]

在市驻地东阁街道东方向19.5千米。古岘镇辖自然村。人口600。明天启年间，仁兆镇管庄人于彩携家人至此建村，因村西有一沙岭，取名沙岭村。地名普查时因重名，1982年更名为古岘沙岭。聚落呈团块状分布。有文化教育中心1处。经济以商贸业、种植业为主，主要农作物有西瓜、白菜、大蒜、大姜、花生、芋头、土豆。有公路经此。

西河 370283-B01-H27
[Xīhé]

在市驻地东阁街道东方向20.0千米。古岘镇辖自然村。人口400。明崇祯十五年（1642），陈景艳由古岘三里迁出在此建村，因村西有河，定名为西河。聚落呈团块状分布。有文化教育中心1处。经济以商贸业、种植业为主，主要农作物有大姜、大蒜、芋头、小麦、玉米、花生。有公路经此。

东湾上 370283-B01-H28
[Dōngwānshàng]

在市驻地东阁街道东方向17.9千米。古岘镇辖自然村。人口900。明崇祯十三年（1640），李九春由蟠桃山前村迁来居住，因村旁有湾，李姓在湾的东边，故立村后取名东湾上，沿用至今。聚落呈团块状分布。有文化教育中心1处。经济以商贸业、种植业为主，主要农作物有大蒜、圆葱、小麦、花生。有公路经此。

西湾上 370283-B01-H29
[Xīwānshàng]

在市驻地东阁街道东方向17.7千米。古岘镇辖自然村。人口500。明永乐元年（1403），王守成由莱阳庄头村迁来居住，因此地有湾，王姓居湾西边，立村后取名西湾上，沿用至今。聚落呈团块状分布。有文化教育中心1处。经济以商贸业、种植业为主，主要农作物有大蒜、小麦、玉米、花生等。有公路经此。

前湾上 370283-B01-H30
[Qiánwānshàng]

在市驻地东阁街道东方向18.2千米。古岘镇辖自然村。人口400。明建文二年（1400），王守业由莱阳庄头村迁来居住，因在湾的前边，故立村后取名前湾上，沿用至今。聚落呈团块状分布。有文化教育中心1处。经济以商贸业、种植业为主，主要农作物有玉米、花生、小麦、西瓜、大蒜、姜。有公路经此。

乔戈庄 370283-B01-H31
[Qiáogēzhuāng]

在市驻地东阁街道东方向 20.7 千米。古岘镇辖自然村。人口 2 000。明永乐二年（1404），乔姓由云南迁来居住，以姓取名乔戈庄，沿用至今。聚落呈团块状分布。有文化教育中心 1 处。经济以商贸业、种植业为主，主要农作物有大姜、大蒜、圆葱、土豆、芋头、辣椒、花生、小麦、玉米。有公路经此。

西仁兆 370283-B02-H01
[Xīrénzhào]

仁兆镇人民政府驻地。在市驻地东阁街道东南方向 23.9 千米。人口 1 500。因位于仁兆镇以西，故名西仁兆。聚落呈团块状分布。有学校、文化活动中心。经济以种植业为主，主要农作物有大姜、大蒜、芋头。省道王新公路经此。

小桑园 370283-B02-H02
[Xiǎosāngyuán]

在市驻地东阁街道东南方向 32.8 千米。仁兆镇辖自然村。人口 200。清康熙十九年（1680），孙有水由大桑园迁此新建村落，因傍迁出村，故取小桑园为村名。聚落呈团块状分布。有文化广场 1 处。经济以商贸业、种植业为主，主要农作物有大姜、大蒜、芋头、辣椒、圆葱、土豆、大葱、小麦等。有公路经此。

东寨子 370283-B02-H03
[Dōngzhàizi]

在市驻地东阁街道东南方向 33.6 千米。仁兆镇辖自然村。人口 800。传说康王的兵马在此安营扎寨，故以军事典故取名寨子。地名普查时因重名，1982 年更名为东寨子。聚落呈团块状分布。有文化广场 1 处。经济以商贸业、种植业为主，主要农作物有大姜、大蒜、芋头、辣椒、圆葱、土豆、大葱、小麦等。有公路经此。

沽西 370283-B02-H04
[Gūxī]

在市驻地东阁街道东南方向 34.3 千米。仁兆镇辖自然村。人口 500。明永乐三年（1405），始祖孙晋由云南迁此定居，因在小沽河的西岸，以所处位置取名沽西。聚落呈团块状分布。经济以商贸业、种植业为主，主要农作物有大姜、大蒜、芋头、辣椒、圆葱、土豆、大葱、小麦等。有公路经此。

李家屯 370283-B02-H05
[Lǐjiātún]

在市驻地东阁街道东南方向 25.2 千米。仁兆镇辖自然村。人口 1 100。清顺治五年（1648），李太学由鲁家丘、马良绪由马家庄迁此共建村落，马称李为兄，故以李姓取名为李家屯。聚落呈团块状分布。有文化广场 1 处。经济以商贸业、种植业为主，主要农作物有大姜、大蒜、芋头、辣椒、圆葱、土豆、大葱、小麦等。有公路经此。

西二甲 370283-B02-H06
[Xī'èrjiǎ]

在市驻地东阁街道东南方向 24.4 千米。仁兆镇辖自然村。人口 400。清道光年间杨、孙两姓立村，取名孙杨两家，后简称两家。因"家""甲"音同字异，书写为二甲。地名普查时因重名，1982 年更名为西二甲。聚落呈团块状分布。经济以商贸业、种植业为主，主要农作物有大姜、大蒜、芋头、辣椒、圆葱、土豆、大葱、小麦等。有公路经此。

高岚 370283-B02-H07
[Gāolán]

在市驻地东阁街道东南方向 30.6 千米。仁兆镇辖自然村。人口 600。清道光初年建村，原名焦家庄，道光十八年（1838）毁于洪水，后高、韩两姓迁入，见此处水蒸气似云如雾，有空中仙阁之景，故名高岚。聚落呈团块状分布。有文化广场 1 处。经济以商贸业、种植业为主，主要农作物有大姜、大蒜、芋头、土豆、大葱、小麦等。有公路经此。

东仁兆 370283-B02-H08
[Dōngrénzhào]

在市驻地东阁街道东南方向 31.8 千米。仁兆镇辖自然村。人口 1 200。明永乐元年（1403）建村，因居钱儿沟东，故名沟东屯，后改称东仁兆。聚落呈团块状分布。有文化广场 1 处。经济以种植业、商贸业为主，主要农作物有小麦、花生、玉米和大蒜、大姜、芋头、大葱、土豆。有公路经此。

东淖泥沟 370283-B02-H09
[Dōngnàonígōu]

在市驻地东阁街道东南方向 32.3 千米。仁兆镇辖自然村。人口 500。因傍淖泥沟，故村以沟名得称。后分为两村，该村居东，故名。聚落呈团块状分布。经济以商贸业、种植业为主，主要农作物有大姜、大蒜、芋头、辣椒、圆葱、土豆、大葱、小麦等。有公路经此。

南淖泥沟 370283-B02-H10
[Nánnàonígōu]

在市驻地东阁街道东南方向 32.6 千米。仁兆镇辖自然村。人口 500。明洪武初年（1368），刘官由现麻兰镇山西村迁出择地另建村落，取名刘家箱子。后嫌此名不雅，以村居淖泥沟南，改名南淖泥沟。聚落呈团块状分布。经济以商贸业、种植业为主，主要农作物有大姜、大蒜、芋头、辣椒、圆葱、土豆、大葱、小麦等。有公路经此。

西淖泥沟 370283-B02-H11
[Xīnàonígōu]

在市驻地东阁街道东南方向 32.2 千米。仁兆镇辖自然村。人口 700。明永乐年间，滇籍移民张、唐两姓至此定居，取名东头，后以淖泥沟名为村称。又为与同名村区别，冠以方位，名西淖泥沟。聚落呈团块状分布。经济以种植业、商贸业为主，主要农作物有大姜、大蒜、芋头、辣椒、圆葱、土豆、大葱、小麦等。有公路经此。

岚前 370283-B02-H12
[Lánqián]

在市驻地东阁街道东南方向 34.5 千米。仁兆镇辖自然村。人口 600。因村中有一水泉，名澜泉，村以泉名得称。后冷中祖由现冷戈庄迁入，原建村人迁去即墨，因村北有松冈，故改名岚前。聚落呈团块状分布。经济以商贸业、种植业为主，主要农作物有大姜、大蒜、芋头、辣椒、圆葱、土豆、大葱、小麦等。有公路经此。

于莱庄 370283-B02-H13
[Yúláizhuāng]

在市驻地东阁街道东南方向 32.7 千米。仁兆镇辖自然村。人口 400。1949 年后由于坝庄、莱阳庄两村合并而成，故名。聚落呈团块状分布。有文化广场 1 处。经济以商贸业、种植业为主，主要农作物有大姜、大蒜、芋头、辣椒、圆葱、土豆、大葱、小麦等。有公路经此。

河北辛庄 370283-B02-H14
[Héběixīnzhuāng]

在市驻地东阁街道东南方向 32.5 千米。仁兆镇辖自然村。人口 400。明永乐二年（1404），始祖李氏立村，因属新立，故名新庄，后书写为辛庄。地名普查时因重名，1982 年更名为河北辛庄。聚落呈团块状分布。有文化广场 1 处。经济以商贸业、种植业为主，主要农作物有大姜、大蒜、芋头、辣椒、圆葱、土豆、大葱、小麦等。有公路经此。

店西 370283-B02-H15
[Diànxī]

在市驻地东阁街道东南方向 33.2 千米。仁兆镇辖自然村。人口 600。清乾隆年间，孙迁由孙家沽至此建村，因村立在曲家店村西而得名店西。聚落呈团块状分布。经济以商贸业、种植业为主，主要农作物有大姜、大蒜、芋头、辣椒、圆葱、土豆、大葱、小麦等。有公路经此。

粮戈庄 370283-B02-H16
[Liánggēzhuāng]

在市驻地东阁街道东南方向 33.3 千米。仁兆镇辖自然村。人口 900。因村址在朱毛城康王储粮的地方，故取名存粮庄，后演变为粮戈庄。聚落呈团块状分布。有文化广场 1 处。经济以商贸业、种植业为主，主要农作物有大姜、大蒜、芋头、辣椒、圆葱、土豆、大葱、小麦等。有公路经此。

前石家庄 370283-B02-H17
[Qiánshíjiāzhuāng]

在市驻地东阁街道东南方向 24.4 千米。仁兆镇辖自然村。人口 300。清乾隆五年（1740），石氏立村，以姓取名石家庄。地名普查时因重名，1982 年更名为前石家庄。聚落呈团块状分布。经济以商贸业、种植业为主，主要农作物有大姜、大蒜、芋头、辣椒、圆葱、土豆、大葱、小麦等。有公路经此。

冷家庄 370283-B02-H18
[Lěngjiāzhuāng]

在市驻地东阁街道东南方向 24.2 千米。仁兆镇辖自然村。人口 500。清康熙二年（1663）冷氏定居，并成为主姓，故名冷家庄。聚落呈团块状分布。有文化广场 1 处。经济以商贸业、种植业为主，主要农作物有大姜、大蒜、芋头、辣椒、圆葱、土豆、大葱、小麦等。有公路经此。

葛家庄 370283-B02-H19
[Gějiāzhuāng]

在市驻地东阁街道东南方向 22.6 千米。仁兆镇辖自然村。人口 300。清乾隆十二年（1747），葛帮志迁此定居，渐成村落后，以姓取名葛家庄。聚落呈团块状分布。有文化广场 1 处。经济以商贸业、种植业为主，主要农作物有大姜、大蒜、芋头、辣椒、圆葱、土豆、大葱、小麦等。有公路经此。

詹家屯 370283-B02-H20
[Zhānjiātún]

在市驻地东阁街道东南方向 23.7 千米。仁兆镇辖自然村。人口 600。明洪武二十六年（1393），詹氏立村，以姓取名詹家屯。聚落呈团块状分布。经济以商贸业、种植业为主，主要农作物有大姜、大蒜、芋头、辣椒、圆葱、土豆、大葱、小麦等。有公路经此。

斜庄 370283-B02-H21
[Xiézhuāng]

在市驻地东阁街道东南方向 32.2 千米。仁兆镇辖自然村。人口 900。因住房向阳，故称斜庄。聚落呈团块状分布。有文化广场 1 处。经济以种植业、商贸业为主，主要农作物有大姜、大蒜、芋头、辣椒、圆葱、土豆、大葱、小麦等。有公路经此。

拐坊 370283-B02-H22
[Guǎifāng]

在市驻地东阁街道东南方向 24.8 千米。仁兆镇辖自然村。人口 400。因立村在老地方顶道的东侧，沿顶道下道东拐可以进村，故名拐坊。聚落呈团块状分布。经济以商贸业、种植业为主，主要农作物有大姜、大蒜、芋头、辣椒、圆葱、土豆、大葱、小麦等。有公路经此。

官路 370283-B02-H23
[Guānlù]

在市驻地东阁街道东南方向 25.7 千米。仁兆镇辖自然村。人口 400。因村东有条南北大道，俗称官路，村以路名为称。聚落呈团块状分布。经济以商贸业、种植业为主，主要农作物有大姜、大蒜、芋头、辣椒、圆葱、土豆、大葱、小麦等。有公路经此。

前王庄 370283-B02-H24
[Qiánwángzhuāng]

在市驻地东阁街道东南方向 24.3 千米。仁兆镇辖自然村。人口 600。明永乐二年（1404），王氏迁此定居，因村立在大沽河（称为大沟）西，故取名大沟里，后又迁现址，取名王家庄。地名普查时因重名，1982 年更名为前王庄。聚落呈团块状分布。有文化广场 1 处。经济以商贸业、种植业为主，主要农作物有大姜、大蒜、芋头、辣椒、圆葱、土豆、大葱、小麦等。有公路经此。

王家埠 370283-B02-H25
[Wángjiābù]

在市驻地东阁街道东南方向 26.6 千米。仁兆镇辖自然村。人口 300。清光绪六年（1880），王德盛由大沟里村迁高埠上建村，故得名王家埠。聚落呈团块状分布。有文化广场 1 处。经济以商贸业、种植业为主，主要农作物有大姜、大蒜、芋头、辣椒、圆葱、土豆、大葱、小麦等。有公路经此。

小赵家 370283-B02-H26
[Xiǎozhàojiā]

在市驻地东阁街道东南方向 25.5 千米。仁兆镇辖自然村。人口 200。清雍正八年（1730），赵子龙由云南至此定居，以耕地为生，渐成村落，以姓取名赵家疃。地名普查时因重名，1982 年更名为小赵家。聚落呈团块状分布。经济以商贸业、种植业为主，主要农作物有大姜、大蒜、芋头、辣椒、圆葱、土豆、大葱、小麦等。有公路经此。

迟家疃 370283-B02-H27
[Chíjiātuǎn]

在市驻地东阁街道东南方向 25.3 千米。仁兆镇辖自然村。人口 500。明永乐六年（1408），迟氏建村，以姓取名迟家疃。聚落呈团块状分布。有柳条传统编织工艺。经济以商贸业、种植业为主，主要农作物有大姜、大蒜、芋头、辣椒、圆葱、土豆、大葱、小麦等。有公路经此。

王家五甲 370283-B02-H28
[Wángjiāwǔjiǎ]

在市驻地东阁街道东南方向 26.4 千米。仁兆镇辖自然村。人口 400。明永乐二年（1404），王氏建村，取名五甲。地名普查时因重名，1982 年更名为王家五甲。聚落呈团块状分布。有文化广场 1 处、小学 1 处、幼儿园 1 处。经济以商贸业、种植业为主，主要农作物有大姜、大蒜、芋头、辣椒、圆葱、土豆、大葱、小麦等。有公路经此。

后南埠 370283-B02-H29

[Hòunánbù]

在市驻地东阁街道东南方向 31.7 千米。仁兆镇辖自然村。人口 1 300。明永乐二年（1404），乔、杨、张、王姓由青州府冉柳树村迁此建村，村前有一高埠，以埠得名，又以所处方位取名南埠。1982 年为与同名村区别，冠以"后"字，故得后南埠之称。聚落呈团块状分布。有文化广场 1 处。经济以种植业为主，主要农作物有大姜、大蒜、芋头、大葱、土豆、白菜、小麦、玉米、花生。有公路经此。

南村 370283-B03-H01

[Náncūn]

南村镇人民政府驻地。在市驻地东阁街道东南方向 31.4 千米。人口 900。明洪武年间，张跃福由云南桑落村迁此建村，因灾荒战乱逃难者至此甚多，故得名"难村"，后以村处助水河南岸，改今名。聚落呈团块状分布。有幼儿园、小学、中学。经济以种植业、商贸业为主，主要农作物有小麦、玉米、板栗等。省道三城公路经此。

北顶子 370283-B03-H02

[Běidǐngzi]

在市驻地东阁街道东南方向 43.7 千米。南村镇辖自然村。人口 500。因村落在土埠顶部北侧而得名北顶子。聚落呈团块状分布。有文化广场 1 处、农家书屋 1 处。经济以种植业、商贸业为主，主要农作物有小麦、玉米、花生、蔬菜。有公路经此。

小洪兰 370283-B03-H03

[Xiǎohónglán]

在市驻地东阁街道东南方向 43.5 千米。南村镇辖自然村。人口 500。明朝末年，王氏由洪兰村迁此另建家园，为念祖籍，仍以"洪兰"称之，冠以"小"字区别，故名小洪兰。聚落呈团块状分布。有文化广场 1 处、农家书屋 1 处。经济以种植业、商贸业为主，主要农作物有小麦、玉米、花生、蔬菜。有公路经此。

范家屯 370283-B03-H04

[Fànjiātún]

在市驻地东阁街道东南方向 43.2 千米。南村镇辖自然村。人口 300。明永乐二年（1404），范姓携眷属千里迢迢由云南迁此繁衍生息，渐成村落后，以姓取名范家屯。聚落呈团块状分布。有文化广场 1 处、农家书屋 1 处。经济以种植业、商贸业为主，主要农作物有小麦、玉米、花生、蔬菜。有公路经此。

大西头东 370283-B03-H05

[Dàxītóudōng]

在市驻地东阁街道东南方向 34.5 千米。南村镇辖自然村。人口 1 100。明洪武元年（1368），张石头由云南迁此建村，后陈、尹两姓相继至此定居，因张石头年龄大，人们称其大石头，村称由此而得。后书写为大西头，1984 年分三村，本村为大西头东。聚落呈团块状分布。有文化广场 1 处、小学 1 处。经济以种植业、商贸业为主，主要农作物有小麦、玉米、花生、蔬菜。有公路经此。

大西头中 370283-B03-H06

[Dàxītóuzhōng]

在市驻地东阁街道东南方向 34.5 千米。南村镇辖自然村。人口 900。明洪武元年（1368），张石头由云南迁此建村，后陈、尹两姓相继至此定居，因张石头年龄大，人们称其大石头，村称由此而得。后书写为大西头，1984 年分三村，本村为大西头中。聚落呈团块状分布。有文化广场1处、小学1处。经济以种植业、商贸业为主，主要农作物有小麦、玉米、花生、蔬菜。有公路经此。

大西头西 370283-B03-H07

[Dàxītóuxī]

在市驻地东阁街道东南方向34.5千米。南村镇辖自然村。人口900。明洪武元年（1368），张石头迁此建村，后陈、尹两姓相继至此定居，因张石头年龄大，人们称其大石头，村称由此而得。后书写为大西头，1984年分三村，本村为大西头西。聚落呈团块状分布。有文化广场1处、小学1处。经济以种植业、商贸业为主，主要农作物有小麦、玉米、花生、蔬菜。有公路经此。

姜家寨 370283-B03-H08

[Jiāngjiāzhài]

在市驻地东阁街道东南方向35.5千米。南村镇辖自然村。人口1700。明嘉靖年间，姜氏迁至此地，取名姜家寨。聚落呈团块状分布。有文化广场1处、农家书屋1处。经济以种植业、商贸业为主，主要农作物有小麦、玉米、花生、蔬菜。有公路经此。

苏子埠 370283-B03-H09

[Sūzǐbù]

在市驻地东阁街道东南方向36.5千米。南村镇辖自然村。人口500。明初，苏姓由四川迁此居住，以姓取名苏家。后因洪水在村旁冲积了一个小土埠，人们认为这是天赐护村埠，故改称苏子埠。聚落呈团块状分布。有文化广场1处、农家书屋1处。经济以种植业、商贸业为主，主要农作物有小麦、玉米、花生、蔬菜。有公路经此。

前桃园 370283-B03-H10

[Qiántáoyuán]

在市驻地东阁街道东南方向36.9千米。南村镇辖自然村。人口1500。明成化年间，陶氏迁此定居，当时这里有片颇为壮观的桃树园，故取名桃园。地名普查时因重名，1982年更名前桃园。聚落呈团块状分布。有文化广场1处、农家书屋1处。经济以种植业、商贸业为主，主要农作物有小麦、玉米、花生、蔬菜。有公路经此。

前北 370283-B03-H11

[Qiánběi]

在市驻地东阁街道东南方向33.7千米。南村镇辖自然村。人口2400。因村坐落于助水河北，故取名北村。1955年划为两村，本村为前北。聚落呈团块状分布。有文化广场1处、小学1处。经济以种植业、商贸业为主，主要农作物有小麦、玉米、花生、蔬菜。有公路经此。

后北 370283-B03-H12

[Hòuběi]

在市驻地东阁街道东南方向33.6千米。南村镇辖自然村。人口1100。因村坐落于助水河北，故取名北村。1955年划为两村，本村为后北。聚落呈团块状分布。有文化广场1处、小学1处。经济以种植业、商贸业为主，主要农作物有小麦、玉米、花生、蔬菜。有公路经此。

柏家寨 370283-B03-H13

[Bǎijiāzhài]

在市驻地东阁街道东南方向33.4千米。南村镇辖自然村。人口1300。明洪武年间，白玉春兄弟由云南迁此定居，以姓取名为白家寨，后取村似松柏，枝荣本固之意改称柏家寨。聚落呈团块状分布。有文化广场 1 处、农家书屋 1 处。经济以种植业、商贸业为主，主要农作物有小麦、玉米、花生、蔬菜。有公路经此。

河西辛庄 370283-B03-H14
[Héxīxīnzhuāng]

在县驻地东阁街道东南方向 32.5 千米。南村镇辖自然村。人口 1 200。明洪武年间，庄子强由云南迁此立村，后辛姓迁入，以两姓称村，故名辛庄。地名普查时因重名，以村傍河为由，1982 年更名为河西辛庄。聚落呈团块状分布。有文化广场 1 处、农家书屋 1 处。经济以种植业、商贸业为主，主要农作物有小麦、玉米、花生、蔬菜。有公路经此。

崖头 370283-B03-H15
[Yátóu]

在市驻地东阁街道东南方向 32.2 千米。南村镇辖自然村。人口 2 500。因在大沽河与落药河交汇处的崖头上立村，故得名崖头。聚落呈团块状分布。有文化广场 1 处、小学 1 处。经济以种植业、商贸业为主，主要农作物有小麦、玉米、花生、蔬菜。有公路经此。

南李家庄 370283-B03-H16
[Nánlǐjiāzhuāng]

在市驻地东阁街道东南方向 28.4 千米。南村镇辖自然村。人口 1 200。明洪武年间，由即墨县李家庄迁来的李锡、李有良立村，取名李家庄。地名普查时因重名，1982 年更名南李家庄。聚落呈团块状分布。有文化广场 1 处、小学 1 处。经济以种植业、商贸业为主，主要农作物有小麦、玉米、花生、蔬菜。有公路经此。

徐家庄 370283-B03-H17
[Xújiāzhuāng]

在市驻地东阁街道东南方向 27.3 千米。南村镇辖自然村。人口 600。清康熙二十八年（1689），徐自强由南村镇姜家埠村迁出至此另建家园，以姓取名徐家庄。聚落呈团块状分布。有文化广场 1 处、农家书屋 1 处。经济以种植业、商贸业为主，主要农作物有小麦、玉米、花生、蔬菜。有公路经此。

荆家埠后 370283-B03-H18
[Jīngjiābùhòu]

在市驻地东阁街道东南方向 29.5 千米。南村镇辖自然村。人口 400。明天启二年（1622），荆维汉由万家乡小荆兰庄迁来建家园，因村前有埠，故名。聚落呈团块状分布。有文化广场 1 处、农家书屋 1 处。经济以种植业、商贸业为主，主要农作物有小麦、玉米、花生、蔬菜。有公路经此。

杜戈庄 370283-B03-H19
[Dùgēzhuāng]

在市驻地东阁街道东南方向 30.1 千米。南村镇辖自然村。人口 1 300。明洪武二年（1369），杜宏由云南迁此建村，后纪、王等姓相继迁入定居，因杜姓年龄大，均称其哥，故得杜哥庄之名，后演变为杜戈庄。聚落呈团块状分布。有文化广场 1 处、小学 1 处。经济以种植业、商贸业为主，主要农作物有小麦、玉米、花生、蔬菜。

东王府庄 370283-B03-H20
[Dōngwángfǔzhuāng]

在市驻地东阁街道东南方向 31.4 千米。南村镇辖自然村。人口 1 000。明初，董大公由云南迁此居住，此村原名望夫庄，后感此名不雅，以同音异字改为王府庄。后分两村，以方位区别，故得此称。聚落呈团块状分布。有文化广场 1 处、小学 1 处。经济以种植业、商贸业为主，主要农作物有小麦、玉米、花生、蔬菜。有公路经此。

西王府庄 370283-B03-H21

[Xīwángfǔzhuāng]

在市驻地东阁街道东南方向 32.2 千米。南村镇辖自然村。人口 900。明初，董大公由云南迁此居住，此村原名望夫庄，后感此名不雅，以同音异字改为王府庄。后分两村，以方位区别，故得此称。聚落呈团块状分布。有文化广场 1 处、小学 1 处。经济以种植业、商贸业为主，主要农作物有小麦、玉米、花生、蔬菜。有公路经此。

宗家埠 370283-B03-H22

[Zōngjiābù]

在市驻地东阁街道东南方向 33.4 千米。南村镇辖自然村。人口 2 500。据传唐王李世民征东时，曾在土埠松盔甲休息，埠遂得名松甲埠，村亦称此名。后因宗姓居住，演为宗家埠。聚落呈团块状分布。有文化广场 1 处、小学 1 处。有市级文物保护单位宗家埠古墓群。经济以种植业、商贸业为主，主要农作物有小麦、玉米、花生、蔬菜。有公路经此。

南杨家庄 370283-B03-H23

[Nányángjiāzhuāng]

在市驻地东阁街道东南方向 31.5 千米。南村镇辖自然村。人口 1 100。明隆庆三年（1569），杨继早由北村迁此立村，以姓取名杨家庄，后以方位更名南杨家庄。聚落呈团块状分布。有文化广场 1 处、农家书屋 1 处。经济以种植业、商贸业为主，主要农作物有小麦、玉米、花生、蔬菜。有公路经此。

幸福 370283-B04-H01

[Xìngfú]

蓼兰镇人民政府驻地。在市驻地东阁街道西南方向 14.3 千米。人口 1 600。以吉祥嘉言得名。聚落呈团块状分布。经济以商贸业、种植业为主，主要农作物有小麦、玉米、花生。有公路经此。

蓼兰 370283-B04-H02

[Liǎoláncūn]

在市驻地东阁街道西南方向 13.5 千米。蓼兰镇辖自然村。人口 3 600。明洪武和嘉靖年间，段、焦、王等姓到此定居，因地处洼涝，蓼草、兰草丛生，故以两草首字名村。聚落呈团块状分布。经济以商贸业、种植业为主，主要农作物有小麦、花生、玉米、蔬菜、瓜果。有公路经此。

胜利 370283-B04-H03

[Shènglì]

在市驻地东阁街道西南方向 13.6 千米。蓼兰镇辖自然村。人口 1 500。以吉祥嘉言得名。聚落呈团块状分布。有幼儿园 1 处、小学 1 处、中学 1 处。经济以商贸业、种植业为主，主要农作物有小麦、玉米、花生。有公路经此。

和平 370283-B04-H04

[Hépíng]

在市驻地东阁街道西南方向 12.9 千米。蓼兰镇辖自然村。人口 500。以吉祥嘉言得名。聚落呈团块状分布。经济以商贸业、种植业为主，主要农作物有小麦、玉米、花生。有公路经此。

民主一村 370283-B04-H05

[Mínzhǔyīcūn]

在市驻地东阁街道西南方向 13.4 千米。

蓼兰镇辖自然村。人口 500。以吉祥嘉言得名。1959 年分为两村，本村为民主一村。聚落呈团块状分布。经济以商贸业、种植业为主，主要农作物有小麦、玉米、花生。有公路经此。

民主二村 370283-B04-H06
[Mínzhǔ'èrcūn]

在市驻地东阁街道西南方向 13.4 千米。蓼兰镇辖自然村。人口 700。以吉祥嘉言得名。1959 年分为两村，本村为民主二村。聚落呈团块状分布。经济以商贸业、种植业为主，主要农作物有小麦、玉米、花生。有公路经此。

韩丘 370283-B04-H07
[Hánqiū]

在市驻地东阁街道西南方向 14.9 千米。蓼兰镇辖自然村。人口 1 300。明永乐二年（1404），四川移民韩姓迁至此地，在一个土丘之前立村，取村名韩丘。聚落呈团块状分布。经济以商贸业、种植业为主，主要农作物有小麦、玉米、花生。有公路经此。

长庄 370283-B04-H08
[Chángzhuāng]

在市驻地东阁街道西南方向 10.9 千米。蓼兰镇辖自然村。人口 1 000。因村落东西延伸形如长带，故以村形取名长庄。聚落呈团块状分布。经济以商贸业、种植业为主，主要农作物有小麦、玉米、花生。有公路经此。

杨家丘 370283-B04-H09
[Yángjiāqiū]

在市驻地东阁街道西南方向 16.6 千米。蓼兰镇辖自然村。人口 800。清康熙二年（1663），始祖卢清由河北省范阳县迁此与杨姓共立村庄，因村后有座土丘，又是杨姓先至，故取名杨家丘。聚落呈团块状分布。经济以商贸业、种植业为主，主要农作物有小麦、玉米、花生。有公路经此。

于家梁而疃 370283-B04-H10
[Yújiāliáng'értuǎn]

在市驻地东阁街道西南方向 9.5 千米。蓼兰镇辖自然村。人口 300。明永乐二年（1404），梁姓员外至此立村，因梁员外排行老二，取村名梁二疃，后演变为梁而疃。于姓迁此后，村名冠其姓氏，称为于家梁而疃。聚落呈团块状分布。经济以商贸业、种植业为主，主要农作物有小麦、玉米、花生。有公路经此。

东吴家 370283-B04-H11
[Dōngwújiā]

在市驻地东阁街道西南方向 6.4 千米。蓼兰镇辖自然村。人口 500。清咸丰年间，吴天爵由南村镇吴家口迁来建村，取名吴家。1958 年，蓼兰公社有两个吴家，因该村居东，改称东吴家。聚落呈团块状分布。经济以种植业、商贸业为主，主要农作物有小麦、玉米、花生、草莓。有公路经此。

任山庙 370283-B04-H12
[Rénshānmiào]

在市驻地东阁街道西南方向 6.9 千米。蓼兰镇辖自然村。人口 200。清朝初年，李玉珠从四川迁来建村，因村内有座庙，任姓道士居住，庙号任仙庙，遂村庙同号。1960 年，因村章丢失，另制时，将仙制成山，故名任山庙。聚落呈团块状分布。经济以种植业、商贸业为主，主要农作物有小麦、玉米、花生、水果。有公路经此。

林家 370283-B04-H13

[Línjiā]

在市驻地东阁街道西南方向 7.1 千米。蓼兰镇辖自然村。人口 300。明末，于孔道从海阳县大于家湾迁来建村，以姓取村名于家屯。清初，林木从何家店迁来于家屯，改村名为林家。聚落呈团块状分布。有幼儿园 1 处。经济以商贸业、种植业为主，主要农作物有小麦、玉米、花生。有公路经此。

窦家 370283-B04-H14

[Dòujiā]

在市驻地东阁街道西南方向 7.1 千米。蓼兰镇辖自然村。人口 500。明洪武年间，窦丰秋自平度桥北老集徙居于此，逐渐形成村落，取名窦家。聚落呈团块状分布。经济以种植业、商贸业为主，主要农作物有小麦、玉米、花生、水果。有公路经此。

北张家丘 370283-B04-H15

[Běizhāngjiāqiū]

在市驻地东阁街道西南方向 13.2 千米。蓼兰镇辖自然村。人口 700。明洪武二年（1369），张福禄由徐立村迁此建村，因村北有一个土丘，故村名张家丘。因蓼兰镇还有一个张家丘位于该村之南，所以该村就叫北张家丘。聚落呈团块状分布。经济以种植业、养殖业、商贸业为主，主要农作物有小麦、玉米、花生，养殖猪等。有公路经此。

许家 370283-B04-H16

[Xǔjiā]

在市驻地东阁街道西南方向 10.4 千米。蓼兰镇辖自然村。人口 900。明洪武二年（1369），许顺由四川迁居此地，以姓取村名许家。聚落呈团块状分布。有幼儿园 1 处、小学 1 处。经济以商贸业、种植业为主，主要农作物有小麦、玉米、花生。有公路经此。

小庄 370283-B04-H17

[Xiǎozhuāng]

在市驻地东阁街道西南方向 9.6 千米。蓼兰镇辖自然村。人口 200。清乾隆五年（1740），徐进奎从许家搬到许家东坡立庄，因村比许家小，取名小庄。聚落呈团块状分布。经济以商贸业、种植业为主，主要农作物有小麦、玉米、花生。有公路经此。

梁而疃 370283-B04-H18

[Liáng'értuǎn]

在市驻地东阁街道西南方向 9.5 千米。蓼兰镇辖自然村。人口 400。明永乐二年（1404），有一姓梁的员外来此定居，梁员外排行老二，故村名梁二疃，后演变为梁而疃。聚落呈团块状分布。经济以商贸业、种植业为主，主要农作物有小麦、玉米、花生。有公路经此。

硝场 370283-B04-H19

[Xiāochǎng]

在市驻地东阁街道西南方向 8.1 千米。蓼兰镇辖自然村。人口 200。明初，姚资金、姚资全二人由云南迁来建家园，因此地产硝，故取名硝场。聚落呈团块状分布。有幼儿园 1 处。经济以商贸业、种植业为主，主要农作物有小麦、玉米、花生。有公路经此。

张家疃 370283-B04-H20

[Zhāngjiātuǎn]

在市驻地东阁街道西南方向 9.6 千米。蓼兰镇辖自然村。人口 300。明洪武三年（1370），张守福由四川迁此建村，以姓取村名张家疃。聚落呈团块状分布。经济以商贸业、种植业为主,主要农作物有小麦、玉米、花生。有公路经此。

田家庙 370283-B04-H21
[Tiánjiāmiào]

在市驻地东阁街道西南方向11.3千米。蓼兰镇辖自然村。人口300。明洪武二年(1369),田宗积、田宗顺由四川迁此建村,以姓取村名田家庙。聚落呈团块状分布。经济以商贸业、种植业为主,主要农作物有小麦、玉米、花生。有公路经此。

小葛家 370283-B04-H22
[Xiǎogějiā]

在市驻地东阁街道西南方向9.9千米。蓼兰镇辖自然村。人口200。明嘉靖年间,牟姓迁此居住,因紧挨梁而疃,故称牟家梁而疃。1984年5月,村名改为小葛家。聚落呈团块状分布。经济以商贸业、种植业为主,主要农作物有小麦、玉米、花生。有公路经此。

大吴庄 370283-B04-H23
[Dàwúzhuāng]

在市驻地东阁街道西南方向15.1千米。蓼兰镇辖自然村。人口1 400。明永乐年间由路过的地方官定名大吴庄。聚落呈团块状分布。有幼儿园1处、小学1处。经济以商贸业、种植业为主,主要农作物有小麦、玉米、花生。有公路经此。

侯西庄 370283-B04-H24
[Hóuxīzhuāng]

在市驻地东阁街道西南方向12.2千米。蓼兰镇辖自然村。人口400。明洪武二年(1369),王姓由山西迁至此地建村,名王家庄。后侯姓迁来,逐渐兴旺,因王氏越来越衰落,直至绝后,当时人们认为村名不祥,故更名为侯秀庄。1949年后,以谐音更名侯西庄。聚落呈团块状分布。经济以商贸业、种植业为主,主要农作物有小麦、玉米、花生。有公路经此。

葛家 370283-B04-H25
[Gějiā]

在市驻地东阁街道西南方向9.8千米。蓼兰镇辖自然村。人口1 200。葛福江、葛福海于明永乐二年(1404)自云南迁至南徐庄,后更名为葛家。聚落呈团块状分布。有幼儿园1处。经济以商贸业、种植业为主,主要农作物有小麦、玉米、花生。有公路经此。

肖戈庄 370283-B04-H26
[Xiāogēzhuāng]

在市驻地东阁街道西南方向10.3千米。蓼兰镇辖自然村。人口700。明永乐年间,肖姓先祖从云南迁来立村,取村名肖仙庄。当时分东肖仙庄、西肖仙庄两个村庄,后来合二为一,定村名为肖戈庄。聚落呈团块状分布。经济以种植业、商贸业为主,主要农作物有小麦、玉米、花生、蔬菜、水果。有公路经此。

雷家 370283-B04-H27
[Léijiā]

在市驻地东阁街道西南方向10.6千米。蓼兰镇辖自然村。人口100。明洪武年间,雷喜、雷春从云南迁此定居。清朝末年,潘姓从平度城东关菜园村迁来,因雷姓先至,故村名雷家。聚落呈团块状分布。经济以商贸业、种植业为主,主要农作物有小麦、玉米、花生。有公路经此。

杨家顶子 370283-B04-H28
[Yángjiādǐngzi]

在市驻地东阁街道西南方向10.5千米。蓼兰镇辖自然村。人口600。李氏先迁来建村，以姓取村名李家顶子。后李氏衰落，杨真于明万历六年（1578）由同和镇洪沟迁来，以姓取名杨家顶子。聚落呈团块状分布。经济以商贸业、种植业为主，主要农作物有小麦、玉米、花生。有公路经此。

西何家店　370283-B04-H29
[Xīhéjiādiàn]

在市驻地东阁街道西南方向 10.0 千米。蓼兰镇辖自然村。人口 300。何均始居平度城南葛家南徐，后迁至此地逐渐形成村落，1956 年取名西何家店。聚落呈团块状分布。经济以商贸业、种植业为主，主要农作物有小麦、玉米、花生。有公路经此。

后宅家　370283-B04-H30
[Hòuzháijiā]

在市驻地东阁街道西南方向 8.7 千米。蓼兰镇辖自然村。人口 300。清康熙五年（1666），翟丁甲由云南迁来建村，以姓取村名后翟家。后翟姓衰落，故改村名为后宅家。聚落呈团块状分布。经济以商贸业、种植业为主，主要农作物有小麦、玉米、花生。有公路经此。

小吴庄　370283-B04-H31
[Xiǎowúzhuāng]

在市驻地东阁街道西南方向 15.4 千米。蓼兰镇辖自然村。人口 400。明洪武年间，相传吴姓最先来此定居立村，因村小而得名小吴庄。聚落呈团块状分布。经济以商贸业、种植业为主，主要农作物有小麦、玉米、花生。有公路经此。

大彭家　370283-B04-H32
[Dàpéngjiā]

在市驻地东阁街道西南方向 13.4 千米。蓼兰镇辖自然村。人口 1 400。彭子千于明洪武二年（1369）从甘肃省陇西县迁来，定居后以姓氏得村名彭家。后为了与小彭家区别，定名大彭家。聚落呈团块状分布。有幼儿园 1 处。经济以商贸业、种植业为主，主要农作物有小麦、玉米、花生。有公路经此。

何家店　370283-B04-H33
[Héjiādiàn]

在市驻地东阁街道西南方向 9.5 千米。蓼兰镇辖自然村。人口 1 100。何氏于清乾隆年间迁此建村，由于何均开店，故取村名何家店。聚落呈团块状分布。有幼儿园 1 处、小学 1 处、中学 1 处。经济以商贸业、种植业为主，主要农作物有小麦、玉米、花生。有公路经此。

崔家集　370283-B05-H01
[Cuījiājí]

崔家集镇人民政府驻地。在市驻地东阁街道西南方向 28.3 千米。人口 1 700。明成化年间周姓立村，渐成集市，称周家集。后周姓迁走，由崔姓接管，遂更今名。聚落呈团块状分布。有幼儿园 1 处、小学 1 处、中学 1 处、文化教育中心 1 处。经济以商贸业、种植业为主，主要农作物有小麦、玉米、花生、蔬菜、瓜果。有公路经此。

大刘家庄　370283-B05-H02
[Dàliújiāzhuāng]

在市驻地东阁街道西南方向 27.5 千米。崔家集镇辖自然村。人口 800。明万历年间，刘能、刘朴兄弟二人从沾化县迁来立村，因本村居住的是兄长，人称大刘，故名大刘家庄。聚落呈团块状分布。有文化教育中心 1 处。经济以商贸业、种植业为主，主要农作物有小麦、玉米、花生、蔬菜、瓜果。有公路经此。

东崔家庄 370283-B05-H03
[Dōngcuījiāzhuāng]

在市驻地东阁街道西南方向 28.8 千米。崔家集镇辖自然村。人口 700。明成化年间，崔姓来此定居，以姓命名为崔家庄。1982 年因重名，更名为东崔家庄。聚落呈团块状分布。有文化教育中心 1 处。经济以商贸业、种植业为主，主要农作物有小麦、玉米、花生、蔬菜、瓜果。有公路经此。

坊头 370283-B05-H04
[Fāngtóu]

在市驻地东阁街道西南方向 32.0 千米。崔家集镇辖自然村。人口 1 000。清康熙年间，李元由本镇塔西坡村迁此建村，因坐落在东南—西北走向的坊陵头上，遂以地貌取名为坊头。聚落呈团块状分布。有文化教育中心 1 处。经济以商贸业、种植业为主，主要农作物有小麦、玉米、花生、蔬菜、瓜果。有公路经此。

郭家庄 370283-B05-H05
[Guōjiāzhuāng]

在市驻地东阁街道西南方向 29.6 千米。崔家集镇辖自然村。人口 900。明嘉靖年间，王氏迁此定居，孙、郭、陈三姓表兄弟相继迁来，因西北处有王家庄，故以郭姓命名为郭家庄。聚落呈带状分布。有文化教育中心 1 处。经济以种植业、商贸业为主，主要农作物有小麦、玉米。有公路经此。

陶家屯 370283-B05-H06
[Táojiātún]

在市驻地东阁街道西南方向 31.0 千米。崔家集镇辖自然村。人口 1 900。明洪武年间，陶全由山西洪洞县大槐树迁居此地，以姓氏命名为陶家屯。聚落呈团块状分布。有文化教育中心 1 处。经济以商贸业、种植业为主，主要农作物有小麦、玉米、花生。有公路经此。

王家庄 370283-B05-H07
[Wángjiāzhuāng]

在市驻地东阁街道西南方向 29.7 千米。崔家集镇辖自然村。人口 700。明弘治年间，李姓偕同王姓、朱姓两个门婿迁此定居，王、朱两婿共同赡养岳父，因李姓无子，以王姓命名为王家庄。聚落呈团块状分布。有文化教育中心 1 处。经济以种植业、商贸业为主，主要农作物有小麦、玉米。有公路经此。

五里屯 370283-B05-H08
[Wǔlǐtún]

在市驻地东阁街道西南方向 28.1 千米。崔家集镇辖自然村。人口 200。清光绪年间，陶家屯村陶兴俊因种地远而在此建房居住，因距祖居村五华里，故名五里屯。聚落呈团块状分布。有文化教育中心 1 处。经济以商贸业、种植业为主，主要农作物有小麦、玉米、花生、蔬菜。有公路经此。

小刘家庄 370283-B05-H09
[Xiǎoliújiāzhuāng]

在市驻地东阁街道西南方向 26.0 千米。崔家集镇辖自然村。人口 1 200。明万历年间，苏姓建村，取名苏家屯，之后刘、朴两姓由沾化县迁来定居，因苏姓绝户，遂改为小刘家庄。聚落呈带状分布。有文化教育中心 1 处。经济以商贸业、种植业为主，主要农作物有小麦、玉米、花生、蔬菜。有公路经此。

苑家庄 370283-B05-H10
[Yuànjiāzhuāng]

在市驻地东阁街道西南方向 31.0 千米。

崔家集镇辖自然村。人口 500。明朝初期，川籍移民苑姓至此建村，以姓氏取名苑家庄，沿用至今。聚落呈团块状分布。有文化教育中心 1 处。经济以商贸业、种植业为主，主要农作物有小麦、花生、玉米、蔬菜、瓜果。有公路经此。

翟家庄 370283-B05-H11
[Zháijiāzhuāng]

在市驻地东阁街道西南方向 31.0 千米。崔家集镇辖自然村。人口 300。明隆庆年间，翟姓由山西洪洞县先迁昌邑县石埠村，后来此立村，定名翟家庄。聚落呈团块状分布。经济以商贸业、种植业为主，主要农作物有小麦、花生、玉米、蔬菜。有公路经此。

昌许屯 370283-B05-H12
[Chāngxǔtún]

在市驻地东阁街道西南方向 35.0 千米。崔家集镇辖自然村。人口 1 300。明成化年间，有周、王、韩、姜、孙五姓至此定居，因地属昌邑，民为平度人，经两县交涉，允许居住，故名昌许屯。聚落呈带状分布。有文化教育中心 1 处。经济以商贸业、种植业为主，主要农作物有小麦、玉米、棉花、花生、蔬菜。有公路经此。

陈家小庄 370283-B05-H13
[Chénjiāxiǎocūn]

在市驻地东阁街道西南方向 37.0 千米。崔家集镇辖自然村。人口 400。明洪武二年（1369），陈姓兄弟三人由山西洪洞县迁来居住，取名存金店，后改为陈家小庄。聚落呈团块状分布。有文化教育中心 1 处。经济以商贸业、种植业为主，主要农作物有小麦、玉米、棉花、花生、蔬菜。有公路经此。

东闸口 370283-B05-H14
[Dōngzhákǒu]

在市驻地东阁街道西南方向 38.0 千米。崔家集镇辖自然村。人口 300。明洪武二年（1369），陈姓从山西洪洞县迁来，取名晒金场。后因胶莱河漕运在村南建闸口，遂改为闸口。1960 年分为东、西闸口两个村，本村为东闸口。聚落呈带状分布。有文化教育中心 1 处。经济以商贸业、种植业为主，主要农作物有小麦、玉米、花生、蔬菜、瓜果。有公路经此。

挂金板 370283-B05-H15
[Guàjīnbǎn]

在市驻地东阁街道西南方向 39.0 千米。崔家集镇辖自然村。人口 300。明洪武二年（1369），陈姓由山西洪洞县迁来立村居住，为图吉利取村名为挂金板。聚落呈团块状分布。有文化教育中心 1 处。经济以商贸业、种植业为主，主要农作物有小麦、玉米、花生、蔬菜、瓜果。有公路经此。

兰子 370283-B05-H16
[Lánzi]

在市驻地东阁街道西南方向 38.0 千米。崔家集镇辖自然村。人口 1 700。因地处高岭上，岭上树木茂盛，河水绕村半周，空气清新，夏日清晨山岚笼罩，故名为许家岚子。为便于书写，演变为兰子。聚落呈团块状分布。有文化教育中心 1 处。经济以商贸业、种植业为主，主要农作物有小麦、玉米、棉花、蔬菜、瓜果。有公路经此。

刘家小庄 370283-B05-H17
[Liújiāxiǎozhuāng]

在市驻地东阁街道西南方向 36.0 千米。崔家集镇辖自然村。人口 500。明洪武二年（1369），刘姓自河北沧县迁此定居，因立村时人户少，故名刘家小庄。聚落呈团块状分布。有文化教育中心 1 处。经济以商贸业、种植业为主，主要农作物有小麦、玉米、棉花、蔬菜、瓜果。有公路经此。

七甲 370283-B05-H18
[Qījiǎ]

在市驻地东阁街道西南方向 37.0 千米。崔家集镇辖自然村。人口 200。明洪武年间，陶姓由山西洪洞县迁来立村，因有七户人家，故名七甲。聚落呈团块状分布。有文化教育中心 1 处。经济以商贸业、种植业为主，主要农作物有小麦、玉米、棉花、蔬菜、瓜果。有公路经此。

陶家 370283-B05-H19
[Táojiā]

在市驻地东阁街道西南方向 36.0 千米。崔家集镇辖自然村。人口 600。明洪武二年（1369），陶姓由山西洪洞县卧牛山迁来立村，以姓氏取名陶家。聚落呈团块状分布。有文化教育中心 1 处。经济以商贸业、种植业为主，主要农作物有小麦、玉米、棉花、蔬菜、花生。有公路经此。

西双庙 370283-B05-H20
[Xīshuāngmiào]

在市驻地东阁街道西南方向 37.0 千米。崔家集镇辖自然村。人口 700。明洪武年间，张姓择此地立村，因村西有座庙宇，中间一分为二，前面神像面向南，北面观音面向北，故得双庙之称。聚落呈团块状分布。有文化教育中心 1 处。经济以商贸业、种植业为主，主要农作物有小麦、玉米、棉花、蔬菜、花生。有公路经此。

西辛庄 370283-B05-H21
[Xīxīnzhuāng]

在市驻地东阁街道西南方向 35.0 千米。

崔家集镇辖自然村。人口 600。明洪武二年（1369），辛姓与白姓至此建村，以姓氏命名为辛家庄。1982 年更名为西辛庄。聚落呈团块状分布。有文化教育中心 1 处。经济以商贸业、种植业为主，主要农作物有小麦、玉米。有公路经此。

西闸口 370283-B05-H22
[Xīzhákǒu]

在市驻地东阁街道西南方向 39.0 千米。崔家集镇辖自然村。人口 300。明洪武二年（1369），陈姓从山西洪洞县迁来建村，名晒金场，后因胶莱河漕运在村南建闸口，遂改为闸口村。1960 年分为东、西闸口两个村，本村为西闸口。聚落呈团块状分布。有文化教育中心 1 处。经济以商贸业、种植业为主，主要农作物有小麦、玉米、棉花、蔬菜、花生。有公路经此。

大牟家 370283-B05-H23
[Dàmùjiā]

在市驻地东阁街道西南方向 29.9 千米。崔家集镇辖自然村。人口 300。明万历年间，牟氏建村，后迁胶河北址涨口另建新村，取名址涨口牟家，后分为口东、口西两村，1959 年口东村更名大牟家。聚落呈团块状分布。有文化教育中心 1 处。经济以商贸业、种植业为主，主要农作物有小麦、玉米、棉花、蔬菜、花生。有公路经此。

北庄 370283-B05-H24
[Běizhuāng]

在市驻地东阁街道西南方向 34.0 千米。崔家集镇辖自然村。人口 300。宋末元初，荆姓由江苏镇江市丹阳县游历到此定居，死后葬于住地北 1 千米处（现村东头），其后代为守祖坟，在墓地西侧建房居住，故名北庄。聚落呈团块状分布。有文化教育中心 1 处。经济以商贸业、种植业为主，主要农作物有小麦、玉米、棉花、蔬菜、花生、瓜果。有公路经此。

大城 370283–B05–H25
［Dàchéng］

在市驻地东阁街道西南方向34.0千米。崔家集镇辖自然村。人口600。明洪武年间，川籍移民李大城、李大寿兄弟二人至此建村，名大城。聚落呈团块状分布。有文化教育中心1处。经济以商贸业、种植业为主，主要农作物有小麦、玉米、棉花、蔬菜、瓜果。有公路经此。

大兰 370283–B05–H26
［Dàlán］

在市驻地东阁街道西南方向33.0千米。崔家集镇辖自然村。人口500。因染蓝布需一种蓝靛草，族人以种植此草为业，取名大蓝村，后为书写方便，简化为大兰。聚落呈团块状分布。有文化教育中心1处。经济以商贸业、种植业为主，主要农作物有小麦、玉米、棉花、蔬菜、瓜果。有公路经此。

大阳召 370283–B05–H27
［Dàyángzhāo］

在市驻地东阁街道西南方向35.0千米。崔家集镇辖自然村。人口700。因沟西有小荆家阳照，故名大阳召。聚落呈团块状分布。经济以商贸业、种植业为主，主要农作物有小麦、玉米、棉花、花生、蔬菜、瓜果。有公路经此。

董家大庄 370283–B05–H28
［Dǒngjiādàzhuāng］

在市驻地东阁街道西南方向34.0千米。崔家集镇辖自然村。人口700。明成化年间，董福胜之妻安氏携长子董屺、次子董山从广绕乡迁此定居，长子屺居此建村，名董家大庄。聚落呈团块状分布。有文化教育中心1处。经济以商贸业、种植业为主，主要农作物有小麦、玉米。有公路经此。

坊子 370283–B05–H29
［Fángzi］

在市驻地东阁街道西南方向34.0千米。崔家集镇辖自然村。人口400。明成化年间，于姓在此道旁开设店铺制作豆腐、粉条、黄酒等，过往客商称其为于家坊，后于姓败落，继有张、王、李姓从平度城区迁来，更名坊子。聚落呈团块状分布。有文化教育中心1处。经济以商贸业、种植业为主，主要农作物有小麦、玉米、棉花、蔬菜、瓜果。有公路经此。

曹家庄 370283–B05–H30
［Cáojiāzhuāng］

在市驻地东阁街道西南方向32.0千米。崔家集镇辖自然村。人口1 300。明洪武五年（1372），萧、曹二姓来此立村，以曹氏命名为曹家庄。聚落呈带状分布。有文化广场1处。经济以商贸业、种植业为主，主要农作物有小麦、玉米、花生和无公害蔬菜、瓜果。有公路经此。

尹家庄 370283–B05–H31
［Yǐnjiāzhuāng］

在市驻地东阁街道西南方向31.0千米。崔家集镇辖自然村。人口300。明崇祯年间尹姓至此定居，以姓氏命名为尹家庄。聚落呈团块状分布。有文化教育中心1处。经济以种植业、商贸业为主，主要农作物有小麦、玉米。有公路经此。

明村 370283–B06–H01
［Míngcūn］

明村镇人民政府驻地。在市驻地东阁街道西方向27.4千米。人口1 900。明洪武年间，鸣姓立村，以姓取名鸣村，清朝易名明村。聚落呈团块状分布。有文化活动中心、中学、小学。经济以商贸业、种植业为主，主要农作物有粮食、西瓜、棉花。309国道经此。

西官亭 370283-B06-H02
[Xīguāntíng]

在市驻地东阁街道西南方向29.1千米。明村镇辖自然村。人口300。清嘉庆时恒王游猎至此，设了接官亭，故村得名官亭。后以沟为界分为二村，本村在沟西，称西官亭。聚落呈团块状分布。经济以商贸业、种植业为主，主要农作物有小麦、玉米、花生、棉花、西瓜。有公路经此。

台南 370283-B06-H03
[Táinán]

在市驻地东阁街道西南方向27.7千米。明村镇辖自然村。人口1 400。先人为思念故乡，逢年、节必昂首西望，以示怀念，故名台头。1952年划分为五个村，因本村在原村南部，故命名为台南。聚落呈团块状分布。有学校1处。经济以商贸业、种植业为主，主要农作物有小麦、玉米、棉花、花生、西瓜。有公路经此。

台中 370283-B06-H04
[Táizhōng]

在市驻地东阁街道西南方向27.7千米。明村镇辖自然村。人口1 800。先人为思念故乡，逢年、节必昂首西望，以示怀念，故名台头。1952年划分为五个村，因本村在原村中间，故命名为台中。聚落呈团块状分布。经济以商贸业、种植业为主，主要农作物有小麦、玉米、棉花、花生、西瓜。有公路经此。

台西 370283-B06-H05
[Táixī]

在市驻地东阁街道西南方向27.8千米。明村镇辖自然村。人口800。先人为思念故乡，逢年、节必昂首西望，以示怀念，故名台头。1952年划分为五个村，因本村在原村西面，故命名为台西。聚落呈团块状分布。经济以商贸业、种植业为主，主要农作物有小麦、玉米、棉花、花生、西瓜。有公路经此。

台前 370283-B06-H06
[Táiqián]

在市驻地东阁街道西南方向27.1千米。明村镇辖自然村。人口800。清乾隆年间，郭氏由昌邑桃村迁红石山定居，取村名台前。聚落呈团块状分布。经济以商贸业、种植业为主，主要农作物有小麦、玉米、棉花、花生、西瓜。有公路经此。

台东 370283-B06-H07
[Táidōng]

在市驻地东阁街道西南方向25.2千米。明村镇辖自然村。人口500。因此村西近靠台头村，故名台东。聚落呈团块状分布。经济以商贸业、种植业为主，主要农作物有小麦、玉米、棉花、花生、西瓜。有公路经此。

南埠 370283-B06-H08
[Nánbù]

在市驻地东阁街道西南方向28.1千米。明村镇辖自然村。人口700。明洪武年间，刘、齐二姓至此建立村落，东、北两侧依埠，故以南埠为村名。聚落呈团块状分布。经济以商贸业、种植业为主，主要农作物有小麦、玉米、棉花、花生、西瓜。有公路经此。

新立 370283-B06-H09
[Xīnlì]

在市驻地东阁街道西南方向 25.4 千米。明村镇辖自然村。人口 300。因县政府修建沽龙水库，1962 年，库区原来的吴家屋子、翟家屋子、羊栏三村村民在此建村，取名新立。聚落呈团块状分布。经济以商贸业、种植业为主，主要农作物有小麦、玉米、棉花、花生、西瓜。有公路经此。

庄子 370283-B06-H10
[Zhuāngzi]

在市驻地东阁街道西南方向 26.5 千米。明村镇辖自然村。人口 1 300。明嘉靖三十六年（1557），辛、张、卢、郭四姓由四川来此定居建村，起名辛庄。后因庄中民户割皮业兴，故此改名皮家庄子，1949 年前又更名为庄子。聚落呈团块状分布。经济以商贸业、种植业为主，主要农作物有小麦、玉米、西瓜。有公路经此。

八王埠 370283-B06-H11
[Bāwángbù]

在市驻地东阁街道西南方向 26.0 千米。明村镇辖自然村。人口 1 800。因村南有名为挂网埠的土岭，故村以埠名得称。后因匪徒进村抢劫，被从埠上来的八位好汉赶走，免除一场灾难。为铭记八位好汉的功绩，村易名八王埠。聚落呈团块状分布。经济以商贸业、种植业为主，主要农作物有小麦、玉米、西瓜。有公路经此。

陈家屯 370283-B06-H12
[Chénjiātún]

在市驻地东阁街道西南方向 25.7 千米。明村镇辖自然村。人口 900。清康熙年间，陈氏与王氏由潍县迁来定居，陈氏与王氏属于儿女亲家，取名陈兴屯，清朝末年改为陈家屯。聚落呈团块状分布。有幼儿园 1 处、小学 1 处。经济以商贸业、种植业为主，主要农作物有小麦、玉米、西瓜。有公路经此。

韩村 370283-B06-H13
[Háncūn]

在市驻地东阁街道西南方向 37.3 千米。明村镇辖自然村。人口 1 800。明洪武年间，韩姓始建村落，以姓取名韩村。聚落呈团块状分布。有小学 1 处。有市级文物保护单位韩村遗址。经济以商贸业、种植业为主，主要农作物有小麦、玉米、花生、西瓜、大姜，养殖猪、鸡等。有公路经此。

前疃 370283-B06-H14
[Qiántuǎn]

在市驻地东阁街道西南方向 37.0 千米。明村镇辖自然村。人口 1 100。元朝末年，有张姓在此落户定居，取名张家庄。后有温姓落户张家庄以北定居，取名温家疃。清康熙初年，于姓迁居张、温二姓之村中间定居，自此三村合一，改名前疃。聚落呈团块状分布。经济以采石业、种植业为主，主要农作物有小麦、玉米、花生、西瓜、大姜。有公路经此。

范家集 370283-B06-H15
[Fànjiājí]

在市驻地东阁街道西南方向 35.4 千米。明村镇辖自然村。人口 1 200。明洪武十六年（1383），范禄率 4 个儿子由昌邑县迁此建村，以姓取名范家集。聚落呈团块状分布。有小学 1 处。经济以商贸业、种植业为主，主要农作物有小麦、玉米、花生、西瓜、大姜。有公路经此。

郭村 370283-B06-H16
［Guōcūn］

在市驻地东阁街道西南方向34.3千米。明村镇辖自然村。人口1 000。明成化四年（1468），郭科与林姓迁居此地，同立村庄，以二姓取名郭林庄，后改称郭村。聚落呈团块状分布。经济以商贸业、种植业为主，主要农作物有小麦、玉米、花生、西瓜、大姜、蔬菜。有公路经此。

前黄埠 370283-B06-H17
［Qiánhuángbù］

在市驻地东阁街道西南方向32.8千米。明村镇辖自然村。人口500。明洪武三年（1370），李姓由云南迁来定居，因村庄坐落在大黄埠村的前面，故取村名前黄埠。聚落呈团块状分布。经济以商贸业、种植业为主，主要农作物有小麦、玉米、花生、西瓜、西红柿。有公路经此。

大黄埠 370283-B06-H18
［Dàhuángbù］

在市驻地东阁街道西南方向32.7千米。明村镇辖自然村。人口1 000。因西、北两面有三个土埠子，较大的土埠呈黄色，故村以埠得名大黄埠。聚落呈团块状分布。经济以商贸业、种植业为主，主要农作物有小麦、玉米、花生、西瓜、西红柿。有公路经此。

路北官庄 370283-B06-H19
［Lùběiguānzhuāng］

在市驻地东阁街道西南方向32.5千米。明村镇辖自然村。人口1 000。明洪武年间，陶、张二姓迁此定居，租种外村林姓的土地，并为地主收租，故得名管庄子，后演变为官庄。地名普查时因重名，1982年更名为路北官庄。聚落呈团块状分布。经济以商

贸业、种植业为主，主要农作物有小麦、玉米、花生、西瓜。有公路经此。

景村 370283-B06-H20
［Jǐngcūn］

在市驻地东阁街道西南方向35.7千米。明村镇辖自然村。人口1 200。明洪武年间，陶、马二姓在此立村，因风景优美，故名景村。聚落呈团块状分布。有幼儿园1处。经济以商贸业、种植业为主，主要农作物有小麦、玉米、花生、西瓜、大姜、葡萄。有公路经此。

孙东 370283-B06-H21
［Sūndōng］

在市驻地东阁街道西南方向37.2千米。明村镇辖自然村。人口800。因姓氏繁多，孙姓居村正中，故以孙正为村名，寓品行正直之意。1958年，分为孙东、孙西两个村，该村以方位取名孙东。聚落呈团块状分布。经济以商贸业、种植业为主，主要农作物有小麦、玉米、花生、西瓜、大姜、土豆、葡萄。有公路经此。

孙西 370283-B06-H22
［Sūnxī］

在市驻地东阁街道西南方向37.3千米。明村镇辖自然村。人口800。因姓氏繁多，孙姓居村正中，故以孙正为村称，寓品行正直之意。1958年，分为孙东、孙西两个村，该村以方位取名孙西。聚落呈团块状分布。经济以商贸业、种植业为主，主要农作物有小麦、玉米、花生、西瓜、大姜、土豆、葡萄。有公路经此。

河套 370283-B06-H23
［Hétào］

在市驻地东阁街道西南方向38.2千米。明村镇辖自然村。人口700。因村位于胶莱

河下游河床最宽地段的南端，故取名河头。后因胶莱河此处有弯，三合山北部地区的水由此注入胶莱河形成套子，改名河套。聚落呈团块状分布。经济以商贸业、种植业为主，主要农作物有小麦、玉米、花生、大姜、土豆。有公路经此。

东官亭 370283-B06-H24
［Dōngguāntíng］

在市驻地东阁街道西南方向 29.0 千米。明村镇辖自然村。人口 500。清嘉庆时恒王游猎至此，设了接官亭，故改名官亭。后以沟为界分为二村，本村在沟东，得称东官亭。聚落呈团块状分布。经济以商贸业、种植业为主，主要农作物有小麦、玉米、花生、棉花、西瓜。有公路经此。

西寨 370283-B07-H01
［Xīzhài］

田庄镇人民政府驻地。在市驻地东阁街道西方向 22.8 千米。人口 1 100。明崇祯元年（1628），白、曹二姓建村，据传，明末有兵马从此而过，在此扎寨，故取名北寨。后因村庄在张戈庄以西，又称西寨，沿用至今。聚落呈团块状分布。有文化教育中心等。经济以种植业为主，主要农作物有小麦、花生、玉米。有公路经此。

张东 370283-B07-H02
［Zhāngdōng］

在市驻地东阁街道西北方向 22.9 千米。田庄镇辖自然村。人口 1 300。明成化元年（1465），张氏建村，因张姓年龄大，诸姓称其为哥，故得张哥庄之名。后"哥"演变为"戈"，因重名，以方位加"西"字，称西张戈庄。1962 年分为两村，大街以东为张东。聚落呈团块状分布。经济以商贸业、种植业为主，主要农作物有小麦、玉米、花生。有公路经此。

玉石头 370283-B07-H03
［Yùshítóu］

在市驻地东阁街道西北方向 24.3 千米。田庄镇辖自然村。人口 1 100。原名南塘，明洪武二年（1369），村被海水淹没，大水退后，村北石碑上裸露的石头洁白如玉，故改村名为玉石头。聚落呈团块状分布。有图书室 1 处。经济以商贸业为主。有公路经此。

温家 370283-B07-H04
［Wēnjiā］

在市驻地东阁街道西北方向 28.1 千米。田庄镇辖自然村。人口 1 100。明永乐二年（1404），温氏建村，以姓取村名。聚落呈团块状分布。经济以商贸业、种植业为主，主要农作物有小麦、玉米、花生。有公路经此。

孟家 370283-B07-H05
［Mèngjiā］

在市驻地东阁街道西北方向 26.8 千米。田庄镇辖自然村。人口 800。因孟姓门户大，故名孟家。聚落呈团块状分布。有图书室 1 处。经济以商贸业、种植业为主，主要农作物有小麦、玉米、花生。有公路经此。

利家 370283-B07-H06
［Lìjiā］

在市驻地东阁街道西北方向 26.7 千米。田庄镇辖自然村。人口 800。明崇祯元年（1628），高龙、高虎与利姓同由四川至此，初名高家，后因利姓成为主姓，高、利协商将高家易名利家。聚落呈团块状分布。有图书室 1 处。经济以商贸业、种植业为主，主要农作物有小麦、玉米、花生。有公路经此。

西坡子 370283-B07-H07

[Xīpōzi]

在市驻地东阁街道西北方向 25.2 千米。田庄镇辖自然村。人口 100。明洪武二年（1369），王姓来此地居住，村名小王家庄。王史郎在朝里做官，后因家里犯了官司，王姓被满门抄斩，故改村名为坡子。后为与同名村区别，冠以"西"字命名。聚落呈团块状分布。有图书室 1 处。经济以商贸业、种植业为主，主要农作物有小麦、玉米、花生。有公路经此。

东坡子 370283-B07-H08

[Dōngpōzi]

在市驻地东阁街道西北方向 25.0 千米。田庄镇辖自然村。人口 500。明万历元年（1573），方光玉迁此在荒草野地搭房躬耕，初名方家坡子，后孙姓迁入，方姓迁出，遂改名东坡子。聚落呈团块状分布。有图书室 1 处。经济以商贸业、种植业为主，主要农作物有小麦、玉米、花生。有公路经此。

平坊 370283-B07-H09

[Píngfāng]

在市驻地东阁街道西北方向 25.3 千米。田庄镇辖自然村。人口 500。明崇祯元年（1628），孙串秋由四川至此择地建家园，房舍建造均是平顶，与周边村房屋殊异，故村名以平房称谓，后演变为平坊。聚落呈团块状分布。有图书室 1 处。经济以商贸业、种植业为主，主要农作物有小麦、玉米、花生。有公路经此。

东郭 370283-B07-H10

[Dōngguō]

在市驻地东阁街道西北方向 24.7 千米。田庄镇辖自然村。人口 1 100。明洪武元年（1368），白姓从四川迁来立村，因当时在村东修建了一座小阁，借阁起名为东阁，后来演变为东郭。聚落呈团块状分布。有图书室 1 处、幼儿园 1 处。经济以商贸业、种植业为主，主要农作物有小麦、玉米、花生。有公路经此。

荷花屯 370283-B07-H11

[Héhuātún]

在市驻地东阁街道西北方向 21.7 千米。田庄镇辖自然村。人口 1 100。因村边小河中长满荷花，怒放时灿灿壮观，故名荷花屯。聚落呈团块状分布。有图书室 1 处。经济以商贸业、种植业为主，主要农作物有小麦、玉米、花生。有公路经此。

东杨家 370283-B07-H12

[Dōngyángjiā]

在市驻地东阁街道西北方向 20.2 千米。田庄镇辖自然村。人口 100。清乾隆十一年（1746），杨氏迁来建村，因村子被小河环绕，故取名杨家圈，地名普查时因重名，1982 年更名为东杨家。聚落呈团块状分布。有图书室 1 处。经济以商贸业、种植业为主，主要农作物有小麦、玉米、花生。有公路经此。

北塘 370283-B07-H13

[Běitáng]

在市驻地东阁街道西北方向 28.1 千米。田庄镇辖自然村。人口 900。因村立在清水塘北，故名北塘。聚落呈团块状分布。有图书室 1 处。经济以商贸业、种植业为主，主要农作物有小麦、玉米、花生。有公路经此。

后柳坡 370283-B07-H14

[Hòuliǔpō]

在市驻地东阁街道西北方向 25.8 千米。

田庄镇辖自然村。人口 1 000。明万历十七年（1589），王氏建村，初名王家屯，后因村东柳树成荫，改为柳坡王家屯，1945年为与同名村区别，冠以"后"字，始得今称。聚落呈团块状分布。有图书室 1 处。经济以商贸业、种植业为主，主要农作物有小麦、玉米、花生。有公路经此。

西潘家埠 370283-B07-H15
[Xīpānjiābù]

在市驻地东阁街道西北方向 22.5 千米。田庄镇辖自然村。人口 200。潘姓迁入并成主姓，又因村依埠而建，故名潘家埠，后为与同名村区别，冠以"西"字。聚落呈团块状分布。有图书室 1 处。经济以商贸业、种植业为主，主要农作物有小麦、玉米、花生。有公路经此。

东潘家埠 370283-B07-H16
[Dōngpānjiābù]

在市驻地东阁街道西北方向 22.5 千米。田庄镇辖自然村。人口 1 200。明洪武二年（1369），潘姓由四川迁此定居，又因村依埠而建，故取名潘家埠。后为与同名村区别，冠以"东"字，得名东潘家埠。聚落呈团块状分布。有图书室 1 处。经济以商贸业、种植业为主，主要农作物有小麦、玉米、花生。有公路经此。

中柳坡 370283-B07-H17
[Zhōngliǔpō]

在市驻地东阁街道西北方向 25.4 千米。田庄镇辖自然村。人口 100。李元珍立村，取名李家。后因村东柳树成林，改名柳坡李家营。清朝中期刘世浩等迁入，更名柳坡。1945 年，为区别同名村，冠以方位，始得今名。聚落呈团块状分布。有图书室 1 处。经济以商贸业、种植业为主，主要农作物有小麦、玉米、花生。有公路经此。

田庄王家 370283-B07-H18
[Tiánzhuāngwángjiā]

在市驻地东阁街道西北方向 23.4 千米。田庄镇辖自然村。人口 800。明万历年间王姓立村，以姓取村名王家庄。地名普查时因重名，1982 年更名为田庄王家。聚落呈团块状分布。有图书室 1 处。经济以商贸业、种植业为主，主要农作物有小麦、玉米、花生。有公路经此。

卫家庄 370283-B07-H19
[Wèijiāzhuāng]

在市驻地东阁街道西北方向 21.1 千米。田庄镇辖自然村。人口 500。明宣德三年（1428），川籍移民孙东来迁此拓荒，新立家园，取名孙家庄。明弘治五年（1492），卫来朋迁来入住，且繁衍为主姓，故后改名为卫家庄。聚落呈团块状分布。有图书室 1 处。经济以商贸业、种植业为主，主要农作物有小麦、玉米、花生。有公路经此。

韩家屯 370283-B07-H20
[Hánjiātún]

在市驻地东阁街道西北方向 21.2 千米。田庄镇辖自然村。人口 500。明嘉靖十八年（1539），韩尚龙兄弟俩从潍县韩家花园迁来立村，以姓取名韩家屯。聚落呈团块状分布。经济以商贸业、种植业为主，主要农作物有小麦、玉米、花生。有公路经此。

前柳坡 370283-B07-H21
[Qiánliǔpō]

在市驻地东阁街道西北方向 25.2 千米。田庄镇辖自然村。人口 200。明洪武二年（1369），徐坤由四川迁徙此地建村，取名柳坡前徐家，清朝中期陶姓、郝姓等迁入，更名柳坡。1945 年，为与同名村区别，冠以"前"字，始得今名。聚落呈团块状分布。

有图书室 1 处。经济以商贸业、种植业为主，主要农作物有小麦、玉米、花生。有公路经此。

田庄 370283-B07-H22

[Tiánzhuāng]

在市驻地东阁街道西北方向 23.3 千米。田庄镇辖自然村。人口 1 200。明洪武元年（1368），田姓由四川迁徙此地建村，以田姓取名田庄。聚落呈团块状分布。有图书室 1 处。经济以商贸业、种植业为主，主要农作物有小麦、玉米、花生。有公路经此。

东李家埠 370283-B07-H23

[Dōnglǐjiābù]

在市驻地东阁街道西北方向 20.8 千米。田庄镇辖自然村。人口 1 400。明朝末年，李姓迁来居住立村，因村子依埠而建，故名李家埠。地名普查时因县内有 3 个李家埠，经县政府批准，按所处方位更名为东李家埠。聚落呈团块状分布。有图书室 1 处。经济以商贸业、种植业为主，主要农作物有小麦、玉米、花生。有公路经此。

矫戈庄 370283-B07-H24

[Jiǎogēzhuāng]

在市驻地东阁街道西北方向 26.6 千米。田庄镇辖自然村。人口 1 900。因矫姓为首户，年岁又高，众人皆以矫哥称之，故得名矫哥庄，清时称矫家庄，后演变为矫戈庄。聚落呈团块状分布。有图书室 1 处。经济以商贸业、种植业为主，主要农作物有小麦、玉米、花生。有公路经此。

披甲营 370283-B07-H25

[Pījiǎyíng]

在市驻地东阁街道西北方向 18.9 千米。田庄镇辖自然村。人口 1 100。明朝末年，明军西进时此地曾是先锋军披甲出征的营地，后一李姓人氏借此地立村定居，故称披甲营。聚落呈团块状分布。有图书室 1 处、幼儿园 1 处。经济以商贸业、种植业为主，主要农作物有小麦、玉米、花生。有公路经此。

潘家庄 370283-B07-H26

[Pānjiāzhuāng]

在市驻地东阁街道西北方向 26.2 千米。田庄镇辖自然村。人口 900。明崇祯二年（1629），潘凤仪由塔尔埠村析出至此立村，以姓取名潘家庄。聚落呈团块状分布。有图书室 1 处。经济以商贸业、种植业为主，主要农作物有小麦、玉米、花生。有公路经此。

塔尔埠 370283-B07-H27

[Tǎ'ěrbù]

在市驻地东阁街道西北方向 26.3 千米。田庄镇辖自然村。人口 1 600。明万历五年（1577），任淄由莱州府至此建家园，村东南有一高埠名曰塔埠，村以埠名，后演变为塔尔埠。聚落呈团块状分布。有图书室 1 处、幼儿园 1 处。经济以商贸业、种植业为主，主要农作物有小麦、玉米、花生。有公路经此。

西南寨 370283-B07-H28

[Xīnánzhài]

在市驻地东阁街道西北方向 25.3 千米。田庄镇辖自然村。人口 800。因村立于曾是军队扎寨的地方，又在将领主寨之南，故取名南寨。后分为两村，本村冠方位得名西南寨。聚落呈团块状分布。有图书室 1 处。经济以商贸业、种植业为主，主要农作物有小麦、玉米、花生。有公路经此。

东南寨 370283-B07-H29
［Dōngnánzhài］

在市驻地东阁街道西北方向 25.1 千米。田庄镇辖自然村。人口 1 400。因村立于曾是军队扎寨的地方，又在将领主寨之南，故取名南寨。后分为两村，本村冠方位得名东南寨。聚落呈团块状分布。有图书室 1 处。经济以商贸业、种植业为主，主要农作物有小麦、玉米、花生。有公路经此。

东刘庄 370283-B07-H30
［Dōngliúzhuāng］

在市驻地东阁街道西北方向 20.4 千米。田庄镇辖自然村。人口 500。清顺治十五年（1658），王先智从平度城迁此立村定居，村西有片柳林，故名柳家庄。后刘姓自本镇东潘家埠迁来入住，柳家庄改名刘家庄。地名普查时因重名，1982 年更名为东刘庄。聚落呈团块状分布。有图书室 1 处。有省级重点保护文物刘谦初故居。经济以商贸业、种植业为主，主要农作物有小麦、玉米、花生。有公路经此。

西张家 370283-B07-H31
［Xīzhāngjiā］

在市驻地东阁街道西北方向 23.2 千米。田庄镇辖自然村。人口 1 200。明成化元年（1465），张氏建村，因张姓年龄大，诸姓称其为哥，故得张哥庄之名。后"哥"演变为"戈"，因重名，冠以"西"字，成为西张戈庄。1962 年分两村，大街以西为西张家。聚落呈团块状分布。有图书室 1 处、幼儿园 1 处、小学 1 处。经济以商贸业、种植业为主，主要农作物有小麦、玉米、花生。有公路经此。

灰埠 370283-B08-H01
［Huībù］

新河镇人民政府驻地。在市驻地东阁街道西北方向 29.7 千米。人口 3 500。明洪武二年（1369），徐姓由四川迁徙此地重建家园，后刘、张、王、滕、史、徐等姓相继至此落户，因这里有七个土壤呈灰色的小埠而得名。聚落为团块状分布。有文化广场 1 处、幼儿园 1 处、小学 1 处。经济以商贸业、种植业为主，主要农作物有小麦、玉米。206 国道、392 省道经此。

小官庄 370283-B08-H02
［Xiǎoguānzhuāng］

在市驻地东阁街道西北方向 33.2 千米。新河镇辖自然村。人口 400。明洪武二年（1369），川籍移民王文礼由调山埠迁此另建家园，因村傍大官庄，户数又少，故取名小官庄。聚落呈团块状分布。经济以种植业、商贸业为主，主要农作物有小麦、玉米。有公路经此。

小苗家 370283-B08-H03
［Xiǎomiáojiā］

在市驻地东阁街道西北方向 34.8 千米。新河镇辖自然村。人口 700。清康熙十九年（1680），苗芝彦由大苗家村迁此另建新居，以姓名村，为与迁出村相区别，故名小苗家。聚落呈团块状分布。经济以种植业为主，主要农作物有小麦、玉米、花生、蔬菜、水果。有公路经此。

大官庄 370283-B08-H04
［Dàguānzhuāng］

在市驻地东阁街道西北方向 42.8 千米。新河镇辖自然村。人口 1 700。明初，王资、王禄等兄弟十一人由掖县（莱州市）东南隔机房街迁来，因此处前有埠岭，后有河流，故取名三贤埠大官庄，后简称大官庄。聚落呈团块状分布。经济以种植业、商贸业为主，主要农作物有小麦、玉米、花生、蔬菜、水果。有公路经此。

三埠李家 370283-B08-H05
[Sānbùlǐjiā]

在市驻地东阁街道西北方向 42.4 千米。新河镇辖自然村。人口 1 600。明洪武二年（1369），李刚、李臻、李强兄弟三人由四川成都府化阳县毫洛李家迁往山东分别立村，李臻在此定居，因村东有三个小土埠，故名三埠李家。聚落呈团块状分布。古迹有大汶口文化遗址。经济以商贸业、种植业为主，主要农作物有小麦、玉米、花生。有公路经此。

三埠 370283-B08-H06
[Sānbù]

在市驻地东阁街道西北方向 33.1 千米。新河镇辖自然村。人口 400。明洪武二年（1369），孙禄由陕西紫阳县大槐树铁对臼孙家迁徙此地，因村周有三个土埠，故以三埠为村名。聚落呈团块状分布。经济以种植业、商贸业为主，主要农作物有小麦、玉米、花生。有公路经此。

埠后 370283-B08-H07
[Bùhòu]

在市驻地东阁街道西北方向 32.6 千米。新河镇辖自然村。人口 700。明洪武二年（1369），川籍移民刘芝明兄弟二人徙居此地新建家园，因村前有个土埠，故村以所处位置得称。聚落呈团块状分布。经济以种植业、商贸业为主，主要农作物有小麦、玉米、花生、蔬菜、水果。有公路经此。

独埠陈家 370283-B08-H08
[Dúbùchénjiā]

在市驻地东阁街道西北方向 33.4 千米。新河镇辖自然村。人口 500。明洪武九年（1376），陈姓兄弟携家眷徙居此地，以姓取名陈家。地名普查时因重名，以傍独埠为由，1982 年更名为独埠陈家。聚落呈团块状分布。经济以商贸业、种植业为主，主要农作物有小麦、玉米、花生。有公路经此。

下王家 370283-B08-H09
[Xiàwángjiā]

在市驻地东阁街道西北方向 39.8 千米。新河镇辖自然村。人口 1 000。明洪武二年（1369），川籍移民王大老由对臼王家徙居此地建家园，因村立于埠下，故得下王家之名。聚落呈团块状分布。经济以种植业、商贸业为主，主要农作物有小麦、玉米、花生。有公路经此。

下刘家 370283-B08-H10
[Xiàliújiā]

在市驻地东阁街道西北方向 40.0 千米。新河镇辖自然村。人口 1 300。明洪武二年（1369），川籍移民刘瑾、刘爱兄弟至此安居，因村址位于埠的下面，故名下刘家。聚落呈团块状分布。经济以商贸业、种植业为主，主要农作物有小麦、玉米、花生。有公路经此。

北肖家 370283-B08-H11
[Běixiāojiā]

在市驻地东阁街道西北方向 39.4 千米。新河镇辖自然村。人口 1 300。明洪武二年（1369），川籍移民肖百信离乡背井迁此安家，取名肖家。地名普查时因重名，冠以方位更名为北肖家。聚落呈团块状分布。经济以商贸业、种植业为主，主要农作物有小麦、玉米、花生。有公路经此。

任家疃 370283-B08-H12
[Rénjiātuǎn]

在市驻地东阁街道西北方向 40.0 千米。新河镇辖自然村。人口 900。元朝末年，任姓建村，因为户数少，取名小任家疃。明崇祯年间，任京从掖县西原村迁入，后来村庄不断扩大，改名任家疃。聚落呈团块状分布。经济以种植业、商贸业为主，主要农作物有小麦、玉米、花生、蔬菜、水果。有公路经此。

老洼姜家 370283-B08-H13
[Lǎowājiāngjiā]

在市驻地东阁街道西北方向29.8千米。新河镇辖自然村。人口500。明万历十八年（1590），姜伟龙、姜华龙从龙头姜家搬此另建家园，此处荒无人烟，地势涝洼，故名老洼姜家。聚落呈团块状分布。经济以商贸业、种植业为主，主要农作物有小麦、玉米、花生。有公路经此。

傅家 370283-B08-H14
[Fùjiā]

在市驻地东阁街道西北方向30.4千米。新河镇辖自然村。人口600。明洪武二年（1369），川籍移民傅有良、傅有和、傅仲和兄弟三人徙居此地，以姓取名傅家。聚落呈团块状分布。经济以种植业、商贸业为主，主要农作物有小麦、玉米、花生。有公路经此。

岭西王家 370283-B08-H15
[Lǐngxīwángjiā]

在市驻地东阁街道西北方向30.9千米。新河镇辖自然村。人口500。明洪武二年（1369），川籍移民王石刚徙居此地，取名王家庄。地名普查时因重名，以特有地物为据，1982年更名为岭西王家。聚落呈团块状分布。经济以商贸业、种植业为主，主要农作物有小麦、玉米、花生。有公路经此。

小灰埠 370283-B08-H16
[Xiǎohuībù]

在市驻地东阁街道西北方向30.7千米。新河镇辖自然村。人口800。清乾隆十九年（1754）建村，此处原为灰埠村的墓地，看守人徐之思在此居住，后繁衍成村，因隶属灰埠村，故称小灰埠。聚落呈团块状分布。有文化广场1处、图书室1处、幼儿园1处、小学1处。经济以种植业、商贸业为主，主要农作物有小麦、玉米、花生。有公路经此。

庚家 370283-B08-H17
[Gēngjiā]

在市驻地东阁街道西北方向29.3千米。新河镇辖自然村。人口300。明洪武年间，川籍移民庚文超等徙此安居，繁衍生息，成村落后，以姓取名庚家。聚落呈团块状分布。有图书室1处。经济以种植业、商贸业为主，主要农作物有小麦、玉米、花生。有公路经此。

西王哥庄 370283-B08-H18
[Xīwánggēzhuāng]

在市驻地东阁街道西北方向29.2千米。新河镇辖自然村。人口400。明洪武二年（1369），王姓哥俩从四川狮子王家迁来立村，故名王哥庄。1959年分为两个自然村，冠以方位始得今称。聚落呈团块状分布。有图书室1处。经济以种植业、商贸业为主，主要农作物有小麦、玉米、花生。有公路经此。

东王哥庄 370283-B08-H19
[Dōngwánggēzhuāng]

在市驻地东阁街道西北方向28.9千米。新河镇辖自然村。人口300。明洪武二年（1369），王姓哥俩从四川狮子王家迁此建家立村，故名王哥庄。1959 年分为两个自然村，冠以方位始得今称。聚落呈团块状分布。有图书室 1 处。经济以种植业、商贸业为主，主要农作物有小麦、玉米、花生、水果。有公路经此。

红庙赵家 370283-B08-H20
[Hóngmiàozhàojiā]

在市驻地东阁街道西北方向 28.5 千米。新河镇辖自然村。人口 600。明洪武二年（1369），川籍移民赵子庆至此定居，因村旁有座红庙，故名红庙赵家。聚落呈团块状分布。有图书室 1 处。经济以种植业、商贸业为主，主要农作物有小麦、玉米、花生、水果。有公路经此。

红庙姜家 370283-B08-H21
[Hóngmiàojiāngjiā]

在市驻地东阁街道西北方向 28.8 千米。新河镇辖自然村。人口 600。明洪武二年（1369），川籍移民姜山至此定居，因村头有座红墙庙，俗称红庙，故以庙和姓氏名村。聚落呈团块状分布。有图书室 1 处、幼儿园 1 处。经济以种植业、商贸业为主，主要农作物有小麦、玉米、花生、水果。有公路经此。

沙窝刘家 370283-B08-H22
[Shāwōliújiā]

在市驻地东阁街道西北方向 27.8 千米。新河镇辖自然村。人口 500。明崇祯三年（1630），刘三德建村，因村地势低洼又系沙地，故以地理特征和姓氏取名沙窝刘家。聚落呈团块状分布。有图书室 1 处。经济以种植业、商贸业为主，主要农作物有小麦、玉米、花生。有公路经此。

西张家 370283-B08-H23
[Xīzhāngjiā]

在市驻地东阁街道西北方向 27.9 千米。新河镇辖自然村。人口 200。明嘉靖二十年（1541），张岚由四川省迁来建村，以姓取名张家村。因本镇有两个张家村，该村位于西面，故更名西张家。聚落呈团块状分布。有图书室 1 处。经济以种植业、商贸业为主，主要农作物有小麦、玉米、花生、水果。有公路经此。

卢家 370283-B08-H24
[Lújiā]

在市驻地东阁街道西北方向 28.0 千米。新河镇辖自然村。人口 500。明洪武二年（1369），川籍移民卢姓迁至山东莱芜县益丰村居住，后卢玄迁此建村，取名卢家。聚落呈团块状分布。有图书室 1 处。经济以商贸业、种植业为主，主要农作物有小麦、玉米、花生。有公路经此。

前潘家 370283-B08-H25
[Qiánpānjiā]

在市驻地东阁街道西北方向 28.2 千米。新河镇辖自然村。人口 700。明崇祯年间，潘姓由潘家洼迁此建村，故名潘家。聚落呈团块状分布。有图书室 1 处、幼儿园 1 处。经济以种植业、商贸业为主，主要农作物有小麦、玉米、花生。有公路经此。

红庙辛庄 370283-B08-H26
[Hóngmiàoxīnzhuāng]

在市驻地东阁街道西北方向 28.3 千米。新河镇辖自然村。人口 200。清乾隆四十五年（1780），李守强由掖县海镇李家至此定居，此处土地荒芜，拓荒耕耘历经艰辛，故以"辛庄"为名铭记。地名普查时因重名，1982 年改为红庙辛庄。聚落呈团块状分布。

有图书室 1 处。经济以商贸业、种植业为主，主要农作物有小麦、玉米、花生。有公路经此。

岭前郑家 370283-B08-H27
[Lǐngqiánzhèngjiā]

在市驻地东阁街道西北方向 29.1 千米。新河镇辖自然村。人口 200。清康熙十九年（1680），郑海、郑雨由潘家析出至此定居，成村落后取名郑家。地名普查时因重名，更名为岭前郑家。聚落呈团块状分布。有图书室 1 处。经济以种植业、商贸业为主，主要农作物有小麦、玉米、花生、水果。有公路经此。

卧龙王家 370283-B08-H28
[Wòlóngwángjiā]

在市驻地东阁街道西北方向 29.5 千米。新河镇辖自然村。人口 300。明万历八年（1580），王守业从诸城坝山王家迁此另建新居，因村址在埠下凹处，取名卧洛王家，1945 年后村业兴旺，村民富强，故改为卧龙王家。聚落呈团块状分布。有图书室 1 处。经济以种植业、商贸业为主，主要农作物有小麦、玉米、花生、水果。有公路经此。

陈埠李家 370283-B08-H29
[Chénbùlǐjiā]

在市驻地东阁街道西北方向 30.1 千米。新河镇辖自然村。人口 500。明洪武二年（1369），川籍移民李氏徙居此地，因村东有个埠子，人们俗称陈埠，故村以埠名与姓氏得称陈埠李家。聚落呈团块状分布。有图书室 1 处。经济以种植业、商贸业为主，主要农作物有小麦、玉米、花生、水果。有公路经此。

岭上袁家 370283-B08-H30
[Lǐngshàngyuánjiā]

在市驻地东阁街道西北方向 30.5 千米。新河镇辖自然村。人口 500。明洪武二年（1369），川籍移民袁世刚、袁世强、袁世福、袁世禄迁此安居，故名袁家。地名普查时因重名，1982 年更名为岭上袁家。聚落呈团块状分布。有图书室 1 处。经济以种植业、商贸业为主，主要农作物有小麦、玉米、花生、蔬菜、水果。有公路经此。

界山贾家 370283-B08-H31
[Jièshānjiǎjiā]

在市驻地东阁街道西北方向 28.6 千米。新河镇辖自然村。人口 1 100。明洪武二年（1369），贾开元由四川成都府迁此建家园，成村落后，以姓取名贾家，1982 年命名为界山贾家。聚落呈团块状分布。有文化广场 1 处、图书室 1 处、幼儿园 1 处。经济以商贸业、种植业为主，主要农作物有小麦、玉米、花生。有公路经此。

界山潘家 370283-B08-H32
[Jièshānpānjiā]

在市驻地东阁街道西北方向 28.7 千米。新河镇辖自然村。人口 700。明洪武十三年（1380），潘健由潘家洼村迁出至此另辟村落，因村立在贾家村后，故以姓和方位取名后潘家。地名普查时因重名，以靠界山为据，更名界山潘家。聚落呈团块状分布。有图书室 1 处。经济以种植业、商贸业为主，主要农作物有小麦、玉米、花生、水果。有公路经此。

于家屯 370283-B08-H33
[Yújiātún]

在市驻地东阁街道西北方向 28.9 千米。新河镇辖自然村。人口 300。明成化十六年

（1480），于德盛由大庄子村迁此建新居，以姓得名于家屯。聚落呈团块状分布。有图书室1处。经济以种植业、商贸业为主，主要农作物有小麦、玉米、花生、水果。有公路经此。

界山林家 370283-B08-H34
[Jièshānlínjiā]

在市驻地东阁街道西北方向28.6千米。新河镇辖自然村。人口300。明洪武年间，林姓由四川徙居此地立村，以姓取村名。地名普查时因重名，以靠界山为由，1982年更名界山林家。聚落呈团块状分布。有图书室1处。经济以种植业、商贸业为主，主要农作物有小麦、玉米、花生、水果。有公路经此。

韩家 370283-B08-H35
[Hánjiā]

在市驻地东阁街道西北方向42.1千米。新河镇辖自然村。人口800。清康熙年间，韩英交由七坊韩家徙居此地，拓荒立业成村落后，以姓取名韩家。聚落呈团块状分布。经济以种植业、商贸业为主，主要农作物有小麦、玉米。有公路经此。

北昌 370283-B09-H01
[Běichāng]

大泽山镇人民政府驻地。在市驻地东阁街道北方向41.4千米。人口1600。明洪武二年（1369），昌、滕、范三姓建村，分称昌家岛子、滕家岭、范家圈，后三村连在一起，昌姓居多，且处河北岸，统称昌村河北，1945年改为北昌。聚落呈团块状分布。有文化活动中心1处、中学1处、小学1处。经济以种植业为主，主要农作物有植葡、大樱桃。有公路经此。

南昌 370283-B09-H02
[Nánchāng]

在市驻地东阁街道北方向23.2千米。大泽山镇辖自然村。人口2300。明洪武年间，川籍移民王本前来建村，定村名为河南村。因村址位于淄阳河南岸，故名。聚落呈团块状分布。有图书室1处。经济以商贸业、种植业为主，主要农作物有葡萄、大樱桃、桃。有公路经此。

旋口 370283-B09-H03
[Xuánkǒu]

在市驻地东阁街道北方向25.3千米。大泽山镇辖自然村。人口900。明嘉靖年间，徐姓由徐家夼迁来建村，因村北群峰间有一通莱州的山谷名旋风口，遂定村名为旋口。聚落呈团块状分布。有幼儿园1处。经济以商贸业、种植业为主，主要农作物有葡萄、大樱桃、桃、梨。有公路经此。

北朝阳庄 370283-B09-H04
[Běicháoyángzhuāng]

在市驻地东阁街道西北方向20.1千米。大泽山镇辖自然村。人口100。明嘉靖年间，马姓一家由河南省移民至此建村，定村名马家庄。后徐毛林由四川迁至，姜姓由平度城南迁至。清乾隆年间，赵姓由掖县迁来，经协商改村名为朝阳庄。1982年地名普查，改村名为北朝阳庄。聚落呈团块状分布。经济以商贸业、种植业为主，主要农作物有葡萄、大樱桃、桃、梨。有公路经此。

北丁家 370283-B09-H05
[Běidīngjiā]

在市驻地东阁街道西北方向23.6千米。大泽山镇辖自然村。人口900。明洪武年间，丁百庸携家眷由四川马藏山迁来定居，定村名为丁家。后刘姓从莱州沟刘家迁来，傅姓、高姓、王姓分别从东岳石、店子高家寨、八甲迁来。因村北临淄阳河，又称大北河丁家，1982年地名普查时改称北丁家。聚落呈团块状分布。经济以商贸业、种植业为主，主要农作物有葡萄、大樱桃、桃、梨。有公路经此。

北蒋家 370283-B09-H06
[Běijiǎngjiā]

在市驻地东阁街道北方向21.3千米。大泽山镇辖自然村。人口400。明嘉靖年间，蒋姓在此建村，以山名和姓氏定村名为三山顶前蒋家。后张姓从平度城南窝铺迁至另立新村，名为三山顶前张家。清乾隆年间，两村协商合并，定村名蒋家村。1982年地名普查时，定名北蒋家。聚落呈团块状分布。经济以商贸业、种植业为主，主要农作物有葡萄、大樱桃、桃。有公路经此。

北随 370283-B09-H07
[Běisuí]

在市驻地东阁街道北方向20.2千米。大泽山镇辖自然村。人口500。明成化年间，盛姓由莱州西由镇迁至定居，因地处迁出地正南方，定村名北随。聚落呈团块状分布。经济以商贸业、种植业为主，主要农作物有葡萄、大樱桃、桃、梨。有公路经此。

北台 370283-B09-H08
[Běitái]

在市驻地东阁街道东北方向28.2千米。大泽山镇辖自然村。人口400。明万历年间，周天恩、周天恣兄弟携家眷迁至建村，因与村南1千米外南台村相望，遂定名为北台。聚落呈团块状分布。经济以商贸业、种植业为主，主要农作物有葡萄、大樱桃、桃、梨。有公路经此。

大尹家 370283-B09-H09
[Dàyǐnjiā]

在市驻地东阁街道北方向25.7千米。大泽山镇辖自然村。人口1 900。明末，尹姓、范姓先后迁来重新建村，人员渐多，遂分为东尹家、西尹家；后姜姓迁来建村，定村名盘石观，俗称观里。1956年，三村合并，始称尹家。1982年地名普查时，定村名为大尹家。聚落呈团块状分布。有幼儿园1处。经济以商贸业、种植业为主，主要农作物有葡萄、大樱桃、桃。有公路经此。

西五甲 370283-B09-H10
[Xīwǔjiǎ]

在市驻地东阁街道北方向19.8千米。大泽山镇辖自然村。人口600。明嘉靖年间，张大公兄弟迁此地建村，被编为第五甲，遂定村名为五甲村。后分为两个村，该村即定名大五甲，1949年后改称西五甲。聚落呈团块状分布。经济以商贸业、种植业为主，主要农作物有葡萄、大樱桃、桃。有公路经此。

大疃 370283-B09-H11
[Dàtuǎn]

在市驻地东阁街道东北方向27.6千米。大泽山镇辖自然村。人口1 200。明万历年间，多姓共同议定改村名为大疃。聚落呈团块状分布。经济以商贸业、种植业为主，主要农作物有葡萄、大樱桃、桃。有公路经此。

东八甲 370283-B09-H12
[Dōngbājiǎ]

在市驻地东阁街道北方向18.1千米。大泽山镇辖自然村。人口700。明嘉靖三十九年（1560），王仲荣兄弟三人由三山东头村迁至建村，被编为八甲，定村名为八甲，1982年地名普查更名为东八甲。

聚落呈团块状分布。经济以商贸业、种植业为主，主要农作物有葡萄、大樱桃、桃、梨。有公路经此。

西崖 370283-B09-H13
[Xīyá]

在市驻地东阁街道北方向24.8千米。大泽山镇辖自然村。人口900。因村前临一高土崖，故居流水沟西侧的住户定村名为西崖。聚落呈团块状分布。有幼儿园1处。经济以商贸业、种植业为主，主要农作物有葡萄、大樱桃、桃、梨等。有公路经此。

西崖刘家 370283-B09-H14
[Xīyáliújiā]

在市驻地东阁街道北方向20.5千米。大泽山镇辖自然村。人口400。清康熙年间，刘孟旭携家眷由金田山迁至，与村之沟东崖居民合编为六甲，遂改村名为西崖六甲。清乾隆年间，李至旺从老洼赵家迁来，自称保甲。民国时改村名为西崖刘家。聚落呈团块状分布。经济以商贸业、种植业为主，主要农作物有葡萄、大樱桃、桃。有公路经此。

高家 370283-B09-H15
[Gāojiā]

在市驻地东阁街道东北方向28.8千米。大泽山镇辖自然村。人口1 700。明朝末年，高姓由掖县柞村迁至建村，因村周围群峰似双龙盘绕，遂定村名为盘龙石高家。又因村之东大佛岭绝壁水纹石状似耙搂之形，附近村庄常称为耙搂石高家，后简称高家。聚落呈团块状分布。有幼儿园1处。经济以商贸业、种植业为主，主要农作物有葡萄、大樱桃、桃。有公路经此。

西岳石 370283-B09-H16
[Xīyuèshí]

在市驻地东阁街道西北方向26.2千米。大泽山镇辖自然村。人口1 400。明洪武年间，郝、刘二姓迁至建村，因东邻药石东庄，遂定村名为药石西庄，清末改称西岳石。聚落呈团块状分布。有幼儿园1处。经济以商贸业、种植业为主，主要农作物有葡萄、大樱桃、桃、梨等。有公路经此。

秦姑庵 370283-B09-H17
[Qíngū'ān]

在市驻地东阁街道东北方向27.6千米。大泽山镇辖自然村。人口800。北宋熙宁年间，有秦姓尼姑在此山岙结庵修行，名为秦姑庵。明嘉靖年间，掖县黄花村王虎、王豹兄弟携家迁来傍庵定居建村，村以庵得名。聚落呈团块状分布。有幼儿园1处。经济以商贸业、种植业为主，主要农作物有葡萄、大樱桃。有公路经此。

东五甲 370283-B09-H18
[Dōngwǔjiǎ]

在市驻地东阁街道北方向20.0千米。大泽山镇辖自然村。人口500。明嘉靖年间，川籍移民张大公兄弟从平度城南窝铺村迁来建村，为五甲村，1949年后改称东五甲。聚落呈团块状分布。经济以商贸业、种植业为主，主要农作物有葡萄、大樱桃、桃。有公路经此。

东崖刘家 370283-B09-H19
[Dōngyáliújiā]

在市驻地东阁街道北方向20.5千米。大泽山镇辖自然村。人口300。明洪武年间，刘车兄弟三人携家眷从昌里西岔河迁此，与西崖六甲合编为六甲，遂定村名为东崖六甲。民国时改村名为东崖刘家。聚落呈团块状分布。经济以商贸业、种植业为主，主要农作物有葡萄、大樱桃、桃。有公路经此。

东岳石 370283-B09-H20
[Dōngyuèshí]

在市驻地东阁街道西北方向 24.5 千米。大泽山镇辖自然村。人口 1 800。因村西建有药石西庄，遂名药石东庄后。清末，因嫌"药"字不吉利，又改称东岳石。聚落呈团块状分布。有幼儿园 1 处。古迹有东岳石遗址、战国贵族墓群遗址、芝莱山齐月主祠遗址、战国烽火台、古驿道遗址、元代驸马茔遗址等。经济以商贸业、种植业为主，主要农作物有葡萄、大樱桃、桃。村中有石材加工企业。有公路经此。

仉家寨 370283-B09-H21
[Zhǎngjiāzhài]

在市驻地东阁街道西北方向 19.7 千米。大泽山镇辖自然村。人口 1 500。明洪武年间，田姓前来建村，定村名为田家寨。此后仉姓迁来定居，户数人口为全村之首，于清乾隆年间改村名为仉家寨。聚落呈团块状分布。经济以商贸业、种植业为主，主要农作物有葡萄、大樱桃。有公路经此。

三山东头 370283-B09-H22
[Sānshāndōngtóu]

在市驻地东阁街道北方向 22.0 千米。大泽山镇辖自然村。人口 800。因村西之御驾山（俗称三山）香火渐盛，游人颇多而负盛名，遂定村名为三山东头。聚落呈团块状分布。经济以商贸业、种植业为主，主要农作物有葡萄、大樱桃、桃等。有公路经此。

响山潘家 370283-B09-H23
[Xiǎngshānpānjiā]

在市驻地东阁街道北方向 25.1 千米。

大泽山镇辖自然村。人口 800。明洪武年间，川籍移民潘才英由灰埠镇潘家洼迁来建村，村庄坐落在由萤石构成的山岭响山之上，定村名为响山潘家。1949 年后简称潘家，1982 年地名普查，重改为响山潘家。聚落呈团块状分布。经济以商贸业、种植业为主，主要农作物有葡萄、大樱桃、桃。有公路经此。

上甲 370283-B09-H24
[Shàngjiǎ]

在市驻地东阁街道北方向 19.9 千米。大泽山镇辖自然村。人口 500。清顺治年间，云南籍移民张木迁来建村，被编为壹甲，遂定村名为壹甲，清嘉庆年间改称上甲。聚落呈团块状分布。有小学 1 处。经济以商贸业、种植业为主，主要农作物有葡萄、大樱桃。有公路经此。

小店 370283-B09-H25
[Xiǎodiàn]

在市驻地东阁街道西北方向 22.4 千米。大泽山镇辖自然村。人口 500。明永乐年间，李姓、王姓、周姓、冷姓、张姓、刘姓等陆续迁此，定村名为小店子，后改称小店。聚落呈团块状分布。经济以商贸业、种植业为主，主要农作物有葡萄、大樱桃。有公路经此。

高望山 370283-B09-H26
[Gāowàngshān]

在市驻地东阁街道西北方向 21.8 千米。大泽山镇辖自然村。人口 1 700。明永乐年间，姜、刘两姓迁至，因村东北侧有一山峰名高望山，故名。聚落呈团块状分布。有幼儿园 1 处、小学 1 处。经济以商贸业、种植业、养殖业为主，主要农作物有葡萄、大樱桃等，养殖鸡等。有公路经此。

河北四甲 370283-B09-H27

[Héběisìjiǎ]

在市驻地东阁街道北方向 19.9 千米。大泽山镇辖自然村。人口 400。明洪武年间，王瓒等兄弟四人由成都府东十里鸭儿湾迁此建村，定村名为四家，后编为四甲，遂更村名为四甲。1982 年地名普查，改称河北四甲。聚落呈团块状分布。经济以商贸业、种植业为主，主要农作物有葡萄、大樱桃、桃。有公路经此。

岳石庄子 370283-B09-H28

[Yuèshízhuāngzi]

在市驻地东阁街道西北方向 27.1 千米。大泽山镇辖自然村。人口 500。因前邻药石西庄，遂定村名为药石后庄，1982 年地名普查时，改称岳石庄子。聚落呈团块状分布。经济以商贸业、种植业为主，主要农作物有葡萄、大樱桃、桃。有公路经此。

所里头 370283-B09-H29

[Suǒlǐtóu]

在市驻地东阁街道东北方向 28.6 千米。大泽山镇辖自然村。人口 700。明嘉靖十年（1531），王氏迁至，先居黄土岭前现八口坟处，因屡遭水冲，于明崇祯十七年（1644）迁至名勺子头的山峦处定居，遂定村名为勺子头，民国初年改称所里头。聚落呈团块状分布。经济以商贸业、种植业为主，主要农作物有葡萄、大樱桃、桃、梨。有公路经此。

谭家夼 370283-B09-H30

[Tánjiākuǎng]

在市驻地东阁街道北方向 22.1 千米。大泽山镇辖自然村。人口 2 200。村西建庙，由尼僧主持，名谭家庵。因且村内东西三街原系三条水沟，故取三川入河之意，定村名曰谭家夼。聚落呈团块状分布。有幼儿园 1 处。经济以商贸业、种植业为主，主要农作物有葡萄、大樱桃、桃、梨。有公路经此。

梁家庄子 370283-B09-H31

[Liángjiāzhuāngzi]

在市驻地东阁街道北方向 22.9 千米。大泽山镇辖自然村。人口 400。清顺治年间，梁姓从棘子嶂村迁来，人口渐旺，改村名为梁家庄。1982 年地名普查，定村名为梁家庄子。聚落呈团块状分布。经济以商贸业、种植业为主，主要农作物有葡萄、大樱桃。有公路经此。

旧店 370283-B10-H01

[Jiùdiàn]

旧店镇人民政府驻地。在市驻地东阁街道东北方向 28.9 千米。人口 1 700。明洪武年间，王、张等姓建村，后因河水为患，迁河西岸定居，取名新店。数年后河道西移又迁回旧址，故名旧店。聚落呈团块状分布。有文化广场、幼儿园、中小学。经济以种植业为主，主要农作物有玉米、小麦、苹果等。有青岛金星矿业股份有限公司、青岛金翔矿业集团公司、青岛旧店果品专业合作社等企业。有公路经此。

许家上庄 370283-B10-H02

[Xǔjiāshàngzhuāng]

在市驻地东阁街道东北方向 55.9 千米。旧店镇辖自然村。人口 800。明宣德五年（1430），许家由掖县柴村至此，立村于土埠东上，因方位取名许家上庄。聚落呈团块状分布。有文化教育中心 1 处。经济以种植业、商贸业为主，主要农作物有小麦、玉米、苹果。有公路经此。

斜岭前　370283-B10-H03
[Xiélǐngqián]

在市驻地东阁街道东北方向 52.2 千米。旧店镇辖自然村。人口 200。清雍正十二年（1734），程姓由罗头村迁出定居此地，因村有山岭名为斜岭，村立其前，故得此名。聚落呈团块状分布。经济以种植业、商贸业为主，主要农作物有小麦、玉米、苹果。有公路经此。

罗头　370283-B10-H04
[Luótóu]

在市驻地东阁街道东北方向 56.3 千米。旧店镇辖自然村。人口 1 200。明永乐年间，赵姓立村，故名赵家。人丁兴旺后，将村名改为将头，后演变为罗头。聚落呈团块状分布。有文化广场 1 处。经济以种植业为主，主要农作物有小麦、玉米、苹果。有公路经此。

田格庄　370283-B10-H05
[Tiángézhuāng]

在市驻地东阁街道东北方向 53.7 千米。旧店镇辖自然村。人口 600。明洪武二年（1369），川籍田姓移民迁居此地，以姓取名田格庄。聚落呈团块状分布。有文化广场 1 处。经济以种植业、商贸业为主，主要农作物有小麦、玉米、苹果。有公路经此。

窝洛　370283-B10-H06
[Wōluò]

在市驻地东阁街道东北方向 54.1 千米。旧店镇辖自然村。人口 400。明天启年间，马姓建村落，取名马家疃。后张姓迁入居住，两姓协商，以根深村固的吉祥之意，改称窝洛。聚落呈团块状分布。有文化广场 1 处。经济以种植业、商贸业为主，主要农作物有小麦、玉米、苹果。有公路经此。

马疃　370283-B10-H07
[Mǎtuǎn]

在市驻地东阁街道东北方向 54.4 千米。旧店镇辖自然村。人口 800。明洪武元年（1368），马姓由四川至此建村，以姓取名马屯，后"屯"变为"疃"，故名马疃。聚落呈团块状分布。有文化广场 1 处。经济以种植业、商贸业为主，主要农作物有小麦、玉米、苹果。有公路经此。

曲村　370283-B10-H08
[Qūcūn]

在市驻地东阁街道东北方向 54.2 千米。旧店镇辖自然村。人口 300。明崇祯年间，曲姓人家至此定居，以姓取村名曲村。聚落呈团块状分布。有文化广场 1 处。经济以种植业、商贸业为主，主要农作物有小麦、玉米、苹果。有公路经此。

唐家庄　370283-B10-H09
[Tángjiāzhuāng]

在市驻地东阁街道东北方向 54.7 千米。旧店镇辖自然村。人口 400。清顺治元年（1644），唐君福携徐氏由莱阳县山前店迁此建村，以姓取名唐家庄。经济以种植业、商贸业为主，主要农作物有小麦、玉米、苹果。有公路经此。

杨家宅科　370283-B10-H10
[Yángjiāzháikē]

在市驻地东阁街道东北方向 50.3 千米。旧店镇辖自然村。人口 500。清顺治年间，胡姓建村，取名胡家宅科，杨姓迁入其村后则称宅科。因重名，1982 年更名杨家宅科。聚落呈团块状分布。有文化广场 1 处。经济以种植业、商贸业为主，主要农作物有小麦、玉米、苹果。有公路经此。

西营 370283-B10-H11
［Xīyíng］

在市驻地东阁街道东北方向48.7千米。旧店镇辖自然村。人口300。明崇祯年间，官姓迁此建村，以姓取名官家营。后因在姜家营西面，改称西营。聚落呈团块状分布。有文化广场1处。经济以种植业、商贸业为主，主要农作物有小麦、玉米、苹果。有公路经此。

东营 370283-B10-H12
［Dōngyíng］

在市驻地东阁街道东北方向49.2千米。旧店镇辖自然村。人口200。明崇祯年间，赵姓由四川迁此建村，以姓与"营"字组村名，故名赵家营。后因在官家营东，又称东营。聚落呈团块状分布。有文化广场1处。经济以种植业、商贸业为主，主要农作物有小麦、玉米、苹果。有公路经此。

南营 370283-B10-H13
［Nányíng］

在市驻地东阁街道东北方向48.5千米。旧店镇辖自然村。人口300。明万历年间，石姓迁此建村，以姓与"营"字组村名，故名石家营。后因在东、西营两村之间，故名南营。聚落呈团块状分布。有文化广场1处。经济以种植业、商贸业为主，主要农作物有小麦、玉米、苹果。有公路经此。

东石家庄 370283-B10-H14
［Dōngshíjiāzhuāng］

在市驻地东阁街道东北方向47.8千米。旧店镇辖自然村。人口300。明崇祯三年（1630），石姓从掖县至此建村，以姓取名石家庄。因重名，1982年更名为东石家庄。聚落呈团块状分布。有文化广场1处。经济以种植业、商贸业为主，主要农作物有小麦、玉米、苹果。有公路经此。

九里夼 370283-B10-H15
［Jiǔlǐkuǎng］

在市驻地东阁街道东北方向47.5千米。旧店镇辖自然村。人口1 500。因这里有九条似龙的土岭，取名九龙矿。清代中期南双山前开矿，旧店设镇，村距旧店九华里，故改名九里夼。聚落呈团块状分布。经济以种植业、商贸业为主，主要农作物有小麦、玉米、苹果。有公路经此。

东上夼 370283-B10-H16
［Dōngshàngkuǎng］

在市驻地东阁街道东北方向45.1千米。旧店镇辖自然村。人口500。因坐落在北两目山与独埠山之间，水流成灾，又处旧店河东岸，故得名东上夼。聚落呈团块状分布。有文化广场1处。经济以种植业、商贸业为主，主要农作物有小麦、玉米、苹果。有公路经此。

厂口涧 370283-B10-H17
［Chǎngkǒujiàn］

在市驻地东阁街道东北方向46.3千米。旧店镇辖自然村。人口300。因村址三面环山、中间平坦，山丘成为自然围墙卫护着村庄，故取名太平庄。后村南建了金厂，村的出口与金厂相对，故村易名厂口涧。聚落呈团块状分布。有文化广场1处。经济以种植业、商贸业为主，主要农作物有小麦、玉米、苹果。有公路经此。

北庙东 370283-B10-H18
［Běimiàodōng］

在市驻地东阁街道东北方向42.2千米。旧店镇辖自然村。人口1 400。因此处玉皇顶有一古庙，庙东建有三村，均以庙得名，该村在北，故名北庙东。聚落呈团块状分布。有文化广场1处。经济以种植业、商贸业为主，主要农作物有小麦、玉米、苹果。有公路经此。

东庙东 370283-B10-H19
[Dōngmiàodōng]

在市驻地东阁街道东北方向 42.4 千米。旧店镇辖自然村。人口 800。因西岭有座古庙，在庙东建有三村，均以庙东称村，该村在东，故名东庙东。聚落呈团块状分布。有文化广场 1 处。经济以种植业、商贸业为主，主要农作物有小麦、玉米、苹果。有公路经此。

南庙东 370283-B10-H20
[Nánmiàodōng]

在市驻地东阁街道东北方向 42.1 千米。旧店镇辖自然村。人口 200。清乾隆年间，杨士彦由东上夼迁此定居，因村东有座古庙，故以庙东为村名，并冠以方位，得名南庙东。聚落呈团块状分布。有文化广场 1 处。经济以种植业、商贸业为主，主要农作物有小麦、玉米、苹果。有公路经此。

西石桥 370283-B10-H21
[Xīshíqiáo]

在市驻地东阁街道东北方向 47.7 千米。旧店镇辖自然村。人口 200。清光绪年间，刘姓由四川迁此定居，因在石桥的西侧，故名西石桥。聚落呈团块状分布。有文化广场 1 处。经济以种植业、商贸业为主，主要农作物有小麦、玉米、苹果。有公路经此。

东石桥 370283-B10-H22
[Dōngshíqiáo]

在市驻地东阁街道东北方向 48.8 千米。旧店镇辖自然村。人口 400。清光绪年间，刘姓由四川迁此定居，因在石桥的东侧，故名东石桥。聚落呈团块状分布。经济以

种植业、商贸业为主，主要农作物有小麦、玉米、苹果。有公路经此。

杨家 370283-B10-H23
[Yángjiā]

在市驻地东阁街道东北方向 46.1 千米。旧店镇辖自然村。人口 500。因杨姓居多，故名杨家。聚落呈团块状分布。有文化广场 1 处。经济以种植业、商贸业为主，主要农作物有小麦、玉米、苹果。有公路经此。

王汉庄 370283-B10-H24
[Wánghànzhuāng]

在市驻地东阁街道东北方向 46.3 千米。旧店镇辖自然村。人口 300。清康熙十九年（1680），王喜胜由平度城东窝洛子村迁此建村，取名王汉庄。后因修黄同水库，搬迁现址，改名王家。地名普查时因重名，1982 年恢复王汉庄之名。聚落呈团块状分布。有文化广场 1 处。经济以种植业、商贸业为主，主要农作物有小麦、玉米、苹果。有公路经此。

水家河 370283-B10-H25
[Shuǐjiāhé]

在市驻地东阁街道东北方向 46.5 千米。旧店镇辖自然村。人口 100。清康熙十九年（1680），马姓建村，村以水河得称，故名水家河。聚落呈团块状分布。有文化广场 1 处。经济以种植业、商贸业为主，主要农作物有小麦、玉米、苹果。有公路经此。

李家埠 370283-B10-H26
[Lǐjiābù]

在市驻地东阁街道东北方向 46.9 千米。旧店镇辖自然村。人口 200。清嘉庆年间，李姓由掖县迁此定居，因村址坐落在埠子上，故以姓和埠名村李家埠。聚落呈团块状分布。有文化广场 1 处。经济以种植业、

商贸业为主，主要农作物有小麦、玉米、苹果。有公路经此。

北邢家 370283-B10-H27

[Běixíngjiā]

在市驻地东阁街道东北方向45.7千米。旧店镇辖自然村。人口200。1958年修建黄同水库，王汉庄的邢姓村民搬此建村，以姓取名邢家。因重名，1982年改为北邢家。聚落呈团块状分布。有文化广场1处。经济以种植业、商贸业为主，主要农作物有小麦、玉米、苹果。有公路经此。

庞家洼 370283-B10-H28

[Pángjiāwā]

在市驻地东阁街道东北方向45.5千米。旧店镇辖自然村。人口200。元朝末年，庞姓至此建村，因地势低洼，故取名庞家洼。1958年因修黄同水库，搬现处另建村，村名未变。聚落呈团块状分布。有文化广场1处。经济以种植业、商贸业为主，主要农作物有小麦、玉米、苹果。有公路经此。

河西 370283-B10-H29

[Héxī]

在市驻地东阁街道东北方向40.8千米。旧店镇辖自然村。人口500。明洪武二十四年（1391），王永和由四川迁此定居，因村立于河的西岸，故名河西。聚落呈团块状分布。有文化广场1处。经济以种植业、商贸业为主，主要农作物有小麦、玉米、苹果。有公路经此。

东刘家庄 370283-B10-H30

[Dōngliújiāzhuāng]

在市驻地东阁街道东北方向49.4千米。旧店镇辖自然村。人口400。明万历年间，刘姓择此建村，取名刘家庄。因重名，1982年改现名。聚落呈团块状分布。有文

化广场1处。经济以种植业、商贸业为主，主要农作物有小麦、玉米、苹果。有公路经此。

涧里 370283-B10-H31

[Jiànlǐ]

在市驻地东阁街道东北方向53.7千米。旧店镇辖自然村。人口700。明永乐二年（1404）建村，孙姓由栖霞陶村至此定居，因四周被山环绕，故取名涧里。聚落呈团块状分布。有文化教育中心1处。经济以种植业、商贸业为主，主要农作物有小麦、玉米、苹果。有公路经此。

郭家寨 370283-B11-H01

[Guōjiāzhài]

云山镇人民政府驻地。在市驻地东阁街道东方向21.5千米。人口1 800。春秋末年，郭文修由云南土门楼迁此定居，取名郭家寨。聚落呈团块状分布。有文化广场1处、文化大院1处、幼儿园1处、小学1处、中学1处。经济以种植业为主，主要农作物有小麦、花生、玉米和无公害蔬菜、瓜果。309国道经此。

李家场 370283-B11-H02

[Lǐjiāchǎng]

在市驻地东阁街道东方向26.2千米。云山镇辖自然村。人口1 600。据传明洪武年间张姓始建村落，因村业不兴旺，认为此地不祥，另辟新址安家，取名离离场，后又以谐音演变为李家场。聚落呈团块状分布。有幼儿园1处。经济以种植业、商贸业为主，主要农作物有小麦、玉米、花生、蔬菜、草莓。有公路经此。

大金埠 370283-B11-H03

[Dàjīnbù]

在市驻地东阁街道东方向29.3千米。

云山镇辖自然村。人口 700。因村靠埠岭，有条沙中含金的小河，村民常去淘金，故名淘金埠，1958 年称大金埠。聚落呈团块状分布。有文化广场 1 处。经济以商贸业、种植业为主，主要农作物有小麦、玉米、花生等。有公路经此。

王埠 370283-B11-H04
[Wángbù]

在市驻地东阁街道东方向 30.2 千米。云山镇辖自然村。人口 1 100。明洪武年间，王姓至此建村，村后有个大土埠，传说唐时程咬金曾在此埠为王，人们称大王埠，故村以埠得名，清末改称王埠。聚落呈团块状分布。有文化广场 1 处、图书室 1 处。经济以种植业、商贸业为主，主要农作物有小麦、玉米、花生等。有公路经此。

大王桥 370283-B11-H05
[Dàwángqiáo]

在市驻地东阁街道东方向 30.3 千米。云山镇辖自然村。人口 200。程咬金在云山占山为王时，在村头深沟上建一石桥，名为大王桥，以此桥得村名。聚落呈团块状分布。有图书室 1 处。经济以种植业、商贸业为主，主要农作物有小麦、玉米、花生、蔬菜、瓜果。有公路经此。

尹府 370283-B11-H06
[Yǐnfǔ]

在市驻地东阁街道东方向 29.9 千米。云山镇辖自然村。人口 400。明洪武年间，在河南为官的尹姓为避难居此，故取尹府为名。1958 年挖水库村迁址，仍以尹府称之。聚落呈团块状分布。古迹有油匠桥。经济以种植业、商贸业为主，主要农作物有小麦、玉米、花生、蔬菜、瓜果。有公路经此。

北王格庄 370283-B11-H07
[Běiwánggézhuāng]

在市驻地东阁街道东方向 29.8 千米。云山镇辖自然村。人口 1 000。明洪武八年（1375），王氏迁此地，外村人惯称王大哥庄，故得王哥庄之名，后书写为王格庄。后因重名，以方位称北王格庄。聚落呈团块状分布。有图书室 1 处。经济以种植业、商贸业为主，主要农作物有小麦、玉米、花生、蔬菜、樱桃。有公路经此。

郜上 370283-B11-H08
[Gàoshàng]

在市驻地东阁街道东方向 26.5 千米。云山镇辖自然村。人口 700。村民因土地纠纷上奏官府，后官司告赢，为纪念此举，取名告上，后演变为郜上。1958 年修建水库迁现址。聚落呈团块状分布。有图书室 1 处。经济以种植业、商贸业为主，主要农作物有小麦、玉米、花生、蔬菜、樱桃。有公路经此。

撞上村 370283-B11-H09
[Zhuàngshàngcūn]

在市驻地东阁街道东方向 26.4 千米。云山镇辖自然村。人口 700。因村业兴旺，村民赞叹撞上好地方，故以撞上村为称。聚落呈团块状分布。有幼儿园 1 处、小学 1 处。经济以种植业、商贸业为主，主要农作物有小麦、玉米、花生、蔬菜、草莓。有公路经此。

张家庄 370283-B11-H10
[Zhāngjiāzhuāng]

在市驻地东阁街道东方向 24.2 千米。云山镇辖自然村。人口 600。清康熙十九年（1680），张氏移此居住，以姓得名张家庄。1975 年迁址建新村，仍沿用原称。聚落呈团块状分布。有图书室 1 处。经济以种植业、商贸业为主，主要农作物有小麦、玉米、花生、蔬菜、苹果、大樱桃。有公路经此。

泉北 370283-B11-H11

[Quánběi]

在市驻地东阁街道东方向 23.1 千米。云山镇辖自然村。人口 900。以村南古泉为村名，1982 年更名为泉北。聚落呈团块状分布。经济以种植业、商贸业为主，主要农作物有小麦、玉米、花生、蔬菜、樱桃。有公路经此。

石柱洼 370283-B11-H12

[Shízhùwā]

在市驻地东阁街道东方向 22.3 千米。云山镇辖自然村。人口 500。因村周有两个土丘，村立丘脚地势低洼处，村前有一古建筑用的石柱子，故取名石柱洼。聚落呈团块状分布。有图书室 1 处。经济以种植业为主，主要农作物有小麦、玉米、花生、蔬菜、樱桃。有公路经此。

钓鱼台 370283-B11-H13

[Diàoyútái]

在市驻地东阁街道东方向 23.2 千米。云山镇辖自然村。人口 500。原名渐逝，因村南有个春不涸、冬不寒的清水湾，湾内绿水荡漾，鱼群欢游，居民常至此垂钓，故改称钓鱼台。聚落呈团块状分布。经济以种植业、商贸业为主，主要农作物有小麦、玉米、花生、蔬菜、樱桃。有公路经此。

山旺 370283-B11-H14

[Shānwàng]

在市驻地东阁街道东方向 19.1 千米。云山镇辖自然村。人口 500。因处山根，土肥水足，五谷丰登，民乐村荣，故取名山旺。聚落呈团块状分布。经济以种植业、商贸

业为主，主要农作物有小麦、玉米、花生、蔬菜、苹果、大樱桃。有公路经此。

西宋戈庄 370283-B11-H15

[Xīsònggēzhuāng]

在市驻地东阁街道东方向 17.2 千米。云山镇辖自然村。人口 600。明永乐年间肖氏立村，为怀念故乡，村以祖籍宋戈庄称谓。地名普查时因重名，1982 年更名为西宋戈庄。聚落呈团块状分布。有文化广场 2 处、幼儿园 1 处。经济以种植业、商贸业为主，主要农作物有小麦、玉米、蔬菜、苹果、大樱桃。有公路经此。

上庄 370283-B11-H16

[Shàngzhuāng]

在市驻地东阁街道东方向 15.2 千米。云山镇辖自然村。人口 700。清康熙十八年（1679）繁衍成村落后，为示官宦村之意，取名上庄。聚落呈团块状分布。经济以种植业、商贸业为主，主要农作物有小麦、玉米、花生、蔬菜、樱桃。有公路经此。

上马台 370283-B11-H17

[Shàngmǎtái]

在市驻地东阁街道东方向 17.5 千米。云山镇辖自然村。人口 200。清康熙十九年（1680），孙雨旺与蔡云和至此建居。相传宋朝赵匡胤率兵征战时曾在此歇脚，启程时踏村北的一块石头上马，俗叫上马台，故以此传说取村名上马台。聚落呈团块状分布。经济以种植业、商贸业为主，主要农作物有小麦、玉米、花生、蔬菜、樱桃。有公路经此。

公家 370283-B11-H18

[Gōngjiā]

在市驻地东阁街道东方向 21.3 千米。云山镇辖自然村。人口 200。清嘉庆年间

建村，因村南有座后官庄，建筑颇为壮观，故以庙名取名为宫家，1958年改称公家。聚落呈团块状分布。有图书室1处。经济以种植业、商贸业为主，主要农作物有小麦、玉米、花生、蔬菜、樱桃。有公路经此。

官里一村 370283-B11-H19
[Guānlǐyīcūn]

在市驻地东阁街道东方向25.2千米。云山镇辖自然村。人口200。因处通往平度城的官道，取名官庄。1960年修尹府水库时迁至现址与小里相依。1980年小里与官庄合为一村，取官庄首字、小里尾字组村名官里，并加以序数作为区分。聚落呈团块状分布。经济以种植业、商贸业为主，主要农作物有小麦、玉米、花生、蔬菜、苹果、大樱桃。有公路经此。

官里二村 370283-B11-H20
[Guānlǐ'èrcūn]

在市驻地东阁街道东方向25.2千米。云山镇辖自然村。人口200。因处通往平度城的官道，取名官庄。1960年修尹府水库时迁至现址与小里相依。1980年小里与官庄合为一村，取官庄首字、小里尾字组村名官里，并加以序数作为区分。聚落呈团块状分布。经济以种植业、商贸业为主，主要农作物有小麦、玉米、花生、蔬菜、苹果、大樱桃。有公路经此。

北温家 370283-B11-H21
[Běiwēnjiā]

在市驻地东阁街道东方向24.3千米。云山镇辖自然村。人口400。清康熙十年（1671），温五、温风至此分别建村，均以温姓称村，该村居北，故名。1960年因修水库搬现址，仍沿用北温家之称。聚落呈团块状分布。经济以种植业、商贸业为主，主要农作物有小麦、玉米、花生、蔬菜、樱桃。有公路经此。

南温家 370283-B11-H22
[Nánwēnjiā]

在市驻地东阁街道东方向24.2千米。云山镇辖自然村。人口200。清康熙十年（1671），温五、温风至此居住，均以姓氏取名温家。后为区别同名村，冠以方位，该村居南，故名南温家。聚落呈团块状分布。经济以种植业、商贸业为主，主要农作物有小麦、玉米、花生、蔬菜、樱桃。有公路经此。

东程戈庄 370283-B11-H23
[Dōngchénggēzhuāng]

在市驻地东阁街道东方向21.4千米。云山镇辖自然村。人口300。建村于元至正年间，程姓居住，故名程戈庄。1947年以村中小河为界，分为二村，东村称东程戈庄。聚落呈团块状分布。有图书室1处。经济以种植业、商贸业为主，主要农作物有小麦、玉米、花生、蔬菜、苹果、大樱桃。有公路经此。

西程戈庄 370283-B11-H24
[Xīchénggēzhuāng]

在市驻地东阁街道东方向21.3千米。云山镇辖自然村。人口700。建村于元至正年间，程姓居住，故名程戈庄。1947年以村中小河为界，分为二村，西村称西程戈庄。聚落呈团块状分布。有图书室1处、幼儿园1处。经济以种植业、商贸业为主，主要农作物有小麦、玉米、花生、蔬菜、苹果、大樱桃。有公路经此。

新官庄 370283-B11-H25
[Xīnguānzhuāng]

在市驻地东阁街道东方向21.2千米。

云山镇辖自然村。人口 200。因村址在通往平度城的官道旁，故取名官庄。1960 年修尹府水库时迁至平山前另建新居，为念故居，仍以原名称谓，冠以"新"字区别。聚落呈团块状分布。有图书室 1 处。经济以种植业、商贸业为主，主要农作物有小麦、玉米、花生、蔬菜、苹果、大樱桃。有公路经此。

刘河甲 370283-B11-H26
[Liúhéjiǎ]

在市驻地东阁街道东方向 27.3 千米。云山镇辖自然村。人口 1 400。地处半丘陵半平原地带。明洪武年间，刘氏迁此，取名刘家寨，1945 年村中一小河向东流入猪洞河，村河相交形如"甲"字，故更名刘河甲。聚落呈团块状分布。有文化活动中心 1 处、幼儿园 1 处。经济以种植业、商贸业为主，主要农作物有小麦、玉米、花生、蔬菜、苹果。有公路经此。

东高家寨 370283-B11-H27
[Dōnggāojiāzhài]

在市驻地东阁街道东方向 30.2 千米。云山镇辖自然村。人口 1 000。明洪武四年（1371），高姓由云南徙居此地，以姓取名高家寨。地名普查时因重名，1982 年更名为东高家寨。聚落呈团块状分布。经济以种植业、商贸业为主，主要农作物有小麦、玉米、花生、蔬菜、苹果、草莓。有公路经此。

黄洼 370283-B11-H28
[Huángwā]

在市驻地东阁街道东方向 31.1 千米。云山镇辖自然村。人口 1 200。因土质呈黄色，地势又洼，故得名黄洼。聚落呈团块状分布。有文化活动中心 1 处。经济以种植业、商贸业为主，主要农作物有小麦、玉米、花生、蔬菜、瓜果。有公路经此。

谢格庄 370283-B11-H29
[Xiègézhuāng]

在市驻地东阁街道东方向 35.2 千米。云山镇辖自然村。人口 1 300。因村立在龙虎山下，聚落与山势形成一个斜角，故得斜格庄之名，1958 年改称谢格庄。聚落呈团块状分布。有幼儿园 1 处。经济以种植业、商贸业为主，主要农作物有小麦、玉米、花生、蔬菜、苹果、板栗。有公路经此。

河岔 370283-B11-H30
[Héchà]

在市驻地东阁街道东方向 33.1 千米。云山镇辖自然村。人口 900。因村落在小沽河与猪洞河交汇处，故得河岔之称。聚落呈团块状分布。经济以种植业、商贸业为主，主要农作物有小麦、玉米、花生、蔬菜、苹果、西瓜。有公路经此。

新庄疃 370283-B11-H31
[Xīnzhuāngtuǎn]

在市驻地东阁街道东方向 26.6 千米。云山镇辖自然村。人口 1 500。因属移民新辟村落，故名新庄。地名普查时，因重名，1982 年经县政府批准更名为新庄疃。聚落呈团块状分布。有幼儿园 1 处。经济以种植业、商贸业为主，主要农作物有小麦、玉米、花生、蔬菜、瓜果。有公路经此。

店子 370283-B12-H01
[Diànzi]

店子镇人民政府驻地。在市驻地东阁街道西方向 38.8 千米。人口 1 000。明洪武年间，郭付庆从莱州府西关搬此建村，命村名郭家庄。后因此地系交通要道，居民多以开店为业，故易名店子。聚落呈团块状分布。有学校。经济以种植业、商贸业为主，主要农作物有小麦、花生、玉米。省道三城公路经此。

老山 370283-B12-H02
[Lǎoshān]

在市驻地东阁街道北方向 16.8 千米。店子镇辖自然村。人口 500。明洪武二年（1369），川籍移民张氏建村，名盼家埠。1928 年被山洪水冲塌后搬老山洞村，1929 年取名为老山。聚落呈团块状分布。有文化教育中心 1 处。经济以种植业、商贸业为主，主要农作物有小麦、玉米、花生、桃子、葡萄、大姜等。有公路经此。

上洄 370283-B12-H03
[Shànghuí]

在市驻地东阁街道北方向 17.8 千米。店子镇辖自然村。人口 900。相传，元朝末年（1638），孙姓由河南迁居此地，因处双山河上游，河水由东向西流绕村后转北而得名。聚落呈团块状分布。经济以种植业、商贸业为主，主要农作物有小麦、玉米、花生、桃子、葡萄、大姜等。有公路经此。

塔山陈家 370283-B12-H04
[Tǎshānchénjiā]

在市驻地东阁街道西北方向 14.2 千米。店子镇辖自然村。人口 500。明洪武二十三年（1390），川籍移民陈姓迁此建村，以姓取名陈家。村庄坐落在双山水库上游北侧，村东北有一座古老的小山，名塔山，故村更名塔山陈家。聚落呈团块状分布。经济以种植业、商贸业为主，主要农作物有小麦、玉米、花生、桃子、葡萄、大姜等。有公路经此。

黄哥庄 370283-B12-H05
[Huánggēzhuāng]

在市驻地东阁街道西北方向 13.8 千米。店子镇辖自然村。人口 800。相传，很久很久以前为争权夺势，皇子之间经常追杀格斗，一皇子为躲避其他皇子的谋杀，便隐姓埋名隐居在本村，躲过战乱，随后取村名为皇哥庄，后演变为黄哥庄。聚落呈团块状分布。经济以种植业、商贸业为主，主要农作物有小麦、玉米、花生、桃子、葡萄、大姜等。有公路经此。

高古庄 370283-B12-H06
[Gāogǔzhuāng]

在市驻地东阁街道西北方向 14.8 千米。店子镇辖自然村。人口 200。因地势较高，后有一埠，故取名高古庄至今。聚落呈团块状分布。经济以种植业、商贸业为主，主要农作物有小麦、玉米、花生、桃子、葡萄、大姜等。有公路经此。

小青杨 370283-B12-H07
[Xiǎoqīngyáng]

在市驻地东阁街道西北方向 14.0 千米。店子镇辖自然村。人口 100。因处葱绿茂盛的小青杨树林，得名小青杨。聚落呈团块状分布。经济以种植业、商贸业为主，主要农作物有小麦、玉米、花生、桃子、葡萄、大姜等。有公路经此。

荆许家 370283-B12-H08
[Jīngxǔjiā]

在市驻地东阁街道西北方向 17.8 千米。店子镇辖自然村。人口 1 300。明宣德年间，荆氏立村，取名荆家庄。明成化十二年（1476），许氏迁居此村，因人丁兴旺，嘉靖年间改名许家。地名普查时因重名，1982 年更名荆许家。聚落呈团块状分布。经济以种植业、商贸业为主，主要农作物有小麦、花生、玉米。有公路经此。

东南随 370283-B12-H09
[Dōngnánsuí]

在市驻地东阁街道西北方向 18.2 千米。

店子镇辖自然村。人口 600。明洪武四年（1371），杜百道由四川迁此立村，因村东有座名为南随寺院的庙，故村以庙得名。1944 年分为东南随、西南随两个村。聚落呈团块状分布。经济以种植业、商贸业为主，主要农作物有小麦、玉米、花生、桃子、葡萄、大姜等。有公路经此。

萝卜刘家 370283-B12-H10
[Luóboliújiā]

在市驻地东阁街道西北方向 15.2 千米。店子镇辖自然村。人口 700。清乾隆年间，刘氏由北国村迁来本村，当年盛产萝卜，故取名萝卜刘家。聚落呈团块状分布。经济以种植业、商贸业为主，主要农作物有小麦、玉米、花生、桃子、葡萄、大姜等。有公路经此。

盘古庄 370283-B12-H11
[Pángǔzhuāng]

在市驻地东阁街道西北方向 22.2 千米。店子镇辖自然村。人口 1 100。明初，庞姓由四川省迁来建村，取名庞古庄。后来庞姓绝后，于、王两姓由文登县大水泊迁入落户，取名盘古庄。聚落呈团块状分布。有小学 1 处。经济以种植业、商贸业为主，主要农作物有小麦、玉米、花生、桃子、葡萄、大姜等。有公路经此。

北赵家 370283-B12-H12
[Běizhàojiā]

在市驻地东阁街道西北方向 23.2 千米。店子镇辖自然村。人口 600。明洪武年间，赵氏迁此，因村旁树林有九十九窝老鸹，以此殊景取名老鸹赵家。1962 年改名北赵家。聚落呈团块状分布。经济以种植业、商贸业为主，主要农作物有小麦、玉米、花生、桃子、葡萄、大姜等。有公路经此。

北国家埠 370283-B12-H13
[Běiguójiābù]

在市驻地东阁街道西北方向 22.0 千米。店子镇辖自然村。人口 200。明万历八年（1580），刘英中由四川迁此立村，以姓取名刘家屯。后因与南国家埠隔河相对，两村和睦相处，故改名北国家埠。聚落呈团块状分布。经济以种植业、商贸业为主，主要农作物有小麦、玉米、花生、桃子、葡萄、大姜等。有公路经此。

南国家埠 370283-B12-H14
[Nánguójiābù]

在市驻地东阁街道西北方向 21.9 千米。店子镇辖自然村。人口 400。明朝末年，国氏由莱州迁来定居，取名国家埠，因在淄阳河南岸，后又称南国家埠。聚落呈团块状分布。经济以种植业、商贸业为主，主要农作物有小麦、玉米、花生、桃子、葡萄、大姜等。有公路经此。

姜家庄 370283-B12-H15
[Jiāngjiāzhuāng]

在市驻地东阁街道西北方向 14.2 千米。店子镇辖自然村。人口 400。明洪武年间，姜姓从昌邑迁来定居，取名姜家庄。聚落呈团块状分布。经济以种植业、商贸业为主，主要农作物有小麦、玉米、花生、桃子、葡萄、大姜等。有公路经此。

官道蒋家 370283-B12-H16
[Guāndàojiǎngjiā]

在市驻地东阁街道西北方向 21.7 千米。店子镇辖自然村。人口 100。明成化年间，蒋姓由四川迁此定居，因村地靠平度城至莱州府大道，官吏常行此路，人称官道，故得名官道蒋家。聚落呈团块状分布。经济以种植业、商贸业为主，主要农作物有小麦、玉米、花生、桃子、葡萄、大姜等。
有公路经此。

官道姜家 370283-B12-H17
[Guāndàojiāngjiā]

在市驻地东阁街道西北方向 21.7 千米。
店子镇辖自然村。人口 400。因处于平度至
莱州府大道旁，官吏常行此路，俗称官道，
故村名为官道姜家。聚落呈团块状分布。
经济以种植业、商贸业为主，主要农作物
有小麦、玉米、花生、桃子、葡萄、大姜等。
有公路经此。

官道杜家 370283-B12-H18
[Guāndàodùjiā]

在市驻地东阁街道西北方向 21.7 千米。
店子镇辖自然村。人口 100。因处平度城至
莱州府大道旁，官吏常行此路，俗称官道，
故取名官道杜家。聚落呈团块状分布。经
济以种植业、商贸业为主，主要农作物有
小麦、玉米、花生、桃子、葡萄、大姜等。
有公路经此。

二甲 370283-B12-H19
[Èrjiǎ]

在市驻地东阁街道北方向 21.6 千米。
店子镇辖自然村。人口 1 100。村庄坐落处
背有天柱山，中有淄阳河，前绕南淄阳河、
夹板山，故取名二夹。因夹有钳住、限制
之意，对发展极为不利，后改为二甲。聚
落呈团块状分布。经济以种植业、商贸业
为主，主要农作物有小麦、玉米、花生、
桃子、葡萄、大姜等。有公路经此。

西于家 370283-B12-H20
[Xīyújiā]

在市驻地东阁街道西北方向 21.8 千米。
店子镇辖自然村。人口 900。明洪武年间，

川籍移民子成、京仁在此建村，子成去九
龙湾抓鱼时，见仙石林立，传说是仙人所为，
故取名于家，后以方位更名西于家。聚落
呈团块状分布。经济以种植业、商贸业为主，
主要农作物有小麦、玉米、花生等。有公
路经此。

马家 370283-B12-H21
[Mǎjiā]

在市驻地东阁街道西北方向 15.8 千米。
店子镇辖自然村。人口 900。明洪武三年
（1370），马世全由四川迁此建村，以姓
取名马家疃，地名普查时简称马家。聚落
呈团块状分布。有幼儿园 1 处。经济以种
植业、商贸业为主，主要农作物有小麦、
玉米、花生等。有公路经此。

店子任家 370283-B12-H22
[Diànzirénjiā]

在市驻地东阁街道西北方向 17.5 千
米。店子镇辖自然村。人口 200。明洪武年
间，川籍移民任大智在此建村，未取村名。
1901 年取名任家疃，后因邮政部门邮信、
邮物都写店子东任家，1982 年改为店子任
家。聚落呈团块状分布。经济以种植业、
商贸业为主，主要农作物有小麦、玉米、
花生、蔬菜等。有公路经此。

大前疃 370283-B12-H23
[Dàqiántuǎn]

在市驻地东阁街道西北方向 17.8 千米。
店子镇辖自然村。人口 800。清咸丰二年
（1852），先居者由四川到平度北店子定居，
取村名店子前疃，又称大前疃。聚落呈团
块状分布。经济以种植业、商贸业为主，
主要农作物有小麦、玉米、花生、蔬菜等。
有公路经此。

小前疃 370283-B12-H24
［Xiǎoqiántuǎn］

在市驻地东阁街道西北方向 17.9 千米。店子镇辖自然村。人口 200。该村原先和大前疃同属一村，由于阴雨连绵，大水暴涨，住在河南边村民的房屋被冲塌，村民搬迁到河南空旷地建筑房屋，从此一村两地，取名为小前疃。聚落呈团块状分布。经济以种植业、商贸业为主，主要农作物有小麦、玉米、花生等。有公路经此。

侯家 370283-B12-H25
［Hóujiā］

在市驻地东阁街道西北方向 18.2 千米。店子镇辖自然村。人口 500。清朝初年，侯吉照由万家集迁来此地，以姓取名，故名侯家。聚落呈团块状分布。经济以种植业、商贸业为主，主要农作物有小麦、玉米、花生等。有公路经此。

曹西 370283-B12-H26
［Cáoxī］

在市驻地东阁街道西北方向 18.8 千米。店子镇辖自然村。人口 600。明朝末年，川籍移民曹全徙居此地，以姓取名曹家。后因人丁日盛，村庄扩大，1957 年分为两个村，本村以方位名曹西。聚落呈团块状分布。经济以种植业、商贸业为主，主要农作物有小麦、玉米、花生等。有公路经此。

南宋家庄 370283-B12-H27
［Nánsòngjiāzhuāng］

在市驻地东阁街道西北方向 18.4 千米。店子镇辖自然村。人口 200。明崇祯末年，宗世全由四川徙居这里，故以姓取名宋家庄。地名普查时，因重名，1982 年更名南宋家庄。聚落呈团块状分布。经济以种植业、商贸业为主，主要农作物有小麦、玉米、花生等。有公路经此。

棘子嶂 370283-B12-H28
［Jízizhàng］

在市驻地东阁街道西北方向 12.6 千米。店子镇辖自然村。人口 900。明隆庆三年（1569），潘姓至此居住，因此处为洼地，取名潘家洼。清乾隆年间，一县官路过被棘子扯破官衣，为除棘嶂，年年征收棘子，故改名棘子嶂。聚落呈团块状分布。经济以种植业、商贸业为主，主要农作物有小麦、玉米、花生、桃子、葡萄、大姜等。有公路经此。

曹东 370283-B12-H29
［Cáodōng］

在市驻地东阁街道西北方向 18.6 千米。店子镇辖自然村。人口 600。明朝末年，川籍移民曹全徙居此地，以姓取名曹家。后因人丁日盛，村庄扩大，1957 年分为两村，本村以方位称曹东。聚落呈团块状分布。经济以种植业、商贸业为主，主要农作物有小麦、玉米、花生等。有公路经此。

南盛家 370283-B12-H30
［Nánshèngjiā］

在市驻地东阁街道西北方向 13.2 千米。店子镇辖自然村。人口 500。明成化十六年（1480），盛姓由四川迁来建村，取名盛家村。1948 年以河为界分为两村，此村因居河南岸，冠方位取名南盛家。聚落呈团块状分布。经济以种植业、商贸业为主，主要农作物有小麦、玉米、花生、桃子、葡萄、大姜等。有公路经此。

西南随 370283-B12-H31
［Xīnánsuí］

在市驻地东阁街道西北方向 18.8 千米。店子镇辖自然村。人口 600。明洪武年间，有村民由四川搬来，当时此地就有南随院，后形成了南随村。后分两村，本村为西南随。

聚落呈团块状分布。有文化教育中心1处。经济以种植业、商贸业为主，主要农作物有小麦、玉米、花生、桃子、葡萄、大姜等。有公路经此。

莱西市

城市居民点

宏远水岸花园 370285-I01
[Hóngyuǎn Shuǐ'àn Huāyuán]

在县级市市境东部。人口830。总面积19.3公顷。由青岛宏远置业有限公司开发，小区又坐落在秀丽的潴河西岸，故命名为宏远水岸花园。2007年始建，2010年正式使用。建筑总面积204 882平方米，多层住宅楼55栋，现代建筑风格。绿地面积51 460平方米。有健身器材、活动广场等配套设施。通公交车。

宏远长安都会 370285-I02
[Hóngyuǎn Cháng'ān Dūhuì]

在县级市市境中部。1 014户。总面积20.7公顷。由青岛宏远置业有限公司开发，希望小区居民平安长久，故命名为宏远长安都会。2005年始建，2006年正式使用。建筑总面积70 637平方米，住宅楼34栋，其中高层4栋、多层30栋，现代建筑风格。绿地面积18 000平方米。有公园、活动广场等配套设施。通公交车。

宏远金田花园 370285-I03
[Hóngyuǎn Jīntián Huāyuán]

在县级市市境东部。298户。总面积10.05公顷。该小区是土地局家属院，故以金田寓意金色的土地，又是青岛宏远置业有限公司开发的，故命名为宏远金田花园。

2005年始建，2008年正式使用。建筑总面积67 850平方米，现代建筑风格，别墅10栋。绿地面积26 000平方米。有健身器材、活动广场等配套设施。通公交车。

百乐花园 370285-I04
[Bǎilè Huāyuán]

在县级市市境东南部。人口1 300。总面积2公顷。由百乐房地产公司开发，故名百乐花园。1998年始建，1999年正式使用。建筑总面积42 600平方米，多层住宅楼9栋，中式建筑风格。绿地面积500平方米。有健身器材、小广场等配套设施。通公交车。

长安世家 370285-I05
[Cháng'ān Shìjiā]

在县级市市境中部。人口2 128。总面积13.2公顷。长安世家寓意在此居住的居民可以无忧无虑、长长久久、平平安安、世世代代地住下去。2008年始建，2010年正式使用。建筑总面积31 547平方米，住宅楼30栋，其中高层6栋、多层24栋，现代建筑风格。绿化率40%。有健身器材、小广场等配套设施。通公交车。

农村居民点

水集一村 370285-A01-H01
[Shuǐjíyīcūn]

在市驻地水集街道东北方向4.2千米。水集街道辖自然村。人口2 500。以街道名和序数得名。聚落呈团块状分布。经济以商贸业为主。有公路经此。

水集二村 370285-A01-H02
[Shuǐjí'èrcūn]

在市驻地水集街道东北方向1.0千米。水集街道辖自然村。人口2 700。以街道名和序数得名。聚落呈团块状分布。经济以商贸业为主。有公路经此。

水集三村 370285-A01-H03
[Shuǐjísāncūn]

在市驻地水集街道南方向 0.5 千米。水集街道辖自然村。人口 2 700。以街道名和序数得名。聚落呈团块状分布。经济以商贸业为主。有公路经此。

岗河头 370285-A01-H04
[Gǎnghétóu]

在市驻地水集街道东北方向 5.0 千米。水集街道辖自然村。人口 1 400。相传明洪武二年（1369），平氏、马氏来此建村，西临山岗，东临潴河，故取"岗""河"二字，得名岗河头。聚落呈团块状分布。经济以种植业、商贸业为主，主要农作物有小麦、花生、玉米等。有公路经此。

石佛院 370285-A01-H05
[Shífóyuàn]

在市驻地水集街道西南方向 4.3 千米。水集街道辖自然村。人口 800。因村东有明正统年间重修的清凉寺，俗称石佛院，村以院名。聚落呈团块状分布。经济以种植业为主。有公路经此。

汪家疃 370285-A01-H06
[Wāngjiātuǎn]

在市驻地水集街道西方向 1.5 千米。水集街道辖自然村。人口 1 100。据传，原名于格庄，后汪氏迁入，遂易名为汪家疃。聚落呈团块状分布。经济以种植业、商贸业为主，主要农作物有小麦、花生、玉米等。有公路经此。

东爻子埠 370285-A01-H07
[Dōngyáozibù]

在市驻地水集街道北方向 10.0 千米。水集街道辖自然村。人口 200。因村外丘陵错落，形若"爻"字，故名爻字埠。至清末，村渐扩大，中有小溪流过，形成东、西两村，该村称东爻字埠。1949 年后为书写简便，演变为东爻子埠。聚落呈团块状分布。经济以种植业为主，主要农作物有玉米、花生、小麦。有公路经此。

前车兰泊 370285-A01-H08
[Qiánchēlánpō]

在市驻地水集街道北方向 8.0 千米。水集街道辖自然村。人口 2 600。明洪武二年（1369）韩姓迁入，行车途中车损烂难以前行，故就地住下，取名车烂泊。后因"烂"字不雅，改为车兰泊。后改名为前车兰泊。聚落呈团块状分布。经济以种植业为主，主要农作物有玉米、花生、小麦。有公路经此。

展格庄 370285-A01-H09
[Zhǎngézhuāng]

在市驻地水集街道西北方向 2.2 千米。水集街道辖自然村。人口 1 900。因户多人众，村落渐次向东扩展，故名展格庄。聚落呈团块状分布。经济以种植业、商贸业为主，主要农作物有玉米、花生、小麦。有公路经此。

茂芝场 370285-A01-H10
[Màozhīchǎng]

在市驻地水集街道西北方向 9.0 千米。水集街道辖自然村。人口 1 800。因该处盛产芝兰草，并且生长得很茂盛，故名茂芝场。聚落呈团块状分布。有幼儿园 1 处。经济以种植业为主，主要农作物有玉米、花生、小麦。有公路经此。

前疃 370285-A01-H11

[Qiántuǎn]

在市驻地水集街道南方向 0.5 千米。水集街道辖自然村。人口 1 400。民国初，因地处水集村前，名为前疃。聚落呈团块状分布。经济以商贸业为主。有公路经此。

炉上 370285-A01-H12

[Lúshàng]

在市驻地水集街道西方向 1.0 千米。水集街道辖自然村。人口 1 500。清中叶，一伙铁匠从鲁西迁来，于村中营炉打造农具，远近闻名，至此村遂更名为炉上。聚落呈团块状分布。经济以种植业、商贸业为主。有瀚生生物有限公司等企业。有公路经此。

产芝 370285-A01-H13

[Chǎnzhī]

在市驻地水集街道西北方向 12.5 千米。水集街道辖自然村。人口 1 300。因此地盛产芝兰草，故名产芝。聚落呈团块状分布。经济以种植业为主，主要农作物有玉米、花生、小麦。有公路经此。

北庄 370285-A01-H14

[Běizhuāng]

在市驻地水集街道东北方向 2.0 千米。水集街道辖自然村。人口 1 600。因地处水沟头北，故名北庄。聚落呈团块状分布。经济以商贸业为主。有公路经此。

白玉庄 370285-A01-H15

[Báiyùzhuāng]

在市驻地水集街道西北方向 4.2 千米。水集街道辖自然村。人口 1 200。据传，明末，于氏兄弟四人分居各自建村，本村处北，取名北于格庄。后于氏迁走他姓迁入，遂沿用"北于"谐音，更名为白玉庄。聚落呈团块状分布。经济以种植业、商贸业为主，主要农作物有玉米、花生、小麦。有公路经此。

李家疃 370285-A01-H16

[Lǐjiātuǎn]

在市驻地水集街道西方向 2.5 千米。水集街道辖自然村。人口 2 300。以姓氏名村。聚落呈团块状分布。经济以商贸业为主。有公路经此。

任家疃 370285-A01-H17

[Rénjiātuǎn]

在市驻地水集街道东北方向 4.0 千米。水集街道辖自然村。人口 2 300。以姓氏名村。聚落呈团块状分布。经济以商贸业为主。有公路经此。

沙岭 370285-A01-H18

[Shālǐng]

在市驻地水集街道西北方向 2.5 千米。水集街道辖自然村。人口 1 500。因靠洙河改道遗留下的沙岭，故名沙岭。聚落呈团块状分布。有幼儿园 1 处。经济以商贸业为主。有青岛帝华电子有限公司、青岛镇英针织有限公司等企业。有公路经此。

岚上 370285-A01-H19

[Lánshàng]

在市驻地水集街道北方向 1.0 千米。水集街道辖自然村。人口 200。因村址地势较高，故名岚上。聚落呈团块状分布。经济以种植业、商贸业为主，主要农作物有玉米、花生、小麦。有公路经此。

大望城 370285-A02-H01

[Dàwàngchéng]

在市驻地水集街道南方向 5.5 千米。望城街道辖自然村。人口 1 900。因村后有金代建筑望城观，观后有土埠，立土埠上可见古城里西门垛城，故名望城。后因村前又建一望城村，遂称大望城。聚落呈团块状分布。经济以种植业为主，主要农作物有玉米、花生、小麦。有公路经此。

东风 370285-A02-H02
[Dōngfēng]

在市驻地水集街道东南方向8.6千米。望城街道辖自然村。人口400。因历史时期名词而得名。聚落呈团块状分布。经济以种植业为主，主要农作物有玉米、花生、小麦。有公路经此。

东冯北 370285-A02-H03
[Dōngféngběi]

在市驻地水集街道东南方向7.7千米。望城街道辖自然村。人口1 700。据考，金元之际，滕氏迁此建村，以地处冯北山北麓，故名冯北。后为区别同名村，遂冠以方位名东冯北。聚落呈团块状分布。经济以种植业为主，主要农作物有小麦、玉米、花生。有公路经此。

红旗 370285-A02-H04
[Hóngqí]

在市驻地水集街道南方向8.5千米。望城街道辖自然村。以历史时期名词而得名。聚落呈团块状分布。经济以种植业为主，主要农作物有小麦、玉米、花生。有公路经此。

南马家庄 370285-A02-H05
[Nánmǎjiāzhuāng]

在市驻地水集街道东南方向10.2千米。望城街道辖自然村。人口500。清顺治年间，马氏迁此建村，以姓氏命名为马家庄。因当地有两个马家庄，本村居南，故名南马家庄。聚落呈团块状分布。经济以种植

业为主，主要农作物有小麦、玉米、花生。有公路经此。

南望城 370285-A02-H06
[Nánwàngchéng]

在市驻地水集街道南方向6.5千米。望城街道辖自然村。人口900。明崇祯年间，王氏由莱阳县岘子湾迁此建村，因村处望城村南，故名南望城。聚落呈团块状分布。经济以种植业为主，主要农作物有小麦、玉米、花生。有公路经此。

前冯北 370285-A02-H07
[Qiánféngběi]

在市驻地水集街道东南方向7.8千米。望城街道辖自然村。人口900。明宣德年间，姜姓由莱阳县姜格庄迁此建村，因当地有三个冯北，本村在前，故名前冯北。聚落呈团块状分布。经济以种植业为主，主要农作物有小麦、玉米、花生。有公路经此。

刘家庄 370285-A02-H08
[Liújiāzhuāng]

在市驻地水集街道东南方向5.8千米。望城街道辖自然村。人口1 000。据传，明崇祯年间，刘氏由莱阳刘家岔迁此建村，以姓氏命名为刘家庄。聚落呈团块状分布。经济以种植业为主，主要农作物有小麦、玉米、花生。有公路经此。

林泉庄 370285-A02-H09
[Línquánzhuāng]

在市驻地水集街道南方向6.8千米。望城街道辖自然村。人口1 900。明永乐二年（1404），林氏由山西迁来建村，因村边林中有一泉，系林氏饮用水源，遂取名林泉庄。聚落呈团块状分布。经济以种植业为主，主要农作物有小麦、玉米、花生。有公路经此。

韩家屯 370285-A02-H10
［Hánjiātún］

在市驻地水集街道南方向 7.8 千米。望城街道辖自然村。人口 800。明永乐年间，韩氏由云南大理府韩家河子迁此建村，以姓氏命名为韩家屯。聚落呈团块状分布。经济以种植业为主，主要农作物有小麦、玉米、花生。有公路经此。

前堤 370285-A02-H11
［Qiándī］

在市驻地水集街道南方向 10.3 千米。望城街道辖自然村。人口 1 000。贾氏于元末由江苏无锡迁此建村，村东靠河堤，故名堤上。后因嗣后有同名村，该村处前，故称前堤。聚落呈团块状分布。经济以种植业为主，主要农作物有小麦、玉米、花生。有公路经此。

东沙格庄 370285-A02-H12
［Dōngshāgézhuāng］

在市驻地水集街道东南方向 10.6 千米。望城街道辖自然村。人口 600。相传，清乾隆年间，董氏建村，因村临高地，取名董家埠子。后因董氏绝户，以处沙格庄之东，遂易名为东沙格庄。聚落呈团块状分布。有文化广场 1 处。经济以种植业、建筑业为主，主要农作物有小麦、玉米、花生等。有公路经此。

簸箕掌 370285-A02-H13
［Bòjizhǎng］

在市驻地水集街道东北方向 10.2 千米。望城街道辖自然村。人口 700。因村东、西、北三面丘陵突起，南面地势平坦，形似簸箕，故名簸箕港，后谐音演变为簸箕掌。聚落呈团块状分布。有文化广场、图书室。经济以种植业为主，主要农作物有小麦、玉米、花生等。有公路经此。

房家疃 370285-A02-H14
［Fángjiātuǎn］

在市驻地水集街道东北方向 10.6 千米。望城街道辖自然村。人口 1 300。明洪武年间，房姓由山西迁此建村，得名房家疃。聚落呈团块状分布。有文化广场、图书室。经济以种植业为主，主要农作物有小麦、玉米、花生。有公路经此。

臧家院西 370285-A02-H15
［Zāngjiāyuànxī］

在市驻地水集街道东南方向 3.6 千米。望城街道辖自然村。人口 1 000。臧氏于明万历年间自栖霞迁来定居，因村址位于古寺墓埠院（山）以西，遂冠以姓氏定名为臧家院西。聚落呈团块状分布。有幼儿园 1 处。经济以种植业为主，主要农作物有小麦、玉米。有青岛沁都服装有限公司等企业。有公路经此。

黄花观 370285-A02-H16
［Huánghuāguàn］

在市驻地水集街道东南方向 2.5 千米。望城街道辖自然村。人口 1 100。因村址地势低洼，且处潴河之滨，昔日河滨多黄花菜，汛期常被河水淹没，故名黄华灌，后因"灌"字不吉利，遂易今称黄花观。聚落呈团块状分布。有文化广场、图书室。经济以商贸业、种植业为主，主要农作物有小麦、玉米、花生。有宏远集团等企业。有公路经此。

星河庄 370285-A02-H17
［Xīnghézhuāng］

在市驻地水集街道东方向 10.1 千米。望城街道辖自然村。人口 900。因潴河、七星河环村流过，取名圈子。为避重名，1982 年，以村处七星河畔，改称星河庄。

聚落呈团块状分布。有幼儿园 1 处。经济以商贸业、种植业为主，主要作物有小麦、玉米。有万图明生物科技有限公司等企业。有公路经此。

沟上 370285-A02-H18
[Gōushàng]

在市驻地水集街道东北方向 8.2 千米。望城街道辖自然村。人口 600。因村前有条水沟，村初名解家沟，后称沟上。聚落呈团块状分布。有文化广场、图书室。经济以商贸业、种植业、建筑业为主。有公路经此。

甲瑞 370285-A03-H01
[Jiǎruì]

在市驻地水集街道西方向 18.6 千米。沽河街道辖自然村。人口 2 000。明永乐年间，贾姓由山西省迁此建村，以人名命村贾锐，后来贾锐绝户，取吉祥之意，将村名改为甲瑞。聚落呈团块状分布。经济以种植业为主，主要农作物有小麦、玉米、花生。有公路经此。

三教 370285-A03-H02
[Sānjiào]

在市驻地水集街道东北方向 17.5 千米。沽河街道辖自然村。人口 1 700。因有三教院（俗称三教堂），故取名三教堂，后渐演变为三教。聚落呈带状分布。有文化广场、图书室。经济以种植业为主，主要农作物有小麦、玉米、花生等。有公路经此。

牛溪埠 370285-A03-H03
[Niúxībù]

在市驻地水集街道西方向 15.5 千米。沽河街道辖自然村。人口 2 000。因村北有卧牛山，山下有一小溪，故得名牛溪埠。聚落呈团块状分布。经济以种植业为主，

主要农作物有小麦、玉米、花生、大豆、苹果、寿桃、黄金梨、柿子。有公路经此。

大高岚 370285-A03-H04
[Dàgāolán]

在市驻地水集街道西南方向 19.5 千米。沽河街道辖自然村。人口 1 200。明永乐二年（1404），郭氏由云南迁此建村，因村庄建在高处，当地有三个高岚，该村较大，故称大高岚。聚落呈团块状分布。有文化广场、图书室。经济以种植业为主，主要农作物有小麦、玉米、花生等。有公路经此。

凤凰屯 370285-A03-H05
[Fènghuángtún]

在市驻地水集街道南方向 17.6 千米。沽河街道辖自然村。人口 500。于氏从本县于格庄迁此建村，传说曾有凤凰栖息于此，故村名凤凰屯。聚落呈团块状分布。有文化广场、图书室。经济以种植业为主，主要农作物有小麦、玉米、花生等。有公路经此。

西道格庄 370285-A03-H06
[Xīdàogézhuāng]

在市驻地水集街道西北方向 19.5 千米。沽河街道辖自然村。人口 800。李氏由栖霞县红沟村迁此建村，因村后有大道，故名道格庄。因本地有两个道格庄，1949 年后根据方位更名为西道格庄。聚落呈团块状分布。有文化广场、图书室。经济以种植业为主，主要农作物有小麦、玉米、花生、葡萄、梨、桃等。有公路经此。

孙受一村 370285-A03-H07
[Sūnshòuyīcūn]

在市驻地水集街道西南方向 12.5 千米。沽河街道辖自然村。人口 600。明洪武三十年（1397），一姓孙名受者由沙家庄迁此

建村，以人名为村名。1962年分为孙受一、二、三村。聚落呈团块状分布。经济以种植业为主，主要农作物有小麦、玉米、花生、葡萄、苹果、桃等。有公路经此。

藕湾头 370285-A03-H08

[Ǒuwāntóu]

在市驻地水集街道西南方向10.2千米。沽河街道辖自然村。人口1 700。明初，万姓由店埠镇南葛村迁此建村，因村中有荷花湾，故名藕湾，民国初年改称藕湾头。聚落呈团块状分布。经济以养殖业、种植业为主。有公路经此。

涧沟 370285-A03-H09

[Jiàngōu]

在市驻地水集街道南方向15.5千米。沽河街道辖自然村。人口300。清初，因此处水沟多，遂取名涧沟。聚落呈团块状分布。有文化广场、图书室。经济以种植业为主，主要农作物有小麦、玉米、花生。有公路经此。

前我乐 370285-A03-H10

[Qiánwǒlè]

在市驻地水集街道西南方向18.6千米。沽河街道辖自然村。人口500。明万历年间，沈氏自蓬莱迁此建村，因地处凹地，命名窝落村。因窝落村含义不佳，遂改为我乐村，后以位置称前我乐。聚落呈团块状分布。有文化广场、图书室。经济以种植业为主，主要农作物有小麦、玉米、花生等。有公路经此。

蒲湾泊 370285-A03-H11

[Púwānpō]

在市驻地水集街道东北方向10.5千米。沽河街道辖自然村。人口600。明末，于氏由云南迁入定居，因村有盛产蒲子的大湾，故名蒲湾泊。聚落呈团块状分布。有文化广场、图书室。经济以种植业为主，主要农作物有小麦、玉米、花生。有公路经此。

花岭 370285-A03-H12

[Huālǐng]

在市驻地水集街道南方向18.5千米。沽河街道辖自然村。人口300。清朝中期，因村西北有花园，故改名花岭。聚落呈团块状分布。有文化广场、图书室。经济以种植业为主，主要农作物有小麦、玉米、花生等。有公路经此。

老屋早 370285-A03-H13

[Lǎowūzǎo]

在市驻地水集街道西南方向19.2千米。沽河街道辖自然村。人口800。因常有乌鸦群聚村头树上，名老乌爪。1961年，嫌名字欠雅，更称老屋早。聚落呈团块状分布。有文化广场、图书室。经济以种植业为主，主要农作物有小麦、玉米、花生等。有公路经此。

耿家营 370285-A03-H14

[Gěngjiāyíng]

在市驻地水集街道南方向18.5千米。沽河街道辖自然村。人口100。清初，耿氏由云南迁此建村，以祖墓地命名耿家茔，后因含义不佳，于1981年更名为耿家营。聚落呈团块状分布。有文化广场、图书室。经济以种植业为主，主要农作物有小麦、玉米、花生。有公路经此。

刘家岭 370285-A03-H15

[Liújiālǐng]

在市驻地水集街道南方向17.8千米。沽河街道辖自然村。人口300。清初，刘氏由云南迁此建村，初名土名庄。清朝中期，以姓氏命名为刘家庄。因县内重名，于

1981年更名为刘家岭。聚落呈团块状分布。有文化广场、图书室。经济以种植业为主，主要农作物有小麦、玉米、花生。有公路经此。

江家庄 370285-A03-H16
[Jiāngjiāzhuāng]

在市驻地水集街道西南方向20.2千米。沽河街道辖自然村。人口400。清乾隆末年，以江姓命名为江家庄。聚落呈团块状分布。有文化广场、图书室。经济以种植业为主，主要农作物有小麦、玉米、花生。有公路经此。

马家会 370285-A03-H17
[Mǎjiāhuì]

在市驻地水集街道西北方向12.5千米。沽河街道辖自然村。人口800。因村在小河汇入大沽河处，故名孙家会河头，后马姓住户增多，明朝中期，改为马家会河头，1960年简化为马家会。聚落呈团块状分布。有文化广场、图书室。经济以种植业为主，主要农作物有小麦、玉米、花生。有公路经此。

南王家庄 370285-A03-H18
[Nánwángjiāzhuāng]

在市驻地水集街道南方向15.2千米。沽河街道辖自然村。人口300。以方位和姓氏命名。聚落呈团块状分布。有文化广场、图书室。经济以种植业为主，主要农作物有小麦、玉米、花生。有公路经此。

沈家庄 370285-A03-H19
[Shěnjiāzhuāng]

在市驻地水集街道东南方向16.2千米。沽河街道辖自然村。人口500。明崇祯年间，沈迅之伯父由孙受村迁此建村，故名沈家庄。聚落呈团块状分布。有文化广场、图书室。经济以种植业为主，主要农作物有小麦、玉米、花生。有公路经此。

西张家寨子 370285-A03-H20
[Xīzhāngjiāzhàizi]

在市驻地水集街道西方向18.6千米。沽河街道辖自然村。人口1 400。原名沽阳村，后张姓迁入，改名张家寨子。为与北张家寨子区别，1961年改称西张家寨子。聚落呈团块状分布。有文化广场、图书室。经济以种植业为主，主要农作物有小麦、玉米、花生。有公路经此。

二甲 370285-A03-H21
[Èrjiǎ]

在市驻地水集街道西南方向20.2千米。沽河街道辖自然村。人口500。永乐元年（1403），董姓自云南迁来与董家山后合为一村，名为董家山后二甲。1940年，村名改为二甲。聚落呈团块状分布。有文化广场、图书室。经济以种植业、养殖业为主，主要农作物有小麦、玉米、花生。有公路经此。

埠下 370285-A03-H22
[Bùxià]

在市驻地水集街道西南方向16.6千米。沽河街道辖自然村。人口300。清乾隆五十四年（1789），林、王两姓由本乡的西赵格庄迁此建村，因地处山岭以北，故名岭后村，1928年改名埠下。聚落呈团块状分布。有文化广场、图书室。经济以养殖业、种植业为主，主要农作物有小麦、玉米、花生。有公路经此。

傅家疃 370285-A03-H23
[Fùjiātuǎn]

在市驻地水集街道南方向19.5千米。沽河街道辖自然村。人口300。明初，傅氏从平度城迁此建村，初名傅家庄。因县内有重名村，1981 年更名为傅家疃。聚落呈团块状分布。有文化广场、图书室。经济以养殖业、种植业为主，主要农作物有小麦、玉米、花生。有公路经此。

迟家庄 370285-A03-H24
[Chíjiāzhuāng]

在市驻地水集街道西南方向 19.8 千米。沽河街道辖自然村。人口 1 700。明洪武年间，迟氏由山西迁此建村，以姓氏命名为迟家庄。聚落呈团块状分布。有文化广场、图书室。经济以种植业为主，主要农作物有小麦、玉米、花生。有公路经此。

东赵格庄 370285-A03-H25
[Dōngzhàogézhuāng]

在市驻地水集街道西南方向 16.6 千米。沽河街道辖自然村。人口 400。明洪武年间，赵氏由山西省迁此建二村，名东、西赵家庄，清初改名赵格庄，后因本村居东，故名东赵格庄。聚落呈团块状分布。有文化广场、图书室。经济以种植业为主，主要农作物有小麦、玉米、花生。有公路经此。

展家埠 370285-A03-H26
[Zhǎnjiābù]

在市驻地水集街道南方向 16.8 千米。沽河街道辖自然村。人口 700。明末，展姓从院里乡岘沽村迁此建村，命名为榆林庄，后移村埠前，更名展家埠。聚落呈团块状分布。有文化广场、图书室。经济以种植业为主，主要农作物有小麦、玉米、花生。有公路经此。

曲家庄 370285-A03-H27
[Qūjiāzhuāng]

在市驻地水集街道南方向 18.8 千米。沽河街道辖自然村。人口 300。1844 年，

曲氏由莱阳县柳格庄迁此建村，以姓氏命名为曲家庄。聚落呈团块状分布。有文化广场、图书室。经济以种植业为主，主要农作物有小麦、玉米、花生。有公路经此。

姜山 370285-B01-H01
[Jiāngshān]

姜山镇人民政府驻地。在市驻地水集街道东南方向 24.3 千米。人口 6 100。明永乐年间姜姓立村，村前有岭，地势高，以姓氏与地理特征名村姜家山，后演为今名。聚落呈团块状分布。有中小学、幼儿园、文化站等。经济以种植业为主，主要农作物有花生、小麦、玉米。龙青高速经此。

泽口集 370285-B01-H02
[Zékǒují]

在市驻地水集街道东南方向 18.9 千米。姜山镇辖自然村。人口 800。明初，宫氏从莱阳城东关菜园迁来建村，村西原系一大沼泽，泽水以北河为吐口，东流注入五龙河，以此名村泽口集。聚落呈团块状分布。经济以商贸业、种植业为主。有公路经此。

前保驾山一村 370285-B01-H03
[Qiánbǎojiàshānyīcūn]

在市驻地水集街道东南方向 22.5 千米。姜山镇辖自然村。人口 500。明初邓氏族人由云南迁来建村，因村庄建在山前，故名前保驾山村，后加序数命名。聚落呈团块状分布。经济以商贸业、种植业为主，主要农作物有花生、小麦、玉米。有公路经此。

黄土台 370285-B01-H04
[Huángtǔtái]

在市驻地水集街道东南方向 22.8 千米。姜山镇辖自然村。人口 700。村西有一高大人工建筑物黄土台，村遂以台为名。聚落

呈团块状分布。经济以商贸业、种植业为主，主要农作物有花生、小麦、玉米。有公路经此。

哈喇村 370285-B01-H05
[Hālacūn]

在市驻地水集街道东南方向 10.8 千米。姜山镇辖自然村。人口 300。据传，清康熙年间，刘氏由今本镇中保驾山村迁来建村，村周围高、中间凹，呈盆地状，俗称"窝篓头"，以此得名哈喇村。经济以商贸业、渔业、种植业为主，主要农作物有花生、小麦、玉米。有公路经此。

前庞家岚 370285-B01-H06
[Qiánpángjiālán]

在市驻地水集街道东南方向 29.1 千米。姜山镇辖自然村。人口 800。传说，早年有庞姓官家住此，因有座大花园，名村庞家园。至明初，王氏来此定居，园已废，以村西高岭改庞家园为庞家岚。后因有同名村，以方位称前庞家岚。聚落呈团块状分布。经济以商贸业、种植业为主，主要农作物有小麦、玉米、花生。有公路经此。

石城 370285-B01-H07
[Shíchéng]

在市驻地水集街道东南方向 11.1 千米。姜山镇辖自然村。人口 900。明永乐年间，李氏由云南迁来建村，因村前出石头，故名石碃，清光绪年间，"碃"字演变为"城"字，称石城。聚落呈团块状分布。经济以商贸业、种植业为主，主要农作物有小麦、玉米、花生。有公路经此。

七里庄 370285-B01-H08
[Qīlǐzhuāng]

在市驻地水集街道东南方向 12.1 千米。姜山镇辖自然村。人口 900。因此村距周围的姜山、保驾山、泽口集均为七里，故名七里庄。聚落呈团块状分布。经济以商贸业、种植业为主，主要农作物有小麦、玉米、花生。有公路经此。

全家岭 370285-B01-H09
[Quánjiālǐng]

在市驻地水集街道东南方向 14.2 千米。姜山镇辖自然村。人口 400。全氏迁至本县黄土台西 0.5 千米处建村，以姓名村全家屯。1977 年，因处堤湾水库洪水位上，遂迁至现址。1982 年为避县内重名，以地貌更称全家岭。聚落呈团块状分布。经济以商贸业、种植业为主，主要农作物有小麦、玉米、花生。有公路经此。

东屯 370285-B01-H10
[Dōngtún]

在市驻地水集街道东南方向 13.1 千米。姜山镇辖自然村。人口 300。据说，赵氏老祖随燕王朱棣征北，作战有功，被封为百户，故以老祖官衔命名为百户屯。因两村同名，本村居东，名东百户屯。1958 年为了称说方便，简化为东屯。聚落呈团块状分布。经济以商贸业、种植业为主，主要农作物有小麦、玉米、花生。有公路经此。

西太和庄 370285-B01-H11
[Xītàihézhuāng]

在市驻地水集街道东南方向 13.5 千米。姜山镇辖自然村。人口 300。原名西太和庄。清朝后期，为祈求兴旺，改称西太合庄。1982 年，为避重名，复称原名。聚落呈团块状分布。经济以商贸业、种植业为主，主要农作物有小麦、玉米、花生。有公路经此。

刘家埠子 370285-B01-H12
[Liújiābùzi]

在市驻地水集街道东南方向 10.2 千米。姜山镇辖自然村。人口 1 400。明永乐三年（1405），刘全三子刘福由胶州迁此，定居于原初家埠旧址，因村处岭前，以姓氏与地理特征改村名为刘家埠子。聚落呈团块状分布。经济以商贸业、种植业为主，主要农作物有小麦、玉米、花生。有公路经此。

东庄 370285-B01-H13
[Dōngzhuāng]

在市驻地水集街道东南方向 13.5 千米。姜山镇辖自然村。人口 300。为祈求兴旺，借姜山大商号"太合"的字号，命名为太合庄。因相邻两村同名，该村居东，故名东太合庄。1963 年图称道方便，简化为东庄。聚落呈团块状分布。经济以商贸业、种植业为主，主要农作物有小麦、玉米、花生。有公路经此。

后山 370285-B01-H14
[Hòushān]

在市驻地水集街道东南方向 16.5 千米。姜山镇辖自然村。人口 1 600。因村居山后，以山名村，故名后保驾山，后来，逐渐演变为后山。聚落呈团块状分布。经济以商贸业、种植业为主，主要农作物有小麦、玉米、花生。有公路经此。

诵家庄 370285-B01-H15
[Sòngjiāzhuāng]

在市驻地水集街道东南方向 18.5 千米。姜山镇辖自然村。人口 800。清顺治年间，宋氏建村，时称宋家庄。1914 年更名为诵家庄。聚落呈团块状分布。经济以种植业为主，主要农作物有小麦、玉米、花生。有公路经此。

全家屯一村 370285-B01-H16
[Quánjiātúnyīcūn]

在市驻地水集街道东南方向 28.1 千米。姜山镇辖自然村。人口 900。明洪武年间，全氏建村，以姓氏命名，分南、北两个全家屯，又称全家屯一、二村，该村称全家屯一村。聚落呈团块状分布。经济以种植业为主，主要农作物有小麦、玉米、花生、甜瓜等。有公路经此。

烧锅庄 370285-B01-H17
[Shāoguōzhuāng]

在市驻地水集街道东南方向 30.3 千米。姜山镇辖自然村。人口 500。清乾隆年间，诵家庄仲知府在此建锅烧酒，而名烧锅庄。聚落呈团块状分布。经济以种植业为主，主要农作物有小麦、玉米、花生、甜瓜。

后张家庄 370285-B01-H18
[Hòuzhāngjiāzhuāng]

在市驻地水集街道东南方向 32.5 千米。姜山镇辖自然村。人口 1 000。清光绪三十年（1904），因张姓居多，私塾先生高登奎将村名改为张家庄，为与前村区别，该村称后张家庄。聚落呈团块状分布。经济以种植业为主，主要农作物有小麦、玉米、花生、甜瓜。有公路经此。

郝家寄马埠 370285-B01-H19
[Hǎojiājìmǎbù]

在市驻地水集街道东南方向 29.2 千米。姜山镇辖自然村。人口 1 300。明洪武二年（1369），郝氏建村。据传唐王征战时，在此寄放战马，故名寄马埠。建村后冠以姓氏，名村郝家寄马埠。聚落呈团块状分布。经济以商贸业为主。有公路经此。

东三都河 370285-B01-H20

[Dōngsāndūhé]

在市驻地水集街道东南方向 34.2 千米。姜山镇辖自然村。人口 1 500。村处三条河水相聚之侧，故名三都河。因有三村，该村居东，称东三都河。聚落呈团块状分布。有小学 1 处。经济以商贸业为主。有公路经此。

兴隆屯 370285-B01-H21

[Xīnglóngtún]

在市驻地水集街道东南方向 38.1 千米。姜山镇辖自然村。人口 800。明永乐二年（1404），王氏由莱阳蚬子湾迁此建村，以吉祥嘉言命名为兴隆屯。聚落呈团块状分布。经济以种植业为主，主要农作物有西瓜、甜瓜。有公路经此。

东虎埠岭 370285-B01-H22

[Dōnghǔbùlǐng]

在市驻地水集街道东南方向 26.2 千米。姜山镇辖自然村。人口 1 000。村北有一石，其形如虎，额上有一"王"字形石纹，古人依此定名为虎埠岭。后以石虎为界分东、西两村，因该村在东，称东虎埠岭。聚落呈团块状分布。经济以种植业、商贸业为主，主要农作物有小麦、玉米、地瓜。有公路经此。

蒲湾岭 370285-B01-H23

[Púwānlǐng]

在市驻地水集街道东南方向 27.3 千米。姜山镇辖自然村。人口 500。1643 年，宋国学、王国瑞由李权庄迁此定居，因村前有一大湾，长满蒲草，北岸是小土岭，故名。聚落呈团块状分布。经济以种植业为主，主要农作物有甜瓜。有公路经此。

义和庄 370285-B01-H24

[Yìhézhuāng]

在市驻地水集街道东南方向 28.5 千米。姜山镇辖自然村。人口 300。明末，曲氏由吉林奋迁此建村，不久他姓纷至，为各姓和睦相处，共议村名为义和庄。聚落呈团块状分布。经济以种植业为主，主要农作物有小麦、玉米、地瓜。有公路经此。

双龙埠 370285-B01-H25

[Shuānglóngbù]

在市驻地水集街道东南方向 29.1 千米。姜山镇辖自然村。人口 400。因水土较好，在此建村，东有白石岭，西有青石岭，故取名双龙埠。聚落呈团块状分布。经济以种植业为主，主要农作物有小麦、玉米、地瓜。有公路经此。

东李权庄 370285-B01-H26

[Dōnglǐquánzhuāng]

在市驻地水集街道东南方向 32.1 千米。姜山镇辖自然村。人口 1 200。明永乐二年（1404），李氏由江苏无锡迁来，后李氏人众势大，命名为李权庄。又分东、西李权庄，该村为东李权庄。聚落呈团块状分布。经济以商贸业、养殖业、种植业为主。有公路经此。

陈家庄 370285-B01-H27

[Chénjiāzhuāng]

在市驻地水集街道东南方向 28.2 千米。姜山镇辖自然村。人口 200。明洪武年间，陈氏建村，村因姓而得名陈家庄。聚落呈团块状分布。有文化广场、图书室。经济以种植业为主，主要农作物有小麦、玉米、地瓜。有公路经此。

东南众水 370285-B01-H28

[Dōngnánzhòngshuǐ]

在市驻地水集街道东南方向 33.1 千米。

姜山镇辖自然村。人口 200。明洪武年间，徐氏建村，以村周多水，取村名众水。因相邻两村同名，按方位区分，该村称为东南众水。聚落呈团块状分布。经济以种植业为主，主要农作物有小麦、玉米、花生。有公路经此。

大河头 370285-B01-H29
[Dàhétóu]

在市驻地水集街道东南方向 37.5 千米。姜山镇辖自然村。人口 2 100。清顺治二年（1645），耿氏建村，村处五沽河头，得名大河头。聚落呈团块状分布。有文化活动中心。经济以种植业为主，主要农作物有小麦、玉米、花生。有公路经此。

高富庄 370285-B01-H30
[Gāofùzhuāng]

在市驻地水集街道东南方向 31.1 千米。姜山镇辖自然村。人口 500。据高氏族谱记载，明洪武年间，高氏建村，以姓氏命名为高家庄，1981 年更名为高富庄。聚落呈团块状分布。经济以种植业为主，主要农作物有黄秋葵、甜瓜。有公路经此。

埠西 370285-B01-H31
[Bùxī]

在市驻地水集街道东南方向 33.5 千米。姜山镇辖自然村。人口 1 200。明永乐末年，葛氏建村，因村处土岭（太平山）之西，得名埠西。聚落呈团块状分布。经济以种植业为主，主要农作物有小麦、玉米、花生。有公路经此。

黄家庄 370285-B01-H32
[Huángjiāzhuāng]

在市驻地水集街道东南方向 30.1 千米。姜山镇辖自然村。人口 1 000。据黄氏族谱记载，明洪武年间，黄氏建村，以姓氏命名为黄家庄。聚落呈团块状分布。经济以种植业、养殖业为主，主要农作物有小麦、玉米、花生。有公路经此。

钓鱼台 370285-B01-H33
[Diàoyútái]

在市驻地水集街道西南向 34.1 千米。姜山镇辖自然村。人口 500。村南靠五沽河，河南岸有 10 余平方米的土台，相传为姜太公钓鱼处，村以此命名。聚落呈团块状分布。有幼儿园 1 处。经济以种植业、养殖业为主。有公路经此。

夏格庄 370285-B02-H01
[Xiàgézhuāng]

夏格庄镇人民政府驻地。在市驻地水集街道南方向 24.0 千米。人口 4 600。据传，元末夏氏兄弟来此定居，相距二里各建一村，均以姓氏名村夏格庄。该村居东，称东夏格庄，后简化为夏格庄。聚落呈团块状分布。有文化站、中小学、幼儿园。经济以种植业为主，主要农作物有小麦、玉米、胡萝卜、白萝卜。有公路经此。

渭田 370285-B02-H02
[Wèitián]

在市驻地水集街道西南方向 32.5 千米。夏格庄镇辖自然村。人口 800。因系打猎场地，故称围田。咸丰年间，村人以三面环水，改称渭田。聚落呈团块状分布。有小学 1 处、幼儿园 1 处。经济以种植业、养殖业为主，主要农作物为蔬菜，养殖奶牛。有公路经此。

金家疃 370285-B02-H03
[Jīnjiātuǎn]

在市驻地水集街道西南方向 31.1 千米。夏格庄镇辖自然村。人口 400。元代，有金姓迁此建村，故名金家疃。聚落呈团块状分布。有文化广场、图书室。经济以种植业、养殖业为主，主要农作物为蔬菜，养殖奶牛。有公路经此。

经济以种植业、养殖业为主，主要农作物为蔬菜，养殖奶牛。有公路经此。

大宅科 370285-B02-H04
[Dàzháikē]

在市驻地水集街道西南方向 31.3 千米。夏格庄镇辖自然村。人口 800。明永乐年间，张氏兄弟两人来此，相距 2 里各建一村，以嘉言取名宅科。该村系老大所建，称大宅科。聚落呈团块状分布。有幼儿园 1 处。经济以种植业、养殖业为主，主要农作物为蔬菜，养殖奶牛。有公路经此。

宫家城 370285-B02-H05
[Gōngjiāchéng]

在市驻地水集街道西南方向 33.2 千米。夏格庄镇辖自然村。人口 400。明崇祯年间，宫姓来此建村，因村前五沽河水经常泛滥，村人筑坝挡水，状若城墙，故名宫家城。聚落呈团块状分布。有文化广场、图书室。经济以种植业、养殖业为主，主要农作物为蔬菜，养殖奶牛。有公路经此。

官庄 370285-B02-H06
[Guānzhuāng]

在市驻地水集街道西南方向 25.5 千米。夏格庄镇辖自然村。人口 1 300。明成化年间，褚才兴从本县七间房迁此，褚之先人做过官，死后葬于此，故名官庄。聚落呈团块状分布。有文化广场、图书室。经济以种植业、养殖业为主，主要农作物为蔬菜，养殖奶牛。有公路经此。

马福庄 370285-B02-H07
[Mǎfúzhuāng]

在市驻地水集街道西南方向 31.5 千米。夏格庄镇辖自然村。人口 500。明永乐年间，店埠豪绅马福迁此建村，故名马福庄。聚落呈团块状分布。有文化广场、图书室。

夏南庄 370285-B02-H08
[Xiànánzhuāng]

在市驻地水集街道西南方向 27.8 千米。夏格庄镇辖自然村。人口 800。明末，辛氏来此建村，以姓氏命名为辛庄。因县内重名，1982 年，以其在夏格庄正南，更名夏南庄。聚落呈团块状分布。有文化广场、图书室。经济以种植业、养殖业为主，主要农作物为蔬菜，养殖奶牛。有公路经此。

山西头 370285-B02-H09
[Shānxītóu]

在市驻地水集街道西南方向 32.1 千米。夏格庄镇辖自然村。人口 300。清嘉庆七年（1802），张国军从双山迁此，因在双山之西，故名山西头。聚落呈团块状分布。有文化广场、图书室。经济以种植业、养殖业为主，主要农作物为蔬菜，养殖奶牛。有公路经此。

苏家庄 370285-B02-H10
[Sūjiāzhuāng]

在市驻地水集街道西南方向 31.1 千米。夏格庄镇辖自然村。人口 500。清嘉庆十七年（1812），曲格庄苏氏迁此定居。1982 年，为避县内重名，称苏家庄。聚落呈团块状分布。有文化广场、图书室。经济以种植业、养殖业为主，主要农作物为蔬菜，养殖奶牛。有公路经此。

温家泊南 370285-B02-H11
[Wēnjiāpōnán]

在市驻地水集街道西南方向 27.6 千米。夏格庄镇辖自然村。人口 400。明宣德年间温姓建村，以姓氏加地貌，取名温家泊南。聚落呈团块状分布。有文化广场、图书室。

经济以种植业、养殖业为主，主要农作物为蔬菜，养殖奶牛。有公路经此。

善人庄 370285-B02-H12
[Shànrénzhuāng]

在市驻地水集街道西南方向 26.8 千米。夏格庄镇辖自然村。人口 800。明嘉靖年间，尹、于、金、展等姓相继来此定居，诸姓同倡"善人会"，旨在扬善抑恶，故得村名善人庄。聚落呈团块状分布。有文化广场、图书室。经济以种植业、养殖业为主，主要农作物为蔬菜，养殖奶牛。有公路经此。

东位家庄 370285-B02-H13
[Dōngwèijiāzhuāng]

在市驻地水集街道西南方向 29.1 千米。夏格庄镇辖自然村。人口 200。永乐四年（1406），位氏迁此建村，以姓氏命名为位家庄。因与尉家庄同音，人们习惯上称东位家庄。聚落呈团块状分布。有文化广场、图书室。经济以种植业、养殖业为主，主要农作物为蔬菜，养殖奶牛。有公路经此。

院上 370285-B03-H01
[Yuànshàng]

院上镇人民政府驻地。在市驻地水集街道西南方向 26.0 千米。人口 1 800。因明洪武年间当地有幸福寺院一座，在寺院东侧高地建村，取东为上之意，故名院上。聚落呈团块状分布。有中小学。经济以种植业、养殖业为主，主要农作物为蔬菜，养殖肉鸡。有公路经此。

南于家洼 370285-B03-H02
[Nányújiāwā]

在市驻地水集街道西南方向 15.8 千米。院上镇辖自然村。人口 700。明永乐年间，于氏由文登县大水泊迁来建村，村处洼地，以姓氏与地貌得名于家洼。1982年，因重名，冠以方位词，称南于家洼。聚落呈团块状分布。有文化广场、图书室。经济以种植业、养殖业为主，主要农作物有小麦、玉米、花生和瓜果蔬菜。有公路经此。

任家院 370285-B03-H03
[Rénjiāyuàn]

在市驻地水集街道西南方向 18.1 千米。院上镇辖自然村。人口 300。清初，任由勇从望城迁此建村，以姓名村任家庄。1982年 1 月，为避重名，更称任家院。聚落呈团块状分布。有文化广场、图书室。经济以商贸业、种植业为主。有公路经此。

刘家寨 370285-B03-H04
[Liújiāzhài]

在市驻地水集街道西南方向 15.1 千米。院上镇辖自然村。人口 800。清乾隆年间，刘氏迁入，支系旺盛，更名刘家庄。1982年，因重名，改称刘家寨。聚落呈团块状分布。有文化广场、图书室。经济以商贸业、种植业为主。有公路经此。

高村 370285-B03-H05
[Gāocūn]

在市驻地水集街道西南方向 14.8 千米。院上镇辖自然村。人口 300。清乾隆五十四年（1789），郝氏由今院上镇郝家许村迁来建村，因村处高地，故名高村。聚落呈团块状分布。有文化广场、图书室。经济以商贸业、种植业为主。有公路经此。

战家会 370285-B03-H06
[Zhànjiāhuì]

在市驻地水集街道西南方向 13.8 千米。院上镇辖自然村。人口 800。清乾隆五十四年（1789），战氏从莱阳县马格庄迁来建村，村处大沽河北岸，村东、村西都有小河汇入大沽河，故以姓氏与地理特征名村战家会河头，1949年后简化为战家会。聚落呈团块状分布。有文化广场、图书室。经济以商贸业、种植业为主。有公路经此。

花园头 370285-B03-H07
[Huāyuántóu]

在市驻地水集街道西南方向21.2千米。院上镇辖自然村。人口1 400。经考，明万历年间，王氏由平度峰山埠迁此建村，村后有条花园沟，以此名村花园头。聚落呈团块状分布。经济以商贸业、种植业为主。有公路经此。

王家院 370285-B03-H08
[Wángjiāyuàn]

在市驻地水集街道西南方向18.2千米。院上镇辖自然村。人口300。明末，王子晓由今乳山县店子头逃荒来此定居，以姓名村王家庄。1982年，因重名，更称王家院。聚落呈团块状分布。有文化广场、图书室。经济以商贸业、种植业为主。有公路经此。

碑头 370285-B03-H09
[Bēitóu]

在市驻地水集街道西南方向16.5千米。院上镇辖自然村。人口600。清康熙十三年（1674），李飞龙、李跃龙由县内沙埠迁来建村，以村中有座龟驮碑，命名龟头村。1942年更名碑儿头，1949年后又改用现名碑头。聚落呈团块状分布。有文化广场、图书室。经济以商贸业、种植业为主。有公路经此。

福禄庄 370285-B03-H10
[Fúlùzhuāng]

在市驻地水集街道西南方向23.5千米。院上镇辖自然村。人口500。清乾隆四十三年（1778），于氏由今店埠镇东庄头迁来建村，以吉祥嘉言名村福禄庄。聚落呈团

块状分布。有文化广场、图书室。经济以商贸业、种植业为主。有公路经此。

黄王地 370285-B03-H11
[Huángwángdì]

在市驻地水集街道西南方向22.1千米。院上镇辖自然村。人口300。据土地庙碑记载，明末，孙氏由院上迁来建村，名村孙家上泊。清朝中期，王氏迁入，孙氏绝户，遂改名王家庄。1958年，将相邻之黄沟崖、王家地两村并入，又改称黄王地。聚落呈团块状分布。经济以种植业为主。有公路经此。

王璧 370285-B03-H12
[Wángbì]

在市驻地水集街道西南方向20.5千米。院上镇辖自然村。人口2 200。清乾隆年间，任氏立村。村北有条弓形河沟，宛若皇帝龙椅，村则颇似皇帝玉玺，以此名村王璧。聚落呈团块状分布。有文化广场、图书室。经济以种植业为主，主要农作物有山楂、板栗。有公路经此。

堆金泊 370285-B03-H13
[Duījīnpō]

在市驻地水集街道西南方向18.5千米。院上镇辖自然村。人口800。初考，明永乐年间，周氏由山西迁来建村，以嘉言与地貌名村堆金泊。聚落呈团块状分布。有文化广场、图书室。经济以种植业为主。有公路经此。

兴隆院 370285-B03-H14
[Xīnglóngyuàn]

在市驻地水集街道西南方向24.5千米。院上镇辖自然村。人口500。据传，明永乐年间，郝氏来此，在荒郊野坡定居，名村坡庄。清咸丰年间，莱阳县令屯兵该村，

嫌村名不吉利，以嘉言改称兴隆屯。1982年，因县内重名，又更为兴隆院。聚落呈团块状分布。有文化广场、图书室。经济以商贸业、种植业为主。有公路经此。

曹官屯 370285-B03-H15
[Cáoguāntún]

在市驻地水集街道西南方向 22.5 千米。院上镇辖自然村。人口 800。清康熙二年（1663），曹氏由鳌山卫迁此，曹氏迁来立村时是官宦人家，有跑马占田之说，故命为曹家屯，后由官差改称曹官屯。聚落呈团块状分布。有文化广场、图书室。经济以种植业、养殖业为主，主要农作物有甜瓜，养殖鸡、猪。有公路经此。

对臼坡 370285-B03-H16
[Duìjiùpō]

在市驻地水集街道西南方向 24.1 千米。院上镇辖自然村。人口 400。明景泰年间，姜氏由宁海州迁此建村，因有一舂米大碓臼，取名碓臼泊，1949年后演变为对臼坡。聚落呈团块状分布。有文化广场、图书室。经济以商贸业、养殖业、种植业为主。有公路经此。

南大佛阁 370285-B03-H17
[Nándàfógé]

在市驻地水集街道西南方向 26.1 千米。院上镇辖自然村。人口 500。清顺治年间，张氏由今店埠镇渚州迁此建村，村后有座古寺，内有大佛像一尊，以此名村大佛阁。后分南、北二村，该村在南，故名南大佛阁。聚落呈团块状分布。有文化广场、图书室。经济以商贸业、种植业为主。有公路经此。

武备一村 370285-B03-H18
[Wǔbèiyīcūn]

在市驻地水集街道西方向 25.1 千米。

院上镇辖自然村。人口 900。明永乐年间，刘姓由山西省迁此建村，因村建在坞山北面，故名坞北村，后来演变为武备村。1961年为便于管理，分为六个村，本村为武备一村。聚落呈团块状分布。有文化广场、图书室。经济以种植业为主。有公路经此。

山口 370285-B03-H19
[Shānkǒu]

在市驻地水集街道西方向 21.1 千米。院上镇辖自然村。人口 1 500。明永乐年间，程氏由河南洛阳迁来建村，因村坐落于岘山和九顶山前两山口处，故名山口。聚落呈团块状分布。有文化广场、图书室。经济以种植业为主。有公路经此。

郑家庄 370285-B03-H20
[Zhèngjiāzhuāng]

在市驻地水集街道西方向 16.6 千米。院上镇辖自然村。人口 400。明初，郑君柱由今南墅镇下庄迁此建村，以姓名村郑家庄。聚落呈团块状分布。有文化广场、图书室。经济以种植业为主。有公路经此。

孙贾城 370285-B03-H21
[Sūnjiǎchéng]

在市驻地水集街道西方向 24.1 千米。院上镇辖自然村。人口 1 100。明崇祯年间，孙、贾二姓由云南迁来建村，因村址原是一座古城废墟，故名孙贾城。清朝中期，贾姓绝户，更称孙家城。1949年后，复原名孙贾城。聚落呈团块状分布。经济以种植业为主。有公路经此。

岚埠 370285-B03-H22
[Lánbù]

在市驻地水集街道西方向 22.1 千米。院上镇辖自然村。人口 400。明永乐年间，张氏由云南迁来建村，村北有一姑子庵，故名村南埠。后又因村北有一土岭，又改名为岚埠。聚落呈团块状分布。有文化广场、图书室。经济以种植业为主。有公路经此。

杨柳屯 370285-B03-H23
[Yángliǔtún]

在市驻地水集街道西方向 19.5 千米。院上镇辖自然村。人口 1 100。明永乐年间，杨氏由云南迁来建村，以姓氏命名为杨家屯。地名普查时，因重名，1982 年更称杨柳屯。聚落呈团块状分布。有文化大院、图书室。经济以种植业为主，主要农作物有小麦、玉米、花生等。有公路经此。

兴隆寨 370285-B03-H24
[Xīnglóngzhài]

在市驻地水集街道西方向 24.1 千米。院上镇辖自然村。人口 700。清道光年间，田、高二姓由本县店埠乡张格庄迁来建村，以吉祥嘉言命名为兴隆寨。聚落呈团块状分布。有文化广场、图书室。经济以种植业为主。有公路经此。

张官庄 370285-B03-H25
[Zhāngguānzhuāng]

在市驻地水集街道西方向 26.5 千米。院上镇辖自然村。人口 200。张俭徙此立村，原名张家庄，后避重名，以嘉言改称张官庄。聚落呈团块状分布。有图书室、文化大院。经济以种植业为主。有公路经此。

堆金岭 370285-B03-H26
[Duījīnlǐng]

在市驻地水集街道西方向 19.3 千米。院上镇辖自然村。人口 400。传说，李氏建村，以村中有两个石碓臼，取名碓臼坡。1919 年，以吉祥嘉言更名堆金坡。1982 年，为避重名，改称堆金岭。聚落呈团块状分布。有

图书室、文化大院。经济以种植业为主。有公路经此。

日庄 370285-B04-H01
[Rìzhuāng]

日庄镇人民政府驻地。在市驻地水集街道西北方向 20.0 千米。人口 3 000。唐朝时期方姓迁此建村，传说当年村中有口龙眼井，每日清晨有一仙女手捧红日自井中冉冉升起，顿时金光四射，普照全村，遂取名日照庄，后简称日庄。聚落呈团块状分布。有中学、小学、幼儿园。经济以种植业为主，主要农作物有小麦、玉米、花生。沈海高速、荣潍高速经此。

胡家庄 370285-B04-H02
[Hújiāzhuāng]

在市驻地水集街道西北方向 21.1 千米。日庄镇辖自然村。人口 300。清道光年间，胡云清、胡云杰在这里买了 200 亩土地，后到这里建村，以姓名庄为胡家庄。聚落呈团块状分布。有文化广场、图书室。经济以种植业为主，主要农作物有小麦、玉米、花生。有公路经此。

西车格庄 370285-B04-H03
[Xīchēgézhuāng]

在市驻地水集街道西北方向 26.1 千米。日庄镇辖自然村。人口 200。清道光年间建村，因村前地势洼，常遭水害，年年向后撤，故名撤格庄，后称车格庄，后以方位称西车格庄。聚落呈团块状分布。有文化广场、图书室。经济以种植业为主，主要农作物有小麦、玉米、地瓜、花生。有公路经此。

刁家沟 370285-B04-H04
[Diāojiāgōu]

在市驻地水集街道西北方向 24.2 千米。

日庄镇辖自然村。人口 300。清顺治年间，刁氏建村，因村前有条河沟，故名刁家沟。聚落呈团块状分布。有文化广场、图书室。经济以种植业为主，主要农作物有小麦、玉米、花生。有公路经此。

东莪兰庄 370285-B04-H05
[Dōng'élánzhuāng]

在市驻地水集街道西北方向 25.5 千米。日庄镇辖自然村。人口 600。该村建于明万历年间，本名峨岚庄，因村后生长一种莪兰花，且此处有同名村，本村居东，故名东莪兰庄。聚落呈团块状分布。有文化广场、图书室。经济以种植业为主，主要农作物有小麦、玉米、花生。有公路经此。

前李格庄 370285-B04-H06
[Qiánlǐgézhuāng]

在市驻地水集街道西北方向 24.5 千米。日庄镇辖自然村。人口 300。清顺治年间，李姓建村，故名李格庄。1958 年修产芝水库，分为前后两个村，本村处前，故名前李格庄。聚落呈团块状分布。有文化广场、图书室。经济以种植业为主，主要农作物有小麦、玉米、花生。有公路经此。

徐旺庄 370285-B04-H07
[Xúwàngzhuāng]

在市驻地水集街道西北方向 26.1 千米。日庄镇辖自然村。人口 500。明朝中叶，朱氏立村，故名朱家庄。清雍正四年（1726），徐氏由今唐家庄岚桑迁入，人丁兴旺，改称徐家庄。1982 年 1 月，为避重名，易用现名徐旺庄。聚落呈团块状分布。有文化广场、图书室。经济以种植业为主，主要农作物有小麦、玉米、花生。有公路经此。

胡家沟 370285-B04-H08
[Hújiāgōu]

在市驻地水集街道西北方向 25.1 千米。日庄镇辖自然村。人口 600。明崇祯年间，胡姓建村，村临水沟，以姓氏与地貌得名胡家沟。聚落呈团块状分布。有文化广场、图书室。经济以种植业为主，主要农作物有小麦、玉米、花生。有公路经此。

石木头洼 370285-B04-H09
[Shímùtouwā]

在市驻地水集街道西北方向 24.5 千米。日庄镇辖自然村。人口 100。因村后巨石得名。聚落呈团块状分布。有文化广场、图书室。经济以种植业为主，主要农作物有玉米、小麦、花生。有公路经此。

宫家庄 370285-B04-H10
[Gōngjiāzhuāng]

在市驻地水集街道西北方向 24.7 千米。日庄镇辖自然村。人口 200。清顺治年间，宫氏由莱阳市迁此建村，以姓名村宫家庄。聚落呈团块状分布。有文化广场、图书室。经济以种植业为主，主要农作物有小麦、玉米、花生。有公路经此。

西嘴子 370285-B04-H11
[Xīzuǐzi]

在市驻地水集街道西北方向 24.2 千米。日庄镇辖自然村。人口 300。该村建于明崇祯年间，因村东有一条大沟，沟头称为沟嘴，沟东村称为东嘴子，本村处沟西，故名西嘴子。聚落呈团块状分布。有文化广场、图书室。经济以种植业为主，主要农作物有小麦、玉米、花生等。有公路经此。

胡家都 370285-B04-H12
[Hújiādū]

在市驻地水集街道西北方向 24.3 千米。

日庄镇辖自然村。人口1 200。传说侯姓立村，故名侯家都。清顺治年间，侯姓已绝，胡姓兴旺，遂改为胡家都。聚落呈团块状分布。有文化广场、图书室。经济以种植业为主，主要农作物有小麦、玉米、花生。有公路经此。

张家埠 370285-B04-H13
[Zhāngjiābù]

在市驻地水集街道西北方向26.1千米。日庄镇辖自然村。人口300。明景泰年间，张氏由登州府（今蓬莱县）城里迁此定居，称张家屯。继之，刘氏亦迁此，称刘家屯。后两屯合并，称为合罗屯。清末，因张姓户多，改称张家屯。1982年，为避重名，又更为张家埠。聚落呈团块状分布。有文化广场、图书室。经济以种植业为主，主要农作物有小麦、玉米、地瓜、花生。有公路经此。

向阳夼 370285-B04-H14
[Xiàngyángkuǎng]

在市驻地水集街道西北方向23.5千米。日庄镇辖自然村。人口300。1974年，丁姓、杨姓等部分农户从产芝水库库区河北夼迁此建村。因村址高而向阳，故名向阳夼。聚落呈团块状分布。有文化广场、图书室。经济以种植业为主，主要农作物有小麦、玉米、花生。有公路经此。

西白石山 370285-B04-H15
[Xībáishíshān]

在市驻地水集街道西北方向24.5千米。日庄镇辖自然村。人口300。该村建于清道光年间，因村位于白石山之西麓，该村在西，故名西白石山。聚落呈团块状分布。有文化广场、图书室。经济以种植业为主，主要农作物有小麦、玉米、花生。有公路经此。

五子埠后 370285-B04-H16
[Wǔzǐbùhòu]

在市驻地水集街道西北方向22.3千米。日庄镇辖自然村。人口700。明天启年间（1627），刘、王两姓由四川迁来建村，村前有一土岭，因岭上有五个高顶，俗称五子埠。村居其后，故名五子埠后。聚落呈团块状分布。有文化广场、图书室。经济以种植业为主，主要农作物有小麦、玉米、花生。有公路经此。

邹家庄 370285-B04-H17
[Zōujiāzhuāng]

在市驻地水集街道西北方向22.2千米。日庄镇辖自然村。人口300。明崇祯四年（1631），邹氏兄弟三人由栖霞梅头迁此立村，村以姓氏得名邹家庄。聚落呈团块状分布。有文化广场、图书室。经济以种植业为主，主要农作物有小麦、玉米、花生。有公路经此。

南墅 370285-B05-H01
[Nánshù]

南墅镇人民政府驻地。在市驻地水集街道西北方向28.0千米。人口1 800。明永乐四年（1406），刘氏由掖县大武官村迁来建村，村址处小沽河北岸，建村时村南有肥沃野土，称之为家南野土，"野土"二字合起来为"墅"，故定村名为南墅。聚落呈团块状分布。有文化广场、图书室。经济以种植业为主，主要农作物有小麦、玉米、花生。有公路经此。

东馆 370285-B05-H02
[Dōngguǎn]

在市驻地水集街道西北方向33.1千米。南墅镇辖自然村。人口1 700。明初，赵氏由莱阳城关迁来建村。传说，早年官府欲在此建城，按其规划，村址正处该城东关，村因此而得名东关，后更"关"字为"馆"。聚落呈团块状分布。有文化广场、图书室。经济以种植业为主，主要农作物有小麦、玉米、花生。有公路经此。

姚沟 370285-B05-H03
[Yáogōu]

在市驻地水集街道西北方向41.1千米。南墅镇辖自然村。人口300。清咸丰年间，姚姓在宫山西北的山谷中建村，因住在山沟里，故名姚沟。聚落呈团块状分布。有文化广场、图书室。经济以种植业为主，主要农作物有玉米、花生。有公路经此。

皂角树 370285-B05-H04
[Zàojiǎoshù]

在市驻地水集街道西北方向28.2千米。南墅镇辖自然村。人口400。清初刘姓由本市南墅村迁来建村，因村前有一棵皂角树，故名。聚落呈团块状分布。有文化广场、图书室。经济以种植业为主，主要农作物有玉米、地瓜、花生、苹果、葡萄。有公路经此。

东围格庄 370285-B05-H05
[Dōngwéigézhuāng]

在市驻地水集街道西北方向27.1千米。南墅镇辖自然村。人口300。清初，赵氏由本县周格庄公社果佳圈村迁来，因村建在周山前，故名周格庄，后村址南移，因方位而得名东围格庄（在当地方言中"围"音是动的意思）。聚落呈团块状分布。有文化广场、图书室。经济以种植业为主，主要农作物有玉米、花生、苹果、葡萄等。有公路经此。

徐建庄 370285-B05-H06
[Xújiànzhuāng]

在市驻地水集街道西北方向31.2千米。南墅镇辖自然村。人口200。清初，徐姓由南芝下迁此建村，以姓氏命名为徐家庄。1982年地名普查中，因县内有两个徐家庄，本村更名为徐建庄。聚落呈团块状分布。有文化广场、图书室。经济以种植业为主，主要农作物有玉米、花生、苹果、葡萄。有公路经此。

岳石 370285-B05-H07
[Yuèshí]

在市驻地水集街道西北方向29.5千米。南墅镇辖自然村。人口400。明初，张氏由下屯迁来建村，建村时村东南小沽河岸有一块月牙形的石头，故取名月石，亦称卧石，后演变为岳石。聚落呈团块状分布。有文化广场、图书室。经济以种植业为主，主要农作物有小麦、玉米、花生。有公路经此。

盛家 370285-B05-H08
[Shèngjiā]

在市驻地水集街道西北方向26.5千米。南墅镇辖自然村。人口500。明洪武二十一年（1388），盛氏由掖县西山由村迁来建村，又因处石格庄后面，故得名后盛家，1949年后改为盛家。聚落呈团块状分布。有文化广场、图书室。经济以种植业为主，主要农作物有玉米、小麦、花生、苹果、葡萄。有公路经此。

李家 370285-B05-H09
[Lǐjiā]

在市驻地水集街道西北方向25.6千米。南墅镇辖自然村。人口300。明洪武十二年（1379），李氏由莱阳县野头村迁来建村，故名李家。聚落呈团块状分布。有文化广场、图书室。经济以种植业为主，主要农作物有小麦、玉米、地瓜、花生。有公路经此。

崔家洼 370285-B05-H10
[Cuījiāwā]

在市驻地水集街道西北方向 28.5 千米。南墅镇辖自然村。人口 400。清末崔氏建庄，因地处洼地，故名。聚落呈团块状分布。有文化广场、图书室。经济以种植业为主，主要农作物有小麦、玉米、地瓜、花生。有公路经此。

业家庄 370285-B05-H11
[Yèjiāzhuāng]

在市驻地水集街道西北方向 24.8 千米。南墅镇辖自然村。人口 200。程氏由平度石桥镇罗头村迁此建村，后刘氏迁入，更名业家庄。聚落呈团块状分布。有文化广场、图书室。经济以种植业为主。有公路经此。

西台上 370285-B05-H12
[Xītáishàng]

在市驻地水集街道西北方向 26.3 千米。南墅镇辖自然村。人口 200。清顺治二年（1645），刘姓由现莱西市南墅镇南墅村迁来建村，因村三面环沟，得名台上。1980 年地名普查时，因县内重名，所以加上方位词，改为西台上。聚落呈团块状分布。有文化广场、图书室。经济以种植业为主，主要农作物有小麦、玉米、花生、葡萄、苹果、梨。有公路经此。

东院上 370285-B05-H13
[Dōngyuànshàng]

在市驻地水集街道西北方向 29.1 千米。南墅镇辖自然村。人口 300。据刘氏族谱记载，明万历年间，刘姓由南墅迁来建村，旁有古寺东庄院，故名东庄院。后为了与

西院上区分，改名东院上。聚落呈团块状分布。有文化广场、图书室。经济以种植业为主，主要农作物有小麦、玉米、花生。有公路经此。

前石头山 370285-B05-H14
[Qiánshítoushān]

在市驻地水集街道西北方向 31.2 千米。南墅镇辖自然村。人口 500。明末，孙氏由莱阳城徙此建村。因处在石头山前，故名前石头山。聚落呈团块状分布。有文化广场、图书室。经济以种植业、养殖业为主，主要农作物有小麦、玉米、花生。有公路经此。

陶家 370285-B05-H15
[Táojiā]

在市驻地水集街道西北方向 32.1 千米。南墅镇辖自然村。人口 400。明嘉靖年间，陶氏由四川迁此建村，以姓名村陶家。聚落呈团块状分布。有文化广场、图书室。经济以种植业为主，主要农作物有小麦、玉米、地瓜、花生、甜瓜、葡萄、苹果。有公路经此。

北宋家 370285-B05-H16
[Běisòngjiā]

在市驻地水集街道西北方向 31.5 千米。南墅镇辖自然村。人口 400。明末，宋氏由招远城东迁来建村，以姓名村，称宋家。1945 年，因当地有两个宋家，本村处北，称北宋家。聚落呈团块状分布。有文化广场、图书室。经济以种植业为主，主要农作物有玉米、花生。有公路经此。

山后 370285-B05-H17
[Shānhòu]

在市驻地水集街道西北方向 46.1 千米。南墅镇辖自然村。人口 1 500。明洪武十一年（1378），吕氏自四川迁此建村，因地

处黑虎山后，故名山后。聚落呈团块状分布。有文化广场、图书室。经济以种植业为主，主要农作物有小麦、玉米、花生。有公路经此。

夏家庄 370285-B05-H18
[Xiàjiāzhuāng]

在市驻地水集街道西北方向 29.1 千米。南墅镇辖自然村。人口 500。清初，夏氏建村，故名夏家庄。聚落呈团块状分布。有文化广场、图书室。经济以种植业为主，主要农作物有玉米、花生、苹果、葡萄、黄瓜。有公路经此。

东泥牛庄 370285-B05-H19
[Dōngníniúzhuāng]

在市驻地水集街道西北方向 29.3 千米。南墅镇辖自然村。人口 1 000。明洪武三年（1370），张氏迁此建村，因村西有土丘，形若伏牛，村居其东，故取名东泥牛庄。聚落呈团块状分布。有文化广场、图书室。经济以种植业为主，主要农作物有小麦、玉米、花生、葡萄、苹果。有公路经此。

埠前庄 370285-B05-H20
[Bùqiánzhuāng]

在市驻地水集街道西北方向 28.6 千米。南墅镇辖自然村。人口 200。明洪武年间，村后有一高埠，村庄依埠而建，故名埠前庄。聚落呈团块状分布。有文化广场、图书室。经济以种植业为主，主要农作物有小麦、玉米、花生、苹果。有公路经此。

河头店 370285-B06-H01
[Hétóudiàn]

河头店镇人民政府驻地。在市驻地水集街道东北方向 17.0 千米。人口 1 800。明洪武二年（1369），吕、王二姓由山西省云州（今大同市）迁此建村。村处萝水河与潴河的汇合口，是古驿路要冲，临街设有旅店，以此命名河头店。聚落呈团块状分布。有文化广场、图书室。经济以商贸业、种植业为主，主要农作物有花生、小麦、玉米等。有公路经此。

寄马沟 370285-B06-H02
[Jìmǎgōu]

在市驻地水集街道东北方向 27.2 千米。河头店镇辖自然村。人口 300。清光绪年间，董氏由莱阳城后迁此建村，村中有条大沟，相传，唐朝李世民征东时曾在此寄存过马，故名村寄马沟。聚落呈团块状分布。有文化广场、图书室。经济以种植业为主，主要农作物有小麦、玉米、花生等。有公路经此。

郭福庄 370285-B06-H03
[Guōfúzhuāng]

在市驻地水集街道东北方向 26.1 千米。河头店镇辖自然村。人口 200。清康熙年间，王氏由莱阳县红土崖迁此建村，初名王家庄。后郭姓迁入，户数较多，更名郭家庄。1982 年，因县内重名，又改称郭福庄。聚落呈团块状分布。有文化广场、图书室。经济以种植业为主，主要农作物有小麦、玉米、花生等。有公路经此。

鞠家庄 370285-B06-H04
[Jūjiāzhuāng]

在市驻地水集街道东北方向 25.5 千米。河头店镇辖自然村。人口 100。清光绪二十七年（1901），鞠氏由黄县城迁来建村，人丁兴旺，以姓氏得名鞠家庄。聚落呈团块状分布。有文化广场、图书室。经济以种植业、养殖业为主，主要农作物有小麦、玉米、花生。有公路经此。

潘家庄 370285-B06-H05
[Pānjiāzhuāng]

在市驻地水集街道东北方向 25.6 千米。河头店镇辖自然村。人口 300。清光绪三十三年（1907），潘氏由今本镇大沟子迁此建村，以姓名村潘家庄。聚落呈团块状分布。有文化广场、图书室。经济以种植业为主，主要农作物有小麦、玉米、花生、苹果。有公路经此。

杨家寨 370285-B06-H06
[Yángjiāzhài]

在市驻地水集街道东北方向 23.5 千米。河头店镇辖自然村。人口 300。明嘉靖年间，杨姓由黄县迁此建村，以姓名村杨家寨。聚落呈团块状分布。有文化广场、图书室。经济以种植业为主，主要农作物有小麦、玉米、花生、苹果、大樱桃等。有公路经此。

塔尔寨 370285-B06-H07
[Tǎ'ěrzhài]

在市驻地水集街道东北方向 23.5 千米。河头店镇辖自然村。人口 600。明宣德五年（1430），王氏由平度迁来建村，村后有座姑姑塔，传说，唐二主征东时，曾在该处安营扎寨，以此命村塔儿寨，后演变为塔尔寨。聚落呈团块状分布。有文化广场、图书室。经济以种植业为主，主要农作物有小麦、玉米、花生。有公路经此。

西大里庄 370285-B06-H08
[Xīdàlǐzhuāng]

在市驻地水集街道东北方向 18.5 千米。河头店镇辖自然村。人口 200。明嘉靖年间，谭姓兄弟大里、小里由今本镇杨家屯西迁，各建一村。该村系大里所建，故名大里庄。1959 年，因修高格庄水库，又迁为东、西两部分，相距里许，初仍为一村，1981 年分立为两村，该村在西，称西大里庄。聚落呈团块状分布。有文化广场、图书室。经济以种植业为主，主要农作物有小麦、玉米、花生等。有公路经此。

肖官庄 370285-B06-H09
[Xiāoguānzhuāng]

在市驻地水集街道东北方向 24.1 千米。河头店镇辖自然村。人口 1 000。据庙钟铭文记载，明崇祯十一年（1638），刘氏由本县李格庄迁来建村，村民多以制箫管为生，故名村箫管庄，后图简便，演变为肖官庄。聚落呈团块状分布。有文化广场、图书室。经济以种植业为主，主要农作物有小麦、玉米、花生。有公路经此。

腊树庄 370285-B06-H10
[Làshùzhuāng]

在市驻地水集街道东北方向 26.1 千米。河头店镇辖自然村。人口 300。明洪武二年（1369），罗、刘、任三姓由山西省北部迁来建村，取村名辛庄。1926 年，因村周产腊树，改名腊树庄。聚落呈团块状分布。有文化广场、图书室。经济以种植业、商贸业为主，主要农作物有小麦、玉米、花生。有公路经此。

千家村 370285-B06-H11
[Qiānjiācūn]

在市驻地水集街道东北方向 26.2 千米。河头店镇辖自然村。人口 300。清乾隆三年（1738），杨氏三家由莱阳城南埠村迁此定居，以"三家"名村，称三家村。1940 年，又因户数增多，改称千家村。聚落呈团块状分布。有文化广场、图书室。经济以种植业为主，主要农作物有小麦、玉米、花生、葡萄。有公路经此。

小沟子 370285-B06-H12
[Xiǎogōuzi]

在市驻地水集街道东北方向 24.5 千米。河头店镇辖自然村。人口 500。明洪武二年（1369），董氏由小云南迁来建村，村西有一水沟，以姓与沟名村董家沟。民国初年，为与大沟子相对应，改称小沟子。聚落呈团块状分布。有文化广场、图书室。经济以种植业为主，主要农作物有小麦、玉米、花生等。有公路经此。

大沟子 370285-B06-H13
[Dàgōuzi]

在市驻地水集街道东北方向 24.6 千米。河头店镇辖自然村。人口 1 100。明嘉靖年间，初姓由莱阳县衙门前迁此建村，因村中有一水沟，名村初家沟，民国初年又改名大沟子。聚落呈团块状分布。有文化广场、图书室。经济以种植业为主，主要农作物有小麦、玉米、花生、苹果、大梨。有公路经此。

桑行 370285-B06-H14
[Sānghǎng]

在市驻地水集街道东北方向 22.3 千米。河头店镇辖自然村。人口 500。因村周围多桑树，桑树成行，故名桑行。聚落呈团块状分布。有文化广场、图书室。经济以种植业为主，主要农作物有小麦、玉米、花生。有公路经此。

小里庄 370285-B06-H15
[Xiǎolǐzhuāng]

在市驻地水集街道东北方向 23.1 千米。河头店镇辖自然村。人口 1 200。相传，明嘉靖年间，谭姓兄弟大里、小里由今本镇杨家屯西迁，各建一村。该村系小里所建，故名小里庄。聚落呈团块状分布。有文化广场、图书室。经济以种植业为主，主要农作物有小麦、玉米、花生。有公路经此。

何家屯 370285-B06-H16
[Héjiātún]

在市驻地水集街道东北方向 22.2 千米。河头店镇辖自然村。人口 500。顾姓于明洪武年间建村，后因何姓兴旺，更名何家屯。聚落呈团块状分布。有文化广场、图书室。经济以种植业为主，主要农作物有玉米、葡萄、花生等。有公路经此。

东大寨 370285-B06-H17
[Dōngdàzhài]

在市驻地水集街道东北方向 22.5 千米。河头店镇辖自然村。人口 1 600。明嘉靖年间，高姓由山西省迁此建村，村处塔尔寨以东，遂以东大寨为名。聚落呈团块状分布。有文化大院、文化广场、图书室。经济以种植业、畜牧业为主。有青岛金鑫高岭土有限公司、青岛金海源食品有限公司、青岛方源果蔬冷藏有限公司、青岛创生药业有限公司等企业。有公路经此。

杨家屯 370285-B06-H18
[Yángjiātún]

在市驻地水集街道东北方向 23.1 千米。河头店镇辖自然村。人口 800。明朝薛姓来此建村，初名薛家屯。后杨姓由山西省迁此建村，薛姓断宗，更名杨家屯。聚落呈团块状分布。有文化广场、图书室。经济以种植业为主，主要农作物有小麦、玉米、花生等。有公路经此。

董家 370285-B06-H19
[Dǒngjiā]

在市驻地水集街道东北方向 26.1 千米。河头店镇辖自然村。人口 300。明天顺五年（1461），董氏由莱阳县汪里迁此建村，以姓命村董家庄。1982年，因县内重名，改称董家。聚落呈团块状分布。有文化广场、图书室。经济以种植业为主，主要农作物有小麦、玉米、花生等。有公路经此。

店埠 370285-B07-H01

［Diànbù］

店埠镇人民政府驻地。在市驻地水集街道西南方向30.0千米。人口2 500。明初崔氏迁此建村，因村后有一沙埠，取名前埠。至清朝，因地处平度城与即墨金口镇要道，村中有旅店和饭店，渐由前埠演变为店埠。聚落呈团块状分布。有中小学、幼儿园。经济以种植业为主，主要农作物有小麦、玉米、胡萝卜、黄瓜、白萝卜、大蒜、大姜、芋头、西红柿等。沈海高速经此。

李家小里 370285-B07-H02

［Lǐjiāxiǎolǐ］

在市驻地水集街道西南方向38.1千米。店埠镇辖自然村。人口400。据传李氏于明永乐年间由平度李家崮迁居此处，因村西竹林寺（佛爷庙）与大夫阁相距不足1小里（华里），故名李家小里。聚落呈团块状分布。有文化广场、图书室。经济以种植业为主，主要农作物有小麦、玉米、花生、西红柿、土豆等。有公路经此。

耿家庄 370285-B07-H03

［Gěngjiāzhuāng］

在市驻地水集街道西南方向27.5千米。店埠镇辖自然村。人口500。耿氏来之前，已有张氏在此，曰张家庄。后耿氏繁衍成族，张氏迁走，因姓氏而改为耿家庄。聚落呈团块状分布。有文化广场、图书室。经济以种植业为主，主要农作物有小麦、玉米、花生等。有公路经此。

东庄头 370285-B07-H04

［Dōngzhuāngtóu］

在市驻地水集街道西南方向28.1千米。店埠镇辖自然村。人口2 500。明永乐年间，于姓迁此立村，因村靠大沽河，取河装（庄）鱼（于）头之意，取名庄头，后称大庄头。1962年，以方位改名东庄头。聚落呈团块状分布。有幼儿园1处、小学1处。经济以种植业为主，主要农作物有小麦、玉米、花生等。有公路经此。

东张格庄 370285-B07-H05

［Dōngzhānggézhuāng］

在市驻地水集街道西南方向28.1千米。店埠镇辖自然村。人口1 000。因村西有耿家张格庄，故加姓氏命名为于家张格庄，1950年因与西张格庄对称，改名东张格庄。聚落呈团块状分布。有小学1处。经济以种植业为主，主要农作物有小麦、玉米、花生等。有公路经此。

杏花村 370285-B07-H06

［Xìnghuācūn］

在市驻地水集街道西南方向25.4千米。店埠镇辖自然村。人口300。建村时，因四周多杏树，故名杏花村。后因村址低洼频遭水灾，渐由西向东移到水沟东岸，遂更名为沟东。1981年因县内重名，复原名杏花村。聚落呈团块状分布。有文化广场、图书室。经济以种植业为主，主要农作物有小麦、玉米、花生等。有公路经此。

左官屯 370285-B07-H07

［Zuǒguāntún］

在市驻地水集街道西南方向27.3千米。店埠镇辖自然村。人口400。明末，左氏避难而逃至平度七及，后又徙此，为纪念其祖先，故名左官屯。聚落呈团块状分布。有文化广场、图书室。经济以种植业为主，主要农作物有小麦、玉米、花生等。有公路经此。

狼埠 370285-B07-H08

[Lángbù]

在市驻地水集街道西南方向 37.5 千米。店埠镇辖自然村。人口 1 400。传说，村人取水时发现二狼，故名狼二埠。1958 年简化为狼埠。聚落呈团块状分布。有幼儿园 1 处、小学 1 处。主要作物有小麦、玉米、花生等。有公路经此。

马家小里 370285-B07-H09

[Mǎjiāxiǎolǐ]

在市驻地水集街道西南方向 28.3 千米。店埠镇辖自然村。人口 400。建村时因距李家小李村西竹林寺不足一里，故加姓氏命名为马家小里。聚落呈团块状分布。有文化广场、图书室。经济以种植业为主，主要农作物有小麦、玉米、花生等。有公路经此。

后朴木 370285-B07-H10

[Hòupǔmù]

在市驻地水集街道西南方向 32.1 千米。店埠镇辖自然村。人口 600。刘氏说此地脉气好，故名朴脉。明末，借《诗经》"天子穆穆"之句，更名朴穆。1958 年为了书写方便，将穆字改为"木"，1961 年为区分前后两个朴木村，本村更名为后朴木。聚落呈团块状分布。有文化广场、图书室。经济以种植业为主，主要农作物有小麦、玉米、花生等。有公路经此。

前水口 370285-B07-H11

[Qiánshuǐkǒu]

在市驻地水集街道西南方向 35.1 千米。店埠镇辖自然村。人口 1 000。因处小沽河入大沽河处，故取名水口庄。1961 年水口庄分为两个村，本村居前，取名前水口。

聚落呈团块状分布。有文化广场、图书室。经济以种植业为主，主要农作物有小麦、玉米、花生等。有公路经此。

双河 370285-B07-H12

[Shuānghé]

在市驻地水集街道西南方向 37.1 千米。店埠镇辖自然村。人口 900。原名小宅科，系大宅科派生地名，因处于两条无名河之间，1946 年更名为双河。聚落呈团块状分布。有文化广场、图书室。经济以种植业为主，主要农作物有小麦、玉米、花生等。有公路经此。

前屯 370285-B07-H13

[Qiántún]

在市驻地水集街道西南方向 36.1 千米。店埠镇辖自然村。人口 200。为由狼埠派生的地名，1961 年因有南、北两地，根据方位，更名前屯。聚落呈团块状分布。有文化广场、图书室。经济以种植业为主，主要农作物有小麦、玉米、花生等。有公路经此。

马连庄 370285-B08-H01

[Mǎliánzhuāng]

马连庄镇人民政府驻地。在市驻地水集街道西北方向 22.0 千米。人口 1 500。明洪武元年（1368），王姓自四川路过此地小憩后继续东行，马却长嘶不前，遂就地建村，名马恋庄，后演变为马连庄。聚落呈团块状分布。有文化站、中小学、幼儿园。经济以种植业为主，主要农作物有小麦、玉米、甜瓜。有公路经此。

东巨家 370285-B08-H02

[Dōngjùjiā]

在市驻地水集街道北方向 29.1 千米。马连庄镇辖自然村。人口 400。明洪武二年（1369），巨姓由四川省迁此建村，后村西又建一巨家村，遂以方位称东巨家。聚落呈团块状分布。有文化广场、图书室。经济以种植业为主，主要农作物有花生、玉米、苹果和甜瓜等。有公路经此。

北埠后 370285-B08-H03
[Běibùhòu]

在市驻地水集街道北方向 28.3 千米。马连庄镇辖自然村。人口 600。明初，邹氏由河南迁来建村，因村处埠子后，故名埠后。1958 年为了同南岚公社埠后村区分，更名为北埠后。聚落呈团块状分布。有文化广场、图书室。经济以种植业为主，主要农作物有小麦、花生、玉米。有公路经此。

垛山前 370285-B08-H04
[Duòshānqián]

在市驻地水集街道北方向 28.2 千米。马连庄镇辖自然村。人口 500。明末，邹氏由北埠后村迁此，因村处垛山之前，得名垛山前。聚落呈团块状分布。有文化广场、图书室。经济以种植业为主，主要农作物有小麦、花生、玉米。有公路经此。

彭格庄 370285-B08-H05
[Pénggézhuāng]

在市驻地水集街道北方向 28.4 千米。马连庄镇辖自然村。人口 300。明万历年间，彭姓移民迁此，以姓氏取名彭格庄。聚落呈团块状分布。有文化广场、图书室。经济以种植业为主，主要农作物有小麦、花生、玉米。有公路经此。

顾家 370285-B08-H06
[Gùjiā]

在市驻地水集街道北方向 29.3 千米。马连庄镇辖自然村。人口 1 200。明洪武二年（1369），解姓建村，村名解家。该户独生一女，招顾姓为女婿，其岳父死后，遂改村名为顾家。聚落呈团块状分布。有文化广场、图书室。经济以种植业为主。有公路经此。

咸家屯 370285-B08-H07
[Xiánjiātún]

在市驻地水集街道北方向 29.1 千米。马连庄镇辖自然村。人口 700。明洪武二年（1369），咸元师夫妇建村，以姓氏取名咸家屯。聚落呈团块状分布。有文化广场、图书室。经济以种植业为主，主要农作物有小麦、玉米、花生、苹果。有公路经此。

展家 370285-B08-H08
[Zhǎnjiā]

在市驻地水集街道北方向 29.5 千米。马连庄镇辖自然村。人口 500。明成化年间展氏建村，以姓氏取名展家。聚落呈团块状分布。有文化广场、图书室。经济以种植业为主，主产小麦、花生、玉米。有公路经此。

望屋庄 370285-B08-H09
[Wàngwūzhuāng]

在市驻地水集街道北方向 29.7 千米。马连庄镇辖自然村。人口 900。明洪武年间，王姓由四川迁此定居建村，取名王屋庄，后演变为望屋庄。聚落呈团块状分布。有文化广场、图书室。经济以种植业为主，主要农作物有甜瓜、苹果、小麦、玉米、花生等。有公路经此。

孔家 370285-B08-H10
[Kǒngjiā]

在市驻地水集街道北方向 27.5 千米。马连庄镇辖自然村。人口 500。明朝中期，孔氏由曲阜迁此建村，以姓命名为孔家。聚落呈团块状分布。有文化广场、图书室。经济以种植业、果业、粮油生产业为主，主要农作物有小麦、花生、玉米。有公路经此。

小庄 370285-B08-H11
[Xiǎozhuāng]

在市驻地水集街道北方向 28.1 千米。马连庄镇辖自然村。人口 300。因村小，故名小庄。聚落呈团块状分布。有文化广场、图书室。经济以种植业为主，主要农作物有小麦、玉米、花生。有公路经此。

田家 370285-B08-H12
[Tiánjiā]

在市驻地水集街道北方向 26.5 千米。马连庄镇辖自然村。人口 800。明永乐年间，田姓由四川省迁此建村，因村址形如卧龙，故称卧龙田家，后简化为田家。聚落呈团块状分布。有文化广场、图书室。经济以种植业为主，主要农作物有甜瓜、苹果、小麦、玉米、花生等。有公路经此。

解家沟子 370285-B08-H13
[Xièjiāgōuzi]

在市驻地水集街道北方向 28.2 千米。马连庄镇辖自然村。人口 900。明洪武二年（1369），解姓由义谭店迁此建村，村子坐落沟岸边，故名解家沟子。聚落呈团块状分布。有文化广场、图书室。经济以种植业为主，主要农作物有小麦、玉米、花生。有公路经此。

兴隆 370285-B08-H14
[Xīnglóng]

在市驻地水集街道北方向 26.2 千米。马连庄镇辖自然村。人口 300。1953 年，大沽河水泛滥，左家院、张家院二村被冲毁，部分住户迁河东岸兴隆岭西麓建村，取名兴隆。聚落呈团块状分布。有文化广场、图书室。经济以种植业为主。有公路经此。

小台子 370285-B08-H15
[Xiǎotáizi]

在市驻地水集街道北方向 27.3 千米。马连庄镇辖自然村。人口 700。清代，李姓由今莱阳市野头村迁此定居，因村处高地，以地形取名北山；又因高地如台，改称北台子；后又因村小，改称小台子。聚落呈团块状分布。有文化广场、图书室。经济以种植业为主。有公路经此。

格达 370285-B08-H16
[Gédá]

在市驻地水集街道北方向 28.3 千米。马连庄镇辖自然村。人口 900。明洪武年间，李姓卖艺流浪至此，演唱时拉断琴弦，系结后继续演唱。后居此建村，取名疙瘩，后来逐步演变为格达。聚落呈团块状分布。有文化广场、图书室。经济以林果业、养殖业、商贸业等为主。有公路经此。

崔格庄 370285-B08-H17
[Cuīgézhuāng]

在市驻地水集街道北方向 23.5 千米。马连庄镇辖自然村。人口 1 400。明洪武年间，崔姓由山西省迁此建村，以姓氏命名为崔格庄。聚落呈团块状分布。有文化广场、图书室。经济以种植业为主，主要农作物有西瓜、甜瓜、草莓、玉米、花生。有公路经此。

仲格庄 370285-B08-H18
[Zhònggézhuāng]

在市驻地水集街道北方向 23.6 千米。马连庄镇辖自然村。人口 1 000。清朝中期，仲氏由云南迁此建村，以姓氏命名为仲格庄。聚落呈团块状分布。有文化广场、图书室。经济以种植业为主，主要农作物有玉米、花生、甜瓜等。有公路经此。

三　交通运输

青岛市

城市道路

金水路 370200-K01
[Jīnshuǐ Lù]

在市境北部。东起松岭路，西至重庆中路。沿线与黑龙江中路相交。长 8.6 千米，宽 40 米，沥青路面。1999 年开工，2002 年建成。因金水湖更名为金水路。两侧有人民日报青岛印务中心、青岛 63 中、喜来登酒店、龙田金秋妇女儿童医院等。是城市主要道路，通公交车。

九水西路 370200-K02
[Jiǔshuǐ Xīlù]

在市境北部。北起青山路，南至莲花山路。沿线与君峰路相交。长 1.8 千米，宽 40 米，沥青路面。1983 年开工，1993 年建成，2012 年改扩建。因在九水路以西得名。两侧有青岛啤酒二厂、青啤博物馆、银座佳驿酒店、河南庄农贸市场等。是城市主要道路，通公交车。

九水路 370200-K03
[Jǐushuǐ Lù]

在市境北部。东起黑龙江中路，西至青山路。沿线与万年泉路、枣山路相交。长 2.1 千米，宽 40 米，沥青路面。1981 年建成，1983 年改扩建。以崂山景点取名。两侧有青岛农科院、青岛第五十八中学、青岛师范学校等。是城市主干道，通公交车。

九水东路 370200-K04
[Jiǔshuǐ Dōnglù]

在市境北部。西起黑龙江中路，东至崂山路。沿线与松岭路、枣山东路相交。长 15.1 千米，宽 40 米，沥青路面。1949 年开工，1983 年建成，2005 年、2013 年改扩建。因在九水路以东得名。两侧有青岛恒星科技学院、青岛酒店管理职业技术学院、中国海洋大学崂山校区等。是城市主干道，通公交车。

株洲路 370200-K05
[Zhūzhōu Lù]

在市境中部。西起 308 国道，东至松岭路。沿线与海尔路、深圳路相交。长 7.3 千米，宽 30 米，沥青路面。1998 年开工，2010 年改扩建。以湖南省株洲市命名。两侧有海信创智谷、青岛创业园石老人科技创新园、青岛市高层次人才创业园、青岛高科技工业园、青岛朗讯科技、青岛卷烟厂等。是城市主干道，通公交车。

滁州路 370200-K06
[Chúzhōu Lù]

在市境中部。东起海尔路，西至黑龙江南路。沿线与黑龙江路相交。长 2.9 千米，宽 30 米，沥青路面。2006 年开工，2007 年建成。以湖南省滁州市命名。两侧有青岛市崂山区第一中学、中韩小学、崂山区第七中学等。是城市次干道，通公交车。

合肥路 370200-K07
[Héféi Lù]

在市境中部。西起 308 国道，东至松岭路。沿线与海尔路、黑龙江路相交。长 5.6 千米，宽 35 米，沥青路面。2004 年开工，2008 年扩建。以安徽省省会合肥市命名。两侧有山东大学齐鲁医院青岛院区、凯德广场新都心购物中心等。是城市次干道，通公交车。

辽阳西路 370200-K08
[Liáoyáng Xīlù]

在市境中部。西起鞍山路，东至劲松五路。沿线与南京路、福州路、劲松三路、福州北路相交。长 4.4 千米，宽 50 米，沥青路面。1996 年开工，2008 年扩建。以辽宁省辽阳市命名，因其位置在西，故名。两侧有青岛妇幼儿童医院、新业广场购物中心等。是城市主干道，通公交车。

辽阳东路 370200-K09
[Liáoyáng Dōnglù]

在市境中部。西起劲松五路，东至松岭路。沿线与劲松七路、海尔路、深圳路相交。长 4.7 千米，宽 40 米，沥青路面。1994 年开工。以辽宁省辽阳市命名，因其位置在东，故名。两侧有青岛汽车东站、科技创业园、热力公司等。是城市主干道，通公交车。

同安路 370200-K10
[Tóng'ān Lù]

在市境南部。西起福州北路，东至辽阳东路。沿线与劲松三路、劲松五路、劲松七路、海尔路、深圳路相交。长 7.3 千米，宽 32 米，沥青路面。2001 年开工，2003 年建成，2009 年拓建。以福建省同安区命名。两侧有青岛市妇女儿童医院、青岛市国信体育中心等。是城市次干道，通公交车。

银川东路 370200-K11
[Yínchuān Dōnglù]

在市境南部。西起劲松五路，东至松岭路。沿线与劲松七路、海尔路、深圳路相交。长 4.7 千米，宽 40 米，沥青路面。2007 年开工，同年建成，2012 年改扩建。以宁夏回族自治区省会银川市命名，因其位置居东，故名。两侧有崂山区人民政府、青岛实验小学、人力资源大厦、青岛国信体育中心等。为城市主干道，通公交车。

银川西路 370200-K12
[Yínchuān Xīlù]

在市境南部。西起宁夏路，东至劲松五路。沿线与劲松三路相交。长 3.4 千米，宽 40 米，沥青路面。1998 年建成。以宁夏回族自治区省会银川市命名，因其位置居西，故名。两侧有青岛国际动漫产业园、浮山森林公园、青岛第二实验中学、青岛大学附属中学等。是城市主干道，通公交车。

延吉路 370200-K13
[Yánjí Lù]

在市境南部。西起宁夏路，东至松岭路。沿线与劲松三路、劲松五路、劲松七路、海尔路、深圳路相交。长 8.1 千米，宽 40 米，沥青路面。1989 年开工，2003 年、2013 年扩建。以吉林省延吉市命名。两侧有市北区人民政府、万达广场、图书馆、档案馆、烟草局等。是城市次干道，通公交车。

宁夏路 370200-K14
[Níngxià Lù]

在市境南部。西起延安三路，东至香港东路。沿线与高雄路、福州南路、山东路、镇江路、云溪路相交。长 6.3 千米，宽 40 米，沥青路面。1940 年开工，1984 年扩建。以宁夏回族自治区命名。两侧有青岛广播电视大厦、市南区人民政府等。是城市主干道，通公交车。

香港西路 370200-K15
[Xiānggǎng Xīlù]

在市境南部。西起文登路，东至延安三路。沿线与武昌路、太平角六路、东海一路相交。长 3.0 千米，宽 50 米，沥青路面。1930 年开工，1987 年改扩建。1997 年，为纪念香港回归祖国，改名为香港路，因位于道路西段，故名。两侧有青岛中山公园、天泰体育场、八大关景区、太平角公园等。是城市主干道之一，通公交车。

香港中路 370200-K16
[Xiānggǎng Zhōnglù]

在市境南部。西起延安三路，东至麦岛路。沿线与山东路、南京路、福州南路、宁夏路相交。长 4.6 千米，宽 50 米，沥青路面。1930 年开工，1956 年、1983 年改扩建。1997 年，为纪念香港回归祖国，改名为香港路，此段居中，故名香港中路。两侧有香格里拉大酒店、远洋大厦、青岛市人民政府等。是城市主干道，通公交车。

香港东路 370200-K17
[Xiānggǎng Dōnglù]

在市境南部。西起麦岛路，东至崂山路。沿线与海江路、东海东路、海尔路、深圳路、松岭路相交。长 9.9 千米，宽 50 米，沥青路面。1930 年开工，1983 年改扩建。1997 年，为纪念香港回归祖国，改名为香港路，此段居东，故名香港东路。两侧有中国海洋大学、青岛大学、青岛啤酒城等。是东部新区的中央大道，通公交车。

海口路 370200-K18
[Hǎikǒu Lù]

在市境南部。西起彰化路，东至香港

东路。沿线与麦岛路、海江路、海龙路、海尔路、秦岭路相交。长 7.3 千米，宽 24 米，沥青路面。1995 年开工，2002 年、2011 年扩建。以海南省省会海口市命名。两侧有青岛鲁商凯悦酒店、石老人海水浴场、银座领海公馆、海信天悦等。是城市主干道之一，通公交车。

东海西路 370200-K19
[Dōnghǎi Xīlù]

在市境南部。西起太平角六路，东至燕儿岛路。沿线与延安三路、山东路相交。长 3.2 千米，宽 44 米，沥青路面。1997 年开工，同年建成，2003 年改扩建。以我国领海东海命名，此段居西，故名东海西路。两侧有青岛市国税局、青岛市妇女儿童活动中心、五四广场、海信广场购物中心等。是城市主要道路之一，通公交车。

东海中路 370200-K20
[Dōnghǎi Zhōnglù]

在市境南部。西起燕儿岛路，东至麦岛路。沿线与台湾路、嘉义路、彰化路等相交。长 2.8 千米，宽 44 米，沥青路面。1997 年开工，同年建成，2003 年改扩建。以我国领海东海命名，此段居中，故名东海中路。两侧有青岛市立医院东院、燕儿岛山公园、青岛得宝湾海景大酒店等。是重要的沿海观光道路之一，通公交车。

东海东路 370200-K21
[Dōnghǎi Dōnglù]

在市境南部。西起麦岛路，东至香港东路。沿线与海江路、海川路、海青路、海龙路、海安路、海宁路相交。长 4.8 千米，宽 44 米，沥青路面。1997 年开工，同年建成，2003 年改扩建。以我国领海东海命名，此段居东，故名东海东路。两侧有青岛极地海洋世界、青岛雕塑园、青岛规划展览馆、青岛市中级人民法院等。是城市重要的沿海观光道路之一，通公交车。

环湾路 370200-K22

[Huánwān Lù]

在市境中部。西起杭州支路，东至双埠立交桥。沿线与滨海路、金水路相交。长15.6千米，宽41.5米，沥青路面。原路为1994年修建的环胶州湾高速公路一部分，2008年、2012年改扩建。因原为环胶州湾高速公路，故得名环湾路。两侧有青岛火车北站等。是胶州湾东岸的重要道路，通公交车。

四流北路 370200-K23

[Sìliú Běilù]

在市境西部。南起兴宁路，北至遵义路。沿线与永平路、德江路相交。长3.2千米，宽30米，沥青路面。1956年建成。依据四方、流亭两地首字得名，因位置居北，故名四流北路。两侧有楼山公园、烟墩山公园、青岛碱业集团、红星化工厂、青岛钢铁集团等。是城市主要道路之一，通公交车。

四流中路 370200-K24

[Sìliú Zhōnglù]

在市境西部。南起胜利桥，北至兴宁路。沿线与振华路、升平路、兴城路相交。长4.6千米，宽30米，沥青路面。1923年建成。依据四方、流亭两地首字得名，因位置居中，故名四流中路。两侧有四流中路第三小学、沧口学校、德民医院、海军航空工程学院、沧口公园、青岛碱厂等单位。是城市主要道路之一，通公交车。

四流南路 370200-K25

[Sìliú Nánlù]

在市境西部。西南起人民路，东北至胜利桥。沿线与金华路、长沙路、洛阳路、

郑州路相交。长4.2千米，宽30米，沥青路面。1980年、1981年、1988年、1999年改扩建。依据四方、流亭两地首字得名，因位置居南，故名四流南路。两侧有青岛葡萄酒博物馆、青岛市中心医院、青岛天丰造纸有限公司、青岛纺织机械公司、青纺联集团公司、海晶化工厂、青岛捷能汽轮机厂等。是城市主干道之一，通公交车。

山东路 370200-K26

[Shāndōng Lù]

在市境中部。南起东海路，北至重庆南路。沿线与江西路、宁夏路、敦化路、鞍山路、抚顺路相交。长9.3千米，宽40米，沥青路面。1982年开工。以山东省命名。两侧有香格里拉大饭店、海信广场、济南大厦、物资大厦、青岛市图书馆、港澳大厦、山东省纺织科学研究所、青岛理工大学、青岛市疾病预防控制中心、解放军第四零一医院、青岛万象城等。是城市主干道之一，通公交车。

重庆北路 370200-K27

[Chóngqìng Běilù]

在市境中部。南起李沧和城阳两区行政分界线，北至流亭立交桥。沿线与瑞金路、仙山路、赵红路、夏塔路、银河路、迎宾路相交。长5千米，宽50米，沥青路面。1934年开工。1999年适逢澳门回归、中华人民共和国成立50年大庆，借"重庆"这个名字寓意"双重大庆"，更名重庆路。因位置居北，故名重庆北路。两侧有青岛流亭国际机场、青岛汽车北站等。是城区对外交通的主干道，通公交车。

重庆中路 370200-K28

[Chóngqìng Zhōnglù]

在市境中部。南起李村河，北至瑞金路。沿线与书院路、京口路、振华路、金水路、

升平路相交。长 10.5 千米，宽 50.0 米，沥青路面。1934 年开工。1999 年适逢澳门回归、中华人民共和国成立 50 年大庆，借"重庆"这个名字寓意"双重大庆"，更名重庆路。因位置居中，故名重庆中路。两侧有青岛四十九中、青钢医院、胸科医院、青岛第二十七中学、沧口汽车站、弘德小学、重庆中路第一小学、青岛钢铁集团、水上公园等。是城区对外交通的主干道，通公交车。

重庆南路 370200-K29
[Chóngqìng Nánlù]

在市境中部。南起温州路，北至李村河。沿线与人民路、山东路、南京路、长沙路、郑州路相交。长 6 千米，宽 50 米，沥青路面。1934 年开工。1999 年适逢澳门回归、中华人民共和国成立 50 年大庆，借"重庆"这个名字寓意"双重大庆"，更名重庆路。因位置居南，故名重庆南路。两侧有青岛四方装饰城、青岛市殡仪馆、嘉定山公园等。是城区对外交通的主要道路，通公交车。

黑龙江北路 370200-K30
[Hēilóngjiāng Běilù]

在市境东部。南起流亭立交桥，北至正阳中路。沿线与重庆北路、文阳路相交。长 3.8 千米，宽 40 米，沥青路面。1984 年开工，1986 年建成。以黑龙江省命名，因位置居北，故名黑龙江北路。两侧有世纪公园、城阳批发市场等。是城市主干道之一，通公交车。

黑龙江中路 370200-K31
[Hēilóngjiāng Zhōnglù]

在市境东部。南起海尔路，北至流亭立交桥。沿线与海尔路、枣山路、九水东路、金水路、仙山东路相交。长 16.2 千米，宽 40 米，沥青路面。1984 年开工，1986 年建成。以黑龙江省命名，因位置居中，故名

黑龙江中路。两侧有李沧区人民政府、李沧万达广场、青岛国际小商品城等。是城市主干道之一，通公交车。

黑龙江南路 370200-K32
[Hēilóngjiāng Nánlù]

在市境东部。南起哈尔滨路，北至海尔路。沿线与合肥路、长沙路、海尔路相交。长 3.8 千米，宽 40 米，沥青路面。1984 年开工，1986 年建成。以黑龙江省命名，因位置居南，故名黑龙江南路。两侧有飞拉利装饰材料采购市场、居然之家、海尔集团、青岛万科城等。是城市主干道之一，通公交车。

福州北路 370200-K33
[Fúzhōu Běilù]

在市境中部。南起宁夏路，北至黑龙江南路。沿线与延吉路、辽阳西路、哈尔滨路相交。长 3.6 千米，宽 65 米，沥青路面。1998 年开工。以福建省省会福州市命名，因位置居北，故名福州北路。两侧有青岛奔宝汽车贸易有限公司、广播电视中心、妇女儿童医院、青岛市中心聋校等。是城市主干道之一，通公交车。

福州南路 370200-K34
[Fúzhōu Nánlù]

在市境中部。南起东海西路，北至宁夏路。沿线与香港中路、闽江路、江西路相交。长 2 千米，宽 50 米，沥青混凝土路面。1993 年开工，1994 年建成。以福建省省会福州市命名，因位置居南，故名福州南路。两侧有卫生学校、海洋地质勘查院、社会保险大厦、中银大厦、青岛银行、永旺东部购物中心等。是城市主干道之一，通公交车。

海尔路 370200-K35
[Hǎi'ěr Lù]

　　在市境东部。南起海口路，北至308国道。沿线与株洲路、合肥路、辽阳西路、银川西路、香港东路相交。长6.6千米，宽50米，沥青路面。1994年开工。因海尔集团而得名。两侧有海尔集团、海尔路人才市场、青岛大学附属医院东院区等。是城市主干道之一，通公交车。

南京路 370200-K36
[Nánjīng Lù]

　　在市境东部。南起东海路，北至重庆南路。沿线与东海西路、香港中路、江西路、宁夏路、辽阳西路、哈尔滨路相交。长5.5千米，宽40米，沥青混凝土路面。1981年开工，1983年、1984年、1990年、1993年、2002年改扩建。以江苏省省会南京市命名。两侧有市北区中央商务区、青岛奥林匹克帆船中心等。是城市主干道之一，通公交车。

深圳路 370200-K37
[Shēnzhèn Lù]

　　在市境东部。南起香港东路，北至青山路。沿线与株洲路、合肥路、辽阳西路、银川西路、香港东路相交。长6千米，宽50米，沥青路面。1994年开工，2004年改扩建。以深圳市命名。两侧有青岛汽车东站、青岛高科技工业园等。是城市主干道之一，通公交车。

台柳路 370200-K38
[Táiliǔ Lù]

　　在市境中部。西起哈尔滨路，东南至莲花山路。沿线与南京路、合肥路、长沙路、开平路相交。长4.2千米，宽16米，沥青路面。1904年开工，1907年建成，2009年改扩建。取台东至柳树台首字得名。沿途

历史文化氛围浓厚。两侧有东建大厦、海珊集团东方衬衫厂、青岛河西农贸市场等。是进出青岛的重要道路，通公交车。

铁路

青烟威荣城际铁路 370200-30-A-a01
[Qīngyānwēiróng Chéngjì Tiělù]

　　客运专线铁路。起点青岛市，止点荣成市。全长316千米。在威海站与桃威铁路相接。2013年11月开工，2014年12月正式通车运行。为双线铁路，设计时速250千米/时。为胶东半岛地区城际铁路的主干路段，也是中国"八纵八横"高速铁路网沿海通道的组成部分，拉近青岛、烟台、威海城市群之间的时空距离，胶东半岛地区开启同城生活模式以及"青烟威荣四市的1小时交通经济圈"。

胶济铁路 370200-30-A-b01
[Jiāojǐ Tiělù]

　　国有铁路。起点青岛，止点济南。全长384.2千米。胶济线东自青岛站引出，在蓝村站与蓝烟线相接，在胶州站与胶新线、胶黄线相接，在芝兰庄站与海青线相接，在青州市站与益羊线相接，在临淄站与辛泰线相接，在淄博站与张东线、张博线相接，在济南站与京沪线相接。1899年开工，1904年建成。1959年胶济复线开始修建。2003年2月开始进行电气化改造工程，2005年6月全面竣工。2005年9月实施了第一次提速，2006年中进行新的提速，2007年4月18日大提速。沿线有特大桥17座，新建大中桥63座、改建7座，新建、改建小桥涵781座。沿途有胜利油田、博山煤矿、坊子煤矿、金岭镇铁矿、昌乐金刚石矿。胶济铁路连接济南、青岛两大城市，是横贯山东的运输大动脉，与邯济线一起

构成晋煤外运的南线通道，是青岛、烟台等港口的重要疏港通道。

蓝烟铁路 370200-30-A-b02
［Lányān Tiělù］

国有铁路。起点即墨市蓝村镇蓝村站，止点芝罘区烟台站。全长 183.9 千米。与胶济铁路相交于蓝村站。1953 年 6 月开工，1956 年建成。2009 年电气化改造开工，2010 年完成。2001 年 12 月蓝烟铁路全线开通运营。为复线铁路。该线路的建成沟通了铁路、公路、海运，构建了以铁路为主的山东半岛交通运输网。

海青铁路 370200-30-A-b03
［Hǎiqīng Tiělù］

国有铁路。起点昌邑市海天站，止点青岛市芝兰庄站。全长 90.3 千米。2010 年 3 月开工，2013 年建成。该项目实现了德龙烟铁路与黄日铁路对接，向北辐射环渤海湾经济圈、京津冀地区，向南连接日照、连云港，使平度成为山东半岛陆路交通枢纽城市。

胶新铁路 370200-30-A-b04
［Jiāoxīn Tiělù］

国有铁路。起点胶州市，止点新沂市。全长 306.6 千米。2001 年 12 月开工，2003 年 10 月建成，2013 年 3 月开始电气化改造。为单线电气化铁路。胶新铁路加强了东北与华北、华东地区的优势互补，缩短运输距离，改变了大量客货交通流量绕经京山、京沪、胶济等干线长距离运输的局面。

胶黄铁路 370200-30-A-b05
［Jiāohuáng Tiělù］

国有铁路。起点胶州市，止点黄岛市。全长 40.17 千米。1991 年 12 月开工，1995 年 6 月建成，同年 12 月开通，2004 年底开始复线电气化改造。为复线电气化铁路。途经特大桥 1 座、大桥 7 座。是横穿胶州市东南部地区、连接胶州和黄岛的重要铁路线。

公路

青银高速公路 370200-30-B-a01
［Qīngyín Gāosù Gōnglù］

高速公路。起点山东省青岛市，止点宁夏回族自治区银川市。沿线经过潍坊、淄博、济南、德州、邢台、石家庄、阳泉、太原、榆林、吴忠等城市。全长 1 610 千米，山东境内长 419 千米。1990 年 7 月开工，1993 年 11 月全线贯通。一级公路，沥青混凝土路面，路面宽 40 米。与济广高速公路、济南绕城高速公路相交。是中国能源东送及出口的主要通道，对加强西北内陆和东部沿海之间的资源互通，促进沿线地区的经济发展发挥着巨大作用。

沈海高速 370200-30-B-a02
［Shěnhǎi Gāosù］

高速公路。起点沈阳市，终点海口市。途经辽宁、山东、江苏、上海、浙江、福建、广东、海南 8 个省市。全长 3 710 千米，山东省境内长 360 千米。2001 年 12 月动工，2003 年 4 月建成。沥青混凝土路面，路面宽 23.5 米。是目前唯一一条贯通中国东南沿海地区的高速公路。

青兰高速 370200-30-B-a03
［Qīnglán Gāosù］

高速公路。起点青岛市，止点兰州市，沿线经过山东境内的青岛、潍坊、莱芜、泰安、聊城等地。全长 1 795 千米，胶州段分两段共 26 千米。大沽河至洋河段长约 13 千米，1991 年 12 月 15 日开工，1995 年 12

月 28 日建成；于里岔镇至于里岔镇孙家洼段长约 10 千米，2005 年开工，2007 年 12 月 22 日建成。双向四至六车道，沥青混凝土路面。与 219 省道相交。青兰高速是国家高速公路网中重要的东西方向主干线之一，是山东省"五纵连四横，一环绕山东"高速公路网中的"横三"，也是山东半岛蓝色经济区社会发展战略布局中对外联系的中央通道。

青新高速 370200-30-B-a04
[Qīngxīn Gāosù]

高速公路。起点山东青岛市，止点河北新河县。全长 108 千米。一期工程 1998 年 10 月开工，2000 年 12 月建成；二期工程 2004 年 12 月 9 日开工，2007 年 12 月 22 日建成。一级公路，沥青路面，路面宽 23~25 米。与青银高速、威青高速相接。为中国国家高速公路网东西横向主干线青岛—银川高速公路的联络线之一。

潍莱高速 370200-30-B-a05
[Wéilái Gāosù]

高速公路。起点潍坊市，止点莱阳市。跨潍坊、青岛、烟台的六个市（区）。全长 140.637 千米。1997 年 3 月开工，1999 年 7 月建成。双向四车道，沥青路面，路面宽 24.5 米。沿线有大桥 19 座、中桥 31 座、小桥 50 座、涵洞 298 道、天桥 39 座、互通立交 14 处。与沈海高速、青新高速、新潍高速、青银高速、潍日高速相交。是胶东半岛一条高速大通道，是山东省"五纵连四横，一环绕山东"高等级公路主框架中的重要组成部分，也是国道主干线青岛至银川、同江至三亚公路的重要连接线。

308 国道 370200-30-B-b01
[308 Guódào]

国道。起点山东省青岛市，终点河北

省石家庄市。经蓝林、潍坊、益都、淄博、济南、高唐、夏津等地。全长 637 千米，山东境内长 434 千米。1984 年开工，1986 年建成。一级公路，沥青路面，路面宽 9~26 米。沿途有 1 处渡口。与 104 国道、220 国道相交。是联系山东、河北两省的重要干线公路，促进了地区社会经济发展。

204 国道 370200-30-B-b02
[204 Guódào]

国道。起点烟台市，终点上海市。途经山东、江苏、上海 3 省市。全长 1 031 千米，山东省境内长 438 千米。20 世纪 20 年代修为简易公路，1954—1955 年修复涛雒—汾水段，1978 年全线改造。一级公路，沥青路面，路面宽 25.0 米。沿途有大桥 1 座、涵洞 12 道。与 222 省道相连。是中国东部沿海地区南北走向的国家主要公路干线。

206 国道 370704-30-B-b03
[206 Guódào]

国道。起点烟台芝罘区，止点广东汕头市。全长 2 440 千米。1948 年修建。一级公路，沥青路面，路面宽 20 米。沿线与 805 省道、222 省道相接。是山东半岛东北部沿海港口与半岛内部的主要国道之一。

202 省道 370200-30-B-c01
[202 Shěngdào]

省道。起点威海市，止点青岛市。全长 262.128 千米。20 世纪 30 年代修建，1956 年、2003 年、2005 年、2010 年多次改建。一、二级公路，沥青路面，路面宽 24 米。与 208 省道、206 省道、207 省道相交。是位于山东省胶东半岛东南部的一条省级干线公路。

325 省道 370200-30-B-c02

[325 Shěngdào]

省道。起点胶州，终点王村。全长301.9千米。1970年开工，1971年建成。二级公路，沥青混凝土路面，路面宽15~24米。建有辛泰铁路公铁立交桥和五里河中桥、涵洞、辅道涵等。是一条横贯山东的国防交通干线。

216 省道 370200-30-B-c03

[216 Shěngdào]

省道。起点黄岛区辛安，止点黄岛区高峪村。全长40.69千米。2005年将原有县道升级，更名为黄渔路；2011年路面拓宽。一、二、三级公路，沥青混凝土路面，路面宽7~24米。与204国道、228国道相交。是黄岛区内一条连接辛安街道与滨海街道的重要通道。

293 省道 370200-30-B-c04

[293 Shěngdào]

省道。起点胶州开发区界，止点黄岛区徐家官庄村南。全长80.695千米。2000年灵山卫至大珠山段开始路基土石方及大中桥建设，2003年完成沥青路面铺筑，2007年升级为省道，2009年10月大珠山至泊里段建设连接至204国道。一级公路，沥青混凝土路面，路面宽22~34米。沿途有特大桥1座、大桥5座。所经地貌为平原、山岭、微丘地区。与216省道、204国道相交。是连接胶州区和黄岛区的重要通道。

398 省道 370200-30-B-c05

[398 Shěngdào]

省道。起点黄岛陈家庄，止点黄岛营南头村南。全长88.42千米。2005年，由韩瓦路、铁栾路、于泊路、大桃路、理营路等部分路段组合升级为省道，同年黄岛界至宝山段进行路基工程拓宽；2012年铺筑沥青路面。一、三级公路，沥青混凝土路面，路面宽7~20米。沿途有大桥1座。所经地貌为平原地区。与204国道、341国道、209省道相交。是黄岛区内贯穿南北的一条重要大通道。

399 省道 370200-30-B-c06

[399 Shěngdào]

省道。起点泽润金融广场，止点道关山口。全长37.91千米。2005年，原县乡路薛鱼路、薛后路、南岭路组合升级为省道，与区西环岛路、东环岛路组合成为环岛路。二、三级公路，沥青混凝土路面，路面宽8~16米。所经地貌为平原地区。是黄岛区内一条重要的旅游道路。

328 省道 370200-30-B-c11

[328 Shěngdào]

省道。起点黄岛，止点胶州张家屯。1999年修建，2009年改造。二级公路，沥青混凝土路面，路面宽12~20米。沿线有中桥4座、小桥17座。

395 省道 370200-30-B-c12

[395 Shěngdào]

省道。起点大沽河特大桥，止点朱诸路，境内全长19.9千米。2005年修建。一级公路，沥青混凝土路面，路面宽24米。沿线有特大桥1座、大桥3座、中桥2座，小桥8座。

397 省道 370200-30-B-c13

[397 Shěngdào]

省道。起点少海新城，止点里岔镇。境内全长42.76千米。12.4K-16K段1997年修建；16K-26K段2002年修建，2013年改造；26K-53.5K段2004年修建；53.5K-55.16K段1989年修建，2007年改造。一、二级公路，沥青混凝土路面，路面宽 12 ~ 24 米。沿线有大桥 3 座、中桥 3 座、小桥 15 座。

392 省道 370200-30-B-c14

[392 Shěngdào]

省道。起点平度店子村，止点平度灰埠村。全长 18.04 千米。1970 年修建。路面宽 10 米。与 218 省道、206 国道相接。是平度西北部通往平度市区的主要公路干线。

220 省道 370200-30-B-c15

[220 Shěngdào]

省道。起点山东平度，止点山东日照。境内全长 30.66 千米。1992 年修建。路面宽 12~25 米。与 218 省道、219 省道、310 省道、309 省道相交。是平度西南部至高密、日照方向唯一一条干线通道。

309 省道 370200-30-B-c16

[309 Shěngdào]

省道。起点山东田横岛，止点山东高青。全长 93.93 千米。1970 年修建。路面宽 12~20 米。与 217 省道、218 省道、219 省道、220 省道、310 省道、308 国道、206 国道相交。是连接平度东南部与西北部的重要通道。

325 省道 370200-30-B-c17

[325 Shěngdào]

省道。起点躬家庄，止点崔家集。全长 55.88 千米，1976 年修建。路面宽 9~12 米。与 217 省道、218 省道、219 省道、220 省道相接。是连接平度南部与莱西的东西向公路干线。

213 省道 370200-30-B-c20

[213 Shěngdào]

省道。起点龙口市，止点青岛市。全长 31.3 千米。1952 年开工。一、二级路面，

沥青路面，路面宽 9~24 米。与 309 省道、503 省道相交。该路作为青岛市中部南北重要交通路线，对地方经济互通及沿线经济发展起着举足轻重的作用。

桥梁

大沽河大桥 370200-N01

[Dàgūhé Dàqiáo]

在市境西部。桥长 1 066 米，桥面宽 25 米，最大跨度 20 米，桥下净高 11 米。2004 年建成。因在大沽河上而得名。为大型河道桥梁，结构型式为空心板梁桥。担负城区干道交通任务，最大载重量 20 吨。

小沽河桥 370200-N02

[Xiǎogūhé Qiáo]

在市区西部。桥长 251.9 米，桥面宽 17.0 米，最大跨度 12 米，桥下净高 4.2 米。1957 年动工。因位于小沽河上而得名。为中型河道桥梁，结构型式为预应力钢筋混凝土空心板梁桥。提高了胶州、即墨、平度等地的陆路运输能力，促进区域经济互动发展。最大载重量 20 吨。通公交车。

市南区

城市道路

中山路 370202-K01

[Zhōngshān Lù]

在区境西部。南起太平路，北至堂邑路。沿线与兰山路、广西路、湖南路、湖北路、曲阜路、大沽路、德县路、海泊路、四方路、高密路、胶州路、北京路、李村路相交。长 1.3 千米，宽 10~18 米，沥青路面。1897 年开工。为纪念孙中山先生而命名。两侧有百盛、

海滨食品商店、妇女儿童用品商店、东方国贸、中山商城、劈柴院等。是沟通区境东西快速路的主干道,通公交车。

太平路 370202-K02

[Tàipíng Lù]

在区境西部。西起朝城路,东至莱阳路。沿线与贵州路、郯城路、河南路、中山路、浙江路、青岛路、江苏路、大学路相交。长1.9千米,宽11~18米,沥青路面。1893年开工。1986年改扩建。因青岛太平角而得名。两侧有青岛实验初级中学、市人民会堂、太平路小学、天后宫、栈桥、栈桥宾馆、青岛日报报业集团、华能大厦等。是城市沿海观光道路,通公交车。

江苏路 370202-K03

[Jiāngsū Lù]

在区境西部。南起太平路,北至胶州路。沿线与广西路、湖南路、沂水路、观象一路、莱芜一路相交。长1.4千米,宽8~15米,沥青路面。德国占领时期修建。以江苏省名命名。两侧有基督教堂、德国海军野战医院旧址、总督府童子学堂旧址、青岛市实验小学、区机关幼儿园等。是城市主要道路之一,通公交车。

大学路 370202-K04

[Dàxué Lù]

在区境西部。南起太平路,北至莱芜二路。沿线与龙口路、黄县路、掖县路、红岛路、齐东路相交。长1.3千米,宽9~15米,沥青路面。德国侵占青岛初期开工。因道路两侧建有多所大学而得名。沿途文化学术氛围浓厚。两侧有中国海洋大学、海洋大学学术交流中心、市文化广电新闻出版局、世界红十字会青岛分会旧址、城建档案馆、市博物馆等。是城市主要道路之一,通公交车。

澳门路 370202-K05

[Àomén Lù]

在区境东部。西起东海西路,东至珠海支路。沿线与惠东路、云安路、金平路、香洲路、丰顺路、清远路、金湾路、增城路、顺德路相交。长2.8千米,宽5.5~10米,沥青路面。1998年开工,1999年建成。因纪念澳门回归而得名。两侧有音乐广场、五四广场、奥帆中心、海滨风景区等。是城市沿海观光的主要道路之一,通公交车。

燕儿岛路 370202-K06

[Yàn'érdǎo Lù]

在区境东部。南起东海中路,北至宁夏路。沿线与香港中路、漳州一路、漳州二路、古田路、泉州路、逍遥一路、逍遥二路、逍遥三路相交。长2千米,宽12米,沥青路面。1982年开工,1983年建成,1990年改扩建。以南端的燕儿岛命名。两侧有新华书城、眼科医院等。是城市主要道路之一,通公交车。

特色街巷

安徽路 370202-A04-L01

[Ānhuī Lù]

在中山路街道东部。长0.9千米,宽20米,沥青路面。以安徽省名命名。街巷中间有老舍公园,沿街有青岛日报社、青岛邮电博物馆、嘉木美术馆、青岛文学馆与良友书坊等文化设施,是一条文化氛围浓郁的老街。通公交车。

山海关路 370202-A08-L01

[Shānhǎiguān Lù]

在八大关街道南部。长0.7千米,宽13米,沥青路面。是八大关内修建的第一条路，以天下第一关"山海关"命名。是一条特色建筑景观路，沿路有欧洲古堡式建筑花石楼以及美国式、日本式建筑，是中外闻名的度假疗养胜地和风景游览区。通公交车。

立交桥

澳柯玛立交桥 370202-P01
[Àokēmǎ Lìjiāo Qiáo]

在市南城区北部。占地面积 130 000 平方米。有三层互不交叉的不同方向的城市道路在此立体相交。最高层离地面 25 米。1998 年动工，2001 年建成。以著名企业澳柯玛集团命名。为中型苜蓿叶型钢混结构立交桥。日交通流量 10 万辆次。是山东路和宁夏路的交汇点，在城市交通中起到缓解早晚高峰时段交通压力的作用。

颐中立交桥 370202-P02
[Yízhōng Lìjiāo Qiáo]

在市南城区东北部。占地面积 150 000 平方米。有三层互不交叉的不同方向的城市道路在此立体相交。最高层离地面 35 米。2002 年动工，2003 年建成。以著名企业颐中集团命名。为中型喇叭型互通式钢混结构立交桥。日交通流量 17.5 万辆次。是东西快速路跨越福州路的重要通道，在城市交通中起到缓解交通拥堵、节约行车时间等作用。

车站

青岛火车站 370202-R01
[Qīngdǎo Huǒchē Zhàn]

铁路客货两用特等站。在区境南部。1900 年始建，1992 年改造。因所在政区而得名。车站站房沿站场东、西、南呈"U"形布局，东、西两侧均设进站广厅、售票厅、基本站台候车室、贵宾室，南侧设端头出站厅及商业房屋；站场南部设高架景观连廊，连接东西进站广厅，中部设旅客通道，在东西两侧站房设出站口。车站地上一层为站台层、售票处和西候车室，地上二层为商业区域，地上三层为办公区域，地下一层为主候车厅，地下二层为地铁站厅。青岛火车站共有 6 站台 10 线，包括两个侧式站台和中间 4 个岛式站台。对方便市民出行起到重要作用。

市北区

城市道路

洛阳路 370203-K01
[Luòyáng Lù]

在区境东南部。东起重庆南路，西至四流南路。沿线与安阳路、商丘路、周口路相交。长 2.6 千米，宽 20 米，沥青路面。1956 年开工，1957 年建成，1989 年改扩建。以河南省洛阳市命名。两侧有中国海洋大学附属中学市北分校、联城广场、洛阳路第二小学等。为城市主干道之一，通公交车。

长沙路 370203-K02
[Chángshā Lù]

在区境东北部。东起重庆南路，西至四流南路。沿线与宜阳路、九江路、重庆南路、台柳路相交。长 3.2 千米，宽 26 米，沥青路面。1962 年开工，1966 年建成，1990 年扩建。以湖南省省会长沙市命名。两侧有中国邮政、博信通纺织机械配件有限公司、青岛市第一建筑工程公司、天地华宇物流等。通公交车。

萍乡路 370203-K03

[Píngxiāng Lù]

在区境东北部。南起重庆南路，北至四流南路。沿线与南丰路、南昌路相交。长 1.6 千米，宽 12 米，沥青路面。1974 年开工，1975 年建成，1989 年改扩建。原名小山路，因易与相交叉之大山路混淆，1981 年更名双山路。1984 年更名萍乡路。两侧有交运集团、青岛海新达国际物流有限公司、中兴投资（中国）有限公司青岛分公司、青岛和力达电气有限公司等。为城区主要道路，通公交车。

瑞昌路 370203-K04

[Ruìchāng Lù]

在区境东南部。东起重庆南路，西至胶州湾高速公路。沿线与南昌路、人民路、杭州路、金华路相交。长 3.7 千米，宽 15 米，沥青路面。1953 年开工，1954 年建成，1982 年改扩建。以江西省瑞昌县命名。两侧有恒博医院、青岛城建集团第五工程公司、海信环湾大厦、青岛四十四中学、中国外运山东有限公司、青岛市滴滴车主俱乐部、汇通大厦、北方金属材料公司等。通公交车。

胶州路 370203-K05

[Jiāozhōu Lù]

在区境西南部。西起中山路，东至上海路与热河路交会处。沿线与博山路、聊城路相交。长 0.9 千米，宽 23.5 米，沥青路面。1914 年开工，1923 年建成，1979 年改扩建。以山东省旧胶州府命名。两侧有青岛市市立医院、观象二路基督教堂、伊都锦商厦、美博城等。通公交车。

人民路 370203-K06

[Rénmín Lù]

在区境东南部。南起威海路，东北至四流南路。沿线与鞍山路、重庆南路、瑞昌路相交。长 3.2 千米，宽 30 米，沥青路面。1931 年开工，1933 年建成，1966 年改扩建。两侧有海慈医院、人民路第二小学、杭州路小学等。通公交车。

立交桥

雁山立交桥 370203-P01

[Yànshān Lìjiāo Qiáo]

在市北城区中部。占地面积 7 384 平方米。有三层互不交叉的不同方向的城市道路在此立体相交。最高层离地面 23 米。1989 年动工，1990 年建成。因雁山集团得名。为小型环式立交桥。日交通流量 9.4 万辆次。在城市交通中起到缓解交通压力的作用，是连接周边主干道的重要交通枢纽。

海信立交桥 370203-P02

[Hǎixìn Lìjiāo Qiáo]

在市北城区中部。占地面积 56 000 平方米。有三层互不交叉的不同方向的城市道路在此立体相交。最高层离地面 15.5 米。1994 年开工，1995 年建成。由海信集团冠名。为大型三层环式立交桥。日交通流量 21.1 万辆次。在城市交通中起到缓解交通压力的作用，是连接周边主干道的重要交通枢纽。

黑龙江路立交桥 370203-P03

[Hēilóngjiānglù Lìjiāo Qiáo]

在市北城区东部。占地面积 12 565 平方米。有三层互不交叉的不同方向的城市道路在此立体相交。最高层离地面 60 米。2000 年开工，2001 年建成。因连接黑龙江路主干道，故以黑龙江路命名。为大型互通式立交桥。日交通流量 11.7 万辆次。在城市交通中起到缓解交通压力的作用，是连接周边主干道的重要交通枢纽。

车站

四方长途汽车站 370203-S01
[Sìfāng Chángtúqìchē Zhàn]

长途汽车客货两用一等站。在区境中部。1991 年 12 月建成并投入使用，2008 年 7 月改造。因所在政区而得名。占地面积 21 439.9 平方米，发送旅客 360 万人次。对方便市民出行起到重要作用。

青岛交运馆陶路长途汽车站 370203-S02
[Qīngdǎo Jiāoyùn Guǎntáolù Chángtúqìchē Zhàn]

长途汽车客货两用站。在城区西部。1949 年 6 月建成。因所在道路而得名。车站建筑面积 1 600 平方米。日班车次近 30 车次。有效联通青岛与周边区县，方便市民出行。

黄岛区

城市道路

黄河西路 370211-K01
[Huánghé Xīlù]

在区境东部。东起昆仑山南路，西至小珠山路。沿线与柳花泊路、云台山路、祁连山路、六盘山路相交。长 9 千米，宽 40 米，混凝土路面。1996 年开工，1998 年建成。以母亲河黄河及方位命名。沿途商业、教育氛围浓厚。两侧有仿古建筑古风商业街、特色农家宴饭店、青岛骨伤医院、青岛西海岸第八中学等。是城市主要交通道路，通公交车。

黄河中路 370211-K02
[Huánghé Zhōnglù]

在区境东部。东起江山中路，西至昆仑山南路。沿线与团结路、奋进路、开拓路相交。长 4.9 千米，宽 40 米，混凝土路面。1997 年开工，同年建成。以母亲河黄河及方位命名。沿途商业氛围浓厚。两侧有辛安街道办事处、辛安街道社区服务中心、尚客优宾馆、辛安敬老院、青岛兴华集团公司等。是城市主要交通道路，通公交车。

黄河东路 370211-K03
[Huánghé Dōnglù]

在区境东部。东起澎湖岛街，西至新街口转盘。沿线与钱塘江路、龙岗山路、疏港高架路相交。长 6 千米，宽 60 米，混凝土路面。1997 年开工，同年建成。以母亲河黄河及方位命名。两侧有集力集装箱公司、青岛全仪精饰科技有限公司、汉庭酒店、普润大厦、青岛前湾港航服务中心等。是城市主要交通道路，通公交车。

嘉陵江西路 370211-K04
[Jiālíngjiāng Xīlù]

在区境东部。东起长白山路，西至奋进路。沿线与江山南路、井冈山路、太行山路相交。长 6 千米，宽 24 米，混凝土路面。1997 年开工，同年建成。以我国名江嘉陵江及方位命名。两侧有青岛滨海学院、开发区双语小学、开发区四中、荣港壹号度假酒店、青岛保税港区等。是城市主要交通道路，通公交车。

嘉陵江东路 370211-K05
[Jiālíngjiāng Dōnglù]

在区境东部。南起金沙滩路西端，西至长白山路。沿线与衡山路、长江东路、珠江路、漓江路相交。长 6 千米，宽 24 米，混凝土路面。1997 年开工，同年建成。以我国名江嘉陵江及方位命名。两侧有青岛理工大学总校区、辛岛社区老年日间照料服务中心、青岛金沙滩啤酒节会场。是城市主要交通道路，通公交车。

长江西路 370211-K06
[Chángjiā Xīlù]

在区境东部。东起太行山路，西至昆仑山南路。沿线与江山南路相交。长 3 千米，宽 40 米，沥青路面。1995 年开工，同年建成。以我国名江长江及方位命名。两侧有中国石油大学、青岛蓝海大饭店、青岛康大豪生大酒店、黄岛区汽车总站等。是城市主要交通道路，通公交车。

长江中路 370211-K07
[Chángjiā Zhōnglù]

在区境东部。东起九连山路，西至太行山路。沿线与井冈山路、武夷山路、庐山路相交。长 3.5 千米，宽 40 米，沥青路面。1995 年开工，同年建成。以我国名江长江及方位命名。两侧有黄岛区东部办公中心、长江路街道办事处、黄岛海关、海都大酒店、多元锦江大饭店、长新酒店等。是城市主要交通道路，通公交车。

长江东路 370211-K08
[Chángjiā Dōnglù]

在区境东部。东起安子码头，西至九连山路。沿线与衡山路、韶山路、青云山路相交。长 6 千米，宽 24 米，沥青路面。1995 年开工，同年建成。以我国名江长江及方位命名。沿途金融和教育文化氛围浓厚。两侧有青岛理工大学南校区、薛家岛街道办事处、福瀛大厦、利群商厦等。是城市主要交通道路，通公交车。

漓江西路 370211-K09
[Líjiāng Xīlù]

在区境东部。东起嘉陵江东路，西至长江路。沿线与江山南路、太行山路、青云山路相交。长 5.6 千米，宽 40 米，沥青路面。2000 年开工，同年建成。以我国名江漓江及方位命名。两侧有中国石油大学、山东兴华集团公司、万利国际上流汇购物广场、黄岛泰成喜来登酒店、山东高速西海岸中心。是城市主要交通道路，通公交车。

漓江东路 370211-K10
[Líjiāng Dōnglù]

在区境东部。东起金沙滩路，西至嘉陵江东路。沿线与华顶山路相交。长 3.2 千米，宽 24 米，沥青路面。2000 年开工，同年建成。以我国名江漓江及方位命名。沿途教育、休闲度假氛围浓厚。两侧有北京电影学院、上海戏剧学院、武船重工、北船重工、途家斯维登度假公寓等。是城市主要交通道路，通公交车。

东岳西路 370211-K11
[Dōngyuè Xīlù]

在区境西部。东起海西路，西至瓮口村。沿线与雷公山路、茂隆山路、西外环路相交。长 3.9 千米，宽 40 米，沥青路面。1994 年开工，1995 年建成。以"五岳"之一的东岳及方位命名。两侧有青岛农商银行、中国邮政银行胶南支行、铁山街道交通运输管理所、平湖度假村等。是城市主要交通道路，通公交车。

东岳中路 370211-K12
[Dōngyuè Zhōnglù]

在区境西部。东起两河路，西至海西路。沿线与墨香路、朝阳山路、大珠山中路相交。长 9.8 千米，宽 40 米，沥青路面。1994 年开工，1995 年建成。以"五岳"之一的东岳及方位命名。两侧有隐珠广场、隐珠山花园、城关公路管理所、青岛西海岸汽车总站、黄岛区第十中学、青岛友和医院等。是城市主要交通道路，通公交车。

东岳东路 370211-K13
[Dōngyuè Dōnglù]

在区境西部。东起昆仑山南路，西至两河路。沿线与大湾港路、阅武路、兰东路相交。长 10.3 千米，宽 40 米，沥青路面。1992 年开工，1993 年建成。以"五岳"之一的东岳及方位命名。两侧有灵山卫街道派出所、润之林金星幼儿园、青岛宏伟电子有限公司等。是城市主要交通道路，通公交车。

双珠路 370211-K14
[Shuāngzhū Lù]

在区境西部。东起滨海大道与海南路交会处，西至嘉宁路。沿线与七墩山路、朝阳山路、烟台路、珠山路相交。长 6.6 千米，宽 27 米，沥青路面。1986 年开工，1987 年建成。因境内有古胶州八景之一的"双珠嵌云"而得名。两侧有青岛银行胶南支行、中国建设银行黄岛支行、招商银行黄岛支行、中国农业银行胶南支行等。是城市主要交通道路，通公交车。

滨海大道 370211-K15
[Bīnhǎi Dàdào]

在区境西南部。东起灵山卫街道与长江路街道交界处，西至大珠山 204 国道收费站。沿线与昆仑山南路、西海岸路、三沙路相交。长 25.1 千米，宽 45 米，沥青路面。2000 年开工，2002 年建成。因濒临大海，故名。两侧有青岛灵山湾影视文化产业区、东亚海洋合作平台黄岛论坛、福朋喜来登

大酒店、红树林大酒店、灵山湾海滨公园、灵山湾国家森林公园、灵山湾省级旅游度假区等。是城市主要交通道路，通公交车。

琅琊台路 370211-K16
[Lángyátái Lù]

在区境西部。东起风河南路，西至东岳中路。沿线与双珠路、灵山湾路、铁橛山路相交。长 4 千米，宽 30 米，沥青路面。1978 年开工，1979 年建成。以境内名胜古迹琅琊台得名。两侧有利群超市、黄岛人民医院等。是城市主要交通道路，通公交车。

昆仑山北路 370211-K17
[Kūnlúnshān Běilù]

在区境东部。南起青龙山隧道南出口，北至红石崖街道行政区划边界线。沿线与团结路、红柳河路、金钱河路相交。长 12.2 千米，宽 24 米，沥青路面。1985 年开工，1986 年建成，1998 年改扩建。以我国名山昆仑山及方位命名。两侧有红石崖街道办事处、西海岸北部工业园、中德生态园、青岛明春商贸有限公司、青岛中钜大件物流有限公司、青岛恒运达汽车服务有限公司等。是城市主要交通道路，通公交车。

昆仑山南路 370211-K18
[Kūnlúnshān Nánlù]

在区境东部。南起积米崖港区码头，北至青龙山隧道南出口。沿线与长江西路、香江路、漓江西路相交。长 8.1 千米，宽 24 米，沥青路面。1985 年开工，1986 年建成，1998 年改扩建。以我国名山昆仑山及方位命名。沿途科技氛围浓厚。两侧有光谷软件园、辛安工业园、中康颐养中心、青岛大学附属医院、大唐风力发电厂。是贯穿区境南北的通道，通公交车。

江山北路 370211-K19

[Jiāngshān Běilù]

在区境东部。南起黄河东路，北至胶州湾高速公路。沿线与淮河路相交。长 4.5 千米，宽 40 米，沥青路面。1985 年开工，1986 年建成，1998 年改扩建。以我国名山江山及方位命名。两侧有青岛新世纪职业技术专修学校、中储股份有限公司、中国石化公司、青岛远洋船舶供应有限公司、辛安交通管理所、青岛铁路招待所。是城市主要交通道路，通公交车。

江山中路 370211-K20

[Jiāngshān Zhōnglù]

在区境东部。南起齐长城路，北至新街口转盘。沿线与前湾港路、松花江路相交。长 8 千米，宽 40 米，沥青路面。1985 年开工，1986 年建成，1998 年改扩建。以我国名山江山及方位命名。两侧有柳州五菱汽车厂、瑞驰晏汽车部件青岛有限公司、畅春园大酒店、锦江之星大酒店等。是城市主要交通道路，通公交车。

江山南路 370211-K21

[Jiāngshān Nánlù]

在区境东部。南起漓江西路，北至齐长城路。沿线与长江路、香江路、嘉陵江西路相交。长 5.8 千米，宽 40 米，沥青路面。南北走向。1985 年开工，1986 年建成，1998 年改扩建。以我国名山江山及方位命名。沿途教育文化、休闲氛围浓厚。两侧有开发区第一中学、中国石油大学、青岛职业技术学校、青岛滨海学院、青岛保税港区、卓亭广场、宏运大酒店、克拉玛依宾馆、丰泽园酒店。是城市主要交通道路，通公交车。

特色街巷

红席巷 370211-B02-L01

[Hóngxí Xiàng]

在泊里镇东部。长 360 米，宽 5 米，沥青路面。因泊里红席由来已久，素有"红席之乡"的美誉，因此命名为红席巷。通公交车。

桥梁、立交桥

风河大桥 370211-N01

[Fēnghé Dàqiáo]

在黄岛城区西南部。桥长 182.0 米，桥面宽 26.0 米，最大跨度 13.0 米，桥下净高 4.0 米。1995 年动工，同年建成。因跨越风河，故名。为大型河道桥梁，结构型式为钢筋混凝土空心板桥。在城市交通中起缓解交通拥堵等作用。最大载重量 20 吨。通公交车。

新街口立交桥 370211-P01

[Xīnjiēkǒu Lìjiāo Qiáo]

在黄岛城区东部。占地面积 34 720 平方米。有二层互不交叉的不同方向的城市道路在此立体相交。最高离地面 6 米。2004 年动工，2005 年建成。为大型全互通式首蓿叶结构型立交桥。日交通流量 1.97 万辆次。在城市交通中起到重要枢纽作用。

车站

青岛西海岸汽车总站 370211-S01

[Qīngdǎo Xīhǎi'àn Qìchē Zǒngzhàn]

长途汽车客货两用站。在区境中部。2012 年 6 月开工，2014 年建成。因所在地理位置而得名。青岛西海岸汽车总站占地面积 109 673.4 平方米，建筑面积 11 093 平方米，商业面积 3 300 平方米，日发 60 余班次，发送旅客 300 余人次。是黄岛区对外区市、外省市连接的公路交通重要枢纽。

崂山区

城市道路

崂山路 370212-K01
[Láoshān Lù]

在市境南部。西起香港东路，东至崂山风景区垭口停车场。沿线与西沙路、南沙路、基地一路相交。长 12 千米，宽 16 米，沥青路面。2012 年开工，2013 年建成。两侧有汇海山庄度假酒店、德泰大酒店、石老人观光园、北京大学（青岛）国际学术中心、汇海山庄度假酒店等。通公交车。

松岭路 370212-K02
[Sōnglǐng Lù]

在市境西南部。南起香港东路，北至仰口隧道。沿线与辽阳东路、枣山东路、九水东路相交。长 18.8 千米，宽 16 米，沥青路面。2007 年建成，2008 年、2014 年改扩建。以大兴安岭地区南部的松岭区命名。两侧有青岛二中、青岛科技大学、青岛国际高尔夫俱乐部、枯桃花卉生态园、中国海洋大学、青岛第一国际学校、海信新研发中心等。是城区主要交通干道，通公交车。

隧道

仰口隧道 370212-30-E01
[Yǎngkǒu Suìdào]

在崂山区东北部。分左右两个隧洞，其中左线长 3 875 米，右线长 3 888 米，单洞宽 14.6 米，高 8 米。2004 年动工，2006 年通车。因隧道位置在仰口而得名。仰口隧道是青岛滨海公路北段的重要组成部分，具有重要的社会经济意义。

车站

青岛汽车东站 370212-S01
[Qīngdǎo Qìchē Dōngzhàn]

长途汽车客货两用一级站。在市境东部，区境西南部。2002 年开工，2004 年 10 月建成。因所在政区而得名。总占地面积 66 000 平方米。日发车量 2 000 余班次，接发旅客 60 000 余人次。是青岛市最大的综合性汽车总站，是青岛东部地区道路客运枢纽。

李沧区

城市道路

长水路 370213-K01
[Chǎngshuǐ Lù]

在区境东部。东起惠水路，西至天水路。沿线与汉川路、宾川路、东川路相交。长 3.9 千米，宽 36 米，沥青路面。2014 年开工，同年建成。以河南省长水镇命名。两侧有世园大厦、青岛世博园、青岛恒星大酒店、世园寒轩酒店、青岛融海世园酒店等。是城区主要道路之一，通公交车。

书院路 370213-K02
[Shūyuàn Lù]

在区境中部。东起京口路，西至小白干路。沿线与君峰路、青峰路、峰山路、古镇路相交。长 1.1 千米，宽 30 米，沥青路面。清光绪二十四年（1898）辟为公路，1986 年改扩建。以区内书院村命名。两侧有崂山大厦等。是城区主要道路之一，通公交车。

文昌路 370213-K03
[Wénchāng Lù]

在区境中部。南起金水路，北至湘潭路。沿线与文安路、环翠路、邢台路、十梅庵路、大枣园路相交。长 5.8 千米，宽 12 米，沥青路面。2008 年改扩建。以文昌阁村命名。两侧有文昌路小学、石沟农贸市场、九九久养老院等。是城区主要道路之一，通公交车。

夏庄路 370213-K04
[Xiàzhuāng Lù]

在区境北部。南起京口路，北至金水路。沿线与大崂路、源头路、南崂路、中崂路相交。长 1.9 千米，宽 18 米，沥青路面。1980 年改扩建。以夏庄命名。两侧有李村公园、广业锦江大酒店、伟东乐客城购物中心等。是城区南北向主要道路之一，通公交车。

特色街巷

十梅庵路 370213-A10-L01
[Shíméi'ān Lù]

在湘潭路街道中部。长 2.1 千米，宽 14 米，沥青路面。因十梅庵村命名。周边有居民区、十梅庵公园、古城顶遗址。明初，以附近庙宇前种植 10 株梅花而出名，1995 年在此大面积种植梅花建成梅园，文化历史氛围浓厚。通公交车。

立交桥

海尔路立交桥 370213-P01
[Hái'ěrlù Lìjiāo Qiáo]

在李沧城区南部。占地面积 150 000 平方米。有三层互不交叉的不同方向的城市道路在此立体相交。最高层离地面 25 米。2003 年动工，2005 年建成。因建于海尔路之上而得名。为中型互通式立交桥。日交通流量 13.3 万辆次。为经济社会发展提供充分的交通服务保障。

重庆路立交桥 370213-P02
[Chóngqìnglù Lìjiāo Qiáo]

在李沧城区南部。占地面积 250 000 平方米。有三层不交叉的不同方向的城市道路在此立体相交。最高层离地面 35 米。2007 年动工，2012 年建成。因位于重庆路而得名。为大型互通式立交桥。日交通流量 16.2 万辆次。

车站

青岛北站 370213-R01
[Qīngdǎo Běizhàn]

铁路客货两用站。在区境西部。2010 年开工建设，2012 年建成。因所在位置命名。占地面积 91 770 平方米，建筑面积 68 828 平方米。共 8 个站台。是青岛市未来主要的客运枢纽之一。

沧口汽车站 370213-S01
[Cāngkǒu Qìchē Zhàn]

长途汽车客货两用站。在李沧区重庆中路。1993 年始建，2003 年扩建。因位于沧口批发市场处得名。占地面积约 8 772.61 平方米。其中，候车大厅 735.3 平方米，站前广场约 350 平方米，站内停车场约 7 700 平方米，可停放车辆 50 余辆。主要运营线路 500 余条，通往江苏、河北、浙江、河南、福建、北京、上海、湖北、安徽、天津等全国各主要城市，日客流量 1 400 万人次。起到综合交通运输服务作用。

城阳区

城市道路

春阳路 370214-K01

[Chūnyáng Lù]

在区境北部。东起烟青公路，西至岙东北路。沿线与青威路、长城路、中城路、黑龙江北路、双元路、正源路、祥源路等相交。长 22 千米，宽 24 米，沥青路面。1995 年开工，1996 年建成。以嘉言"春艳秋硕"加"阳"字命名。两侧有青特小镇、区实验中学、青岛农业大学、青岛振兴达集团、华电青岛环保技术有限公司等。为城阳区北部东西方向主干道路，通公交车。

明阳路 370214-K02

[Míngyáng Lù]

在区境中部。东起国城路，西至 204 国道。沿线与长城路、中城路、春城路等相交。长 2.9 千米，宽 22 米，沥青路面。1995 年开工，1996 年建成。以嘉言"明德正和"加"阳"字命名。两侧有城阳区人民政府、青岛电大城阳分校、区实验幼儿园等。是进出城阳区政府的东西主干道之一，通公交车。

正阳西路 370214-K03

[Zhèngyáng Xīlù]

在区境中部。东起双元路，西至城阳区、胶州市边界线。沿线与和源路、华贯路、祥源路、聚贤桥路、龙翔路相交。长 19.3 千米，宽 24 米，沥青路面。1997 年开工，同年建成，2008 年改扩建。以"明德正和"加"阳"字命名，因此段位于西部，故名。两侧有中远物流仓储配送有限公司、青岛高新国际企业港、李仙庄工业园等。为通往胶州的主干道，通公交车。

正阳中路 370214-K04

[Zhèngyáng Zhōnglù]

在区境中部。东起烟青一级公路，西至双元路。沿线与宁城路、民城路、靖城路、春城路、长城路、山城路、中城路相交。长 8.8 千米，宽 24 米，沥青路面。1994 年开工，1997 年建成，2008 年改扩建。以"明德正和"加"阳"字命名，因此段位于中部，故名。两侧有城阳区人民政府、城阳区人民法院、利群商场、鲁邦国际风情街等。是城阳区重要的东西交通主干道，通公交车。

正阳东路 370214-K05

[Zhèngyáng Dōnglù]

在区境中部。东起王沙路，西至烟青一级公路。沿线与驯虎山路、源福路、玉皇岭路相交。长 5.1 千米，宽 24 米，沥青路面。1997 年建成，2008 年改扩建。以"明德正和"加"阳"字命名，因此段位于东部，故名。两侧有惜福镇街道办事处、城阳第十中学、惜福镇工业园等。通公交车。

岙东北路 370214-K06

[Àodōng Běilù]

在区境西部。南起上马街道与棘洪滩街道边界线，北至城阳与即墨边界线。沿线与凤祥路、春阳路、锦宏路、宏通路、宏顺路、宝泉路、红星路等相交。长 10.8 千米，宽 40 米，沥青路面。1991 年开工，2010 年改扩建。以沿线群众习惯叫法命名，此段位于北部，故名。两侧有棘洪滩街道办事处、城阳区第二十中学、青岛铁路橡胶厂、锦绣工业园、南泉工业园等。为连接即墨的南北主干道，通公交车。

岙东中路 370214-K07
[Àodōng Zhōnglù]

在区境西部。南起上马街道与红岛街道边界线，北至上马街道与棘洪滩街道边界线。沿线与凤栖路、正阳西路、育英路、凤仪路、上里公路等相交。长 2.2 千米，宽 40 米，沥青路面。1991 年开工，2010 年改扩建。以沿线群众习惯叫法命名，此段位于中部，故名。两侧有上马街道办事处、城阳第二人民医院、青岛大学附属心血管病医院城阳分院、城阳第三高级中学等。为城阳西部南北主干道，通公交车。

岙东南路 370214-K08
[Àodōng Nánlù]

在区境西南部。东起航天测绘站，折北至上马街道与红岛街道边界线。沿线与汇海路、新韵路、火炬路、新悦路、田海路等相交。长 12.4 千米，宽 40 米，沥青路面。1991 年开工，2010 年改扩建。以沿线群众习惯叫法命名，此段位于南部，故名。沿途多酒店等餐饮服务单位。两侧有红岛街道办事处等。为城阳区西部进出海湾大桥的东西主干道，通公交车。

中城路 370214-K09
[Zhōngchéng Lù]

在区境中部。南起兴阳路，北至 204 国道。沿线与正阳中路、明阳路相交。长 3.4 千米，宽 22.8 米，沥青路面。1995 年开工，1996 年建成。因道路位于城区中心位置而得名。两侧有青岛农业大学、太阳城商场、中城路美食城、区公安局、区人力资源和社会保障局等。为城阳区南北主干道，通公交车。

长城路 370214-K10
[Chángchéng Lù]

在区境中部。南起黑龙江北路，北至墨水河。沿线与文阳路、崇阳路、正阳路、春阳路相交。长 5.3 千米，宽 45 米，沥青路面。1996 年开工，1998 年建成，2014 年改扩建。以中国古代标志性建筑命名。两侧有曲阳大厦、国贸大厦、城阳人民医院、宝龙城市广场、青岛奥林匹克运动公园等。为城阳区南北主干道，通公交车。

立交桥

流亭立交桥 370214-P01
[Liútíng Lìjiāo Qiáo]

在城阳城区中部。占地面积 133 333 平方米。有三层互不相交叉的不同方向的城市道路在此立体相交。最高层离地面 13.5 米。1989 年动工，1991 年建成。因其位于城阳区流亭街道境内而命名。为大型全苜蓿叶三层互通式立交桥。日交通流量 6.7 万辆次。是青岛市北部陆路交通咽喉，是济青、烟青公路交汇点。

车站

城阳火车站 370214-S01
[Chéngyáng Huǒchē Zhàn]

铁路客货两用三等站。在区境中部。始建于 1901 年。因所在政区而得名。站房总面积 1 077 平方米，候车室面积 223 平方米。日班车辆 7 车次。是城阳区的一座百年老站。

青岛汽车北站 370214-S01

[Qīngdǎo Qìchē Běizhàn]

长途汽车客货两用一等站。在区境南部。因所在政区和位置而得名。2000 年 1 月开工，2004 年 4 月建成。有三层车站主楼，始发班线 52 条，始发班车次 160 次。营运线路覆盖全省，通达国内 23 个大中城市及直辖市。

胶州市

城市道路

兰州路 370281-K01

[Lánzhōu Lù]

在市境中部。西起西外环路，东至大沽河。沿线与泰州路、杭州路、广州路、福州路、温州路等相交。长 10.7 千米，宽 16 米，沥青路面。1992 年开工，同年建成，1998、2003、2005、2007 年改扩建。以城市名命名。沿途现代商业氛围浓厚。是城区交通主干道，通公交车。

泸州路 370281-K02

[Lúzhōu Lù]

在市境中部。西起杭州路，东至福州路。沿线与福州支路、常州路、南坦街、广州路相交。长 2.1 千米，宽 16 米，沥青路面。1994 年开工，同年建成，2000 年改扩建。以城市名命名。两侧有胶州学校、胶州银行等。是城区交通主干道，通公交车。

北京路 370281-K03

[Běijīng Lù]

在市境南部。西起西外环路，东至海尔大道。沿线与杭州路、梧州路、广州路、常州路、福州路、厦门路、温州路等相交。长 40 千米，宽 40 米，沥青混凝土路面。2001 年建成。以城市名命名。两侧有政府机关大楼、东行政服务中心大楼、西行政服务中心大楼等。是城区东西交通主干道，通公交车。

杭州路 370281-K04

[Hángzhōu Lù]

在市境中部。北起胶州火车站，南至南外环路。沿线与胶州路、郑州路、兰州路、泸州路、扬州路相交。长 5.3 千米，宽 34 米，沥青路面。1995 年开工，同年建成，2009 年扩建。以城市名命名。沿途多学校，文化气氛浓厚。是城区交通主干道，通公交车。

广州路 370281-K05

[Guǎngzhōu Lù]

在市境中部。北起北外环路，南至南外环路。沿线与胶州路、郑州路、兰州路、泸州路、扬州路相交。长 8.7 千米，宽 32 米，沥青路面。1986 年开工，同年建成，2009 年、2014 年改扩建。以城市名命名。沿途多商业网点，为胶州市商业中心。是城区交通主干道，通公交车。

常州路 370281-K06

[Chángzhōu Lù]

在市境东部。北起胶州路，南至香港路。沿线与郑州路、兰州路、泸州路、龙州路、扬州路、北京州路、澳门路等相交。长 30 千米，宽 7 米，沥青混凝土路面。1995 年建成。以城市名命名。两侧有向阳批发市场、机关幼儿园、人民会堂等。是城区南北交通主干道，通公交车。

胶州路 370281-K07

[Jiāozhōu Lù]

在市境中部。西起外环路，东至泉州路。沿线与杭州路、广州路、福州路相交。长 7.2

千米，宽 32 米，沥青路面。1986 年开工，同年建成，2008 年扩建。因位于胶州地域得名。是市区交通主干道，通公交车。

福州路 370281-K08
[Fúzhōu Lù]

在市境中部。北起北外环路，南至南外环路。沿线与香港路、澳门路、北京路、扬州路、兰州路、郑州路、胶州路相交。长 6.7 千米，宽 24 米，沥青混凝土路面。1994 年开工，同年建成，2010 年、2013 年改扩建。以福建省福州市命名。是市区南北主干道，通公交车。

郑州路 370281-K09
[Zhèngzhōu Lù]

在市境中部。西起二里河东岸，东至泉州路。沿线与杭州路、惠州路、广州路、常州路、福州路、温州路相交。长 3.6 千米，宽 16 米，沥青路面。1983 年开工，同年建成，2010 年、2014 年改扩建。以河南省郑州市命名。沿途有医院、学校等。是市区交通主干道，通公交车。

特色街巷

方井街 370281-A03-L01
[Fāngjǐng Jiē]

在中云街道中部。长 0.3 千米，宽 4 米，水泥路面。因有清朝古方井得名。街内方井已有 300 年历史，是现存保留下来的胶州"内八景"之一，是胶州市市级保护文物。沿街两侧有胶州老一中遗址。两侧多中式建筑，是周边居民娱乐活动的主要场所。通公交车。

桥梁

大麻湾桥 370281-N01
[Dàmáwān Qiáo]

在胶州市区东部。桥长 250 米，桥面宽 12 米，最大跨度 13 米，桥下净高 5.1 米。1982 年建成。因靠近大麻湾村得名。为中型河道桥梁，结构型式为空心板梁桥。担负城区道路干道交通任务，最大载重量 30 吨。通公交车。

洋河崖桥 370281-N02
[Yánghéyá Qiáo]

在胶州市区南部。桥长 380 米，桥面宽 16 米，最大跨度 20 米，桥下净高 4.6 米。2001 年建成。因靠近洋河崖村得名。为中型河道桥梁，结构型式为空心板梁桥。担负城区道路干道交通任务，最大载重量 30 吨。通公交车。

朱诸路铺集大桥 370281-N03
[Zhūzhūlù Pùjí Dàqiáo]

在胶州市区西部。桥长 280 米，桥面宽 16 米，最大跨度 20 米，桥下净高 5 米。1999 年建成。因靠近铺集镇得名。为中型河道桥梁，结构型式为空心板梁桥。担负城区道路干道交通任务，最大载重量 30 吨。通公交车。

三城路沙梁桥 370281-N04
[Sāchénglù Shāliáng Qiáo]

在胶州市区东北部。桥长 193 米，桥面宽 14.2 米，最大跨度 8.7 米，桥下净高 4.5 米。1988 年建成。因靠近沙梁村得名。为中型河道桥梁，结构型式为板梁桥。担负城区道路干道交通任务，最大载重量 30 吨。通公交车。

云溪河桥 370281-N05

［Yúnxīhé Qiáo］

在胶州市区中部。桥长 60 米，桥面宽 12 米，最大跨度 8 米，桥下净高 4 米。原为木桥，1955 年以木加宽，1965 年用条石加宽。1973 年重建。1991 年、2010 年改扩建。因云溪水改道入护城河而得名。为中型河道桥梁，结构型式为石台石墩石板桥。负担城区道路干道交通任务，最大载重量 60 吨。通公交车。

辛店桥 370281-N06

［Xīndiàn Qiáo］

在胶州市区南部。桥长 120 米，桥面宽 26 米，最大跨度 16 米，桥下净高 3 米。2006 年建成。因靠近辛店村得名。为中型河道桥梁，结构型式为空心板梁桥。担负城区道路干道交通任务，最大载重量 49 吨。通公交车。

沈海高速桥 370281-N07

［Shěnhǎi Gāosù Qiáo］

在胶州市区西部。桥长 110 米，桥面宽 26 米，最大跨度 40 米，桥下净高 7.1 米。2006 年建成。因跨越沈海高速得名。为中型高速桥梁，结构型式为空心板梁桥。担负城区道路干道交通任务，最大载重量 49 吨。通公交车。

上里路洋河崖桥 370281-N08

［Shànglǐlù Yánghéyá Qiáo］

在胶州市区南部。桥长 207 米，桥面宽 13 米，最大跨度 25 米，桥下净高 5.6 米。1984 年建成。2012 年建成。因靠近洋河崖村得名。为中型河道桥梁，结构型式为箱型梁桥。担负城区道路干道交通任务，最大载重量 49 吨。通公交车。

张应大桥 370281-N09

［Zhāngyīng Dàqiáo］

在胶州市区西部。桥长 155 米，桥面宽 8.6 米，最大跨度 10 米，桥下净高 5.6 米。1985 年建成。因靠近张应村得名。为中型河道桥梁，结构型式为石拱桥。担负城区道路干道交通任务，最大载重量 30 吨。通公交车。

二里河桥 370281-N10

［Èrlǐhé Qiáo］

在胶州市区西部。桥长 80 米，桥面宽 20 米，最大跨度 6 米，桥下净高 4 米。1945 年动工，2005 年扩建，2012 年重新铺设沥青路面。因距市区中心二里路，故名。为小型河道桥梁，结构型式为石拱桥。负担城区道路干道交通任务，最大载重量 50 吨。通公交车。

车站

胶州站 370281-R01

［Jiāozhōu Zhàn］

铁路客货两用二等站。在胶州市境北部。1901 年始建，1990 年完成双线工程建设，1993 年新修胶黄铁路和 2003 年修建胶新铁路均在胶州站内接轨。2005 年 7 月，站场线路进行电气化铁路改造后，车站中心位置西移至胶济线 72 千米 +720 米处。因所在政区而得名。车站客运楼建筑面积 2 786 平方米，设有 2 个独立综合性货场，总面积 9 547 平方米。有混合仓库 3 座 2 197 平方米。客运楼一楼设有行李房、售票厅、安检室、候车厅、售货点；二楼设有候车室、售货点、检票处、广播室，一、二楼候车室使用面积 1 694 平方米，可供 1 540 人同时候车。正线 2 条，到发线增至 9 条，货物线9条,专用线17条,办理胶黄线、胶新线、胶济线部分列车编组、解体、中转、通过和会让业务,年总发送旅客量达73万人次。在城市交通中起到综合交通运输服务作用。

胶州北站 370281-R02
[Jiāozhōu Běizhàn]

铁路客货两用站。在胶州市胶莱镇。2009年6月1日始建,2010年10月20日竣工,12月28日通过工程竣工复验并启用。因所在铁路专线而得名。站房欧式建筑风格与新建青岛火车站保持统一,造型古朴典雅,美观大方,是一座现代化的客运站房。建筑面积7141.92平方米,地上二层(局部夹层),建筑总高度21.3米。一层设有行包房、托取厅、软席候车室、售票厅、集散厅、候车厅、出站厅等,其中出站大厅与旅客地道连接。二层设有基本站台候车室、信息机房、广播监控、休闲茶座、办公房间等。年均发送旅客3000人次。在城市交通中起到综合交通运输服务作用。

胶州汽车总站 370281-S01
[Jiāozhōu Qìchē Zǒngzhàn]

长途汽车客货两用二等站。在胶州市境东部。2005年始建,2010年改扩建。因所在政区而得名。占地5.2万平方米。营运线路119余条,始发线路25余条,过路班次86余条,年日均发送旅客5600余人次。在城市交通中起到综合交通运输服务作用。

即墨市

城市道路

新兴路 370282-K01
[Xīnxīng Lù]

在市境中部。北起青威路,南至文化路。沿线与振华街、蓝鳌路、鹤山路相交。长3.3千米,宽16米,沥青路面。1977年开工,1996年建成,2014年扩建。寓意创新兴旺,命名新兴路。两侧有即墨市城建局、即墨市环保局等。为市区南北交通干道,通公交车。

鹤山路 370282-K02
[Hèshān Lù]

在市境中部。东起埠惜路,西至华山三路。沿线与烟青一级路、烟青路、泰山一路、新兴路、华山一路相交。长9.8千米,宽31米,沥青路面。1996年建成,2010年、2013年改扩建。以鹤山命名。沿途多商铺,商业繁华。两侧有即墨市服装批发市场、即墨市小商品城、即墨利群商厦、即墨汽车总站等。是市区东西向主干道之一,通公交车。

振华街 370282-K03
[Zhènhuá Jiē]

在市境中部。东起营流路,西至嵩山一路。沿线与烟青路、新兴路相交。长2.8千米,宽16米,沥青路面。1993年建成,2010年改扩建。取振兴中华之意命名。两侧有即墨市人民政府、即墨市公安局、即墨市人民法院、即墨市国税局、墨河公园等。通公交车。

文化路 370282-K04
[Wénhuà Lù]

在市境南部。东起 204 国道，西至华山三路。沿线与泰山一路、泰山二路、烟青路、新兴路、嵩山一路、嵩山二路、嵩山三路、华山一路、华山二路相交。长 8.8 千米，宽 16 米，沥青路面。1942 年开工，1983 年、2002 年改扩建。因途经路段多学校，故名。两侧有德馨小学、墨河公园、即墨一中、即墨实验中学等。通公交车。

桥梁

横河桥 370282-N01
[Hénghé Qiáo]

在即墨城区中部。桥长 72 米，桥面宽 10 米，最大跨度 82 米，桥下净高 5.5 米。1972 年建成，2001 年大修。以所跨河流得名。为小型河道桥梁，结构型式为石台灌柱桩石拱桥。担负城区干道交通任务，最大载重量 30 吨。通公交车。

平度市

城市道路

红旗路 370283-K01
[Hóngqí Lù]

在市境中部。东起青啤大道，西至兰州路。沿线与兰州路、郑州路、扬州路、常州路等相交。长 6.2 千米，宽 36 米，沥青路面。1985 年开工，2005 年、2009 年改扩建。以无产阶级革命象征的寓意得名。两侧有平度大会堂、平度广播电视台、平度实验小学、平度民俗艺术馆、平度市公安局等。为城市东西交通干道，通公交车。

厦门路 370283-K02
[Xiàmén Lù]

在市境南部。西起锦州路，东至东外环路。沿线与柳州路、兰州路、郑州路、常州路、杭州路、福州南路、广州路、青啤大道等相交。长 13.1 千米，宽 50 米，沥青路面。2008 年开工，2010 年建成。以城市名命名。两侧有巴龙制衣、嘉丰制衣厂、浩龙标志服装公司、千迅仪表公司、光明印刷厂等。为城市南北交通干道，通公交车。

锦州路 370283-K03
[Jǐnzhōu Lù]

在市境西部。北起天津路，南至青岛路。沿线与南京路、人民路、红旗路、厦门路、三城路等相交。长 3.7 千米，宽 50 米，沥青路面。2002 年开工，2003 年建成。以城市名命名。沿途多企业。两侧有青岛金坤建筑有限公司、平度市胜利印刷厂、发达热电技术公司等。为城市南北交通干道，通公交车。

泉州路 370283-K04
[Quánzhōu Lù]

在市境东部。北起北京路，南至厦门路。沿线与天津路、南京路、人民路、红旗路、青岛路相交。长 4.2 千米，宽 32 米，沥青路面。2002 年开工，2003 年建成。以城市名命名。两侧有新东方驾校、档案局、信访局等。为城市南北交通干道，通公交车。

常州路 370283-K05
[Chángzhōu Lù]

在市境中部。南起青银高速，北至潍莱高速。沿线与天津路、南京路、人民路、红旗路、青岛路、厦门路、三城路、新区大道等相交。长 10.5 千米，宽 45 米，沥青路面。1958 年开工，1977 年、1980 年改扩建。以城市名命名。两侧有蒙磊乳业公司、平度卫校、平度市安监局、三利服装厂、青岛第三仪器厂、市粮食局等。为城市南北交通干道，通公交车。

广州路 370283-K06
[Guǎngzhōu Lù]

在市境东部。南起青岛路，北至北外环路。沿线与天津路、南京路、人民路、红旗路、厦门路、深圳路、新区大道、世纪大道、阳光大道相交。长7.6千米，宽50米，沥青路面。1995年开工，同年建成，2008年、2013年、2014年改扩建。以城市名命名。两侧有格力食品工业公司、鑫光正钢结构材料公司、青岛琪丰化工公司、平泰电子公司、飞龙伟业工贸公司等。为城市南北交通干道，通公交车。

杭州路 370283-K07
[Hángzhōu Lù]

在市境中部。北起潍莱高速公路，南至泽河。沿线与天津路、南京路、人民路、红旗路、青岛路、厦门路、三城路、新区大道等相交。长8.1千米，宽50米，沥青路面。1984年开工，1986年建成。以城市名命名。两侧有平度市实验幼儿园、平度市地税局、平度市劳动局、平度市城关街道办事处、平度中医院、江河水利工程公司、平度市体育馆、青岛仲裁委平度仲裁中心等。为城市南北交通干道，通公交车。

福州路 370283-K08
[Fúzhōu Lù]

在市境中部。北起潍莱高速，南至泽河。沿线与天津路、南京路、人民路、红旗路、青岛路、厦门路、三城路、新区大道等相交。长6.5千米，宽50米，沥青路面。1958年开工，1985年改建。以城市名命名。两侧

有平度植物园、平度第六人民医院门诊等。为城市南北交通干道，通公交车。

郑州路 370283-K09
[Zhèngzhōu Lù]

在市境中部。北起潍莱高速公路，南至泽河。沿线与天津路、南京路、人民路、红旗路、青岛路、厦门路、三城路、新区大道等相交。长11.1千米，宽50米，沥青路面。1984年开工，1985年、2008年改扩建。以城市名命名。两侧有平度市建安勘查测绘院、平度市国土局、平度市环保局、北关市场、刘芳大厦、敖东大酒店、平度市审计局、平度市市场发展局等。为城市南北交通干道，通公交车。

人民路 370283-K10
[Rénmín Lù]

在市境中部。东起青啤大道，西至柳州路。沿线与泸州路、锦州路、兰州路、常州路等相交。长8.8千米，宽40米，沥青路面。1985年开工，1989年建成，2005年改建。两侧有万通工艺、平度通信鲁通公司、人民广场等。是城市东西交通干道，通公交车。

青岛路 370283-K11
[Qīngdǎo Lù]

在市境中部。东起福州路，西至东马家沟村。沿线与青啤大道、广州路、泉州路、永州路、杭州路、常州路、郑州路、兰州路、锦州路、泸州路、柳州路等相交。长12.1千米，宽30米，沥青路面。1985年建成。以城市名命名。两侧有平度市交通局、青岛市仲裁委平度仲裁中心、平度市司法局、平度市妇幼保健院、平度市果品批发市场、胶东古玩文化市场等。为城市东西交通干道，通公交车。

天津路 370283-K12
［Tiānjīn Lù］

在市境北部。东起青啤大道，西至三城公路。沿线与锦州路、郑州路、常州路、福州路、广州路相交。长 8.8 千米，宽 50 米，沥青路面。1999 年开工，2000 年建成。以城市名命名。两侧有航天幼儿园、平度一中、平度九中等。为城市中心东西主干道，通公交车。

桥梁

荷花桥 370283-N01
［Héhuā Qiáo］

在平度城区西北部。桥长 116.3 米，桥面宽 17 米，最大跨度 100 米，桥下净高 16 米。1984 年动工，1985 年建成。因横跨在荷花湾上而得名。为中型桥梁，结构型式为钢筋混凝土石板桥。担负城区主干道交通任务，最大载重量 10 吨。通公交车。

车站

平度汽车站 370283-S01
［Píngdù Qìchē Zhàn］

长途汽车客货两用一等站。在市境中部。2004 年 1 月开工，同年 6 月建成。因所在政区而得名。建筑面积 6 283 平方米。日始发班次 1 100 个，日均旅客发送量 1.2 万人次，最大日发送量 3 万余人次。

莱西市

城市道路

石岛路 370285-K01
［Shídǎo Lù］

在市境中部。东起烟台路，西至青岛路。沿线与南京北路、长岛路、广州路相交。长 3.8 千米，宽 12 米，沥青路面。1984 年开工，1985 年建成。以"岛"字命名为石岛路。通公交车。

黄岛路 370285-K02
［Huángdǎo Lù］

在市境中部。东起烟台路，西至青岛路。沿线与南京北路、香港路、烟台路、长岛路相交。长 2.1 千米，宽 12 米，沥青路面。1995 年开工，1996 年建成。以黄岛区命名。通公交车。

黄海路 370285-K03
［Huánghǎi Lù］

在市境中部。东起公安局，西至青岛路。沿线与深圳路、广州路、长岛路、烟台路相交。长 2.7 千米，宽 12 米，沥青路面。1984 年开工，1985 年建成。以我国领海黄海命名。通公交车。

广州路 370285-K04
［Guǎngzhōu Lù］

在市境西部。北起吉林路，南至威海西路。沿线与威海路、黄海路、石岛路、上海路、北京路、济南路相交。长 4.8 千米，宽 16 米，沥青路面。2002 年开工，2003 年建成。以城市名命名。两侧有莱西市市立医院、温州商贸城等。通公交车。

辽宁路 370285-K05

[Liáoníng Lù]

在市境北部。东起杭州路，西至烟台路。沿线与香港路相交。长 0.7 千米，宽 16 米，沥青路面。2003 年开工，2004 年建成。以城市名命名。通公交车。

梅山路 370285-K06

[Méishān Lù]

在市境北部。东起南京北路，西至青岛路。沿线与杭州路、南京路、香港路、烟台路相交。长 5.3 千米，宽 16 米，沥青路面。2003 年开工，2004 年建成。因位于梅花山生态园而得名。通公交车。

香港路 370285-K07

[Xiānggǎng Lù]

在市境北部。北起吉林路，南至上海中路。沿线与梅山路、辽宁路、济南路、北京路、天津路、重庆路相交。长 3.5 千米，宽 20 米，沥青路面。2002 年开工，2003 年建成。以城市名命名。两侧有莱西市电力公司、香港路小学、民政局等。通公交车。

重庆中路 370285-K08

[Chóngqìng Zhōnglù]

在市境北部。东起南京北路，西至青岛路。沿线与香港路、长岛路、烟台路、广州路相交。长 3.5 千米，宽 20 米，沥青路面。2001 年开工，2002 年建成。以城市和方位命名。两侧有莱西市审批中心等。通公交车。

长岛路 370285-K09

[Chángdǎo Lù]

在市境北部。北起梅山路，南至文化中路。沿线与蓬莱路、威海路、石岛路、上海路、重庆路、天津路、北京路、济南

路相交。长 4.8 千米，宽 20 米，沥青路面。1992 年开工，1993 年建成。以长岛命名。两侧有莱西市教育体育局。通公交车。

上海西路 370285-K10

[Shànghǎi Xīlù]

在市境北部。东起青岛路，西至长广路。沿线与南京路、烟台路、青岛路、深圳路相交。长 9.5 千米，宽 32 米，沥青路面。2001 年开工，同年建成。以城市和方位命名。两侧有莱西书城、利群购物广场、莱西市社会主义学院等。是城区东西方向主要交通干道之一，通公交车。

威海西路 370285-K11

[Wēihǎi Xīlù]

在市境中部。东起青岛路，西至长兴路。沿线与杭州路、南京路、烟台路、深圳路相交。长 7.1 千米，宽 18 米，沥青路面。1993 年开工，同年建成，2002 年、2004 年、2011 年改扩建。以城市和方位命名。两侧有莱西市公安局、莱西市国税局、新华书店、莱西市汽车站、莱西市市立医院等。是城区东西向主要交通干道之一，通公交车。

龙口路 370285-K12

[Lóngkǒu Lù]

在市境南部。东起烟台南路，西至青岛路。沿线与南京路、深圳路、长广路相交。长 4.5 千米，宽 18 米，沥青路面。1988 年开工，同年建成，2003 年、2010 年改扩建。以城市名命名。两侧有莱西市啤酒厂、莱西市妇幼保健院等。是城区主要交通干道，通公交车。

烟台路 370285-K13

[Yāntái Lù]

在市境中部。北起吉林路，南至龙口路。沿线与北京路、上海路、威海路相交。长 8.4

千米，宽 24 米，沥青路面。1984 年开工，同年建成，2002 年改扩建。以城市名命名。两侧有莱西市人民政府、人民广场、月湖广场等。是城区南北向主要交通干道之一，通公交车。

扬州路 370285-K14
[Yángzhōu Lù]

在市境东部。北起吉林路，南至 204 国道。沿线与北京路、济南路、上海东路相交。长 5.1 千米，宽 16 米，沥青路面。2003 年开工，2004 年建成。以城市名命名。两侧有莱西市运安驾校、莱西市气象局、莱西市体育中心、中盐青岛盐业有限公司等。为莱西市南北向主要交通干道，通公交车。

南京北路 370285-K15
[Nánjīng Běilù]

在市境东部。北起吉林路，南至威海东路。沿线与北京路、上海路、龙口路、初张公路相交。长 10.5 千米，宽 16 米，沥青路面。1992 年开工，同年建成，2003 年、2005 年改扩建。以城市和方位命名。两侧有残疾人联合会、莱西市盐务局、莱西市月湖小学等。是通向城区的主要交通干道之一，通公交车。

深圳南路 370285-K16
[Shēnzhèn Nánlù]

在市境西部。北起威海西路，南至武汉路。沿线与北京路、上海路、威海路、龙口路相交。长 7.4 千米，宽 16 米，沥青路面。2002 年开工，同年建成。以城市和方位命名。两侧有万福工业园、青岛威力食用化工有限公司、青岛航天石墨有限公司等。为城区主要交通干道，通公交车。

杭州南路 370285-K17
[Hángzhōu Nánlù]

在市境西部。北起北京东路，南至文化东路。沿线与黄海路、石岛路、上海路、北京路、济南路相交。长 2.7 千米，宽 16 米，沥青路面。2001 年建成，2005 年改扩建。以城市和方位命名。两侧有莱西市市立医院、温州商贸城等。通公交车。

文化东路 370285-K18
[Wénhuà Dōnglù]

在市境中部。东起杭州南路，西至烟台路。沿线与青岛路相交。长 5.0 千米，宽 20 米，沥青路面。1984 年开工，1993 年建成。因途经实验小学而得名。两侧有莱西市中医院、实验小学等。通公交车。

天津路 370285-K19
[Tiānjīn Lù]

在市境北部。东起南京北路，西至青岛路。沿线与烟台路、长岛路相交。长 2.3 千米，宽 14 米，沥青路面。2002 年开工，2003 年建成。以城市命名。两侧有人民广场等。通公交车。

青岛南路 370285-K20
[Qīngdǎo Nánlù]

在市境中部。北起龙口路，南至芝罘路。沿线与北京路、上海路、威海路相交。长 9.6 千米，宽 20 米，沥青路面。1986 年开工，同年建成，2002 年改扩建。以城市和方位命名。两侧有莱西汽车总站、中国人民银行、梅花山生态园、青岛水集建筑公司等。是城区南北向主要交通干道，通公交车。

桥梁

大沽河桥 370285-N01
[Dàgūhé Qiáo]

在莱西城区西南部。桥长281.6米，桥面宽7.0米，最大跨度247.0米，桥下净高6.8米。1983年动工，同年建成，2009年扩建。因横跨大沽河得名。为大型河道桥梁，结构型式为预应力混凝土简支梁桥。担负城区道路干道交通任务，最大载重量55吨。通公交车。

潴河桥 370285-N02
[Zhūhé Qiáo]

在莱西城区西南部。桥长166.0米，桥面宽16.0米，最大跨度160.0米，桥下净高2.9米。2000年动工，2001年建成。因横跨潴河而得名。大型河道桥梁，结构型式为空心板梁桥。担负城区道路干道交通任务，最大载重量55吨。通公交车。

四 自然地理实体

青岛市

河流

大沽河 370200-22-A-a01
[Dàgū Hé]

　　外流河。在省境东部，青岛市中部。相传坠姑、常河二人为了爱情殉情，为了纪念这两位相爱的人，故名大姑河，后演变为大沽河。发源于招远市栾家河乡阜山西麓，流经招远、栖霞、莱州、莱阳、莱西、即墨、平度、胶州、崂山九县（市、区），在胶州市码头村南注入胶州湾。全长 179.9 千米，河道平均宽 460 米，总流域面积 4 655.3 平方千米，最大流量 3 360 立方米 / 秒。主要支流有桃源河等。

桃源河 370200-22-A-a02
[Táoyuán Hé]

　　外流河。在省境东部，青岛市中部。因发源地而得名。发源于即墨市普东镇桃行村，流经即墨、胶州、城阳，在城阳李哥庄姜新村前汇入大沽河，最终注入胶州湾。全长 36 千米，河道宽 40~80 米，流域面积 308 平方千米，最大流量 23.4 立方米 / 秒。支流有小辛河、庆余河、三泉河、李家庄河。

墨水河 370200-22-A-a03
[Mòshuǐ Hé]

　　外流河。在省境东部，青岛市北部。原名黑水湾，由黑字延伸为墨而得名。发源于崂山北麓，流经即墨、胶州、城阳，注入胶州湾。全长 48 千米，河道宽 10~80 米，

流域面积 317.2 平方千米，设计排涝流量 80.2 立方米 / 秒，防洪流量 157 立方米 / 秒。建有墨河公园。提供青岛市东北部的部分工业、生活用水。主要支流有虹字河、葛家河。

洋河 370200-22-A-a04
[Yáng Hé]

　　外流河。在省境东南部，青岛市西部。其含义有两种解释：一是以《诗经·卫风·硕人》的"河水洋洋"得名，形容水之盛大；二是取自《尔雅·释诂》的"洋，多也"，形容众多，故名。其源有二，东源出高城岘东麓，西源出高城岘北麓，二源在宝山镇宅科（村）东汇流，流经胶州、黄岛，最终入胶州湾。全长 45.9 千米，河床平均宽 50 米，流域面积 254 平方千米，汛期最大流量 600 立方米 / 秒。洋河河道弯曲，水量较大，系常年河。

白沙河 370200-22-A-a05
[Báishā Hé]

　　外流河。在省境东部，青岛市东部。白沙河的名称来历说法有二，一是该河床沙粒系花岗岩风化而成，含石英石，色白，故名；二是以该河下游流亭附近的白沙村命名。发源于崂山主峰巨峰北麓的天乙泉，流经崂山、城阳区，最终入胶州湾。全长 49.8 千米，宽 50~300 米，流域面积 218.46 平方千米，流量 621 立方米 / 秒。为城阳区主要饮用水水源地之一。主要支流为小水河、曹村河。

小沽河 370200-22-A-a06

[Xiǎogū Hé]

外流河。在省境东部，青岛市西北部。因最终汇入大沽河，又是大沽河第一支流，故名。发源于莱州市马鞍山，途经招远、莱州、莱西、平度，汇入大沽河。全长 86 千米，宽 100~300 米，流域面积 1 015 平方千米，流量 500~2 000 立方米 / 秒。

五沽河 370200-22-A-a07

[Wǔgū Hé]

外流河。在省境东部，青岛市北部。清乾隆年间，即墨知县主持开挖渠道，将五道泊的积水排入沽河，故名。源于莱阳市教格庄村，流经即墨、莱西，汇入大沽河。全长 44 千米，宽 60~100 米，流域面积 648 平方千米，流量 200~500 立方米 / 秒。兴建引河灌溉工程，河上有多处水坝，有利于农业灌溉。

洪江河 370200-22-A-a08

[Hóngjiāng Hé]

外流河。在省境东部，青岛市北部。因该河流域及河床多为红褐色土层，每逢雨后河水呈绛色，水清时，河底之沙也呈红色，故名。发源于即墨市马山西麓，流经大信镇、翟家疃、黄家庄、官路、金家至李家韩洼，入城阳区棘洪滩街道河南头社区境内，于南万社区入墨水河。全长 25.5 千米，宽 50 米，流域面积 55.6 平方千米，流量 620 立方米 / 秒。是青岛重要的渔业水源地，洪江河湿地有优质芦苇荡等天然湿地约 6 平方千米。

祥茂河 370200-22-A-a09

[Xiángmào Hé]

外流河。在省境东部，青岛市北部。因支流数量众多、形状细密分散如同羊毛得名羊毛沟，2011 年综合治理后以谐音更名祥茂河。发源于即墨蓝村，流经城阳区、高新区，入胶州湾。全长 10.05 千米，宽 8~402 米，流域面积 10 平方千米，流量 506 立方米 / 秒。流域以平原为主。是国家 AAA 级旅游、山东省农业示范点、全国社会主义核心价值观主题公园、城阳区科普教育基地。

胶莱河 370200-22-A-a10

[Jiāolái Hé]

外流河。在省境东部。因胶莱河南北分流，南流入胶州湾，北流入莱州湾，河名取两湾首字命名。发源于诸城五弩山，以泰山伏脉、大泽山岱脉、明堂山广水分中隆为脊，自分左右，北流流经平度、高密、昌邑，在莱州市土山镇海仓村西北注入渤海莱州湾，境内长 77 千米，流域面积 1 914.06 平方千米；南流源出境内万家镇南姚家村东首分水岭，流经平度、高密、胶州，在南村镇吴家口村南出境后注入大沽河，合流黄海胶州湾，境内长 11.5 千米，流域面积 307.32 平方千米。北胶莱河主要支流有泽河、淄阳河、双山河、龙王河、现河、昌平河、白沙河；南胶莱河主要支流有清水河、小清河、助水河。

胶河 370200-22-A-a11

[Jiāo Hé]

外流河。在省境东部，青岛市西部。以水色如胶而得名。发源于黄岛区六旺鲁山一带，流经黄岛、胶州、高密市东北，再由胶州、高密、平度交界处入南胶莱河。全长 100 千米，宽 60~200 米，流域面积 608 平方千米，流量 1.01 亿立方米。

市北区

山

北岭山 370203-21-G01
[Běilǐng Shān]

在区境北部。因所在方位而得名。海拔116米。山上植被茂盛，绿化覆盖率达100%，植被以黑松、雪松、樱花、五角枫、紫薇、紫荆等乔灌木为主。有公路经此。

嘉定山 370203 21 G01
[Jiādìng Shān]

在区境北部。因山下修建有嘉定路而得名。海拔112米。植被以黑松、刺槐为主。有公路经此。

双山 370203-21-G01
[Shuāng Shān]

在区境北部。因两座山峰在青岛的交通咽喉而得名。海拔110米。植被以灌木、乔木为主。有公路经此。

河流

海泊河 370203-22-A-a01
[Hǎipō Hé]

外流河。在市北区南部。因此河流经东吴家村，东吴家村的原名为袁玉泊，且注入胶州湾海，故以下游的海字与上游的泊字，取名海泊河。发源于浮山，流经市北区，沿八号码头北侧汇入胶州湾。全长6.8千米，宽25~30米，流域面积27平方千米，流量458立方米/秒。是当地的一条景观河、民生河。

黄岛区

山

大珠山 370211-21-G01
[Dàzhū Shān]

属崂山山脉。在省境东部，区境南部。山体名称自古有之，《齐乘》中记载，珠岸海名山也，高峻逊小珠而广阔倍之。海拔486米。山中悬崖峭壁、险峰奇石颇多，产丹参、元胡等多种中药材。204国道经此。

小珠山 370211-21-G02
[Xiǎozhū Shān]

属崂山山脉。在省境东部，区境东北部。山体名称自古有之，《齐乘》中记载，珠岸海名山也，高峻逊小珠而广阔倍之。海拔724米。植被以松树、刺槐为主，山北部有磷及金红石等矿藏，产元胡、柴胡等中药材。有公路经此。

铁橛山 370211-21-G03
[Tiějué Shān]

属崂山山脉。在省境东部，区境中部。山体名称自古有之，《齐乘》中记载，胶之镇山曰铁橛，山势矗兀而色黑。海拔595米。植被以松树、柞树、刺槐等为主，有山楂、板栗等果树，产酸枣核、远志、桔梗、防风、丹参等多种中药材。有公路经此。

藏马山 370211-21-G04
[Cángmǎ Shān]

属崂山山脉。在省境东部，区境中部。相传，有白马盗药后隐居于此山之中，故名。海拔395米。藏马山自然条件优越，生态植被丰富，水资源丰富，森林覆盖率达76%。有公路经此。

河流

吉利河 370211-22-A-a01

[Jílì Hé]

外流河。在黄岛区西部。旧称纪里河，后更名为吉利河。发源于诸城市西南麓千秋岭，于理务关村后王家庄西北入境，流经理务关、塔山、大场，于大场镇河崖村南与白马河汇流，至马家滩南入王家滩湾。全长 39.85 千米，河床平均宽 90 米，流域面积约 300 平方千米，流量 0.08 立方米/秒。主要用于农田灌溉。

风河 370211-22-A-a02

[Fēng Hé]

外流河。在黄岛区中部。风河由上游两源合流后经双凤山前，曾称风水河。后因该河流经胶南县驻地王戈庄南，故又称王戈庄河。1982 年，农业水利区划时定名为风河。其东源发源于七宝山者为尚庄河（即张苍东河），西源发源于铁橛山西北大沟村、劝里村一带（张苍西河），流经郑家庙村入铁山水库，出库后在张苍村东西两源汇为一流，至埠头村北有溇水汇入，又东流经肖家庄、王戈庄南、大哨头、大河东至烟台前村入灵山湾。全长 35 千米，平均宽度 60 米，流域面积 303 平方千米。

横河 370211-22-A-a03

[Héng Hé]

外流河。在黄岛区中部。西源出自石楼山东南麓，东源出自黄崖前村南，两源均流入藏南镇陡崖子水库，自陡崖子水库而下，向西南再转南流入泊里镇境，流经泊里村西称泊里西河，又南流至三合村南有一支流泊里东河汇入，然后西南流于西小滩村，东入黄海棋子湾。全长 37 千米，

河床平均宽约 75 米，流域面积 170 平方千米。总灌溉面积 139.6 亩。

海洋岛屿

斋堂岛 370211-23-D01

[Zhāitáng Dǎo]

火山岛。属青岛市黄岛区。在北纬 35°37′48″，东经 119°55′24″。在山东半岛东南侧，黄岛区南部海域，琅琊台东侧。面积 0.4 平方千米。岛上有斋堂，为秦始皇登琅琊台时从臣斋戒处，故名。由太古界胶东群片麻岩构成。地处北温带季风区域，属温带季风气候，又具有显著的海洋性气候特点。营造过黑松、刺槐、棉槐，自然次生植被主要是灌丛。大潮时分南北两屿，南部名南山，海拔 69 米；岛西北侧为渔船及渡船锚地，岛与陆地间为"斋堂水道"。岩礁岸盛产海参、鲍鱼、石花菜、真鲷等海珍品，适宜建人工养殖场。有综合码头 1 处，通公交车。

竹岔岛 370211-23-D02

[Zhúchà Dǎo]

火山岛。属青岛市黄岛区。在北纬 35°37′45″，东经 119°55′24″。在山东半岛东南侧，黄岛区薛家岛街道和竹岔水道东南部海域。面积 1 平方千米。清代时岛上有竹丛，因该岛与脱岛、大石岛和小石岛之间多水道岔口，故名。地形以丘陵为主，多为梯田。属温带海洋季风气候，冬暖夏凉。周边水深较深且暗流较多，土壤偏盐碱，岛上植被主要以黑松、刺槐、法桐等为主。竹岔岛有许多自然形成的钓鱼平台，还有神龟孵卵、二郎担山、鸳鸯洞等。岛西南边建有海珍品孵化育苗场，是青岛市海珍品基地。有渔港码头 1 处。

崂山区

山

崂山 370212-21-E01
[Láo Shān]

在省境东部，区境东部。东至黄海，西至胶州湾，北至即墨市境内，南至黄海。"崂山"一名最早见于《南史》。古人以其登陟之难称劳山，后演为今名。一般海拔 500 米，最高海拔 1 133 米。主峰巨峰。名胜占迹有石老人、北九水、明霞洞、上清宫、太清宫、华严寺、太平宫、华楼宫及"山海奇观"等摩崖石刻。地处季风气候区，受海洋影响，温度适中，冬暖夏凉。地形复杂，植物种类繁多，形成森林、灌木丛、草丛、沙生植物、盐生植物及农业栽培等多种植被类型。主要矿产为崂山花岗石，特产矿泉水。有公路经此。

浮山 370212-21-G01
[Fú Shān]

属崂山山脉。在省境东部，区境南部。山巅危峻，常有云浮其上，故名浮云山，简称浮山。海拔 368 米。有矿产花岗石，石质优良。通公交车。

海湾

崂山湾 370212-23-B01
[Láoshān Wān]

在崂山区东部。因所在政区得名。长 30.6 千米，宽 9.5 千米，域内面积 115.5 平方千米，水深 8~10 米，最深处 19 米。崂山湾内有 7 个较大的海湾。海湾开阔，东西两侧为崂山花岗岩形成的低丘陵，海岸陡峭，北部地势平坦，湾内无河流流入，仅有少数水沟雨季携带少量泥沙输入湾内。

太清湾 370212-23-B02
[Tàiqīng Wān]

在崂山区东南部。因在太清景区而得名。海岸线长 4.9 千米，海湾面积 18.97 平方千米，水深 6~10 米，最深处 12 米。属温带海洋性气候。海湾以海上旅游为主，湾内建有旅游码头。

流清湾 370212-23-B03
[Liúqīng Wān]

在崂山区东南部。因在崂山区流清河社区前，故名流清湾。海岸线长 4.8 千米，海湾面积 18.47 平方千米，水深 12.6 米。在大河东河口北，海滩宽约 160 米，沙质较细，面朝大海，背倚崂山群峰，是天然的海水浴场。盛产海参、鲍鱼等海珍品，是海珍品养殖基地，还出产鱼、蟹、海带等海产品。

沙子口湾 370212-23-B04
[Shāzikǒu Wān]

在崂山区南部。因在沙子口社区前，故名沙子口湾。海岸线长 15 千米，海湾面积 26.67 平方千米，水深 2~10 米。湾内有渔港区和海水养殖区，主要海产有鱼、蛤、海带、蟹等海产品，湾中产的西施舌为海中珍品。海湾北岸为休闲、旅游区。建有沙子口渔港和后湾自然停船点。

南姜前湾 370212-23-B05
[Nánjiāng Qiánwān]

在崂山区南部。因在南姜社区前，故名南姜前湾。海岸线长 7.36 千米，海湾面积 7.33 平方千米。地形为小丘陵平原，岭上多植黑松。湾内为港口经济区。南姜前湾为渔业综合区。

石老人湾 370212-23-B06
[Shílǎorén Wān]

在崂山区东南部。海中矗立着一尊巨大的老人形态的礁石，当地人称石老人，故名。海岸线长 2.2 千米，海湾面积 3.23 平方千米，水深 2~10 米。冬季结冰。湾口可泊 20 马力渔船 40 只。石老人以西为渔业中心渔港，湾内为休闲、旅游港口和海水养殖。2005 年开始辟为旅游休闲区。设海产品收购点。

大江口湾 370212-23-B07
[Dàjiāngkǒu Wān]

在崂山区南部。因湾底平沙细，午山南侧多条涧水汇成大沙河至此入海，故名。海岸线长 4 千米，海湾面积 10 平方千米，水深 3~8 米。湾东北部近岸处多散礁，海蚀地貌发育，海蚀洞、海蚀柱较多，最东端有石老人明礁和石老人渔港。该湾为石老人国家旅游度假区的主要区域，为休闲、海水浴场和水上运动场。

麦岛湾 370212-23-B08
[Màidǎo Wān]

在崂山区西南部。在王家麦岛村南，根据社区名称命名。海岸线长 6 千米，海湾面积 16.67 平方千米，海湾高潮时水深 3 米。海湾内为青岛市东部的旅游区和 2008 年第 29 届奥运会帆船比赛场地之一。小型船只在村边自建港湾，可泊 20 马力船 30 只。

海洋岛屿

长门岩 370212-23-D01
[Zhǎngmén Yán]

大陆岛。隶属港东村。北纬 36°10′47″，东经 120°56′48″。在王哥庄社区东南 29.5

千米。面积 0.167 平方千米。由于南北两组岛屿拱卫航道两侧，中部宽散如行车之门，故称车门岛，后演变为长门岛、长门岩。岛为花岗岩基质，上覆棕壤，井水水质较差。沿岸多陡崖峭壁，筑有码头两座。岛上鸟类繁多，植被繁茂，覆盖率达 60%。周围水域中鱼类和海珍品有盘鲍、刺参、石花菜、黑绸、铝鱼等。可乘船抵达。

岬角

小蓬莱嘴 370212-23-F01
[Xiǎopénglái Zuǐ]

在王哥庄社区东北 4.5 千米。属王哥庄街道会场社区。以山为名。主峰小蓬莱山海拔 79 米。无建筑物。该山向海内突出形成小蓬莱嘴岬角，将北面的小岛湾和南面的王哥庄湾分开。

野鸡山嘴 370212-23-F02
[Yějīshān Zuǐ]

在王哥庄社区东 3.0 千米。属王哥庄街道港东。以山为名。主峰海拔 44.2 米。无建筑物。三面临海，南部与陆地相连，该山东北角向海中延伸，形成野鸡山嘴岬角，隔海与小管岛遥遥相对。

峰山角 370212-23-F03
[Fēngshān Jiǎo]

在王哥庄社区东南 3.0 千米。属王哥庄街道峰山西社区。以山为名。主峰海拔 129.5 米。无建筑物。该山东南角发育了 20 米台地直临海中，北、东、南三面均为 10 余米海蚀崖所环绕。

泉岭角 370212-23-F04
[Quánlǐng Jiǎo]

在王哥庄社区东南 4.5 千米。属王哥庄街道返岭社区。以山为名。无建筑物。泉岭角西连 116.1 米高地，东临大海，地势险陡。

雕龙嘴 370212-23-F05
[Diāolóng Zuǐ]

在王哥庄社区东南 6.5 千米。属王哥庄街道雕龙嘴社区。该处山嘴形似龙头，故称雕龙嘴。无建筑物。悬崖峭立，伸向大海，惊涛激石，险峻异常。

东嘴 370212-23-F06
[Dōng Zuǐ]

在王哥庄社区东南 8.5 千米。属王哥庄街道返岭社区。因其位置在返岭前村以东，故名。海拔 159.6 米。无建筑物。尖顶山东南部伸入海中，形成面积约 0.15 平方千米的岬角。

黄石 370212-23-F07
[Huáng Shí]

在王哥庄社区东南 11.7 千米。属王哥庄街道黄山社区。山嘴突入海中，因石呈黄色，故名。无建筑物。为海中的一块礁石。

八仙墩 370212-23-F08
[Bāxiān Dūn]

在王哥庄社区东南 16.2 千米。属王哥庄街道青山社区。神话传说中为八仙渡海处，故名。海拔 105.1 米。无建筑物。系海浪冲击形成的悬崖峭壁，是崂山东部海岸和南部海岸的分界处。海角根部岩石花纹绚丽多彩，并有数块大小不一、高 3~4 米的巨石。

莲花尖 370212-23-F09
[Liánhuā Jiān]

在沙子口社区东 8.5 千米。属沙子口街道管辖。莲花尖山自北向南突入海中，将

太清宫和流清河湾分隔，岬角因山得名。海拔 296 米。无建筑物。

平顶汪 370212-23-F10
[Píngdǐng Wāng]

在沙子口社区南 4.2 千米。属沙子口街道管辖。该岬角因此处之海流而得名。海拔 184.8 米。无建筑物。该岬角与大福岛形成长约 1 000 米、宽约 300 米、深约 15 米的海口，名为东乘口。

大风台 370212-23-F11
[Dàfēng Tái]

在沙子口社区南 2.0 千米。属沙子口街道管辖。旧时渔民出海前皆登此山观察海风，故名。海拔 62.8 米。无建筑物。东、南、西三面临海。

石老人角 370212-23-F12
[Shílǎorén Jiǎo]

在石老人社区东南。属金家岭街道管辖。该岬角因石老人海礁而得名。海拔 20 米。无建筑物。此处为峭崖陡壁，面向西南，根部有海蚀洞。

李沧区

山

楼山 370213-21-G01
[Lóu Shān]

在区境西部。因山体形状像倒置的漏斗，初名漏山，后来当地人认为"漏"字不吉利，故以谐音改今名。海拔 98.2 米。植被覆盖率高，共有各类植物约 28 万株。通公交车。

枣儿山 370213-21-G02

[Zǎo'ér Shān]

在区境南部。因山上酸枣树多，果实较大，故名枣儿山。海拔162米。山上主要树种是黑松树和刺槐树。通公交车。

青台山 370213-21-G03

[Qīngtái Shān]

在区境东部。山半腰有一长约1.3米、宽0.7米的石窝子，石缝内常年渗水，旱天不枯，清澈甘洌，由此源出的水流成一条小溪，山坡土层因之湿润，多生青苔，故名青苔山，后演变为青台山。海拔179米。山体为椭圆形，占地面积约24公顷，植被以黑松、板栗、刺槐为主，植被覆盖率约80%。通公交车。

花椒山 370213-21-G04

[Huājiāo Shān]

在区境东南部。从前山坡上遍栽花椒树，因此取名花椒山。海拔139米。植被以黑松、刺槐为主，植被覆盖率达30%以上。通公交车。

卧狼齿山 370213-21-G05

[Wòlángchǐ Shān]

在区境北部。传说卧狼齿山名来历有两种说法：其一，由于山势险峻，层峦叠嶂，像一只龇牙咧嘴的恶狼，故名恶狼齿，后演为今名；其二，据传早年间，此山脚下恶狼群集，山顶有石勺（匙）形奇石，且整个山体如一只伏卧的野狼，故名卧狼匙，后演为今名。海拔403米。山腰植黑松、刺槐，覆盖率为85%。山顶有天然的"石盘""石碗""石勺"等自然景观。通公交车。

戴家山 370213-21-G06

[Dàijiā Shān]

属石门山山脉。在区境北部。因附近村庄而得名。海拔300米。植被以黑松、刺槐、白杨为主，产太子参、桔梗等中药材，植被覆盖率50%。通公交车。

牛毛山 370213-21-G07

[Niúmáo Shān]

在区境西部。关于牛毛山名字的来历有两种说法：一是明永乐年间，先民移居此地，先到者占平原土地，后来者占山地，有移民刘忙者，来此山开垦，人呼刘忙山，久之由于谐音成为牛毛山；二是山坡上长满一种很矮、很细的浅红色小草，状似牛毛，故名牛毛山。海拔128米。植被以雪松、黑松、紫薇、紫荆等乔灌木为主，还种有樱花树、柳树等。通公交车。

坊子街山 370213-21-G08

[Fángzijiē Shān]

在区境西北部。因附近政区而得名。海拔100米。植被以松树、杨树为主。通公交车。

烟墩山 370213-21-G09

[Yāndūn Shān]

在区境西部。因其在胶州湾畔，明代建有烽火台，倭寇来犯时，白日举烟，晚间燃火，烽火台俗称"烟墩"，以此得名。海拔63米。植被覆盖率高，共有各类植物约1.9万株。通公交车。

老虎山 370213-21-G10

[Lǎohǔ Shān]

在区境北部。因山峦形似老虎横卧，故名。海拔172米。有灌木丛、草丛等多种植被类型，岩石裸露高耸，山泉众多。有桔梗、丹参、益母草、沙参、麦冬、柴胡等多种中草药植物，动物有野兔、山鸡等。通公交车。

双峰山 370213-21-G11
[Shuāngfēng Shān]

在区境南部。因该山有两个山头，故名双峰山。海拔153米。植被以黑松、刺槐为主，植被覆盖率80%以上。通公交车。

城阳区

山

三标山 370214-21-G01
[sānbiāo Shān]

在省境东部，区境东部。初称标山，后称三标山，俗称标山。因三座山峰秀丽挺拔，高耸云天，于南北一字排开，远看似三个梭镖，故以谐音命名。海拔683米。有黑松、赤松、刺槐等植物。通公交车。

驯虎山 370214-21-G02
[Xùnhǔ Shān]

在省境东部，城阳区城阳街道东旺疃社区。相传东汉时，当地县令童恢在山上驯虎，由此得名。海拔164米。北山顶部有老虎洞。通公交车。

铁骑山 370214-21-G03
[Tiěqí Shān]

在省境东部，城阳区惜福镇街道东北。因曾在山上插过铁旗，故称铁旗山，后演变为铁骑山。海拔328.8米。有黑松、赤松、刺槐等植物。通公交车。

毛公山 370214-21-G04
[Máogōng Shān]

在省境东部。因山上有一石似毛泽东主席极目远眺，因此得名毛公山。海拔168米。有黑松、赤松、刺槐等植物。通公交车。

千佛山 370214-21-G05
[Qiānfó Shān]

在省境东部，城阳区红岛街道中部。该山有道光年间道人王应阁重修五圣堂庙，并有清嘉庆年间铸造的庙钟一座，为标榜庙内佛像齐全，取名全佛山，1936年改名千佛山。海拔45.99米，有苹果树、刺槐、赤松等林木。通公交车。

虎守山 370214-21-G06
[Hǔshǒu Shān]

在省境东部，城阳区红岛街道东北。相传，古时曾有一只老虎住在此山，故名。海拔56.5米。山呈圆形，是域内最高点。有特殊地壳构造的滑石窝崖、红土崖，还有避风良港、马乱顶、大将口、莲花湾、北宅坡、木鱼山等特殊自然景观。通公交车。

女姑山 370214-21-G07
[Nǚgū Shān]

在省境东部，胶州湾东岸。相传山的西坡有一点将台，台上有一座庙，庙内供奉的女神是《封神演义》中的赵公明的妹妹，世人尊称为女姑，由此得名。海拔59.6米。面积0.5平方千米，无树无水，多红白色绵石，沙质土壤。通公交车。

丹山 370214-21-G08
[Dān Shān]

在省境东部，城阳区夏庄东南。该山名称来历说法有二：一是此山孤立，故名单山，后演为今名；二是因山石红色，故名丹山。海拔135米。有黑松、刺槐、白杨等树木，还有太子参、柴胡、桔梗等中草药。通公交车。

胶州市

山

艾山 370281-21-G01
[Ài Shān]

在省境东部，市境南部。因山上多艾草，故名艾山。最高海拔229.2米，主峰南峰。主要动物种类有山鸡、蝗虫、喜鹊、麻雀等。药材植物主要有卷柏、马兜铃、水红子、萹蓄等。植被以黑松林建群种为主，形成低山丘陵先锋植被类型。通公交车。

锡恩岭 370281-21-G02
[Xī'ēn Lǐng]

在市境西南部。古代此岭上有个土地庙，附近村民前来祭祀求平安，后命名为锡恩岭。海拔104米。栽植松树、刺槐、苹果树等混交林木400多亩。通公交车。

石马山 370281-21-G03
[Shímǎ Shān]

在市境西南部。因其状似骏马而得名。海拔156.6米。栽种山楂、苗木泡桐、刺槐等树254亩，木瓜、苹果等32 000多株。

神山 370281-21-G04
[Shén Shān]

在市境西南部。古有庙宇，迷信传说有求必灵，故名神山。海拔170.3米。栽植松树、刺槐、苹果树等混交林木550多亩。通公交车。

尧王山 370281-21-G05
[Yáowáng Shān]

在市境西南部。相传古有庙祀尧王而得名。海拔138米。主要种植松树，另有苹果树100亩2 000株，茶林14亩，山楂400株。

大白石山 370281-21-G06
[Dàbáishí Shān]

在市境西南部。因产白石，故名大白石山。海拔89米。栽植松树、苹果树等。

牛神庙冢子 370281-21-G07
[Niúshénmiào Zhǒngzi]

在市境西部。因古有牛神庙坐落冢旁而名。海拔89米。栽植松树、刺槐、苹果树等混交林木700亩。通公交车。

庙子山 370281-21-G08
[Miàozi Shān]

在市境西南部。相传古有庙宇，故称庙子山。海拔195.7米。栽植松树、刺槐、苹果树等混交林木520多亩。通公交车。

两仗山 370281-21-G09
[Liǎngzhàng Shān]

在市境西南部。古代因山有两丈多高，附近村民经常到此采石料，后演称两仗山。海拔161米。栽植松树绿化，山坡辟料石场，为料石产地之一。

东福山 370281-21-G10
[Dōngfú Shān]

在市境西南部。以吉祥嘉言命名。海拔156.7米。山上种植松树200亩。

土山 370281-21-G11
[Tǔ Shān]

在市境西南部。为起伏平缓质山丘，故名土山。海拔148米。栽植松树、刺槐等树木。

猫头山 370281-21-G12
[Māotóu Shān]

在市境西南部。因形如卧猫，故名。海拔 145 米。栽植松树、刺槐等混交林木 200 亩。

塔山 370281-21-G13
[Tǎ Shān]

在市境西南部。因山体形似梯塔，故名塔山。海拔 145 米。栽植松树、刺槐等混交林木 50 亩。

西石山 370281-21-G14
[Xīshí Shān]

在市境西南部。因山体多为岩石而得名。海拔 141.7 米。山体栽植松树、刺槐等混交林木 410 多亩。通公交车。

高家山 370281-21-G15
[Gāojiā Shān]

在市境西南部。因所在位置而得名。海拔 140 米。栽植松树、刺槐、苹果树等混交林木 1 000 多亩。

旗山 370281-21-G16
[Qí Shān]

在市境西南部。传说唐朝大军在此驻扎时曾在此插旗，故名。海拔 133 米。栽植松树、刺槐、苹果树等混交林木。

蝙蝠山 370281-21-G17
[Biānfú Shān]

在市境西南部。因山里面有蝙蝠的巢穴，故名。海拔 125 米。山体栽植松树、刺槐等混交林木。

九顶莲花山 370281-21-G18
[Jiǔdǐngliánhuā Shān]

在市境西南部。因露出嶙峋石块簇列山顶，形状如莲花而得名。海拔 112.6 米。栽植松树、刺槐、苹果树等混交林木。

羊角山 370281-21-G19
[Yángjiǎo Shān]

在市境西南部。因山体形态而得名。海拔 112 米。栽植松树、刺槐等混交林木 10 亩。

九层岭 370281-21-G20
[Jiǔcéng Lǐng]

在市境西部。因其起伏九数而得名。海拔 45 米。栽植松树、刺槐、苹果树等混交林木 400 多亩。

蝎子山 370281-21-G21
[Xiēzi Shān]

在市境西南部。因此地经常出现很多蝎子而得名。海拔 100 米，栽植松树、刺槐等混交林木 50 亩。

回车岭 370281-21-G22
[Huíchē Lǐng]

在市境西部。传说孔子观海车行到此而回，故名回车岭。海拔 80 米。栽植松树、刺槐、苹果树等混交林木 600 多亩。

五老山 370281-21-G23
[Wǔlǎo Shān]

在市境西南部。传说古代雨天仿佛有五位老人立岗上，故称五老山。栽植松树、刺槐、苹果树等混交林木 305 亩。

刘家山 370281-21-G24
[Liújiā Shān]

在市境西南部。因所在位置而得名。海拔 50 米。山体周围栽植松树、苹果树等混交林木。

高山岭 370281-21-G25

[Gāoshān Lǐng]

在市境南部。名称来历不可考。海拔101 米。山岭周围栽植松树等混交树木。

烟台岭 370281-21-G26

[Yāntái Lǐng]

在市境南部。因古时在此筑烽火台，后村民称烟台岭。海拔 38.1 米。山体栽植松树。

葛埠岭 370281-21-G27

[Gěbù Lǐng]

在市境北部。以所在地而得名。海拔24.3 米。栽植松树、刺槐、苹果树、梨树等混交林木 600 多亩。

孤埠岭 370281-21-G28

[Gūbù Lǐng]

在市境东南部。海拔 20 米。栽植松树、刺槐等混交林木 200 多亩。

七城岭 370281-21-G29

[Qīchéng Lǐng]

在市境西北部。当地百姓相传为州城的选址地之一，因土壤比重不够，只有七成，故得名。海拔 55 米。栽植松树、刺槐、苹果树、梨树等混交林木 650 多亩。

河流

碧水河 370281-22-A-a01

[Bìshuǐ Hé]

外流河。在胶州市北部。因水色碧绿而得名。发源于胶北街道玉皇庙村和陈家河头村，于胶东街道站前大道东侧改道向南，沿胶济铁路桥北侧入大沽河。干流全

长 15.36 千米，宽 20 米，流域总面积 102.7平方千米。为季节性河流。河边主要为耕种农田，是排涝河道，有少量农田灌溉。

云溪河 370281-22-A-a02

[Yúnxī Hé]

外流河。在胶州市中部。因云溪水改道入护城河而得名。源于胶北街道沈家河村，流经中云街道、阜安街道、三里河街道和九龙街道，于大沽河省级生态旅游度假区入大沽河。干流全长 17 千米，宽 12 米，流域面积约 100 平方千米。沿河有住宅、公园等休闲娱乐场所。为市区排水河，有防洪功能。

小辛河 370281-22-A-a04

[Xiǎoxīn Hé]

外流河。在胶州市东部。因经过东店子而得名。发源于李哥庄镇青岛西站，于李哥庄镇李魏屯村入桃源河。干流全长 6.3千米，宽 18 米，流域面积 29.4 平方千米，流量 12.8 万立方米。为季节性河流。沿河为农田。主要功能为排涝。

店子河 370281-22-A-b01

[Diànzi Hé]

内陆河。在胶州市南部。因附近村庄而得名。发源于九龙街道迟家屯村，流经三里河街道，于九龙街道胶州湾工业园入少海湖。干流全长约 17 千米，宽 20 米，流域面积 60.14 平方千米。为季节性河流。沿河为农田。主要功能为排涝及农田灌溉。

湖泊

少海湖 370281-22-D-a01

[Shàohǎi Hú]

内陆人工湖。在胶州市少海国家湿地

公园内。因少海国家湿地公园得名。水域面积 5.45 平方千米，最大深度 6 米，最大蓄水量 2 343.5 万立方米，集水面积 172 平方千米。其主要功能为蓄滞洪水及防潮景观娱乐用水。

海湾

胶州湾 370281-23-B01
[Jiāozhōu Wān]

在中国黄海中部，胶州市东南部。因古时属胶州所辖而得名。面积 388 平方千米，水深 1~5 米。湾内港阔水深，风平浪静，海水终年不冻，有南胶莱河、大沽河等河流注入。为天然优良港湾，青岛港在湾内东南部。是重要的水产区。

即墨市

山

灵山 370282-21-E01
[Líng Shān]

在即墨市灵山镇东南部。西北—东南走向。因附近居民经常上山求神灵庇佑，故名灵山。最高海拔 154.6 米。重要名胜古迹有灵山庙建筑群。204 国道经此。

马山 370282-21-E02
[Mǎ Shān]

在即墨市西部。东至青荣城际铁路，西至 214 省道，南至蓝鳌路，北至青威路。东西走向。因形似马鞍，故称马鞍山，清初简称马山。最高海拔 233 米。主峰为马山。属温带季风气候区。冬无严寒，夏无酷暑，四季分明，气候宜人。年平均气温

12.2℃，年平均降雨量 776 毫米，山体主要以基岩为主，山坡土层较薄，属棕壤性土，耕地地力等级为五级。成土母质为残积、坡积物，土层厚度多在 20~40 厘米，为黄土质沙壤，有安山玢岩等资源。通公交车。

盟旺山 370282-21-E03
[Méngwàng Shān]

在即墨市龙泉街道南部。东至龙山路，西至埠惜路和 204 国道，南至鹤山路，北至盟旺。南北走向。因旧时所在政区而得名。最高海拔 119 米，主峰盟旺山。属温带季风气候区，冬无严寒，夏无酷暑，四季分明，气候宜人。山体主要以基岩为主，山坡土层较薄。有公路经此。

鹤山 370282-21-G01
[Hè Shān]

在即墨市鳌山卫街道西南部。因该山其形似鹤，故名。海拔 223 米。山体为火成岩，属海洋性季风气候，冬无严寒，夏无酷暑，傍海向阳，气候温和，年平均气温 12℃，年降雨量 700~800 毫米。有公路经此。

河流

流浩河 370282-22-A-a01
[Liúhào Hé]

外流河。在即墨市西北部。因此河宣泄不畅，多雨时积涝汪洋，流水浩荡而得名。发源于灵山镇金家湾村北，流经北安街道和灵山、段泊岚、移风店、大信等镇，西流汇入大沽河。长 36.0 千米，宽 30~100 米，流域面积 410 平方千米。沿河有拦坝 10 处，有效灌溉面积 36.0 平方千米。自段泊岚镇以下，地势平坦，两侧为即墨重要粮食产区。

泉

温泉 370282-22-I01
[Wēn Quán]

温泉。在省境东北部，温泉街道东部。因为地热温泉而得名。泉水出露口为黑色淤泥覆盖。水温一般 30℃~60℃，最高可达 93℃。泉水含盐量很高，总矿化度为 12 克／升。硫含量低，水质清澈，氯化钠含量接近于自然海水，尤其适宜休闲娱乐性温浴。20 世纪五六十年代，泉水出露面积约 6.5 平方千米，随着持续开发利用，至 20 世纪 90 年代，泉水已不再自然冒溢。是国内仅有的溴盐海水温泉资源，为全国著名疗养胜地，有多处温泉度假村。有公路经此。

海洋岛屿

大管岛 370282-23-D01
[Dàguǎn Dǎo]

大陆岛。属鳌山卫街道。北纬 36°13′44″，东经 120°46′00″。在鳌山卫街道东南的崂山湾中。面积 0.58 平方千米。该岛自古以来实竹丛生，"管"乃古代竹的别称，故称之为管岛。为与邻近的小管岛区别，较大的岛则称大管岛。该岛呈南北方向延伸，北半部地形比较平坦，南半部较陡。岛西、北两面有浅海沙滩，东、南两面多悬崖峭壁。为居民岛。通船运。

女岛 370282-23-D02
[Nǚ Dǎo]

大陆岛。属田横镇。北纬 36°22′13.9″，东经 120°51′18.4″。面积 0.237 平方千米。因居高鸟瞰，岛形似女子体态，故名。最高点海拔 67.4 米，距陆最近点 0.5 千米，低潮时与陆地相连。该岛为基岩海岛，海蚀地貌特征明显，地貌以丘陵为主，女岛北岸和东北岸潮间带为养殖池包围，在连岛坝处有大约 30 米宽的沙滩。为居民岛。通船运。

田横岛 370282-23-D03
[Tiánhéng Dǎo]

大陆岛。属田横镇。北纬 36°25′08″，东经 120°57′32″。在青岛市即墨东部海域的横门湾中。总面积 1.46 平方千米。田横五百义士墓在岛的最高点田横顶上，故名田横岛。岛屿东西狭长，岛形呈波浪起伏状。为居民岛。通船运。

平度市

山

大泽山 370283-21-E01
[Dàzé Shān]

在平度市北部。东至平度市旧店镇，西至平度市大泽山镇韭园村，南至立山劈，北至烟台莱州市。东西走向。北宋年间建智藏寺，以弘扬佛教之恩德恩泽取名大泽山。一般海拔 150 米，最高海拔 736.7 米，主峰为北峰顶。有五甲龙山文化遗址、东岳石遗址、智藏寺、日照庵、天柱山北朝摩崖刻石、抗日战争纪念馆与大泽山刻石和墓塔林等重要名胜古迹。境内河流纵横，地下水皆为裂隙水，源于大气降雨。属暖温带半湿润季风区，大陆性气候。土壤为棕壤土，多含粗砂砾石，养分含量低。山地植被为常绿针叶林、落叶阔叶林，动植物资源丰富。特产为大泽山葡萄。有公路经此。

武王山 370283-21-G01
[Wǔwáng Shān]

在平度市李园街道上疃村东。山上建有武王庙，以庙得名。海拔 97 米。面积 1.2 平方千米。有公路经此。

三合山 370283-21-G02
[Sānhé Shān]

在平度市明村镇范家集村西北。因此山由尖山、土山、象山三个山头组成，故名三合山。海拔 109.1 米。面积 0.5 平方千米，山体为土石结构。矿产有重晶石、氟石。植被主要有黑松、马尾松、刺槐，植被覆盖率 40%。有公路经此。

茶山 370283-21-G03
[Chá Shān]

在平度市大泽山镇西崖刘家村东南。因多产茶叶而得名。海拔 560 米。面积 2.2 平方千米，山体为花岗岩。植被主要有赤松，多生黄荆。有公路经此。

两目山 370283-21-G04
[Liǎngmù Shān]

在平度市旧店镇九山后村东北。其名称来历说有二：一是山形像两只眼睛，故名；二是传说此山曾被洪水两次淹没，方言称"两没"，以谐音成今名。海拔 417.4 米。面积 4.15 平方千米。植被主要有黑松、赤松、刺槐、板栗树等。有公路经此。

三山顶 370283-21-G05
[Sānshān Dǐng]

在平度市大泽山镇三山东头村。因有泉子东坡顶、红苇顶、庙顶，故名三山顶。海拔 307.4 米。面积 0.9 平方千米。花岗岩山体结构。有公路经此。

天柱山 370283-21-G06
[Tiānzhù Shān]

在平度市平度城北。因山体耸立如柱而得名。海拔 280 米。面积 2.5 平方千米。花岗岩山体结构。有公路经此。

高望山 370283-21-G07
[Gāowàng Shān]

在平度市大泽山镇北朝阳庄北。《地理志》中记载，卢乡有高君山，疑即此山，高望山之名由高君山演变而来。海拔 332.3 米。面积 2 平方千米。花岗岩山体结构。有公路经此。

芝莱山 370283-21-G08
[Zhīlái Shān]

在平度市大泽山镇北丁家村北。相传，汉武帝至此求仙药获一灵芝，故名芝莱山。海拔 147 米。面积约 1 平方千米。有公路经此。

大姑顶 370283-21-G09
[Dàgū Dǐng]

在平度市大泽山镇所里头村。据传，王莽起兵曾占领此山，其姑母为山寨王，故得大姑顶之名。海拔 729.3 米。面积 12 平方千米。山上植被茂盛。有公路经此。

双双 370283-21-G10
[Shuāngshuāng]

在平度市大泽山镇高家村东。因两个高度相等的山峰，恰似一对孪生姐妹，故名双双。海拔 644 米。面积 0.25 平方千米。遍山长满黑松，植被覆盖率 70%。有公路经此。

牛心顶 370283-21-G11
[Niúxīn Dǐng]

在平度市大泽山镇高家村西南。因

山形如牛心状，故名。海拔369米。面积0.3平方千米，山体结构为花岗岩。主要植被有黑松、刺槐、板栗树等，植被覆盖率80%。有公路经此。

南大峪 370283-21-G12

[Nán Dàyù]

在平度市旧店镇口子村西北。因地理位置而得名。海拔450米。面积1.3平方千米。植被主要有赤松、黑松、刺槐、板栗、樱桃、苹果等树木，植被覆盖率85%。有公路经此。

茶叶顶 370283-21-G13

[Cháyè Dǐng]

在平度市旧店镇前涧村东。当地群众常从此采茶，故名茶叶顶。海拔309米。面积0.25平方千米。植被主要有赤松、黑松、苹果树、葡萄藤、桃树等，植被覆盖率75%。有公路经此。

女婿埠 370283-21-G14

[Nǚxù Bù]

在平度市旧店镇纸坊村。据传古时一对男女结婚之日，路过此埠暴疾而亡，就地葬于埠辖，故得名女婿埠。海拔196.9米。面积0.5平方千米。植被主要有赤松、黑松、刺槐、葡萄藤、苹果树、桃树等，植被覆盖率90%。有公路经此。

火山 370283-21-G15

[Huǒ Shān]

在平度市旧店镇河庄口村东北。据传600年前，山上树木繁茂，常生火灾，终把树木烧尽，留下一座秃山，故名火山。海拔278.8米。面积2.25平方千米。植被主要有黑松、板栗、桃、苹果等树，植被覆盖率95%。有公路经此。

龙山 370283-21-G16

[Lóng Shān]

在平度市旧店镇龙山前村北1千米处。因山体像一条卧着的龙，故以山形得名。海拔286米。面积2平方千米。植赤松、黑松、葡萄、桃、苹果等树，植被覆盖率85%。有公路经此。

疯狗山 370283-21-G17

[Fēnggǒu Shān]

在平度市旧店镇铁匠庄西南。原名方沟山，后以山体形状和谐音演称今名。海拔193.2米。面积0.8平方千米。主要植被有赤松、苹果树、桃树等，植被覆盖率90%。有公路经此。

鹿子山 370283-21-G18

[Lùzǐ Shān]

在平度市旧店镇邓家村北。因山形似只小鹿，故名。海拔241米。面积0.19平方千米。植被主要有黑松、刺槐、樱桃、苹果等树木，植被覆盖率85%。有公路经此。

护天雨 370283-21-G19

[Hùtiānyǔ]

在平度市旧店镇青山村东南。因山势峻陡，山岩突出，仰望山顶云雨与山顶相接，令人有"护天"之感，故名。海拔521米。面积2平方千米。植被主要有赤松、黑松、刺槐、板栗、樱桃、苹果等树木，植被覆盖率85%。有公路经此。

青山 370283-21-G20

[Qīng Shān]

在平度市旧店镇栾家寨村东北。因山体青石罗列，垒起嶙峋的陡崖，故名青山。海拔577米。面积5平方千米。主要植被有赤松、黑松、刺槐、板栗树、苹果树、桃树等，植被覆盖率75%。有公路经此。

云山 370283-21-G21
[Yún Shān]

在平度市旧店镇云山洼村东。因下雨前乌云从此山飘出而得名。海拔388.6米。面积8.6平方千米。主要植被有赤松、黑松、刺槐、板栗、桃、苹果等树，植被覆盖率70%。有公路经此。

北两目山 370283-21-G22
[Běi Liǎngmùshān]

在平度市旧店镇西上夼村西北。因坐落在两目山正北，两山遥对，故以北两目山称之。海拔370.6米。面积3平方千米。山体为花岗岩，主要植被有赤松、黑松、苹果树等，植被覆盖率70%。

周家大山 370283-21-G23
[Zhōujiā Dàshān]

在平度市旧店镇九里夼村东北。因明朝周姓至此居住，故名周家大山。南与老窑窝子相连，西临九里夼河，海拔427.8米。面积2.5平方千米。植刺槐、松树，植被覆盖率100%。有公路经此。

酸枣山 370283-21-G24
[Suānzǎo Shān]

在平度市旧店镇厂口涧村东。因山上野酸枣树丛生，秋时红色果实映满山，故名酸枣山。海拔214.7米。面积0.35平方千米。植被主要有松树、刺槐。有公路经此。

红山 370283-21-G25
[Hóng Shān]

在平度市旧店镇滕家村南。因山体石脉呈红色，故名红山。海拔487米。面积3

平方千米。植被主要有赤松、刺槐，植被覆盖率100%。有公路经此。

蝎子山 370283-21-G26
[Xiēzi Shān]

在平度市旧店镇杨家宅科西。因山石缝隙间生长蝎子，居民常至此捉蝎出售，故名蝎子山。海拔165.7米。面积0.1平方千米。山体结构为花岗岩。植被主要有黑松、赤松，植被覆盖率83%。有公路经此。

金顶山 370283-21-G27
[Jīndǐng Shān]

在平度市旧店镇中王埠后村南。据传古人在山顶挖出金子，故名金顶山。海拔195.4米。面积1.5平方千米。植被主要有黑松、刺槐、苹果树，植被覆盖率达100%。有公路经此。

秋千柱 370283-21-G28
[Qiūqiānzhù]

在平度市旧店镇九后村西。山顶部有两根并立的自然石柱子，形似秋千架，当地群众以秋千架影子的移动计时，故取名秋千柱。海拔425米。面积2.5平方千米。山东坡植黑松、刺槐，西坡光秃，植被覆盖率40%。有公路经此。

抓山 370283-21-G29
[Zhuā Shān]

在平度市旧店镇山里程家村北。因山体表层有一道沟纹，像用手抓过似的，故名。海拔220米。面积0.34平方千米。山体结构为片麻岩。植被主要有赤松、刺槐、板栗树，覆盖率90%。有公路经此。

鳖山 370283-21-G30
[Biē Shān]

在平度市旧店镇山里石家村东南。因

山峰北侧有块似鳌状巨石，头朝西北尾向东南，故名。海拔246米。面积1.75平方千米。植被主要有黑松，植被覆盖率90%。有公路经此。

鳌来山 370283-21-G31
[Áolái Shān]

在平度市旧店镇水磨涧村西南。因山势险固，山岩平地突起，酷似鳌昂头由水伸出，故以其形状命名。海拔336.4米。面积1.5平方千米。植被主要有刺槐、毛白杨、松树、果树等，植被覆盖率87%。有公路经此。

九目山 370283-21-G32
[Jiǔmù Shān]

在平度市旧店镇水磨涧村东南。据传古时山洪暴发，因其山体矮小曾被洪水淹没九次，故名九没山，后演变为九目山。海拔162米。面积0.4平方千米。植被主要有黑松、刺槐664亩，山下建苹果园30亩。有公路经此。

太平山 370283-21-G33
[Tàipíng Shān]

在平度市东阁街道北杨家庄北。据传，元代时期外人强占此山，当地居民群起抗侵，收复山地，得以太平，山以此得名。海拔148米。面积1.2平方千米。1990年拓荒种地。有公路经此。

崮山 370283-21-G34
[Gù Shān]

在平度市东阁街道河洼村南。因山势陡峭、顶部平坦而得名。海拔316米。面积2.25平方千米。花岗岩山体结构。主要植被有黑松、刺槐，植被覆盖率90%。产芝麻花石材。有公路经此。

大鱼脊山 370283-21-G35
[Dàyújǐ Shān]

在平度市东阁街道大鱼脊山沟东村北。因山顶部有一道形若鱼脊的岩石，故名，又因山北有小鱼脊山，冠以"大"字。海拔95.8米。面积1.2平方千米。石英石矿藏丰富，已开采利用。有公路经此。

峰山 370283-21-G36
[Fēng Shān]

在平度市云山镇峰山埠村北。其周围山岭顶部皆平坦，唯此山有峰，故名峰山。海拔97.7米。面积1平方千米。土石山体结构。主要植被有松树、刺槐。有公路经此。

大里山 370283-21-G37
[Dàlǐ Shān]

在平度市云山镇南温家村南。因北连小里山，山峰又高，为与小里山对称，故取名大里山。海拔186.8米。面积0.5平方千米。主要植被有松树、苹果树。有公路经此。

小里山 370283-21-G38
[Xiǎolǐ Shān]

在平度市云山镇官里村北。因石块累积像人工砌成，故名小垒山，现称小里山。海拔141.2米。面积0.35平方千米。主要植被有松树、苹果树，植被覆盖率85%。有公路经此。

仙山 370283-21-G39
[Xiān Shān]

在平度市云山镇后卧牛石村东。据传此山松柏郁郁葱葱，晨曦时云雾缥缈，霞光万道，有神女手执花篮观日的奇特景象，故名仙山。海拔180.6米。面积2平方千米。

山体表层有 1 米厚的土壤，下层为岩石。有公路经此。

大骨节山 370283-21-G40
[Dàgǔjié Shān]

在平度市云山镇山旺村西北。山形酷似骨头的关节，故名骨节山，为与小骨节山区别，冠"大"字，故名大骨节山。海拔 218.2 米。面积 0.6 平方千米。主要植被有松树、苹果树，植被覆盖率 98%。有公路经此。

小骨节山 370283-21-G41
[Xiǎogǔjié Shān]

在平度市云山镇上马台村东北。因山形像骨头关节，又小于大骨节山，故名小骨节山。海拔 180 米。面积 0.5 平方千米。山体结构为花岗岩。主要植被有松树。有公路经此。

凤山 370283-21-G42
[Fèng Shān]

在平度市白沙河街道山西村东。因山顶部常有云雾笼罩，得名云台山，清光绪六年（1880），此山起山会之后，改名凤山。海拔 105.3 米。面积 1.5 平方千米。有公路经此。

华山 370283-21-G43
[Huà Shān]

在平度市古岘镇刘家集木村西。古时满山花草，自春至秋花盛藤密，得名花山。明洪武初年，因战乱植被被毁弃，演变为华山。海拔 164.4 米。面积 1 平方千米。有公路经此。

雀石涧 370283-21-G44
[Quèshí Jiàn]

在平度市大泽山镇高家村东。此山表体岩石风化诸多雀窝状，故名雀石涧。海拔 450 米。面积 3 平方千米。石体结构为沉积岩。有公路经此。

响山 370283-21-G45
[Xiǎng Shān]

在平度市大泽山镇响山潘家村。因山北坡陡、南坡缓，敲打北坡石回声大，故名响山。海拔 257 米。面积 0.25 平方千米。山南坡土质肥沃，苹果树茂盛，植被覆盖率 100%。有公路经此。

两乳山 370283-21-G46
[Liǎngrǔ Shān]

在平度市大泽山西北。因山形如女人圆润丰满的乳房，故名。海拔 159 米。面积 0.5 平方千米。主要植被有苹果树、杏树。盛产优质雪花白大理石。有公路经此。

大刁望 370283-21-G47
[Dàdiāowàng]

在平度市大泽山镇高家村东南。山名来历有二：其一山形奇特，民称古怪的东西为"刁望"，故得名大刁望；其二山峰突石似雕咀，像雕在望食，得名雕望，"刁"为"雕"字演变而来。海拔 530 米。面积 3 平方千米，花岗岩山体结构。主要植被有黑松、板栗。有公路经此。

血山 370283-21-G48
[Xuè Shān]

在平度市大泽山镇谭家夼村北。据传有只凤凰飞至此山栖息，取名凤凰山。后有人至此居住，风水被破，凤凰滴血而死，凤血染红山石，石由白变红，故名血山。海拔 194.6 米，花岗岩山体结构。主要植被为黑松，植被覆盖率 60%。有公路经此。

狐山 370283-21-G49

[Hú Shān]

在平度市大泽山镇响山潘家村西。因山中常有狐狸出没，改名狐山。海拔145.9米。面积0.8平方千米。花岗岩山体结构。有公路经此。

小姑顶 370283-21-G50

[Xiǎogū Dǐng]

在平度市大泽山镇所里头村东南。明朝初年，山涧里有座尼姑庵，数名尼姑居住，山亦称小尼古顶，后尼姑庵倒塌，尼姑出走，又省称小姑顶。海拔498米。面积3.8平方千米。主要植被有黑松，山脚栽果树，植被覆盖率80%。有公路经此。

磨锥山 370283-21-G51

[Mózhuī Shān]

在平度市大泽山镇西崖刘家村东南。因山势高陡，形如锥刺天，阴雨天气云磨山尖，故名磨锥山。海拔684米。面积2.4平方千米。主要植被为赤松、灌木等，植被覆盖率65%。有公路经此。

塔山 370283-21-G52

[Tǎ Shān]

在平度市店子镇塔山陈家村北。明代山上建塔一座，故名塔山。海拔195.5米。面积1平方千米。主要植被为黑松、赤松，植被覆盖率80%。有公路经此。

夹板山 370283-21-G53

[Jiābǎn Shān]

在平度市店子镇北盛家村东北。因山之形状似螃蟹的夹板而得名。海拔284米。面积1平方千米，山体为花岗岩。产石材。植被为赤松，植被覆盖率60%。有公路经此。

小豁口 370283-21-G54

[Xiǎo Huōkǒu]

在平度市店子镇棘子嶂村东南。海拔205米。面积1.5平方千米。主要植被有赤松、刺槐，植被覆盖率70%。有公路经此。

长岭山 370283-21-G55

[Chánglǐng Shān]

在平度市店子镇棘子嶂村西南。因山体低矮且南北长，故名长岭山。海拔245米。面积1.33平方千米。主要植被有松树、葡萄藤、苹果树，植被覆盖率80%。有公路经此。

李姑顶 370283-21-G56

[Lǐgū Dǐng]

在平度市店子镇琥珀杨家东北。山体独自而立，故名立岗顶，后讹写为李姑顶。海拔595米。面积2.8平方千米。砂石山体结构。植被以赤松为主，植被覆盖率60%。有公路经此。

松顶子 370283-21-G57

[Sōngdǐngzi]

在平度市东阁街道路子口村西。因山上的巨石星罗棋布，从山下上望很像星星，故名星顶子，后因"星"与"松"音似，演变为松顶子。海拔255米。面积1平方千米。主要植被有黑松、刺槐，植被覆盖率90%。有公路经此。

集座山 370283-21-G58

[Jízuò Shān]

在平度市东阁街道黄山后村西南。因南靠皇山（现名黄山）取"皇驾不崩冀着坐"之意取名冀座山，后当地人讹写为今名。海拔236.2米。面积1.5平方千米。主要植被有松树、刺槐，植被覆盖率达80%。有公路经此。

黄山 370283-21-G59
[Huáng Shān]

　　在平度市东阁街道黄山东头村西。原名皇山，寓"山中王"之意，后演变为黄山。海拔 213 米。面积 1 平方千米。山上东、西、南三坡植松树，北坡植刺槐，山周为果园。有公路经此。

大豁口 370283-21-G60
[Dà Huōkǒu]

　　在平度市东阁街道栾家村西。因自然地理实体大豁山而得名。海拔 245 米。面积 0.5 平方千米。主要植被有黑松，植被覆盖率 80%。有公路经此。

牛山 370283-21-G61
[Niú Shān]

　　在平度市李园街道黄道口村西南。因山坡青草繁茂，常年牧牛满山，故名牛山。海拔 236 米。面积 1.2 平方千米。有公路经此。

蟠桃山 370283-21-G62
[Pántáo Shān]

　　在平度市李园街道西七里河子村西。因山上种植桃树，取名蟠桃山。海拔 310 米。面积 1.5 平方千米。有公路经此。

老母猪山 370283-21-G63
[Lǎomǔzhū Shān]

　　在平度市东阁街道桃源洞村南。在山的东坡有一石洞，名曰老母猪洞，故名。海拔 169 米。面积 1 平方千米。有公路经此。

莲花盆山 370283-21-G64
[Liánhuāpén Shān]

　　在平度市东阁街道李家茔村东北。因山顶有块形似莲花盆的巨石，故名。海拔 324.9 米。面积 1.5 平方千米。有公路经此。

紫荆山 370283-21-G65
[Zǐjīng Shān]

　　在平度市李园街道毛家疃西南。因山坡多植紫荆，故名。海拔 208.8 米。面积 2 平方千米。有公路经此。

界山 370283-21-G66
[Jiè Shān]

　　在平度市新河镇界山潘家村东北。因是莱州与平度的界山而得名。海拔 94.2 米。面积 1.6 平方千米。山体结构为石灰岩。有公路经此。

金花山 370283-21-G67
[Jīnhuā Shān]

　　在平度市东阁街道兰家庄北。据传，清代山上生长荷花，花为黄色，故名金花山。海拔 223.3 米。面积 2 平方千米。有公路经此。

河流

现河 370283-22-A-a01
[Xiàn Hé]

　　外流河。在平度市中部。以源出之一的岘山命名，后演变为现河。源于蟠桃镇乔家北山裕风顶（廓落崮）西麓，自北向西南，流经东阁、凤台、同和街道和蓼兰、崔家集、明村镇，于小召村西注入北胶莱河。自源地至大洪沟村北入泽河的河段长 20 千米，宽 30 米，流域面积 116.95 平方千米，流量 414.9 立方米 / 秒；自大洪沟至小召村西入北胶莱河的河段长 40 千米，流域面积 318.72 平方千米。支流有白里河、大道沟、崔家集联河。

泽河 370283-22-A-a02
[Zé Hé]

　　人工水道。在平度市西北部。为根治

大泽山山脉在汛期山洪暴发，解决人工河道两岸抗旱用水，取大泽山的"泽"字命名。源自白沙河街道曲坊村南白沙河中游处，经白沙河、凤台、同和、李园街道和田庄、新河镇，由新河镇大苗家村西北汇入胶莱河。全长56千米，流域面积848.78平方千米，最大泄量561立方米/秒。为泥沙河。泽河主要支流有三苗家沟、小辽河、冰河、栾家庄河。

双山河 370283-22-A-a03
[Shuāngshān Hé]

外流河。在平度市北部。因南源磨锥山，北源双山而得名。源于磨锥山西北麓，汇三面山水沿山谷西北流，经双山南，受双山来水转西流，流经店子、田庄、新河镇，在新河镇前高家村西注入胶莱河。全长38千米，流域面积178.9平方千米。为泥沙河。支流有友谊河。

龙王河 370283-22-A-a04
[Lóngwáng Hé]

外流河。在平度市中部。此河是胶莱河较大支流，河道形状如龙，左右岸又有许多小河簇拥，为众河之首，故名龙王河。源于东阁街道栾家村东凤山北麓，汇花山、大豁口来水，西北流至门村镇赫家烟村，转西南流经李园、同和街道和田庄、明村镇，在明村镇大小河子村南注入胶莱河。全长37千米，宽20~90米，流域面积408.6平方千米，流量180立方米/秒。为泥沙河。支流有秦皇河、柳沟河、牛棚河、流沙河、龙埔河、旋河。

秦皇河 370283-22-A-a05
[Qínhuáng Hé]

外流河。在平度市中部。据传秦始皇东征时曾在此饮马，故名。发源于东阁街道西北部长岭山南麓，流向西南，流经李

园街道的栾家、东二十里堡、西二十里堡、巧女张，以及同和街道的周戈庄、马家庄、艾家疃，从四甲向西开挖新河引入泽河。全长15千米，宽7~100米，流域面积43.79平方千米，流量269立方米/秒。为泥沙河。

白里河 370283-22-A-a06
[Báilǐ Hé]

外流河。在平度市南部。此河原名昌河，后以流经的村庄白里命名。发源于蓼兰镇北部的小军屯，向西流经匙刘家、圈里胡家、刘彩家庄、马地、前楼等村，于刘家庄子前入现河。全长22.6千米，流域面积100平方千米。为泥沙河。

猪洞河 370283-22-A-a07
[Zhūdòng Hé]

外流河。在平度市北部。源于旧店镇西北部大崮顶后大铜岭东麓的大洞沟，汇杨家、董家、满家、西葛家、东葛家、胥家诸山岭来水，向东南受林家河、铁夼河、兰河来水，又经云山镇柳圈河来水，于谢戈庄村东北注入小沽河。全长37.5千米，流域面积299.28平方千米。为泥沙河。

城子河 370283-22-A-a08
[Chéngzi Hé]

外流河。在平度市东部。以村得名。源于云山镇南部的金沟，向东南流经古岘镇的刘家集木、杜家集木、古岘，在古岘东南有龙泉水北来入之，折而南流，经北城子、南城子、葛家庄、门戈庄、套里，至淖泥沟村后折向西南，于小桑元村西受兰后沟北来水，于斜庄村附近与北来的钱儿沟合流，南入大沽河。全长21.5千米，宽4~20米，流域面积69.74平方千米。为泥沙河。

落药河 370283-22-A-a09
[Luòyào Hé]

外流河。在平度市东部。据传唐王李世民东征时，因日夜奔波兵马患疾甚多，饮此河水后，兵马病愈，唐王大喜曰："天赐良药也！"故得名落药河。源于小骨节山北麓，经云山、白沙河街道、南村镇，在崖头村后注入大沽河。全长35千米，流域面积285.7平方千米，为泥沙河。

莱西市

河流

潴河 370285-22-A-b01
[Zhū Hé]

外流河。在莱西市东北部。根据河流形状婉转曲折得名。发源于莱西与莱阳交界之窑山东麓，流经河头店镇、水集街道、经济开发区、望城街道，于辇止头村西北入大沽河。全长55千米，宽80~120米，流域面积413平方千米，流量400~800立方米/秒。属于淮河流域的山东半岛诸河水系，山地型河流，为大沽河一级支流。流域内地形北高南低，高格庄水库以上为丘陵区，水库以下为丘陵平原区。支流有李家泊子河、萝水河、杨家屯河、月牙河、夭子河、河崖河、草泊沟、七星河、焦格庄河、贤都河、炉上河、辛庄河、福山河。

五 名胜古迹、纪念地和旅游地

市南区

纪念地

青岛市革命烈士纪念馆 370202-50-A-a01
[Qīngdǎo Shì Gémìnglièshì Jìniànguǎn]

在区境南部。为纪念牺牲的青岛革命烈士而得名。1981 年建成。占地面积约 2.2 公顷，建筑面积 4 878 平方米。分主厅和东、西展厅。3 厅布局呈"品"字形，构成 1 个严谨、壮丽的建筑整体。主厅正面展墙上挂着党的一大代表王尽美、邓恩铭及党的早期革命活动家李慰农、郭隆真和在青岛各个历史时期牺牲的 142 名著名烈士遗像，两壁书写青岛市 6 000 多名烈士英名，10 个展橱分列两侧，陈放着"山东革命烈士英名录"。东、西展厅陈列革命战斗时期、社会主义建设时期烈士英勇斗争的事迹。为市区举行纪念活动的场所，也是广大群众缅怀革命前辈丰功伟绩、接受革命传统教育和爱国主义教育的场所。1990 年被批准为全国重点烈士纪念建筑物保护单位。通公交车。

重点文物保护单位

天主教堂 370202-50-B-a01
[Tiānzhǔ Jiàotáng]

在区境西部。因所属宗教得名。1932 年始建，1934 年建成。为青岛最大的天主教堂，又称"圣弥爱尔教堂"。高 60 多米，外部主要由花岗岩砌成，入口处是青花岗石。大门上方有一巨大的玫瑰窗。两侧有两个钟塔，塔身高 56 米，顶部有高 4.5 米的巨大十字架。塔内上部共悬大钟 4 个，配属楼房皆罗马式建筑，规模宏大。2006 年 5 月被批准为国家级文物保护单位。通公交车。

栈桥 370202-50-B-b01
[Zhàn Qiáo]

在区境西部。因其结构而得名。清光绪十八年（1892）始建，1897 年扩建为军用码头。1931 年将南段改建为钢筋混凝土结构，增建半圆形防浪堤和回澜阁。1949 年后，屡加修缮。1984 年又将南段拆除重建。主体为木石结构，现长 436 米，宽 8 米，水泥桥面，两侧灯光灿亮，铁索垂栏。南端回澜阁占地 151 平方米，两层结构，红柱双檐八角形，阁顶披黄色琉璃瓦，颇具民族建筑风格。回澜阁由长桥伸向银浪碧波中，登阁眺望，海天一色，波澜起伏，诸岛出没水中。青岛十景中第一景"飞阁回澜"即此。是青岛最早的军事专用人工码头建筑，是青岛的重要标志性建筑物和著名风景游览点。2006 年 12 月被批准为省级文物保护单位。通公交车。

湛山寺 370202-50-B-c01
[Zhànshān Sì]

在区境东部。因所在自然地理实体而

得名，湛山古称"斩山"，"斩山"系缘于"二郎神在此山斩妖，为民除害"的神话传说，1910年又依原"斩山"之谐音更名为湛山，沿用至今。庙宇1934年始建，1945年建成。占地面积2.22万余平方米，建筑面积3 741平方米。山门两侧有石狮1对，姿态雄伟，雕工精巧，为明代遗物。寺内建有天王殿、大雄宝殿、西方三圣殿。殿后为藏经楼，藏佛经6 000余册以及古代佛像。山门东侧有1座药师琉璃光如来的七级宝塔，高20余米，塔身有浮雕坐佛石像100余尊，佛像神态各异，栩栩如生。是研究当地民俗宗教与地方史的重要实物资料。1982年12月被批准为市级文物保护单位。通公交车。

天后宫 370202-50-B-c02
[Tiānhòu Gōng]

在区境西部。为明、清渔航者奉祀"天后"（护航神）之道观，故名。明成化三年（1467）始建，清康熙、同治年间皆曾重修，1949年后再次修缮。占地面积3 600平方米，建筑面积1 100平方米。内有正殿、东西配殿、左右厢房、戏楼、钟鼓楼等。是研究当地民俗宗教与地方史的重要实物资料。1982年12月被批准为市级文物保护单位。通公交车。

重要景点和一般名胜古迹

小鱼山公园 370202-50-D-a01
[Xiǎoyúshān Gōngyuán]

在区境中部。因所在自然地理实体而得名。1983年辟建小鱼山公园，以山得名。在山顶新建"一阁两亭"，即三层八角的览潮阁、挑檐式六角碧波亭和挑檐式四角拥翠亭。匾额系著名画家吴作人所题。整个建筑设计均围绕"海"的主题，突出"鱼"的图案造型，构思新颖，使古典园林建

筑体现时代气息。凭高眺望，"蓝天、碧海、青山、绿树、黄墙"尽收眼底。为青岛市区重要的登高游览景点之一，也是青岛著名的具有古典风格的景点。2001年被评为国家AAAA级旅游景区。通公交车。

中山公园 370202-50-D-c01
[Zhōngshān Gōngyuán]

在区境中部。为纪念孙中山命名为中山公园。原为渔村，1898年辟为植物试验场；1914年名森林公园，又名旭公园；1923年改称第一公园；1929年更名为中山公园。占地近70公顷，游览区约40公顷。南门内建喷水池，池中有群儿戏水石雕，栩栩如生。贯穿公园南北的主干道两旁有樱花树掩映，园中有花卉园、芍药园、桂花园、月季园等，另有观赏温室和各式亭阁廊榭10余处。丰富了市民的休闲娱乐生活。通公交车。

青岛山公园 370202-50-D-c02
[Qīngdǎoshān Gōngyuán]

在区境中部。因所在自然地理实体而得名。1984年辟为青岛山公园。面积31公顷，海拔128米。经全面绿化，突出春、夏、秋、冬四季植物景观。建观景亭、四角亭和"知春""揽趣""梅友""翠波"等园林建筑，以及儿童军事活动场所等。为青岛市区第二高峰，是眺望市区山海风光的理想景点之一。通公交车。

青岛第一海水浴场 370202-50-D-c03
[Qīngdǎo Dìyī Hǎishuǐ Yùchǎng]

在区境中南部。因所在政区而得名。1901年始建；1945年7月具规模，习称汇泉海水浴场；1949年改今名。沙滩面积2.5公顷。水中有防鲨网，岸上有瞭望塔、急救室等。通公交车。

市北区

纪念地

中共青岛党史纪念馆 370203-50-A-b01
[Zhōnggòng Qīngdǎo Dǎngshǐ Jìniànguǎn]

在区境中西部。因纪念馆展出内容而得名。原建筑建于1904年，2001年修建中共青岛地方支部旧址纪念馆，并列为青岛市爱国主义教育基地；2011年对旧址纪念馆进行修缮和扩建，更名中共青岛党史纪念馆，同时保留原中共青岛地方支部旧址纪念馆名称。砖木结构，属德式风格的建筑。占地面积4 060平方米，建筑面积840多平方米。展馆主要由中共青岛地方支部旧址、基本陈列和专题展厅三部分组成。中共青岛党史纪念馆是青岛市唯一一处保留至今的早期党组织机关旧址。对弘扬爱国主义精神具有重要意义。2006年12月被批准为省级文物保护单位。通公交车。

黄岛区

重点文物保护单位

齐长城遗址 370211-50-B-a01
[Qí Chángchéng Yízhǐ]

在区境北部。因所属年代而得名。始建于齐桓公元年（前685），经齐灵公、齐威王不断增修，至齐宣王时基本完成。后来齐王又加整修，先后历经400余年。齐长城是春秋战国时期齐国修筑的军事防线，用于阻碍敌军入侵。黄岛段西起六汪镇李家前夼村西岭，跨越小珠山等200余座山头，东至长江路街道东于家河村入海，全长60余千米。1987年被联合国教科文组织整体列入世界文化遗产名录。2001年6月被批准为国家级文物保护单位。通公交车。

琅琊台遗址 370211-50-B-a02
[Lángyátái Yízhǐ]

在黄岛区琅琊镇琅琊山。《史记·秦始皇本纪》载，盖海畔有山，形如台，在琅琊，故曰琅琊台。219年建成。今之琅琊台，古迹犹存，筑台的夯土层清晰可辨，具有较高的历史价值、科学价值和独特的文化艺术价值。2013年5月被批准为国家级文物保护单位。通公交车。

东皂户遗址 370211-50-B-b01
[Dōngzàohù Yízhǐ]

在黄岛区琅琊镇东皂户村。因所在地而得名。商代遗址。遗址呈长方形，断崖上可见文化堆积分布，曾采集有石铲、石斧、石凿和灰陶罐、铜镞、铜削等商代文物。具有重要的考古价值。1977年12月被批准为省级文物保护单位。通公交车。

向阳遗址 370211-50-B-b02
[Xiàngyáng Yízhǐ]

在黄岛区宝山镇向阳村。因所在地而得名。新石器时代遗址。为河旁台地，中部隆起，形成龟盖形浅丘漫岗，东西两头窄、中间阔。断崖上可见文化堆积分布，地表采集有新石器时代和汉代的陶器残片。具有重要的考古价值。2006年12月被批准为省级文物保护单位。通公交车。

河头遗址 370211-50-B-c01
[Hétóu Yízhǐ]

在黄岛区张家楼镇河头村北。因所在地而得名。大汶口晚期至汉代遗址。文化堆积丰富，地表采集有龙山文化时期的鼎、罐、杯、壶等陶器残片。有房址、灰坑、灶坑、窑址以及大量大汶口至汉代陶器和残片。2008 年考古发现房址、围壕、墓葬坑等，出土陶器、石器近百件。1982 年 12 月被批准为市级文物保护单位。通公交车。

高戈庄遗址 370211-50-B-c02
[Gāogēzhuāng Yízhǐ]

在黄岛区藏马镇高戈庄村南。因所在地而得名。新石器时代遗址。为临河台地，中部隆起，呈龟盖形，形成浅丘漫岗。断崖上随处可见文化堆积分布，地面采集大量龙山文化特征的陶器残片，曾出土石镰、石斧、石凿、石锛等石器。1984 年 12 月被批准为市级文物保护单位。通公交车。

西寺遗址 370211-50-B-c03
[Xīsì Yízhǐ]

在黄岛区大场镇西寺村北。因所在地而得名。新石器时代遗址。为临河台地，中部隆起，形成龟盖形浅丘漫岗。东西长约 200 米，南北宽约 80 米。断崖上可见文化堆积分布，地表采集大量龙山文化时期的夹沙黑陶片和泥质黑陶片，曾出土黑陶蚌形响器、红陶鬶、泥质黑陶杯、石镞等大量文物。1982 年 12 月被批准为市级文物保护单位。通公交车。

大珠山遗址 370211-50-B-c04
[Dàzhūshān Yízhǐ]

在黄岛区乔家洼社区大珠山东麓。因所在自然地理实体而得名。旧石器时代遗址。共出土标本 1 400 余件，其中石制品 500 余件、动物化石 900 余件、植物标本 20 余件，还出土了大量的哺乳动物碎骨化石。通公交车。

挪庄遗址 370211-50-B-c05
[Nuózhuāng Yízhǐ]

在黄岛区珠海街道。因所在地而得名。

新时期时代遗址。遗址地表和河床上随处可见文化堆集分布，采集有大汶口、龙山、汉代陶器残片，系延续叠压关系。通公交车。

崂山区

重点文物保护单位

康有为墓 370212-50-B-b01
[Kāngyǒuwéi Mù]

在区境西部。因墓主人得名。其墓原在李村镇南枣儿山西北麓，1985 年迁此。院墙南北长 45 米，东西宽 25 米，高 1.5 米。依北高南低地势中间建 5 层石台阶。墓石座圆形，墓碑正面镌刻其弟子刘海粟撰："康有为先生之墓"。背面记其生平。墓前及院周围遍植松、柏、樱花等花木。1992 年 6 月被批准为省级文物保护单位。

明霞洞 370212-50-B-c01
[Míngxià Dòng]

在区境东南部。以海天明净、霞光艳丽取名。在上清宫之北的玄武峰近山巅处。面积 10.0 平方米。为崂山重点名胜之一，系天然巨石叠架而成，洞口高约 2 米，洞内高于人立，洞额为邱处机镌"大安辛未"。明霞洞三面奇峰矗立，南临黄海，四周古松蔽日，修竹滴翠，古洞幽邃，刻石遍布，有上、中、下三处泉水终年注涌。尤为奇特的是霞光绚丽变幻，被誉为崂山十二景的"明霞散绮"，游人多有题咏。1982 年 12 月被批准为市级文物保护单位。

白云洞 370212-50-B-c02
[Báiyún Dòng]

在区境东部。因洞口四周一年四季多数日子白云缭绕而得名。始建于元，明、清时扩建。洞有4块巨石结成，左谓青龙，右谓白虎，前谓朱雀，中谓玄武。洞内原供有铜铸玉皇神像。铸制极为古雅，并曾有"藏园老人"傅沅叔题壁。额刻有"白云洞"三字，是清末翰林院日照尹琅若（字琳基）所题。洞前有两株白果树，大可合抱，如巨伞撑天。还有一株玉兰，枝繁叶茂，也有数百年树龄。洞后有很多松树，其中一株古松，形状奇特，名曰"华盖松"。这一由古树和白云洞交织而成的奇特景观，即"崂山著名十二景"之一"云洞蟠松"。洞附近散有卧云窟、栖云洞、九曲莲花洞等洞穴及"白云为家"等石刻。1982年12月被批准为市级文物保护单位。

太清宫 370212-50-B-c03
[Tàiqīng Gōng]

在区境东南部。因宗教术语而得名。唐代始建，2001年改扩建。崂山太清宫内有殿堂十三座，供奉神像达一百一十八尊之多。是研究当地民俗宗教与地方史的重要实物资料。1982年12月被批准为市级文物保护单位。通公交车。

上清宫 370212-50-B-c04
[Shàngqīng Gōng]

在区境东部。因宗教术语而得名。汉代建筑。建有山门、大殿、东西配殿。大殿系木砖小瓦结构，无斗拱单檐硬山式建筑。建筑面积1 300平方米，祀玉皇、三清及七真像。近处镌元代道士邱长春题"青玉案"词及七绝诗10首。宫南有邱长春衣冠冢。圣水泉自鳌山石下流出，甘洌清澈，为崂山名泉之一。是研究当地民俗宗教与地方史的重要实物资料。1982年12月被批准为市级文物保护单位。通公交车。

华严寺 370212-50-B-c05
[Huáyán Sì]

在区境东部。以佛教经书《华严经》命名。明崇祯时即墨人明代御史黄宗昌捐造，后毁于兵火。清顺治九年（1652），黄坦助慈沾禅师重建于今址。有殿堂、僧寮、客房130余间，建筑面积2 500余平方米，大殿为斗拱单檐歇山式建筑。"藏经阁"呈方形，建于山门之上，砖木结构、环檐建筑。山门外有塔2座，一为第一代住持慈瞰藏骨处，一为于七（名乐吾）之葬骨地。是研究当地民俗宗教与地方史的重要实物资料。1982年12月被批准为市级文物保护单位。通公交车。

太平宫 370212-50-B-c06
[Tàipíng Gōng]

在区境东部。初名太平兴国院，后改今名。建于宋太平兴国年间。建筑面积400余平方米。在崂山现存的寺观中，太平宫是有史料可考的最古的道观。太平宫的殿宇，有山门、大殿、配殿、道舍20余间，系硬山式建筑。正殿名三清殿，配殿为三官殿和真武殿，呈"品"字形。院门的照壁上单线钩刻"海上宫殿"四个大字，结构严谨，端正饱满，传为建宫时所镌。正殿旧祀三清和玉皇，配殿东祀三官，西奉真武，修整时，又重塑了一些神像。西院辟有茶室，院中有井名"龙涎"，井侧石上刻明代山东提学邹善的诗一首。是研究当地民俗宗教与地方史的重要实物资料。1982年12月被批准为市级文物保护单位。通公交车。

华楼宫 370212-50-B-c07
[Huálóu Gōng]

在区境西北部。山有叠石似楼，故名华楼山，宫以山名。元泰定二年（1325）

始建。建筑面积 300 平方米，占地面积 2 000 余平方米，此宫依山面壑，地势高爽，宫内呈一字形布局，规模不大，小巧玲珑，东为老君殿，中为玉皇殿，西为关帝殿。该宫现为道教活动场所。院内置元代大学士赵世延撰文石碑 1 座，宫北的一块巨石就是碧落岩，上刻"碧落岩"三字。是研究当地民俗宗教与地方史的重要实物资料。1982 年 12 月被批准为市级文物保护单位。

风景名胜区

青岛崂山风景名胜区 370212-50-C-a01
[Qīngdǎo Láoshān Fēngjǐng Míngshèngqū]

在省境东南部，区境东部。东北起青岛市崂山区崂山湾西海岸，西南至胶南市琅琊台湾东北海岸。面积 553 平方千米。因所在自然地理实体而得名。1982 年被批准为国家级风景名胜区。景区包括 12 处景观：巨峰海拔 1 132.7 米，"旭照奇观"被列为崂山十二景之冠，称"巨峰旭照"；八水河流至龙潭瀑跌落于深潭，水如玉龙，吐雾喷雨，景色壮观，称"龙潭喷雨"；明霞洞背后石峰耸立，山高林密，前望群峦下伏，峭壑深邃，每当朝晖夕阳，霞光变幻无穷，称"明霞散绮"；在太清宫看海上月出，光洁的月亮被一团金辉托出海面，溶溶月色倾洒海面，浮光激滟，岸边清风掠竹，这便是"太清水月"；崂山头南部的八仙墩，是由海蚀岩洞组成的奇特自然风貌，被称为"海峤仙墩"；罗延窟是座天然的石洞，宽 7 米，高、深各 10 余米，四壁如削，洞顶有一圆洞，颇似火山喷口，天光由此圆孔透入；白云洞在崂山东部，坐落在海拔 400 多米的高山上，因其景物之清奇，风光之绮丽，被称为"云洞蟠松"；狮子峰上几块巨石相叠，侧看成岭，竖看成峰，状若雄狮，横卧在苍茫云雾中，海风吹来，白云婉若游龙，翩若惊鸿，故名"狮岭横云"；华楼峰高 30 余米，由一层层岩石组成，宛如一座叠石高楼耸立晴空，又因异石突起，犹如华表，故被称为"华楼叠石"；棋盘石是一块凌空高悬的巨大岩石，高 3 米，宽 8 米，长 15 米，石面平坦，能坐几十个人，并刻有双线勾勒的"十"字，传说这就是南极仙翁、北极仙翁当年对弈留下的棋盘，该景观名为"棋盘仙弈"；潮音瀑是北九水的尽头，四面峭壁环绕，东南高壁裂开如门，瀑布从此泻下，山谷轰鸣，声如澎湃怒潮；蔚竹庵在北九水村东北的凤凰山下，位居海拔 550 米高处，蔚竹成林，苍松竞茂，怪石奇秀，涧溪成韵，泉水叮咚，清新幽静，在崂山十二景中称"蔚竹鸣泉"。通公交车。

重要景点和一般名胜古迹

北九水 370212-50-D-a01
[Běi Jiǔshuǐ]

在区境北部。北九水为白沙河的中游峡谷地带，因水有九折，与南九水相对而称此名。景区以自然溪谷、山林景观为主要特色，有菊湾、玉笋峰、三水水库、玉笙洞、骆驼头、飞虎峰、小丹丘、松涛涧、九水村、双石屋、内三水、飞凤崖、锦帆嶂、连云崖、鱼鳞峡、潮音瀑、凉清河谷、蔚竹庵、柳树台共 19 处景点，以北九水疗养院为界分"内九水"和"外九水"。北九水地处巨峰之阴，空气湿润，气候清凉，适于生长辽东半岛的植物，素有"小关东"之称，是全国有名的疗养、避暑之地。2009 年被评为国家 AAAA 级旅游景区。通公交车。

李沧区

重点文物保护单位

仙姑塔 370213-50-B-b01
[Xiāngū Tǎ]

在区境东部。为纪念该村贞节奇女于姑娘，由当地乡绅及村民捐资而建，故名。建于1923年。塔基嵌有阴刻铭文，由清末法部右侍郎、弼德院顾问王垿撰文，王锡极书丹。铭文记述了于仙姑的生平事迹、民间传说及修塔缘由、经过。是研究当地民俗与地方史的重要实物资料。2013年10月被批准为省级文物保护单位。通公交车。

大枣园牌坊 370213-50-B-b02
[Dàzǎoyuán Páifāng]

在区境北部。因所在地而得名。清康熙二十四年（1685）始建。清政府为表彰三次升迁并教子有方的王柱今及其子孙而设立了两座石牌坊，间距为60米。两座牌坊形制及大小基本相同，皆为四柱三间，全石雕筑。大枣园牌坊是目前青岛地区唯一幸存的一处功德石牌坊，具有很高的历史价值和艺术价值。2013年10月被批准为省级文物保护单位。通公交车。

李村基督教堂 370213-50-B-b03
[Lǐcūn Jīdū Jiàotáng]

在区境南部。因所在地而得名。1904年修建完成，1983年由基督教会收回并进行维护修缮，1984年恢复宗教活动。李村教堂可容纳300余人，堂顶建有钟楼一座，在教堂后院另有房屋多间，占地面积668.9平方米。李村基督教堂是目前岛城现存最早的教堂建筑。2013年10月被批准为省级文物保护单位。

古城顶遗址 370213-50-B-b04
[Gǔchéngdǐng Yízhǐ]

在区境北部。商周时代，这里曾是一座古城堡，因位高处，故名。商周时期遗址。1948年，曾挖出过石镞、陶器、骨器、青铜器等。1955年冬和1956年春，当地农民修建水库时，又发现了青铜短剑、铜鼎、骨针、卜骨、石器和陶器等珍贵文物，并在北部靠山沟处发现夯土城墙基础，厚约两米。1958年扩建水库时，又在深土层的断面中发现已坍塌的穴居洞室，内有很厚的灰土层，其中发现有陶片、石器、兽骨和贝壳等珍贵文物。2013年10月被批准为省级文物保护单位。

李村华人监狱旧址 370213-50-B-c01
[Lǐcūn Huárén Jiānyù Jiùzhǐ]

在区境南部。因旧址原单位而得名。1903年建成，1939年前后曾按原貌进行过较大规模的维护修缮。1949年后，成为山东省第二监狱（后为青岛监狱），原建筑大部分被拆毁，仅保留"E"字形二层楼房建筑一座，并遗存德文"李村华人监狱"牌匾一块，现存于市博物馆。其建筑为德式风格，红砖、红瓦、圆拱门，设有监房、教诲室、工厂、行刑室等。2005年2月被批准为市级文物保护单位。

明真观 370213-50-B-c02
[Míngzhēn Guàn]

在区境西部。此建筑为道教建筑，属道教全真派道观，依道教全真派教义取名。1925年始建。1943年侵华日军扩建飞机场，明真观被日军拆除。1944年明真观在晓翁村重新修复。2003年对明真观进行抢救性修复和保护，2004年12月顺利完成。2005年4月10日，修葺一新的明真观面向社会开放。修复后的明真观占地面积4600平方米，分为山门殿、前殿、后殿共三层大殿。殿内主祀道教诸神，儒释民间尊神同奉，塑像精雕细琢，形神兼备。2005 年 2 月被批准为市级文物保护单位。

重要景点和一般名胜古迹

十梅庵公园 370213-50-D-a01
[Shíméi'ān Gōngyuán]

在区境北部。相传古代这里只是一片荒山野岭，并无梅花，后来有十位美丽的女子在此结草为庵，结伴修炼后得道成仙而去，留下十株高大的梅树，故名。1995 年始建。是中国江北最大的梅花繁殖、栽培、研究基地之一，梅园内主要观赏品种有"淡丰后""崂山白""绿萼""朱砂""江梅""美人梅"等。2008 年 5 月被评为国家 AAA 级旅游景区。

城阳区

纪念地

城阳区革命烈士陵园 370214-50-A-c01
[Chéngyáng Qū Gémìnglièshì Língyuán]

在城阳区东部的凤凰山上。因所在政区而得名。2000 年始建，2001 年建成。由烈士墓、纪念墙、悼念广场、雕塑及办公区域等部分组成，埋葬着不同时期牺牲的革命烈士 144 名。为广大群众缅怀革命前辈丰功伟绩、接受革命传统教育和爱国主义教育的场所。通公交车。

重点文物保护单位

法海寺 370214-50-B-b01
[Fǎhǎi Sì]

在城阳区石门山西麓。因纪念创建该寺的第一代方丈法海大师而得名。北魏始建，宋嘉祐二年（1057）、元延祐二年（1315）、清康熙五十二年（1713）皆重修过，最后一次重修是 1934 年。是城阳区最古老的僧院，每月的初一、十五都做香赞，从明代开始对外进行"祈晴""祈雨"活动。2006 年 12 月被批准为省级文物保护单位。通公交车。

城子遗址 370214-50-B-b02
[Chéngzi Yízhǐ]

在城阳区城阳街道城子村东侧。因所在地而得名。新石器时代遗址。遗址在村东北 100 米处的台地上，南北长 100 米，东西宽 200 米，西、北面均为断壁，高约 2.5 米，并有 1 米左右厚的灰褐色文化层断续暴露，文化遗物较丰富。西、北两面为断崖，文化层厚约 1 米。原为古城（不其城）的东北角。具有重要的考古价值。1977 年 12 月被批准为省级文物保护单位。通公交车。

大通宫 370214-50-B-b03
[Dàtōng Gōng]

在城阳区城子村北。大通宫曾名玉皇阁，俗称石桥庙，于清初易名大通宫。明清建筑。共有殿堂三座，南北排列，均系砖木结构。正殿是传统的宫殿式建筑，斗拱飞檐，下有石柱四根。殿宇上盖青色小瓦，脊上有俗称天狗、飞龙、神上神等饰物。正殿名玉皇殿，祀昊天奎厥至尊玉面鹰嘴，怒目圆睁，面色青紫；左侧有电母，双手捧明镜一面，身披彩带，首梳发髻。玉皇殿东西两侧各有一配殿。其东侧供十八罗汉，西侧供千手千眼观音。千手佛塑像，除两臂合十外，还有二十四臂，每臂手各有眼睛一只。东西配殿的墙壁上绘有图画，人物栩栩如生。是研究当地民俗宗教与地方史的重要实物资料。2013 年 10 月被批准为省级文物保护单位。通公交车。

百福庵 370214-50-B-b04
[Bǎifú Ān]

在青岛市境内的崂山铁骑山西南麓。因庵中供奉菩萨、罗汉百尊，取名百佛庵，后以谐音称百福庵。清初扩建，初奉佛教，后由道士蒋清山扩建为道教建筑。百福庵总占地面积 3 390 平方米，总建筑面积 593 平方米，有道舍殿堂共 48 间，庵内东向设山门、前后二院，前院建倒坐殿，祀慈航大士；中殿穿堂，祀三官大帝；后院建玉皇殿，两院各建两厢。是研究当地民俗宗教与地方史的重要实物资料。2006 年 12 月被批准为省级文物保护单位。通公交车。

青云宫 370214-50-B-b05
[Qīngyún Gōng]

在城阳区红岛街道高家村南。始建于宋代。主要建筑分为东殿、正殿、西殿。有元代碑志，上镌宋代青云宫道长东严少君、钟离权、吕严、王嘉四人名样。2013 年 10 月被批准为省级文物保护单位。通公交车。

童真宫 370214-50-B-c01
[Tóngzhēn Gōng]

在青岛市城阳区惜福镇街道傅家埠社区。童真宫又称为童公祠、童政宫，以供奉对象而得名。始建于汉，后经历代重修。分前后两院，后院有童恢墓，墓周边用石条砌半米高挡土，占地 10 平方米左右，是衣冠冢。院内松柏青翠古树参天，侧柏很有名气，相传汉代所植，可见当年气势。

是研究当地民俗宗教与地方史的重要实物资料。1982 年 12 月被批准为市级文物保护单位。通公交车。

重要景点和一般名胜古迹

城阳世纪公园 370214-50-D-c01
[Chéngyáng Shìjì Gōngyuán]

在城阳区绿色中轴线的南端。因所在政区而得名。占地面积 43 万平方米。公园以"山环水抱"为创作构思，形成"三山、一水、一湖、三岛、一滩"的自然山水地貌布局："三山"即中部湖北岸的北山、由北山向西南延绵的西山、南湖南岸的南山，三山形态平缓，形成公园环湖的鲜明轮廓线；"一水"即总长 700 米的北溪水，收放曲折；"一湖"指南湖，其碧波映翠，生态环境得以优化；"三岛"在南湖中段，用以分隔水面，大大丰富了水城景观；"一滩"指卵石大沙滩，景色独特。通公交车。

胶州市

纪念地

胶州市烈士陵园 370281-50-A-b01
[Jiāozhōu Shì Lièshì Língyuán]

在市区中部。因所在政区而得名。1955 年 10 月始建。总占地面积 29 900 平方米。建有烈士纪念馆、纪念碑、纪念广场、烈士浮雕及英名墙、著名烈士雕像、烈士墓区等纪念设施。烈士纪念馆总建筑面积 3 889 平方米，展陈面积 2 400 平方米，馆内陈列着第一、二次国内革命战争，以及抗日战争、解放战争、抗美援朝、对越自卫还击战和抢救国家财产而光荣牺牲的

2 000多名革命先烈的英名和英雄事迹。为广大群众缅怀革命前辈丰功伟绩、接受革命传统教育和爱国主义教育的场所。2001年被批准为省级重点革命烈士纪念建筑物保护单位。

重点文物保护单位

板桥镇遗址 370281-50-B-a01
[Bǎnqiáo Zhèn Yízhǐ]

在市区东部。因所在地而得名。建于唐代武德六年（623）。遗址共占地179亩，总建筑面积9.6万平方米，是一处大型文化景点，集中展示了板桥镇的历史风貌。2013年5月被批准为国家级文物保护单位。

三里河文化遗址 370281-50-B-a02
[Sānlǐhé Wénhuà Yízhǐ]

在胶州市南关街道北三里河村神仙沟西。因所在地而得名。新石器时代遗址。遗址分上下两层，上层是龙山文化层，下层是大汶口文化层。是一处首次被发现的具有滨海特点的大汶口文化遗址，其年代距今4 000年左右。发现了居住遗址、窖穴、石器、玉器、骨器、陶器等，还有猪骨、四不像鹿角、贝壳等。发现墓葬66座，都呈东西向，排列整齐。龙山文化层与大汶口文化层相叠压，证实了大汶口文化较早。在龙山文化层中发现的人居遗址不全，只有残留的柱洞41个、窖穴37个；遗物中发现黄铜钻形器两个，证明龙山文化时期就掌握了铜冶炼技术；发现石器117件、骨器93件，还有较多的贝壳和少量猪骨及四不像鹿角等。墓葬出土的遗物中有石器28件、骨器4件、蚌器6件、陶器340件，陶器的造型和制作技术明显比大汶口文化有很大提高。具有重要的考古价值。2006年5月被批准为国家级文物保护单位。

西皇姑庵遗址 370281-50-B-a03
[Xī Huánggū'ān Yízhǐ]

在市境西部。因所在地而得名。新石器时代至西周时期遗址。面积东西50米、南北150米，共清理车马坑1处，墓葬2座。车马坑距地表57厘米，坑内有两服两骖战车1辆，车厢底下殉葬驭手1名，车厢内放钩戟、胡戈各1把，箭镞20只，青铜片甲1副。还发现父甲、父癸爵、父已爵、父已尊、史卣、妇簋等5件国家二级文物，出土了一些陶鬲、陶盆和玉鱼、玉玲等。具有重要的考古价值。2013年5月被批准为国家级文物保护单位。

祓国都城遗址 370281-50-B-a04
[Fúguó Dūchéng Yízhǐ]

在市境西部。因历史建置而得名。汉代遗址。城郭方形，周长2千米，占地375亩，有东、南、西三门，但经过近两千年的风雨剥蚀，现只存城墙二三米不等，昔日的繁华城池已荡然无存。由于明代在此繁育过军马，至今闻名遐迩。具有重要的考古价值。2013年5月被批准为国家级文物保护单位。

城隍庙 370281-50-B-b01
[Chénghuáng Miào]

在市境中部。因供奉申神祇而得名。明代建筑。清雍正五年（1727）、乾隆二十七至五十四年（1762—1789）、嘉庆六年（1801）、道光二十四年（1844）、光绪三年—九年（1877—1883）及1924年进行多次维修和扩建。占地2 500多平方米，建筑面积1 063.8平方米，包括大殿、寝殿、歇山重檐。2013年10月被批准为省级文物保护单位。通公交车。

重要景点和一般名胜古迹

三里河公园 370281-50-D-a01
[Sānlǐhé Gōngyuán]

在山东省胶州市新城区。因依托三里河遗址而建，故名。占地面积 31.8 公顷，其中主体水面面积为 10 公顷。三里河公园得名于举世闻名的新石器时代原始氏族社会的"三里河文化"，公园依托三里河，挖掘和吸收了胶州 4 500 年历史文化精髓，结合现代建园手法，创造出了高水准的开放式公园。三里河公园以"一心、二桥、三园、多丘、十八景"的自然山水格局，为全市人民和青岛地区提供了良好的旅游、休闲人文环境。2005 年 8 月被评为国家 AAA 级旅游景区。

青岛少海湿地公园 370281-50-D-a02
[Qīngdǎo Shàohǎi Shīdì Gōngyuán]

在市境东部。因所在地而得名。公园占地面积 612.5 公顷，其中湿地面积 513.9 公顷。属我国北方沿海区域典型浅水湖泊湿地生态系统，湿地内生物物种多样，景观特色以湖泊、草本沼泽以及沿湖生态带等复合生态系统为主，是胶州市的标志性景区。主要景点有慈云寺、孔子六艺文化园。是青岛市第一个国家湿地公园。2011 年 11 月被评为国家 AAAA 级旅游景区。

中国秧歌城 370281-50-D-c01
[Zhōngguó Yānggē Chéng]

在市境东南部。因公园主题而得名。景区分中国秧歌广场、民俗文化馆两部分。秧歌广场占地面积 15 000 平方米，能容纳观众 10 000 人，中间是下沉式广场，由博览区、剧场区及商业区三大功能区组成。博览区以展示胶州民俗民风为主，可集中陈列展示民间戏曲、剪纸、绘画等民间艺术及历史沿革，宣传和弘扬胶州秧歌和非物质文化遗产胶州茂腔。

少海旅游度假村 370281-50-D-c02
[Shàohǎi Lǚyóu Dùjiàcūn]

在市境东南部。因所在地而得名。度假村内设有雕塑、景观广场、观湖会所、游艇码头、观景亭等景观，集高档休闲、体育旅游、文化娱乐、生态湿地等多种功能于一体，是少海空间功能与景观规划中的重要节点。

自然保护区

艾山自然风景保护区 370281-50-E-b01
[Àishān Zìrán Fēngjǐng Bǎohùqū]

在市境南部。东至洋河镇刘家山，南至洋河镇李家庄，西至洋河镇神山后，北至洋河镇李子行。保护区面积 860 公顷，其中核心区面积 33 公顷，缓冲区面积 827 公顷。因所在自然地理实体而得名。山体部分主要以岩石为主，山坡土层较薄，为黄土质沙壤。气候属温带大陆性气候，冬无严寒，夏无酷暑，气候适宜。植被以黑松林建群种为主，形成低山丘陵先锋植被类型。2001 年 10 月被批准为省级地质遗迹自然保护区。主要动物种类有山鸡、山鹰、山野兔、蛇、蝗虫、喜鹊、麻雀等。野草主要有黑三棱、狗尾草、金色狗尾草、野麦子、苓草、止血马唐、画眉草、拂子草等。药材植物主要有卷柏、马兜铃、水红子、萹蓄等。艾山自然风景保护区历史悠久，自古以来庙宇、神像众多，圣母庙供奉碧屑、琼霄、云霄三君，构成"风雨三霄"胜景，被誉为明清"胶州八景"之一，为艾山景色最佳处。通公交车。

即墨市

重点文物保护单位

即墨县衙旧址 370282-50-B-b01

[Jímò Xiànyá Jiùzhǐ]

在即墨潮海街道。以旧址原职能而得名。隋代开皇十六年（596）始建，唐宋之后均有修葺。元至正年间，知县董守中重建即墨县衙，明清两代又先后进行了十余次修葺和扩建。为坐北朝南，由大门、正堂、二堂和三堂组成的建筑群落。对研究清代官式典型建筑具有重要意义。2006年12月被批准为省级文物保护单位。通公交车。

田横五百义士墓 370282-50-B-b02

[Tiánhéng Wǔbǎiyìshì Mù]

在即墨市田横岛。为纪念田横及部下五百义士，当地老百姓于西峰最高处修筑了五百义士合葬墓，故名。由石块与砂土筑成，周长30米，高2.5米。石牌"齐王田横暨五百义士之位"呈长方形，长44厘米，宽19.5厘米，厚7.5厘米，原供在祠内，祠已毁，牌位尚存。1992年6月被批准为省级文物保护单位。

现子埠遗址 370282-50-B-b03

[Xiànzǐbù Yízhǐ]

在即墨市田横岛旅游度假区现子埠村。因所在地而得名。新石器时代遗址。南北长约250米，东西宽约200米，面积约50 000平方米。周围有发源于北山的两条季节河环流相抱，现为农田。地表散见有丰富的牡蛎壳、陶纺轮、石磨盘、红烧土块等，显露出的文化层深0.5~1.5米。为研究该地区文化聚落分布、区域类型、文化谱系等提供了新的资料。2006年12月被批准为省级文物保护单位。通公交车。

雄崖所古城遗址 370282-50-B-b04

[Xióngyásuǒ Gǔchéng Yízhǐ]

在即墨市田横镇北部。因所在地而得名。明代遗址。雄崖所设于明惠帝四年（1402），是明初为抗击倭寇而建。清雍正十二年（1734）该所被裁撤，城池因此被废弃，大部分被毁弃，唯南门及南门楼保存完好。雄崖所故城为正方形城池，每边城墙长各500米，面积0.25平方千米。分东、西、南、北四个城门，城内十字大街贯通。东门和北门早已倾塌；南门则历经多次修葺，门洞和城楼上建筑物尚完好，城门外题"奉恩"，门内题"迎薰"；西城门尚存，拱券门洞，系夯土外包砖、石结构，长12.5米，外口高2.5米，内口高3.5米，底宽2.5米，门额题"镇威"，是明代所城旧迹。城内外尚存城池、城墙、兵马营和校场、烽火墩堡等遗迹。2013年10月被批准为省级文物保护单位。有公路经此。

中间埠双塔 370282-50-B-b05

[Zhōngjiānbù Shuāngtǎ]

在即墨市移风店镇中间埠村南。因所在地及建有双塔而得名。清代建筑。占地0.03平方千米，有大小两座砖塔，大塔又名陈仙姑塔，小塔又名马师傅塔，二者相距约20米。陈仙姑塔为六角九级密檐式砖塔，高17.4米，直径约5.5米，用青砖与白灰筑成，塔顶用青砂石雕成。马师傅塔为七级密檐式砖塔，塔高近13米，直径约3.3米，塔的建筑结构形式与陈仙姑塔基本相同。中间埠双塔是齐鲁大地人杰地灵、历史悠久的重要实物，对研究宗教在中国北方的流传与发展提供了非常重要的依据。2013年10月被批准为省级文物保护单位。有公路经此。

天井山龙王庙 370282-50-B-b06
[Tiānjǐngshān Lóngwáng Miào]

在即墨市龙山街道东部。因所在自然地理实体和供奉"神祇"而得名。南宋初年始建,明嘉靖元年(1522)重修,后屡经战火和人为破坏,1993年重修。龙王庙东西长39米,南北宽36.2米,面积1 411.8平方米。正房三间,中间为龙王殿,西为观音殿,东为财神殿,前有东西配房,其建筑古朴典雅。院中央为"天井",又称"龙池",是远古年代火山爆发导致地壳变动而形成的自然景观,纵9~12米,横4.5~6米,深14.8米,其状深不可测,蔚为壮观,为历代游人称奇。龙池内有明清时龙牌四面,院内有带文字的施柱四根,为研究当地民俗提供重要的实物资料。2013年10月被批准为省级文物保护单位。有公路经此。

即墨天后宫 370282-50-B-b07
[Jímò Tiānhòu Gōng]

在即墨市金口镇金口村。因所在地和供奉"神祇"而得名。清代建筑。在布局上分为"行宫""寝宫"两大主体建筑,两宫的模式一样,宫内宽约12米,长约30米,高约10米。两宫加上后面的议事厅,共占地18.4亩。青砖灰瓦、雕梁画栋、四角飞檐、前后出厦,以红漆圆柱撑梁。天后宫是当年金口丁字湾商业发达的产物,也是丁字港经济繁荣的象征。2013年10月被批准为省级文物保护单位。有公路经此。

李秉和庄园 370282-50-B-b08
[Lǐbǐnghé Zhuāngyuán]

在即墨市金口镇李家周疃村内。因庄园主人而得名。清代建筑。占地100 000平方米,是清朝中晚期至民国期间即墨境内最大的庄园。当初庄园所属田地跨越即墨、平度、莱阳等多个县市,曾拥有地产15.33平方千米,山峦、滩涂33.33平方千米。李氏祠堂在东西两宅中央宽阔的东西大街北端,仿古庙宇建筑,高大庄严而古朴凝重,分前院、后庭,现保存有前院殿堂。对研究典型民居建筑具有重要意义。2013年10月被批准为省级文物保护单位。有公路经此。

北阡遗址 370282-50-B-c01
[Běiqiān Yízhǐ]

在即墨市金口镇北阡村。因所在地而得名。新石器时代遗址。遗址南北长200米,东西宽200米,总面积40 000平方米。遗址的中心部分明显高出四周,其东侧有季节性河流,遗址周围的东、西、北三面分别由三条机耕路环绕。遗址内有大量的贝壳及陶片、红烧土块、炭屑等,还有各式各样的鼎足、钵把、鬶把、鹿角、兽骨、石弹丸及陶纺轮等。出土的大量实物资料证实了6 000年前大汶口文化时期,青岛地区已有较高发展水平的文明存在。1982年12月被批准为市级文物保护单位。有公路经此。

丁戈庄遗址 370282-50-B-c02
[Dīnggēzhuāng Yízhǐ]

在即墨市温泉街道丁戈庄。因所在地而得名。新石器时代遗址。遗址有长2.3米、高1.7米的灰坑7个,土质表层耕土为黄色,文化层深度0.3米,以下是黑土,文化层深度为1.2米,表面布满了古人遗留的牡蛎壳和蛤蜊壳,大大小小的红烧土块遍布遗址区,还有丰实的各类陶器片、兽骨、磨棒,小巧玲珑的纺轮,做工细致、形象逼真的雀头陶器把、鼎腿等。为该地区文化聚落分布、区域类型、文化谱系等研究提供了新的资料。1989年12月被批准为市级文物保护单位。有公路经此。

王吉墓群 370282-50-B-c03

[Wángjí Mùqún]

在即墨市温泉街道西皋虞村。因墓主王吉而得名。汉代墓葬。南北长约1 000米，东西宽约500米，面积0.5平方千米。从暴露的墓葬看，墓室结构材料为砖、石结构，东西长5米，南北宽3米，高2米。室壁有两层砖厚，表层工艺较细。外层粗糙，室底用方砖铺成，方砖底下靠土处有0.01米厚木炭。墓地中央曾建有一座王公庙，内祀汉代王吉、王骏、王崇的牌位，如今庙已废弃，但基址尚存。墓群曾出土过铜钱、铜勺、铜盆等。1982年12月被批准为市级文物保护单位。有公路经此。

刘若拙墓 370282-50-B-c04

[Liúruòzhuō Mù]

在即墨市经济西海岸新区东关村。因墓主刘若拙而得名。建于北宋，元、明两代曾重修。墓群区域东西长13.1米，南北宽9.9米，占地约130平方米。大墓封土高1.5米，直径4米；小墓封土高1.5米，直径1.2米，均呈锥形。大墓前立石碑1座，石碑西1.2米左右有法国梧桐1棵。墓碑为黄土灰石质，明万历时立，碑文为"明万历二十年八月一日，元敕封华盖刘真人之墓，知即墨事关中李奎立"。1982年12月被批准为市级文物保护单位。有公路经此。

即墨信义中学旧址 370282-50-B-c05

[Jímò Xìnyìzhōngxué Jiùzhǐ]

在青岛市即墨区环秀街道。因是信义中学旧址而得名。1928年、1930年相继建成。现存4幢二层楼房。1号楼东西长15.5米，南北宽10.3米；2号楼东西长15.8米，南北宽9.5米；3号楼东西长21米，南北宽13.7米；4号楼东西长14.8米，南北宽13.2米。4幢"洋楼"呈典型的欧式建筑风格，是即墨境内为数不多的"洋楼"群落，均为木结构、木楼梯、木地板，地下室为半地下。曾进行过维修，楼顶瓦已换成现代红瓦。西边建有发券式门楼1个，青砖、大理石、鹅卵石铺路。2008年11月被批准为市级文物保护单位。

重要景点和一般名胜古迹

鹤山风景区 370282-50-D-a01

[Hèshān Fēngjǐngqū]

在即墨市鳌山卫街道马山前村。因山的北峰有一巨石形似仙鹤而得名。鹤山分东、西、南三峰，面积约2平方千米，西峰最高，海拔223米。鹤山自然景观主要有聚仙门、仙人路、升仙台、摸钱洞、滚龙洞、一线天、沐浴盆、玉鼓洞、造化窝、金蟾洞、道姑石、宝鼎崮、朝阳洞、开眼崮、梧桐金井、栖鹤梳羽、龟兔赛跑等。1998年对鹤山进行大规模开发，先后修建的人文景观有遇真宫、松鹤斋、招鹤回鸣、水鸣天梯、鹤山晓钟、名人诗刻等。丰富了市民的休闲娱乐生活。2007年被评为国家AAA级旅游景区。有公路经此。

龙山风景区 370282-50-D-a02

[Lóngshān Fēngjǐngqū]

在市境东部。因景区在即墨东部小龙山，故名。山顶有始建于南宋的龙王庙，慈禧太后亲书的"泽周壮武"匾额，光绪皇帝敕封的"九江王"圣旨，御赐灯笼1对，历代关于李龙王的诗文碑刻，以及明清以来地方官员所刻的金、银、铜质求雨龙牌63面。丰富了市民的休闲娱乐生活。2004年被评为国家AA级旅游景区。通公交车。

田横岛旅游度假区 370282-50-D-a03
[Tiánhéngdǎo Lǚyóudùjiàqū]

在即墨东部海域横门湾中。因所在自然地理实体而得名。总面积1.46平方千米。度假区依山傍海，山清水秀，岛屿形态独具特色，具有神韵之美。岛上空气清新，苍松滴翠，温暖湿润的海洋性气候造就了冬暖夏凉的人间胜境；岛上南北两坡风格迥异，南坡岬湾相间，礁奇水秀，是垂钓的绝好去处，北岸湾深、港静，是游泳、帆船、摩托艇等海上运动项目的极佳场地；田横岛周围的海域是富饶的海上牧场，盛产鲍鱼、扇贝、海带等海产品，为岛内千余渔民的渔牧生涯提供了丰厚的物质基础。人文自然景观遍布全岛，有五百义士墓、田横碑亭等。丰富了市民的休闲娱乐生活。2001年被评为国家AAA级旅游景区。

墨河公园 370282-50-D-c01
[Mòhé Gōngyuán]

在即墨市政府南侧。因墨水河贯穿公园，故名。总规划面积26.46万平方米，建设用地16.3万平方米。通过三条轴线巧妙建构整个公园的基本框架，以人性化的尺度将整个公园空间进行细分，从而形成多个功能区。各个功能区内容既独具特色，又相互映衬，使整个公园一气呵成，宛如一幅既有传统园林意蕴，又具现代文化气息的画卷。是青岛地区占地最大、功能最全的开放式休闲公园。通公交车。

自然保护区

马山国家级自然保护区 370282-50-E-a01
[Mǎshān Guójiājí Zìrán Bǎohùqū]

在市境北部。南至蓝鳌路，北至青威路。面积7.742 5平方千米。山体主要以基岩为主，山坡土层较薄，属棕壤性土。成土母质为残积、坡积物，土层厚度多在20~40厘米，为黄土质沙壤。属温带季风气候区，年均气温12.2℃，年均降雨量776毫米。1994年被批准为国家级自然保护区。主要保护对象为火山岩柱状节理和罕见的硅化木。保护区内有柱状节理石群、硅化木群、沉积构造、接触变质带等地质遗迹，被地质界称为"袖珍式地质博物馆"。具有极高的经济价值、观赏价值和科研价值。

平度市

纪念地

平度抗日战争纪念馆 370283-50-A-b01
[Píngdù Kàngrìzhànzhēng Jìniànguǎn]

在平度市大泽山西麓。因纪念馆展出主题而得名。1968年始建，1995年扩建。纪念馆内文物及图片藏逾千，如"三将军""二人抬""石雷"以及缴获的"日本歪把机枪"等。对弘扬爱国主义精神具有重要意义。1977年12月被批准为省级文物保护单位。有公路经此。

平度市烈士陵园 370283-50-A-c01
[Píngdù Shì Lièshì Língyuán]

在平度市李园街道万家疃村。因所在政区而得名。1957年始建，1958年4月建成。陵园内安葬着各个战争时期牺牲散葬于平度各地的革命烈士遗骸2 909具。革命烈士纪念堂在陵园中心，分正堂和东、西两厅。对弘扬爱国主义精神具有重要意义。1995年3月被批准为市级文物保护单位。有公路经此。

中共平度一大会址 370283-50-A-c02
[Zhōnggòng Píngdù Yīdà Huìzhǐ]

在旧店镇东石桥村。因是中公平度一

大的会议旧址而得名。建筑为木质结构建筑，分为前、中、后三排房屋，墙体为砖墙，石雕、砖雕、木雕十分丰富。有公路经此。

重点文物保护单位

即墨故城遗址及六曲山墓群
370283-50-B-a01
[Jímò Gùchéng Yízhǐ Jí Liùqǔshān Mùqún]

在市境北部。即墨故城是春秋战国时期齐邑，因城临墨水，故曰即墨；六曲山墓群因所在自然地理实体而得名。东周至汉代遗址。即墨故城遗址范围较大，分为内城和外城，外城南北长达5千米，东西宽约2.5千米。外城的东城墙现尚存长1.5千米、高4~5米、厚30~40米的城墙，均为夯土板筑，层次清楚。内城在外城东南部，内有宫殿、点将台、东西仓、贮货湾、养鱼池、梳妆楼等遗址。近年来遗址不断发现青铜器、齐国刀币等珍贵文物。六曲山墓群包括古墓葬360余座，这些墓葬封土完整高大，并筑有方台，台底用条石砌成，方位明确，封土高大，并有建筑遗迹。具有重要考古价值。2001年6月被批准为国家级文物保护单位。

沙梁遗址 370283-50-B-a02
[Shāliáng Yízhǐ]

在南村镇沙梁村西南。因所在地而得名。新石器时代遗址。遗址东西长约250米，南北宽约200米，总面积达5万平方米。出土鼎足、鬲足、鬶足、罐口沿等陶器残片，系轮制工艺，胎质坚硬，光亮厚重，陶片以黑陶为主，遗址保存完好。该遗址是平度南部平原地带至今发现的唯一的一处龙山文化遗址，为研究龙山文化在平度的分布提供了新的线索。1989年12月被批准为国家级文物保护单位。有公路经此。

大泽山石刻及智藏寺墓塔林
370283-50-B-a03
[Dàzéshān Shíkè Jí Zhìcángsì Mùtǎlín]

在大泽山镇东高家村。因所在地而得名。始建于唐代，历代屡有重修。大泽山石刻及智藏寺墓塔林已有1000余年历史，分为古建、塔林、摩崖石刻、碑志四类，其中摩崖石刻、碑志为宋代至民国题刻，有篆、隶、楷、行诸体，主要分布在大泽山北至巨北峰、西至西峰、东至东山脊，方圆11万平方米的范围内；坐落在智藏寺东南山坡上的墓塔林，被誉为我国八大塔之一，塔下埋葬着宋、元、明历代高僧。是研究当地民俗宗教与地方史的重要实物资料。2013年5月被批准为国家级文物保护单位。

天柱山摩崖石刻 370283-50-B-a04
[Tiānzhùshān Móyá Shíkè]

在平度市大泽山镇。因所在自然地理实体而得名。东汉至北朝遗址。在天柱山众多石刻中，于20世纪80年代新发现的东汉"中平三年弟子"刻石为汉隶精品，在山东省发现汉代摩崖刻石中尚属首次，故尤为珍贵。除东汉"中平三年"石刻与东魏"姚保显造石塔记"外，主要有"郑文公碑""东堪石室铭"等石刻。1988年1月被批准为国家级文物保护单位。有公路经此。

东岳石遗址 370283-50-B-a05
[Dōngyuèshí Yízhǐ]

在平度市大泽山镇东岳石村南。因所在地而得名。新石器时代遗址。遗址出土文物丰富，类别有石、骨、蚌、陶器等。2006年5月被批准为国家级文物保护单位。有公路经此。

韩村遗址 370283-50-B-a06

[Háncūn Yízhǐ]

在平度市明村镇韩村西南。因所在地而得名。新石器时代至商周遗址。文化层堆积厚度 2~3 米以上，文化遗迹有红烧土层、灰坑、灰沟、蚌壳层等。文化遗物类别有石器、陶器、骨器、蚌器、青铜器等。陶器主要为炊具，如鼎、鬲、鬶等，陶片多为红色和灰褐色，足有柱状、锥状、扁凿状等类型，还有大量网坠出土。石器以生产工具为主。骨器以骨锥、骨针为多。具有重要的学术价值。1999 年 12 月被批准为国家级文物保护单位。有公路经此。

城隍庙 370283-50-B-b01

[Chénghuáng Miào]

在李园街道胜利路南侧。因供奉"神祇"而得名。元代始建，明、清两代屡有重修。城隍庙大殿主体为明代建筑，为仿宋代建筑格式，宏伟高大，厚重古朴，歇山顶，黄绿琉璃瓦，间架结构别致，单调中显示出灵动之势，古朴中透露着精巧之形，是一座典型的北方庙宇建筑。是研究当地民俗宗教与地方史的重要实物资料。2013 年 10 月被批准为省级文物保护单位。有公路经此。

刘谦初故居 370283-50-B-b02

[Liúqiānchū Gùjū]

在平度市田庄镇刘家庄。因是革命烈士刘谦初出生地，故名。民国时期建筑，2001 年重修。故居街门向西，独院，占地面积 187 平方米，坐北朝南，是一栋砖木结构的传统式平房。对研究典型民居建筑具有重要意义。2013 年 10 月被批准为省级文物保护单位。有公路经此。

高家民兵联防遗址 370283-50-B-b03

[Gāojiā Mínbīng Liánfáng Yízhǐ]

在平度市大泽山镇大泽山西麓。因抗战时期高家民兵在此地作战而得名。抗日战争时期遗址。1977 年 12 月被批准为省级文物保护单位。通公交车。

彭寿莘故居 370283-50-B-c01

[Péngshòushēn Gùjū]

在城区东部。因故居主人得名。民国时期建筑。故居建于平度城旧县署东街，即原察院街，今名红旗路，现仅存四合院和凉亭。1999 年 12 月被批准为市级文物保护单位。有公路经此。

罗竹风故居 370283-50-B-c02

[Luózhúfēng Gùjū]

在李园街道西七里河子村。因故居原主人而得名。建筑分为两处，间距 38 米，第一处在北侧建于 1643 年；第二处在南侧，建于 1912 年。2011 年 12 月被批准为市级文物保护单位。有公路经此。

陈家屯天主堂 370283-50-B-c03

[Chénjiātún Tiānzhǔtáng]

在明村镇陈家屯村。因所在地而得名。建于 1933 年。原教堂门窗设计均采用西式风格，坐西朝东略偏南，正面一座门，门两侧各一扇窗。门上有"天主堂"三个字。屋顶上有一个高约 1.5 米的木制"十字架"。教堂西端连有两间配房，长 5.7 米，宽 5.3 米，高 12.5 米，建筑面积 30.2 平方米，为神父及其工作人员的更衣室。对研究宗教发展历程具有重要意义。2008 年 11 月被批准为市级文物保护单位。

美国教会医院 370283-50-B-c04

[Měiguó Jiàohuì Yīyuàn]

在平度市李园街道常州路南段西侧。因医院的创建者为美国基督教传教士，故名。1891 年，美国基督教传教士谢万禧来平度传教，随后在此建立医院和教堂。美国教会医院占地 7 704 平方米，其中主体建筑占地面积 910 平方米，为一幢砖木结构的三层楼，一、二层楼为病房和手术室，三层楼是医护人员的宿舍。建筑布局严谨，两侧起脊处呈八角形，高大宽敞。既有中国古代建筑的传统风格，又颇具西方建筑的神韵，可谓中西建筑结合的典型代表。1989 年 12 月被批准为市级文物保护单位。有公路经此。

东马家疃教堂 370283-50-B-c05
[Dōngmǎjiātuǎn Jiàotáng]

在李园街道东马家疃村北部。因位置得名。建于 1910 年。该天主教堂原有建筑 40 余间，20 世纪 60 年代东西厢房相继拆除，现仅存教堂和北房。是研究当地民俗宗教与地方史的重要实物资料。2005 年 2 月被批准为市级文物保护单位。

侯家汉墓群 370283-50-B-c06
[Hóujiā Hànmùqún]

在新河镇东侯家村西。因所在地而得名。1982 年出土了一通"汉王舍人碑"，1991 年底发现一处汉墓。汉墓为砖室石门结构，由墓道、画像石墓门、前后墓室组成。为青岛地区首次发掘的双墓室砖券墓。根据画像石墓门采用高浮雕雕刻技法，可断定该墓葬为东汉晚期所建。具有重要的考古价值。2008 年 11 月被批准为市级文物保护单位。

千佛阁 370283-50-B-c07
[Qiānfó Gé]

在平度市东阁街道东阁村。据说昔日阁内供奉的"如来佛"像，端坐在高高的千叶莲座之上，每一叶莲瓣上都塑着一尊小佛，阁名"千佛"，由此而得。明代建筑，1992 年对其进行修缮保护。千佛阁通高 15 米，基高 8 米，南北长 12.7 米，东西宽 10.5 米。全由长条巨石垒成，造型和谐，建筑笃实。1999 年 12 月被批准为市级文物保护单位。有公路经此。

文昌阁 370283-50-B-c08
[Wénchāng Gé]

在南村镇沙梁村大街十字路口西侧。因供奉"神祇"而得名。建于 1935 年。文昌阁建筑工艺精湛，挺拔俊秀，格调独特。阁身呈八角形，边长 2.4 米，台基高 0.54 米。墙体自上而下全部为实墙。文昌阁共两层，高 18 米，分里表双壁构筑，里壁为钢骨水泥，表墙用特别细致精磨的青砖砌垒，不用浇泥，全以棉纸压缝，极为稳固。阁顶覆以起棱琉璃瓦。八角檐下吊有铜钟。阁四周有枪形护围栏杆，十分威严。2008 年 11 月被批准为市级文物保护单位。有公路经此。

逄家庄遗址 370283-50-B-c09
[Pángjiāzhuāng Yízhǐ]

在明村镇逄家庄东。因所在地而得名。龙山文化至西汉遗址。遗址东西长约 400 米，南北宽约 300 米，总面积 12 万平方米，属台地遗址。文化层堆积厚度 0.3~2.2 米。出土陶器有罐口沿、杯底、鼎足、鬲足、蛋壳陶残片，陶片以黑色为主，灰色为次。石器有刀、斧等。该遗址的发现丰富了胶东半岛地区龙山文化的面貌，具有较高的研究价值。2005 年 2 月被批准为市级文物保护单位。有公路经此。

铁岭庄汉代冶铁遗址 370283-50-B-c10
[Tiělǐngzhuāng Hàndài Yětiě Yízhǐ]

在云山镇铁岭庄村南小学西侧。因所在地而得名。汉代遗址。遗址东西长达 10 华里，南北宽 40 余米。遗址四周存有大量陶器残片，西南角地势平坦、洼于四周，裸露陶片极多。该遗址的规模之大和出土的冶铁工具之多，足以证明这里曾是汉代一处非常重要的冶铁和锻造兵器及制作农具的地方，也是半岛地区屈指可数的一个经济重镇。2005年2月被批准为市级文物保护单位。有公路经此。

宁戚冢 370283-50-B-c11
[Níngqī Zhǒng]

在明村镇冢东村西部高岭上。因埋葬春秋时上卿宁戚，故名宁戚冢。春秋时期墓葬。东西长57米，南北宽55米，高约2米。据方志记载，早年冢顶上曾有两株古松，虬枝蟠舞，覆地参天，近看像是绿伞蔽荫，旧为平度八景之一。具有重要的考古价值。1984年7月被批准为市级文物保护单位。有公路经此。

风景名胜区

大泽山风景名胜区 370283-50-C-b01
[Dàzéshān Fēngjǐng Míngshèngqū]

在省境东部，市境北部。东至旧店镇张美夼村，西至218省道，南至崮山阴，北至烟台莱州市边界。面积30平方千米。因自然地理实体而得名。1995年被批准为省级风景名胜区。主要有三十六景：著屐亭、珍珠泉、楼子石、流云峡、聚景台、云堆、范蠡涧、如意岭等。

重要景点和一般名胜古迹

茶山风景区 370283-50-D-a01
[Cháshān Fēngjǐngqū]

在平度城北。因所在自然地理实体而得名。区以"山石、山泉、山花、山寺"为主题，以山东省海拔最高的般若寺宗教朝圣旅游和我国北方最大的国际山地高尔夫球场为代表的极具动感与挑战性的茶山运动旅游为特色，形成了入口服务区、儿童游乐区、生态观光区、拓展体验区、别墅接待区、宗教朝圣区、茶山湖水上运动区、高尔夫高端运动区等八大功能区，是融山、石、林、花、果、河、湖、泉、瀑、寺于一体，集观光旅游、宗教朝圣、动感体验、休闲度假于一体的多元多质综合型精品旅游景区。2010年被评为国家AAAA级旅游景区。

植物公园 370283-50-D-c01
[Zhíwù Gōngyuán]

在平度市东阁街道南部。以公园建造主题而得名。园内有环秀佳荫、沧石幽谷、梅溪竹径、芳树丽甸、园悦健趣五大景区。园内植物布局高低错落，常绿树与落叶树结合，乔木与灌木相搭配，目前园内共有植物品种102种17 460株，其中常绿乔木9种522株，落叶乔木49种10 913株，常绿灌木30种594株，落叶灌木5 431株，绿篱527米，草坪面积4.5万平方米。丰富了市民的休闲娱乐生活。通公交车。

豹竹涧风景区 370283-50-D-c02
[Bàozhújiàn Fēngjǐngqū]

在平度市东阁街道梨沟村。因所在自然地理实体而得名。豹竹涧风景区，在两髻山之阳，为大泽山的西南缘，系由花岗岩构成的丘陵地貌。山势多起伏，岩石裸露，风化强烈，造型景石多。现在景观分为峡谷景区和腹地景区两大游览区，峡谷中有石刻书法长廊、翠竹长廊、龙头峰、龙尾峰、瑶池，腹地景区有老子庙。

自然保护区

大泽山自然保护区 370283-50-E-b01
[Dàzéshān Zìrán Bǎohùqū]

在平度市大泽山镇。东至旧店镇前涧村，西至店子镇夹板山，北至烟台莱州市边界，南至东阁街道松顶子南。面积9 645公顷，其中，核心区面积3 678公顷，缓冲区面积3 122公顷，实验区面积2 845公顷。因所在自然地理实体而得名。保护区以山地为主，是淄阳河、猪洞河、现河、白沙河等河流的源头。2006年11月被批准为省级自然保护区。主要保护对象是以赤松为主的针叶林、针阔混交林、栎类落叶阔叶林及生物多样性。大泽山自然保护区的建立，对改善区域生态环境、维护生态平衡、促进经济社会环境可持续发展具有重要意义。有公路经此。

莱西市

纪念地

莱西市革命烈士陵园 370285-50-A-a01
[Láixī Shì Gémìnglièshì Língyuán]

在莱西市望城街道办事处驻地。因所在政区而得名。1955年始建。陵园占地106亩，共安葬革命烈士2 131名。园内建有烈士纪念馆、革命烈士纪念碑、有名烈士墓和无名烈士墓等主要烈士纪念建筑物。为广大群众缅怀革命前辈丰功伟绩、接受革命传统教育和爱国主义教育的场所。2009年3月被批准为全国重点烈士纪念建筑物保护单位。有公路经此。

六 农业和水利

黄岛区

水库

陡崖子水库 370211-60-F01
[Dǒuyázi Shuǐkù]

在黄岛区藏南镇东陡崖子村北。因所在地而得名。1959年11月开工，1960年8月建成。控制流域面积71平方千米，总库容5 679万立方米，兴利库容3 435万立方米，死库容125万立方米，坝长780米，最大坝高20米，顶宽6.55米。防洪标准为百年一遇洪水设计、千年一遇洪水校核。是一座以防洪为主，兼有城市供水、养殖等综合利用的中型水利枢纽工程。通公交车。

吉利河水库 370211-60-F02
[Jílìhé Shuǐkù]

在黄岛区大村镇洼里村与新小庄村之间。系拦截吉利河建成的中型水库，故名。1970年11月开工，1971年8月建成。控制流域面积103平方千米，总库容6 057万立方米，兴利库容3 865万立方米，死库容112万立方米。是一座以防洪为主，兼有城市供水、灌溉、养殖等综合利用的中型水利枢纽工程。通公交车。

铁山水库 370211-60-F03
[Tiěshān Shuǐkù]

在黄岛区铁山街道西部。因坐落在铁橛山麓，故名。1959年10月开工，1960年停建，1966年重新修筑，1967年5月建成。控制流域面积58平方千米，总库容4 864万立方米，兴利水位47.70米，兴利库容2 642万立方米；死水位34.0米，死库容97万立方米。防洪标准为百年一遇洪水设计、两千年一遇洪水校核。是一座以防洪为主，兼有城市供水、养殖等综合利用的中型水利枢纽工程。通公交车。

城阳区

水库

棘洪滩水库 370214-60-F01
[Jíhóngtān Shuǐkù]

在胶州市、即墨区和城阳区交界处。因坐落在棘洪滩街道而得名。1986年4月开工，1989年11月建成。库区面积14.4平方千米，围坝长14.3千米，设计水位14.2米，总库容1.46亿立方米。是引黄济青工程的唯一调蓄水库、亚洲最大的人造堤坝平原水库。通公交车。

胶州市

水库

山洲水库 370281-60-F01
[Shānzhōu Shuǐkù]

在市境西部。根据山丘自然岬修建，因库坝坐落在洋河镇东南，取"荒山变绿洲"之意命名。1958 年开工，1994 年改扩建，2002 年完成山洲水库保安全一期工程。库容 2 400 万立方米，兴利库容 1 320 万立方米，控制流域面积 68 平方千米，设计灌溉面积 3.8 万亩，有效灌溉面积 1.85 万亩。主、副坝均为土质坝，主坝长 400 米，最大坝高 16 米；副坝长 232 米，最大坝高 4.5 米。溢洪闸最大泄量 490 立方米 / 秒，西放水洞、东放水洞的设计流量分别为 3 立方米 / 秒和 3.5 立方米 / 秒，防洪能力可达千年一遇洪水，洪水削减洪峰达 55%。是一座以防洪为主，兼有城市供水、养殖等综合利用的中型水利枢纽工程。

青年水库 370281-60-F02
[Qīngnián Shuǐkù]

在市境南部。以广大青岛团员响应号召大办水利命名。1958 年开工，1995、1997 年改扩建。水库枢纽工程包括大坝、溢洪道和放水洞三部分。控制流域面积 25.6 万平方千米，总库容 1 050 万立方米，兴利水位 17.50 米，兴利库容 695.8 万立方米，死水位 10.91 米，死库容 83.3 万立方米。防洪标准为 428 万立方米，一百年一遇洪水设计。是一处以防洪为主，兼顾灌溉、旅游等功能的综合中型水库。有公路经此。

七里河水库 370281-60-F03
[Qīlǐhé Shuǐkù]

在市境南部。因在三里河街道七里河村南部，故名。1958 年开工，2006 年改扩建。总库容 144.17 万立方米，兴利库容 50 万立方米，控制流域面积 8.94 平方千米，坝长 533 米。水库防洪标准为五十年一遇设计、一千年一遇校核。是一座以防洪为主，兼有城市供水、养殖等综合利用的中型水利枢纽工程。有公路经此。

红旗水库 370281-60-F04
[Hóngqí Shuǐkù]

在市境西南部。以红旗象征无产阶级革命，故名。1958 年开工，2009 年改扩建。总库容 375.65 万立方米，兴利库容 255.65 万立方米，控制流域面积 9.77 平方千米。防洪标准为三十年一遇设计、三百年一遇校核。以农田灌溉为主要功能。

黄家河水库 370281-60-F05
[Huángjiāhé Shuǐkù]

在市境西南部。因所在河流而得名。1957 年开工，2009 年改扩建。总库容 388.88 万立方米，兴利库容 251.5 万立方米，控制流域面积 7.52 平方千米。防洪标准为三十年一遇设计、三百年一遇校核。是一座以防洪为主，兼有城市供水、养殖等综合利用的中型水利枢纽工程。有公路经此。

十八道河水库 370281-60-F06
[Shíbādàohé Shuǐkù]

在市境西南部。因所在河流而得名。1958 年开工，2009 年改扩建。总库容为 129.89 万立方米，兴利库容 56.5 万立方米，控制流域面积 5.3 平方千米。防洪标准为三十年一遇设计、三百年一遇校核。是一座以防洪为主，兼有城市供水、养殖等综合利用的中型水利枢纽工程。有公路经此。

小荒水库 370281-60-F07
[Xiǎohuāng Shuǐkù]

在市境南部。因所在地而得名。1967年开工，2007年改扩建。总库容132.34万立方米，兴利库容96.5万立方米，流域面积2平方千米，坝长461米。防洪标准为三十年一遇设计、三百年一遇校核。是一座以防洪为主，兼有城市供水、养殖等综合利用的中型水利枢纽工程。有公路经此。

大王邑水库 370281-60-F08
[Dàwángyì Shuǐkù]

在市境南部。因所在地而得名。1974年开工，2007年改扩建。总库容137.04万立方米，兴利库容81.5万立方米，控制流域面积3.3平方千米，坝长571米。防洪标准为三十年一遇设计，三百年一遇校核。

平度市

农场

平度市棉花原种繁育场 370283-60-A01
[Píngdù Shì Miánhuā Yuánzhǒng Fányùchǎng]

在市境西部。面积4 900余亩。因所在政区和种植植物而得名。1973年始建。主要进行棉花良种引进、试验示范、繁育、加工和推广。有公路经此。

林场

平度市大泽山林场 370283-60-C01
[Píngdù Shì Dàzéshān Línchǎng]

在平度市北部与莱州市交界处。面积8 302亩。因所在政区和自然地理实体而得名。1949年建场。基础是大泽山、铁骑山两座寺庙地和莱州市集福村大地主的山岗。下设三个林区，其中林业用地7 907亩，非林业用地395亩。主要树种有松类、栎类、刺槐、毛白杨等。立木蓄积量1.5万立方米。场内有果园100亩。有公路经此。

水库

尹府水库 37283-60-F01
[Yǐnfǔ Shuǐkù]

在平度市云山镇北王戈庄西北。因水库毗邻云山镇尹府村而得名。1958年4月开工，1960年6月建成，1962年蓄水。控制流域面积178平方千米。水库总库容14 458万立方米。水库主坝长775米，坝顶高程84.4米，最大坝高20.2米。是一座集防洪、城市供水、灌溉、养殖等效益于一体的大型水库。有公路经此。

淄阳水库 370283-60-F02
[Zīyáng Shuǐkù]

在平度市大泽山镇东岳石村东。因在淄阳河上游而得名。1959年10月开工，1960年6月建成。流域面积16平方千米，防洪水位淹没面积2.72平方千米。总库容1 250万立方米。大坝总长3 200米，其中主坝总长3 200米，副坝长2 400米，坝型为均质土坝，坝顶高程76.10米，最大坝高14.1米。溢洪道在大坝南端，最大泄量568立方米/秒。是一座集防洪、城市供水、灌溉、养殖等效益于一体的大型水库。有公路经此。

大泽山水库 370283-60-F03
[Dàzéshān Shuǐkù]

在平度市大泽山镇团石子村东。因所在地而得名。1959 年 11 月开工，1960 年 5 月建成。流域面积 52 平方千米。现水库防洪水位淹没面积 1.6 平方千米，总库容 1 063 万立方米。大坝总长 1 400 米，其中主坝长 225 米，坝顶高程 93.35 米，最大坝高 16.54 米。坝顶宽为主坝 5 米、副坝 4 米。溢洪道设在大坝南端，底宽 40 米，建有溢洪闸 5 孔，最大泄量 706 立方米 / 秒。是一座集防洪、城市供水、灌溉、养殖等效益于一体的大型水库。有公路经此。

黄同水库 370283-60-F04
[Huángtóng Shuǐkù]

在平度市旧店镇北黄同村西北。因所在地而得名。1958 年 4 月开工，同年 6 月建成。流域面积 126 平方千米，防洪水位淹没面积 8.5 平方千米，总库容 4 142 万立方米，坝顶高程 92.4 米，坝顶宽 7 米，坝长 350 米，最大坝高 20 米，防浪墙高 1.1 米。是一座集防洪、城市供水、灌溉、养殖等效益于一体的大型水库。有公路经此。

渠道

胶东调水输水渠 370283-60-G01
[Jiāodōng Diàoshuǐ Shūshuǐ Qú]

在省境东部，市境北部。起于北胶莱河倒虹出口，止于于官沟南。1986 年 11 月开工，1989 年 7 月建成。全长 55.18 千米。输水河采用明渠形式，两岸内坡采用混凝土板衬砌，设计入境流量 27.2 立方米 / 秒，出境流量 24.5 立方米 / 秒。为便于交通，输水河大堤设有 8 米宽道路。主要功能为向青岛市输水调水。有公路经此。

尹府水库总干渠 370283-60-G02
[Yǐnfǔ Shuǐkù Zǒng Gànqú]

在省境东部，市境东部。起于小沽河支流，止于猪洞河中游。1967 年 10 月开工，1970 年 5 月建成使用。全长 6.35 千米。渠首建筑为尹府水库放水洞，干渠于 2000 年实施了大型灌区节水改造与配套工程。水库总库容 14 458 万立方米，兴利库容 7 380 万立方米，死库容 720 万立方米。水库主坝长 775 米，坝顶高程 84.4 米，最大坝高 20.2 米；放水洞位于大坝西端，进口底高程 69.0 米；溢洪道位于大坝东头，设有 10 × 6 米钢闸门 2 孔，设计泄洪量 885 立方米 / 秒。是一座集防洪、城市供水、灌溉、养殖等效益于一体的大型水库。有公路经此。

莱西市

农场

青岛五四农场 370285-60-A01
[Qīngdǎo Wǔsì Nóngchǎng]

隶属青岛市农业委员会管辖。在市境南部。总占地面积 5 300 亩。1959 年 12 月莱阳县团委组织了 2 700 名青年，历经三年奋斗，在姜山大洼开垦出 17 000 亩耕地，建成胶东半岛唯一的国营农场，为纪念这些青年拓荒者，故命名为国营五四农场，后演变为今名。农场主要进行农作物新品种、新技术引进、试验、示范与推广。主要作用是引繁推广农作物良种，促进区域农业发展。有公路经此。

水库

产芝水库 370285-60-F01
[Chǎnzhī Shuǐkù]

在莱西市境南部。因所在地而得名。1958 年 11 月始建,1959 年 9 月建成。集水面积 879 平方千米,最大水面积 56 平方千米,最大水深 13 米,最大库容 3.798 亿立方米。灌溉面积 28 万亩,建有总干渠及分干渠 12 条,长 132.22 千米;支渠 83 条,长 263.9 千米。是集防洪、灌溉、供水、养殖、旅游于一体的综合性大(二)型水库。有公路经此。

词目拼音音序索引